U-BOOT-KRIEG IM ATLANTIK

ANDREW WILLIAMS

HEEL

Für Chook, Lachlan und Finn

Impressum

HEEL Verlag GmbH
Gut Pottscheidt
53639 Königswinter
Tel.: 02223 9230-0
Fax: 02223 923026
E-Mail: info@heel-verlag.de
Internet: www.heel-verlag.de

Englischer Originaltitel: The Battle of the Atlantic

Deutsche Übersetzung: Walther Wuttke
Textredaktion: Dr. Frank Stucke
Lektorat: Joachim Hack
Satz: Artcom, Köniswinter
Druck: Koelblin-Fortuna-Druck GmbH, Baden-Baden

Printed and bound in Germany

ISBN 3-89880-137-3

INHALT

VORWORT

Die Atlantikschlacht war die entscheidende Seeschlacht des Zweiten Weltkriegs. Ohne den Sieg der westlichen Alliierten wäre England wahrscheinlich aus dem Krieg ausgeschieden und Deutschland die beherrschende Macht in Westeuropa geworden. Das Mittelmeer wäre ein See der Achsenmächte geworden. Zudem hätte es keine alliierte Unterstützung Russlands gegeben, und den westlichen Alliierten wäre es unmöglich gewesen, die Invasion Frankreichs 1944 durchzuführen und so die deutschen Heere in Westeuropa zu besiegen. Die Auswirkungen eines Sieges über die westlichen Alliierten in diesem Konflikt liegen daher jenseits aller möglichen Kalkulation oder Vorstellungskraft.

Die Atlantikschlacht, die am 3. September 1939 begann und bis zur Kapitulation Deutschlands 1945 andauerte, war die längste, größte und aufwändigste Seeschlacht der Geschichte. Während dieses riesigen Konflikts wurden Tausende alliierter und deutscher Seeleute getötet, verwundet oder als vermisst gemeldet.

Diese Schlacht hätten die Deutschen vielleicht gewinnen können, doch im Rückblick verloren sie, weil die Alliierten über eine überlegene Strategie und Taktik, sowie bessere Nachrichtendienste, Technologie und Ressourcen verfügten. Doch während der Schlacht war dies den Männern in den alliierten Schiffen und Flugzeugen nicht bewusst. Für sie verlor sich der Ausgang des Konflikts hinter den endlosen Bildern von sinkenden Schiffen, explodierenden Wasserbomben und den hin und wieder an die Oberfläche gezwungenen U-Booten, die danach vom Geschützfeuer versenkt wurden. Für die Deutschen in den U-Booten war der Verlauf der Atlantikschlacht ähnlich uneinsehbar. Obwohl sie Tausende von alliierten Handelsschiffen versenkten, stiegen ihre eigenen Verluste ständig aus Gründen, die selbst das deutsche Oberkommando nie ganz verstand.

Den Konflikt zu seiner Zeit vollständig zu erfassen, war wahrscheinlich unmöglich – fast so unmöglich wie die Aufgabe, heute die Komplexität der Schlacht nachzuvollziehen. Genau darin liegt die Bedeutung von Andrew Williams' Buch. Indem er seine Gesprächspartner mit viel Überlegung durch die schwierigen Phasen der Schlacht begleitet, gibt er uns einen präzisen, anschaulichen und erhellenden Bericht der bedeutsamen Ereignisse. Er erfüllt diese Aufgabe, indem er eine Vielzahl neuer Informationen bietet, die entscheidend sind für das Verständnis des Geschehens: durch neue Augenzeugenberichte aus deutscher und alliierter Sicht wird die Komplexität des schließlichen alliierten Sieges nachvollziehbar.

In einem Gebiet, das bereits reich ist an Geschichtsschreibung, liefert Andrew Williams einen wichtigen und dauerhaften Beitrag, einen lebendigen und genau dokumentierten Bericht, der hilfreich ist für das Verständnis einer der wichtigsten Schlachten des 20. Jahrhunderts.

PROFESSOR DAVID SYRETT
Queens College, City University of New York

KONVOIROUTEN ÜBER DEN ATLANTIK
Grönland
Cape Farewe
KANADA
Sydney
Halifax
New York
ATLANTIK
VEREINIGTE
STAATEN VON
AMERIKA
0
400 mi

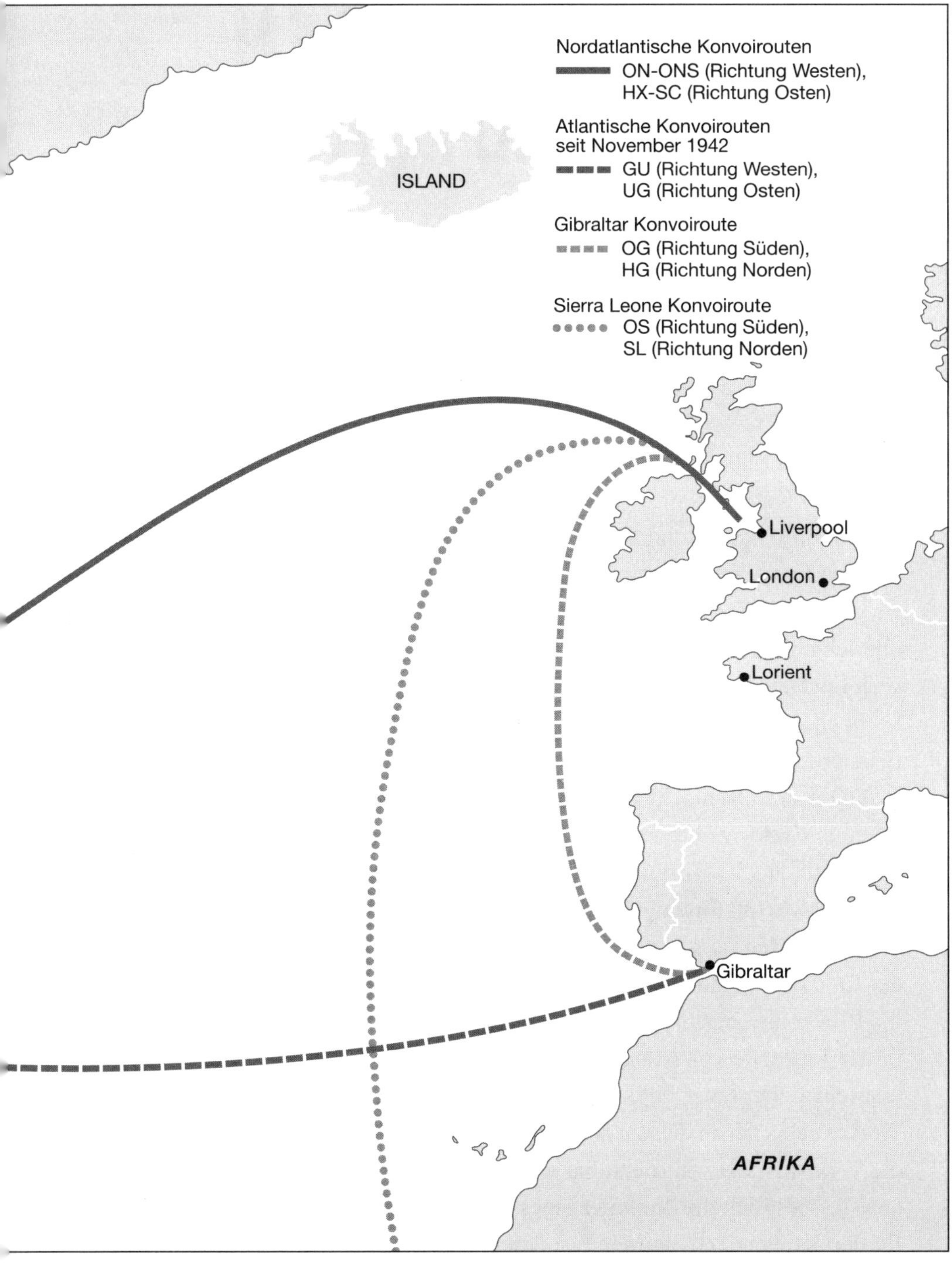
Nordatlantische Konvoirouten
ON-ONS (Richtung Westen),
HX-SC (Richtung Osten)
Atlantische Konvoirouten
seit November 1942
GU (Richtung Westen),
UG (Richtung Osten)
Gibraltar Konvoiroute
OG (Richtung Süden),
HG (Richtung Norden)
Sierra Leone Konvoiroute
OS (Richtung Süden),
SL (Richtung Norden)
ISLAND
Liverpool
London
Lorient
Gibraltar
AFRIKA

ANMERKUNGEN DES AUTORS

Die Touristen, die jeden Tag aus Londons Underground strömen, um sich in die Schlange vor dem Tower einzureihen, passieren, ohne es zu merken, ein großes, staubiges Denkmal aus weißem Stein, auf dem die Namen der britischen Seeleute verzeichnet sind, die in zwei Weltkriegen gefallen sind. Am 3. September 2001 stand ich dort mit einem Veteranen, der gekommen war, um seiner Kameraden zu gedenken, die er fast auf den Tag genau vor 60 Jahren verloren hatte. John Wrights Schiff, die „Empire Wave", war 1941 gesunken. Er verbrachte seinen 19. Geburtstag in einem Rettungsboot in den eisigen Gewässern zwischen Grönland und Island. Nicht alle in dem Boot überlebten die vierzehntägige Tortur, und einige von denen, die es schafften, verloren Hände und Füße in den frostigen Temperaturen. Für John ist das alles noch sehr nahe. Einmal im Jahr macht er sich auf zu einer persönlichen Erinnerung und gedenkt der Kameraden, die kein Grab haben.

Die Atlantikschlacht war in den Worten Winston Churchills „der beherrschende Faktor während des gesamten Krieges". Alles hing von ihrem Ergebnis ab. Doch während die Geschichte „der wenigen Piloten", die in der Luftschlacht um England im Sommer 1940 kämpften, oftmals im Fernsehen erzählt worden ist, gibt es erstaunlich wenig über den Kampf um den Schutz der für das Land so lebenswichtigen Nachschubrouten über den Nordatlantik. Es war die längste Auseinandersetzung während des Zweiten Weltkriegs, in der Tausende von Menschen ihren Beitrag für den Schutz von Großbritanniens Lebensader lieferten, und doch war es in vielerlei Hinsicht in den Worten eines der an diesem Buch Beteiligten „ein unsichtbarer Krieg, in dem die Verluste nicht wahrnehmbar waren – sie blieben alle auf See". Schlachten, die lediglich die Nummer eines Geleitzuges trugen, aber entscheidend für den Krieg waren, wurden fast jeden Monat ausgetragen. Seinerzeit wurde darüber kaum berichtet, und noch heute ist darüber wenig bekannt. Ich hoffe, dass die Fernsehserie und dieses Buch dazu beitragen, das Gleichgewicht wieder herzustellen. Die hier erzählte Geschichte konzentriert sich fast ausschließlich auf den U-Boot-Krieg im Nordatlantik. Ich folge damit dem offiziellen Marinehistoriker der Royal Navy: „Wir wussten zweifellos“, schrieb er über die U-Boot-Waffe, „dass die Gefahr für unsere Nation zu einem großen Teil von diesen skrupellosen Feinden ausging, und dass wir nur überleben konnten, wenn wir sie zerstörten.“

In erster Linie bin ich jenen Männern und Frauen dankbar, die bereit waren, sich für diese Serie befragen zu lassen und deren Erinnerungen das Herzstück dieses Buches bilden. Ich schulde zudem dem Programmbereichsleiter der BBC-Geschichtsabteilung Laurence Rees Dank für die Möglichkeit und Unterstützung, diese Serie gestalten zu können. Dieses Projekt hat, wie so viele zuvor, stark von seiner sicheren redaktionellen Arbeit profitiert. Die beiden Berater Dr. Axel Niestlé und Professor David Syrett haben die Rohfassung dieses Buchs gelesen, und ich bin dankbar für ihre Anleitung. Dr. Niestlé half mir, meine Ideen für das Buch und die Serie zu entwickeln, und ist seither ein sehr geschätzter Kritiker, auf dessen Urteil ich mich stets verlassen kann. Ich bedanke mich auch bei Jock Gardner von der „Naval Historical Branch“ und Dr. Alan Scarth von „Merseyside Maritime Museum“ für ihre Hilfe, und Ralph Erskine für seinen Rat bei allen britischen und deutschen maritimen Verschlüsselungen.

Unter den vielen Menschen, die an der Produktion der Fernsehserie, auf der dieses Buch basiert, beteiligt waren, möchte ich mich besonders bei meinen Kollegen Dominic Sutherland und Dr. Frank Stucke bedanken. Sie spielten sowohl bei der Recherche wie den Interviews, die das Herz der Serie und des Buches darstellen, eine wichtige Rolle, und ich stehe tief in ihrer Schuld. Weiter geht mein Dank an: Produktionsmanagerin Jane Johnston, die wie immer sehr unterstützend und hilfreich war; Victoria Brignell und David List für ihre Hilfe bei der Recherche; Anne-Marie Ehrlich, die die wunderbaren Abbildungen in diesem Buch besorgte; die Produzentin der Geschichtsabteilung Ann Cattini für ihre Unterstützung und Hilfe beim Budget; Filmredakteur Alan Lygo für seinen Rat und Kameramann Fred Fabre für sein „magisches“ Auge und endlose Begeisterung. Ich möchte an dieser Stelle auch noch den für den Ton verantwortlichen Jesse Stoecker erwähnen, der unter tragischen Umständen vor dem Ende der Aufnahmen ums Leben kam. Alle, die mit ihm arbeiteten, werden sich gerne an ihn erinnern.

Ich bin auch Sally Potter bei BBC Worldwide dankbar, die das Buch in Auftrag gab und es stets unterstützte. Esther Jagger redigierte das Werk in Rekordzeit und verbesserte es entscheidend. Rhianwen Bailey überwachte sachlich und professionell die gesamte Produktion.

Schließlich gehen noch einige Worte des Dankes an meine Familie: Kate, Lachlan und Finn. Ohne ihre Unterstützung, gute Stimmung und Geduld wäre dieses Buch niemals fertig gestellt worden. Es entstand während „ihrer Zeit": am frühen Morgen, in den Abendstunden, an Wochenenden und während der Ferien. Wenn ich schwankend wurde, war meine Frau Kate da, um mich aufzumuntern. Sie war auch dann zuversichtlich, dass ich es schaffen würde, wenn ich aufgeben wollte. In meinem „Exil" unter dem Dach unseres Hauses war mein seelisches Gleichgewicht mitunter in Gefahr. Es wurde immer wieder durch Lachlan oder Finn gerettet, die nach oben kamen und darauf bestanden, dass es nun an der Zeit für „Daddy" war, ein Spiel zu spielen. Dieses Buch ist daher Kate und den Jungs gewidmet.

KAPITEL EINS

DAS FREIKORPS DÖNITZ

Den ganzen Morgen schon reihte sich ein Funkspruch an den anderen. Niemand machte sich darüber weiter Gedanken. Wenn es passierte, passierte es eben. Es gab zudem immer noch die alltäglichen Arbeiten: Das U-Boot musste geputzt, die Torpedos geschmiert und das Frühstück für die mittlere Wache, die gerade ihren Dienst absolviert hatte, vorbereitet werden. Der Kommandant von U-30, Fritz-Julius Lemp, schloss sich der neuen Wache auf der Brücke, der Ausguck-Plattform auf dem Kommandoturm des Bootes, an. Es war ein schöner klarer Tag mit einer leichten Dünung auf dem Atlantik. Das Leben war einigermaßen angenehm an diesem Morgen. Das Boot befand sich nach Lemps Schätzungen ungefähr 250 Meilen vor der Nordwest-Küste Schottlands, ziemlich genau in dem ihm zugewiesenen Patrouillengebiet. Der Befehl lautete einfach, einen entscheidenden Funkspruch zu erwarten und für einen sofortigen Einsatz bereit zu stehen. An diesem Sonntag, dem 3.September 1939, hatte es den Anschein, als ob das Warten ein Ende haben sollte. Es würde Krieg geben.

Es hatte alles vor einem Monat begonnen. Niemand an Bord von U-30 hatte die Anzeichen zunächst sonderlich ernst genommen. Die deutsche Kriegsmarine hatte die U-Boot-Flotte im Jahr zuvor drei Mal in Alarmbereitschaft versetzt und jedes Mal den Befehl zurück genommen. Waren Großbritannien und Frankreich bereit, für Polen in einen Krieg zu ziehen? Lemp glaubte nicht daran. Er hatte sogar Georg Högel, einen seiner Funker, in den Heimaturlaub nach München geschickt. Högel erinnert sich: „Lemp sagte mir, ‚Högel hör zu, diese ganze Geschichte in Polen geht aus wie das Hornberger Schießen. Du kannst ruhig in Deinen Urlaub gehen, aber Du musst mir versprechen, dass wir innerhalb von zwei Stunden mit Dir Kontakt aufnehmen können.' Ich ging also in meinen Urlaub. Ich traf am Mittwoch morgen bei mir zu Hause ein. Samstag morgen gegen Mittag klingelte es, und meine Mutter ging zur Tür. Als sie zurück kam, zitterten ihre Hände. Sie hielt ein Telegramm meines Kommandanten in der Hand. ‚Zurückkehren Wilhelmshaven 21. August, spätestens 24 Uhr.' Ich sagte zu meinem Vater: „Jetzt geht es los."

Der 19-jährige Högel traf pünktlich im Hafen ein. U-30 wurde für einen Einsatz vorbereitet. Er fand ein Besatzungsmitglied seines Bootes und fragte, was los sei:

„Wir laufen um vier aus."
„Mit welcher Ladung? Minen oder Torpedos?" Das war die nächste Frage.
„Torpedos."

Nach den üblichen Vorbereitungen hatte die Besatzung noch Zeit für ein letztes Bier in der Messe. Högel erinnert sich an die Tränen im Gesicht der Frau eines Proviantmeisters, als sie sich von den Männern verabschiedete. Es war noch dunkel, als U-30 den Hafen verließ. Die Fahrt über die Nordsee in den Atlantik verlief ohne besondere Ereignisse mit Ausnahme eines aufregenden Moments. In einer Nacht wurde die Wache auf der Brücke von einem gewaltigen Etwas, das plötzlich schwarz und bedrohlich auf dem Wasser auftauchte, überrascht. Högel: „Wir tauchten und kamen dann wieder nach oben, und erst dann sahen wir, was es wirklich war: ein Felsen." Was die Männer für ein Schiff gehalten hatten, war in Wirklichkeit ein Felsen, der gut 280 Meilen westlich von Schottland aus dem Wasser ragt und passender Weise „Rockall" genannt wird.

Es war der siebte Tag, den U-30 mit Warten verbrachte und heimlich in dem ihm zugewiesenen Gewässer kreuzte. Die Wache hatte zahlreiche Schiffe am Horizont beobachtet, sie aber alle unbehelligt passieren lassen. Am 3. September hatte sich an Bord bei allen Männern eine gewisse Spannung eingestellt. Als der Funkspruch kam, war er klar, eindeutig und zutiefst schockierend: „Großbritannien und Frankreich haben Deutschland den Krieg erklärt. Auf Kampfstation – sofort." Niemand an Bord von U-30 hatte dies gewünscht. Högel: „Ich lag in meiner Koje, war noch müde von meiner Wache. Mein Kamerad kam rein, stieß mich an und sagte, ‚England hat uns den Krieg erklärt.' Es war 11 Uhr morgens. Ich sah auf meine Uhr. In Deutschland war es jetzt 12 Uhr. Wir fühlten eine gewisse Spannung und Neugier, aber es gab keine Begeisterung."

Die deutsche Gegenerklärung kam um ein Uhr. „Ab sofort Feindseligkeiten mit England." Nur England wurde erwähnt. Was war mit Frankreich? Lemp und seine Mannschaft konnten nicht wissen, dass Adolf Hitler immer noch hoffte, Frankreich heraus zu halten. Er hatte bereits die deutschen U-Boot-Einsätze mit strikten Auflagen versehen und wollte – wenigstens für den Augenblick – den Seekrieg innerhalb der von den Deutschen unterzeichneten internationalen Vereinbarungen führen. Hitler hatte diesen für ihn uncharakteristisch vorsichtigen Kurs gewählt, weil er hoffte, dass sich alles schnell auflösen würde. Wenn Großbritannien und Frankreich schon nicht auf seine Seite gezogen werden konnten, dann war die Neutralität der Vereinigten Staaten von überragender Bedeutung. Bevor sie ausliefen, waren alle U-Boote strengstens angewiesen worden, nach der so genannten Prisenordnung zu operieren. Diese international gültigen Vorschriften regelten das Verhalten während des Seekriegs. Handelsschiffe mussten angehalten und durchsucht werden. Sollte auf ihnen feindliche Ladung gefunden werden, konnten sie erst dann versenkt werden, wenn sich die Besatzung in den Rettungsbooten befand. Diese Restriktionen machten den U-Boot-Krieg so gut wie unmöglich. Die wichtigste Waffe der U-Boote war die Überraschung, der unbemerkte Abschuss eines Torpedos mit einer hoch explosiven Ladung. Anhalten und Durchsuchen war eine Zeit raubende Angelegenheit. Das U-Boot riskierte tagsüber seine Entdeckung und war zudem nicht dazu ausgerüstet, um sich Artillerieduelle mit feindlichen Kriegsschiffen zu liefern.

Gegen 2 Uhr an jenem ersten Kriegsnachmittag schickte der Führer der U-Boote, Karl Dönitz, an seine Flotte eine Mitteilung, in der noch einmal an diese Restriktionen erinnert wurde. Der Funkspruch erreichte auch U-30, Högel selbst empfing ihn. Wenn irgend jemand das begreifen konnte, dachte sich Högel, dann der Kommandant des Bootes. Der 26-Jährige Lemp kommandierte U-30 bereits ein knappes Jahr und hatte in dieser Zeit das Oberkommando der U-Boot-Flotte durch seine Fähigkeit, auch unter Druck ruhig und entschieden zu agieren, beeindruckt. Seine Mannschaft respektierte ihn und vertraute seinem Urteil. Er nahm es mit der Disziplin sehr genau – auch deshalb, weil die Sicherheit an Bord verlangte, dass jeder Mann schnell und ohne zu fragen seine Pflicht tat. Bei einem Versagen wurde keine Entschuldigung akzeptiert. Dennoch wurde Lemps Disziplin von Humor und Mitgefühl begleitet. Man konnte mit „dem Alten" auch lachen.

Nachdem U-30 tagelang jeden Verkehr gemieden hatte, patrouillierte das Boot nun die Schifffahrtslinien vor der Nordwest-Küste Irlands und suchte dort sein erstes Ziel. Gegen 4.30 Uhr entdeckte die Wache die Umrisse eines großen Schiffes, das offensichtlich von England aus ausgelaufen war. Lemp entschied sich zur Verfolgung. Högel: „Während der Kommandant noch unsicher war, was er unternehmen wollte, blieben wir so auf Distanz, dass wir das Schiff stets auf dem Horizont hatten. Er wartete bis zur Dämmerung, und dann näherten wir uns."

Durch das Periskop sah Lemp, dass das Schiff verdunkelt war und sich vorsichtshalber auf einem Zickzackkurs befand. Es musste sich, folgerte er, um einen britischen Handelskreuzer handeln. War das der Fall, dann war er bewaffnet und auch nach der Prisenordnung eine zugelassene Beute. Eine Warnung war nicht notwendig.

Gegen 7.40 Uhr gab er den Befehl zum Abschuss von zwei Torpedos. Einer fand sein Ziel, explodierte mittschiffs und zerstörte das Schott zwischen Maschinen- und Kesselraum. Lemp hatte den ersten Schlag in der Atlantikschlacht geführt, obwohl er auf seine Tat durchaus nicht stolz sein konnte. In der Dämmerung konnte er sehen, dass das Schiff Schlagseite bekam. Es war am Ende. Doch da gab es etwas Beunruhigendes. Er beschloss, sich mit U-30 zu nähern.

Högel war auf seinem Posten im Funkraum: „Ich schaltete mich in die allgemeine Schiffsfrequenz und hörte dann den Notruf. Ich stellte sofort fest, dass es sich nicht um einen Truppentransport handeln konnte. Sie hatten Passagiere an Bord. Durch das Funkzeichen erkannte ich den Namen ‚Athenia'. Dann kam der Kommandant in den Funkraum und fragte nach dem Lloyds Register, das die Silhouetten der verschiedenen Schiffstypen zeigte. Sein Finger wies schließlich auf die ‚Athenia'. Er war – natürlich – geschockt."

Es war ein grausamer Fehler. Das Schiff war ein Liner mit 1418 Passagieren – darunter mehr als 300 Amerikaner – und Mannschaftsmitgliedern an Bord unterwegs nach Kanada. Lemp hatte einen entsetzlichen Fehler begangen. Er hatte sich nicht ausreichend Zeit genommen, das Ziel zu identifizieren. Später gab er zu, dass er „wegen der Kriegserklärung“ zu aufgeregt gewesen sei.[2] Högel erinnert sich: „Der für den Funk zuständige Offizier kam zu mir und sagte ‚willst du nach oben gehen?’ Ich war neugierig und ging daher nach oben und sah die ‚Athenia’ in Schlagseite liegen. Es war leicht, sich vorzustellen, was mit ihr passieren würde. Ich dachte natürlich an andere Unglücke auf See, doch was konnten wir tun? Wir konnten ihnen in keinster Weise helfen. Es war ein U-Boot, und wir konnten keine Menschen an Bord nehmen. Wir konnten nur den Angriff abbrechen und das Schiff sich selbst überlassen... nun, das Boot verschwand in der Dunkelheit.“

Lemp hatte alle Befehle missachtet. Sein Versäumnis, den Passagieren nicht irgendeine Hilfe angeboten zu haben, machte die ganze Sache noch schlimmer. Glücklicherweise stand ihnen genügend Zeit zur Verfügung, um in die Rettungsboote zu gelangen. Die Überlebenden wurden am nächsten Morgen von anderen Schiffen, die auf den Notruf der „Athenia“, SSS – „von einem U-Boot angegriffen“ -, reagiert hatten, an Bord genommen. Die meisten der 118 Opfer waren unter Deck im Speisesaal der dritten und der Touristenklasse gefangen gewesen. Unter den Toten befanden sich 28 Bürger der Vereinigten Staaten.

Innerhalb von 24 Stunden raste die Nachricht über diese deutsche „Ungeheuerlichkeit“ um die Welt. Britische und amerikanische Zeitungen veröffentlichten ausführliche Berichte über das untergehende Schiff. Ein Augenzeuge sprach von toten Körpern, die sich auf dem oberen Deck verteilten; ein anderer von Kindern, die in den Kabinen weiter unten gefangen waren. Es war schwer, nicht zu dem Schluss zu kommen, dass Deutschland schon am ersten Tag des Krieges alle internationalen Vereinbarungen, die es unterzeichnet hatte, gebrochen hatte. Dies war ein Akt des „totalen Krieges“ und Zivilisten das Ziel. Die führenden Kommentatoren auf beiden Seiten des Atlantiks zogen schnell Parallelen zum uneingeschränkten deutschen U-Boot-Krieg des Ersten Weltkriegs. Damals war das U-Boot der mächtige, brutale und unsichtbare Feind an sich gewesen, ein Objekt fast einhelliger weltweiter Ächtung. Scheinbar hatte sich nichts geändert. Lemps gründlich misslungener Angriff war ein Propagandageschenk für den Feind. Der neue Erste Lord der Admiralität, Winston Churchill, berichtete dem Kriegskabinett am Morgen nach der Versenkung. Die ganze Angelegenheit, sagte er, könne nicht verfehlen, „einen hilfreichen Effekt" auf die öffentliche Meinung in Amerika zu haben.[3]

Ihre Bedeutung wurde auf Anhieb auch von Hitler erkannt. Als ersten Schritt wiesen die Deutschen jegliche Verantwortung von sich. In der von Propagandaminister Goebbels veröffentlichten Version handelte es sich um einen britischen Torpedo, der die „Athenia" versenkt hatte. Churchill hätte das Unglück in einem verzweifelten Versuch bewusst geplant, um so die USA in den Krieg einzuspannen. Der zweite Schritt bestand in verschärften Restriktionen für die U-Boot-Einsätze. Die Kriegsmarine gab an ihre Kommandanten einen neuen Befehl heraus: „Der Führer hat Angriffe auf Passagierschiffe, die allein oder in einem Konvoi fahren, verboten." Dies ging sogar über das hinaus, wozu sich Deutschland im Rahmen der internationalen Abkommen verpflichtet hatte.

Lemp nahm noch auf See seiner Mannschaft das Versprechen ab, kein Wort über die Angelegenheit zu verlieren. Das gleiche Versprechen mussten sie noch einmal ablegen, als sie am Ende des Monats in Wilhelmshaven eintrafen. „Wir wurden im Bug abseits von den Offizieren versammelt", erinnert sich Högel. „Dort wurden wir zur Geheimhaltung verpflichtet. Wir durften weder darüber reden noch uns durch irgendwelche Zeichen oder Gesten verraten."

Das war nicht einfach, denn als U-30 in Wilhelmshaven einlief, flatterten drei Siegeswimpel am Periskop, die drei versenkte Schiffe darstellten. Auf einem war die Zahl „14.000" vermerkt, die geschätzte Tonnage der „Athenia". Das war ein Anspruch, der Kommentare von den anderen U-Boot-Kommandanten provozierte. Doch die offizielle Version der Ereignisse wurde vom Propagandaministerium geliefert. Dönitz und sein Stab spielten dabei ihre Rolle in dem ausgefeilten Täuschungsmanöver. Das Kriegstagebuch des U-Boot-Kommandos erwähnte die Angelegenheit nicht. Högel war persönlich beteiligt: „Lemp ging mit dem Kriegstagebuch zum Flottillenchef. Er hatte es von Hand an Bord geschrieben, und ich hatte es dann mit der Maschine in das entsprechende Formular übertragen. Lemp unterschrieb dann jeden Eintrag. Als er vom Flottillen-Hauptquartier zurückkehrte, ging er in die Offiziersunterkunft, und dort schrieben wir eine neue Doppelseite des Kriegstagebuchs. Er änderte die erste Seite, die sich mit der ‚Athenia' beschäftigte – er entwarf sie und ich tippte sie mit der Schreibmaschine. Dann wurde sie mit dem Rest des Kriegstagebuchs zurückgelegt."

Es war nicht gerade ein viel versprechender Start. Deutschlands erster Schlag im Seekrieg hatte den Führer in Verlegenheit gebracht. Das U-Boot war einmal mehr seinem Ruf als Terrorwaffe und Geschenk für die Propaganda auf beiden Seiten gerecht geworden und war weit davon entfernt, sich als bedeutend für den deutschen Kriegseinsatz zu erweisen. Wenige stimmten Dönitz zu, der die U-Boot-Waffe als Möglichkeit sah, die Vorherrschaft der britischen Royal Navy herauszufordern.

Dönitz' außerordentliche Zuversicht war während des vierjährigen Aufbauprogramms der U-Boot-Waffe gewachsen. Dabei hatte er diese Rolle anfangs gar nicht begrüßt. Seine Beförderung zum ersten Kapitän der U-Boot-Flottille markierte das Ende eines guten Jahres als Kommandant eines leichten Kreuzers. Es war für ihn in der Tat ein Opfer, denn die höchste Priorität der Kriegsmarine lag im Bau einer Flotte von großen Schiffen mit entsprechenden Geschützen. Dönitz fühlte sich als 43-Jähriger „auf ein Nebengleis geschoben". Niemand, am wenigsten er selbst, konnte vorhersagen, wie bedeutsam seine Ernennung sein würde.

Der Führer der U-Boote war Zentimeter für Zentimeter ein Militär, ein wenig steif und sehr preußisch in seiner ganzen Erscheinung. Obwohl nur von durchschnittlicher Größe, machte er dank seines dünnen, Vogel ähnlichen Körpers einen wesentlich stattlicheren Eindruck. Er stammte aus einer durch und durch bürgerlichen Familie der Mittelschicht ohne Marinetradition, doch von Beginn an war seinen Vorgesetzten klar, dass es sich bei ihm um einen talentierten jungen Offizier handelte. In den offiziellen Berichten wird er abwechselnd als hart, flott, ehrgeizig, fleißig und Pflicht bewusst beschrieben. Einige beobachteten auch eine rastlose Ungeduld, die es ihm schwer machte, das Urteil anderer zu akzeptieren.[4] Er hatte eine Frau und vier Kinder, doch die Marine war sein Leben.

Dönitz war mit der beengten Welt der U-Boote und der besonderen Kameradschaft ihrer Mannschaften vertraut. Er hatte während des ersten Weltkriegs selbst das Kommando über ein U-Boot inne gehabt und war an der Versenkung von 13 Millionen Tonnen alliierter Schiffe beteiligt gewesen. Sein eigenes Boot war schließlich während der letzten Kriegswochen im Mittelmeer versenkt worden. Kommandant und Mannschaft wurden zwar gerettet, mussten aber fast ein ganzes Jahr in britischer Gefangenschaft verbringen.

Dönitz war einer der wenigen Glücklichen, die von der deutschen Nachkriegsmarine übernommen wurden. Seine Karriere nahm mit einer ganzen Serie von Beförderungen während der zwanziger und dreißiger Jahre ihren Lauf. 1935 schließlich folgte zu seiner Enttäuschung der neue Posten bei der 1. U-Boot-Flottille.[5]

Für Deutschland war die bittere Niederlage im ersten Weltkrieg noch durch die erniedrigenden Bedingungen eines Siegerfriedens verschärft worden. Die Marine war im Vertrag von Versailles praktisch abgewrackt worden. Während eine nominelle Zahl von Kriegsschiffen erlaubt wurde, verfügten die Siegermächte ein absolutes Verbot für den Bau und den Einsatz von U-Booten. Obwohl dieses Verbot offiziell erst im Juni 1935, einen Monat vor der Ernennung von Dönitz, aufgehoben wurde, hatten die Planungen für neue U-Boote bereits begonnen, als die Tinte unter dem Versailler Vertrag noch nicht ganz trocken war. Einige wenige Auserwählte übten heimlich den U-Boot-Krieg. Unter ihnen befand sich Hans-Rudolf Rösing: „Noch bevor die ersten U-Boote gebaut wurden, hatten wir Angriffsübungen durchgeführt, für die wir Schiffe mit einem kleinen Periskop benutzten."

Dönitz warf sich mit dem ihm eigenen Eifer auf seine neue Aufgabe. „Ich wurde mit Leib und Seele wieder U-Boot-Mann", schrieb er später.[6] Sein Kommando bestand aus gerade mal sechs 250-Tonnen-Booten, die so klein waren, dass sie von ihren Mannschaften „Unterstand" oder „Enten" genannt wurden. Innerhalb weniger Tage nach seiner Ernennung liefen diese Boote zu einem anstrengenden sechsmonatigen Ausbildungsprogramm aus, um sie kampfbereit zu machen. Dönitz entwickelte einen Zeitplan für die verschiedenen Ziele. Jedes Boot musste sechs Angriffe auf dem Wasser und die gleiche Anzahl unter Wasser absolvieren, bevor es die nächste Stufe erreichen konnte: den ersten Torpedoabschuss. Rösing, der 30-jährige Kommandeur von U-11, kannte diese Gründlichkeit bereits. Er hatte als Offiziersanwärter unter Dönitz auf dem leichten Kreuzer „Nymphe" gedient. In diesen ersten Monaten wurden sie von dem energischen Dönitz mit einem mörderischen Tempo angetrieben. „Er bildete uns persönlich aus", erinnert sich Rösing. „Er organisierte die Ausbildungsübungen, er ging bei jedem von uns an Bord, und er beobachtete, wie wir die Dinge ausführten. Nachdem wir unseren Teil absolviert hatten, rief er uns zusammen, und dann wurde jede Aktion im Detail diskutiert – es war ein sehr lebhafter Ideenaustausch, und dadurch lernten wir viel von jedem anderen."

Am Ende des ersten Ausbildungsjahres hatte Dönitz sein Ziel erreicht. Als Anerkennung für seine Leistungen bekam er den Titel „Führer der U-Boote". Gleichzeitig übernahm die Flottille die ersten Boote des neuen Typs VII mit 500 Tonnen. Eine Version dieses Bootes sollte das Rückgrat der U-Boot-Waffe während des ganzen Krieges bilden. Im Herbst 1936 waren ausreichend Boote in Dienst gestellt, um eine zweite Flottille zu bilden. Nun musste man nur noch die passenden Freiwilligen finden.

1936 befand sich Erich Topp auf dem leichten Kreuzer „Karlsruhe". Der 22-Jährige war ein Offizier, den man unmöglich übersehen konnte. Er war der „perfekte Germane" – groß, blond, mit klaren, blauen Augen. Als Junge hatte er die Geschichten der U-Boot-Helden des ersten Weltkriegs gelesen, doch erst nach einem Zusammentreffen mit Dönitz auf der „Karlsruhe" bat er um eine Versetzung zur neuen Waffe. „Wir waren als Zielschiff für die U-Boote eingesetzt. Sie führten ihre Kampfübungen aus, feuerten Torpedos auf uns, und Dönitz dirigierte die ganze Sache. Ich überließ ihm meine Kabine und so kamen wir ins Gespräch. Er fragte mich, ob ich zur U-Boot-Waffe wechseln wollte. Ich sagte ihm, dass ich immer schon davon geträumt hätte, genau das zu tun, und er sagte, dann wollen wir mal sehen, was sich arrangieren lässt.'"

Im folgenden Jahr rückte Topp in die U-Boot-Schule in Neustadt ein. „Es war ein wahr gewordener Traum." Er war allerdings weniger begeistert, nachdem er das erste U-Boot besichtigt hatte. „Es war eine riesige Enttäuschung. Ich kam in diesen engen Raum. Natürlich wusste ich, dass es beengt zugehen würde, doch nun erlebte ich es das erste Mal. Der Gestank und die Feuchtigkeit waren niederschmetternd. Das änderte sich aber schnell. Das Boot wurde mein Zuhause."

Die meisten von Dönitz rekrutierten Offiziere waren wie Topp: jung, ehrgeizig und bereit, sich mit den schwierigen Bedingungen abzufinden, weil sie bei den U-Booten frühzeitig ein eigenes Kommando übernehmen konnten. Einer war Hanns-Ferdinand Maßmann, der 1938 im Alter von 21 Jahren direkt von der Offiziersschule zur U-Boot-Waffe kam. „Ich war überrascht und stolz, dass ich auf Anhieb für die Ausbildung angenommen worden war. Im Gegensatz zu den großen Schiffen, Schlachtschiff oder Kreuzer, konnte man relativ schnell eine verantwortungsvolle Position erreichen."

Es war die Kameradschaft in dem kleinen Boot, die viele Männer anzog, um hier als Mannschaftsdienstgrad zu dienen. Auch Richard Amstein. Amstein trat 1938 im Alter von 20 Jahren in die Marine ein und wurde als "Zentralgut" als Mechaniker im Kontrollraum mit Verantwortung für die Tauchtanks des U-Boots, ausgebildet. „Ein Freund von mir war in der Marine und er sagte, ‚du kannst um die ganze Welt reisen. Sicher' dir nur ein kleines Kommando – da gibt es nicht so ein strenges Regiment wie in den Kasernen.'"

Diese junge Männer zog es in die U-Boot-Familie von Dönitz. Jeder kannte jeden persönlich, und es gab sogar familiäre Verbindungen. Hans-Rudolf Rösings Schwager diente als Kommandant neben ihm. Zu einem gewissen Grad wurde diese Vertrautheit vom Boot selbst verursacht. Nach einigen Wochen auf See war es schwer, die Offiziere von den Mannschaftsdienstgraden zu unterscheiden. Niemand rasierte sich oder trug eine offizielle Uniform. Diese Ungezwungenheit, die bei den anderen deutschen Einheiten fehlte, wurde offiziell gefördert. Sie war wichtig für den Aufbau eines ganz bestimmten Geistes, der das erste Ziel des Ausbildungsprogramms von Dönitz gewesen war. Er schrieb später: „Ich wollte die Besatzungen mit Begeisterung für ihre Waffe und Zutrauen zu ihr erfüllen und sie zu selbstloser Einsatzbereitschaft erziehen. Nur ein solcher Geist konnte im Kriege bei der Schwere des U-Boot-Kampfes Erfolge herbeiführen. Das militärische Können allein würde nicht genügen."[7]

Dönitz glaubte, dass die „selbstlose Einsatzbereitschaft" seine Männer zur Eliteeinheit qualifizieren würde. Sie sollten zu einer Truppe innerhalb der Truppe werden. Der Rest der Marine sprach bald vom „Freikorps Dönitz" in Anspielung auf die Freikorps, die nach dem Ersten Weltkrieg Deutschland vor einem vermeintlichen kommunistischen Umsturz schützen wollten. Für die

Männer auf den U-Booten war Dönitz „der Löwe“, eine kühle, nachdenkliche Autorität und gleichzeitig eine Art Vaterfigur. Topp erinnert sich: „Er hatte ein enormes Charisma. Es war nicht nur der Aufbau der U-Boot-Waffe, der ihm wichtig war, er kümmerte sich auch um seine Leute. Er sorgte sich um die kleinsten Kleinigkeiten. Wenn Mannschaftsmitglieder nach Hause fuhren, bekamen sie ein Fresspaket für die Familie. Dönitz stand mit seinen Männern im persönlichen Kontakt. Nicht nur mit den Offizieren, sondern mit allen seinen Männern. Er kannte die meisten von ihnen beim Namen.“

Die Kriegsmarine hatte stets den Ruf, eine Truppe professioneller Seeleute zu sein, die eine gewisse Distanz zur Politik des Reiches hielten. Dennoch spiegelte ihr Bild im Großen und Ganzen die Einstellungsmuster der deutschen Bevölkerung wider, und in den Jahren nach Hitlers Machtergreifung im Jahre 1933 genossen er und die nationalsozialistische Ideologie die überwältigende Unterstützung der meisten Deutschen. Im „Freikorps Dönitz“ gab es mit Sicherheit zahlreiche Gefolgsleute. Zwar war in der Marine die Mitgliedschaft in einer politischen Partei verboten, doch es gab viele, die die Nazis unterstützten, und Männer wie Erich Topp, die schon einmal ein Parteibuch besessen hatten. Er erinnert sich: „Als Hitler an die Macht kam, versuchte er allmählich, die Lasten des Versailler Vertrags zu verringern und uns dadurch zu befreien. Es gab ständig Straßenkämpfe zwischen den Sozialisten und den Nationalsozialisten, und er wollte diesem Chaos ein Ende machen.“

Hanns-Ferdinand Maßmann hatte ebenfalls Hitlers Ernennung zum deutschen Reichskanzler begrüßt. Sein Vater gehörte zu den Offizieren, die nach dem Versailler Vertrag aus der Marine ausscheiden mussten. Danach war das Leben für die Familie schwer geworden. „Damals verbanden die Soldaten Hitlers Aufstieg mit der Hoffnung, uns mit den anderen Mächten gleich zu stellen und uns von den Restriktionen des Versailler Vertrags zu befreien.“

Hitler war zwar kein Seemann, aber von den technischen Details der Kriegsschiffe fasziniert – der Dicke der Panzerung, dem Kaliber der Schiffsgeschütze. Er war zudem fest entschlossen, wieder eine mächtige Marine aufzubauen. Dies wurde natürlich von allen zwischen Brücke und Kesselraum begrüßt. Dönitz wurde Hitler erstmals 1934 vorgestellt. Er war beeindruckt. Hier stand ein ehemaliger Soldat, der seine Ansichten von der Notwendigkeit „einer selbstlosen Bereitschaft zum Dienst am Vaterland“ teilte.

Jene traditionellen, konservativen Werte, von denen er glaubte, dass sie das Herzstück der neuen U-Boot-Waffe bilden sollten. Erich Topp erinnert sich, dass er für die gleichen Werte eintrat:

> „Die Idee des Nationalsozialismus – den Leuten zu dienen und alles zu tun, um ihre Lage zu verbessern – fand sich in gewisser Weise an Bord eines U-Boots wieder. Der Kommandant war allein dafür verantwortlich, was auf seinem Boot geschah und hatte eine enge Verbindung zu seinen Männern. Wir waren 50 und kannten uns sehr gut. Jeder wusste genau, was er zu tun hatte. Wir waren in der Tat eine Bruderschaft."

Allerdings nicht, wenn man Jude war. Nach 1933 erreichte die Verfolgung der Juden durch die Nazis alle Bereiche Deutschlands – auch die Marine. Diejenigen, die dies nicht aktiv unterstützten, waren im Allgemeinen bereit, weg zu schauen. Topp erklärt, dass dies in der Marine leichter fiel als anderswo. „Wir waren auf See und hörten nur die vom Propagandaministerium gefilterten Nachrichten. Bei aufkommendem Zweifel waren wir bereit, Brücken zu bauen, etwa: das sind Übergangserscheinungen, Auswüchse einer revolutionären Bewegung."[8]
Und nachdem wieder Schlachtschiffe mit einer Tonnage von 30.000 Tonnen von den deutschen Werften abgeliefert wurden, war es für die Offiziere und Männer der Kriegsmarine natürlich sehr leicht und bequem, diese Sichtweise einzunehmen.

Nicht alle wurden jedoch von der Nazi-Welle mitgerissen. Einige sahen die Richtung, in die dies führen konnte, einigermaßen kritisch. Jürgen Oesten, der Sohn eines liberalen Berliner Künstlers, überraschte seine Familie 1933, als er sich im Alter von 19 zur Marine meldete. Im Mai 1937 wechselte er zur U-Boot-Waffe und wurde fünf Monate später Wachoffizier auf U-20. Während eines Heimatbesuchs im Jahr darauf beobachtete Oesten die immer bösartiger werdende Behandlung der jüdischen Bürger. Nach der „Reichskristallnacht", dem bis dahin schlimmsten aller Pogrome der Nazis, war Oesten angewidert von dem, was er gesehen hatte, und besuchte einen jüdischen Freund der Familie in seiner Ausgehuniform, um ihm dies mitzuteilen.[9] Dennoch hielt er es für seine Pflicht, den Interessen seines Landes auf See zu dienen.

Der junge preußische Adlige Hans-Jochen von Knebel Doeberitz war ebenfalls skeptisch. Er war im Alter von 18 Jahren in die Marine eingetreten und zwei Jahre später zur U-Boot-Waffe versetzt worden. Für die Familie von Knebel war das Leben in Hitlers Reich schnell unangenehm geworden. Er erinnert sich:

> „Unser Vater wurde von der Partei beobachtet – es war allgemein bekannt, dass er kein großer Freund der Nazis war. Wenn wir abends in aller Ruhe beim Abendessen saßen, klingelte mitunter das Telefon. Man hob den Hörer ab und hörte eine Stimme ‚Heil Hitler'. Es war eine Provokation, um herauszufinden, ob man ebenso antworten würde. Man sagte sich ‚oh wieder einer von denen' und nahm den Kaffeekannenwärmer, der bereit stand, und stülpte ihn über das Telefon."

Für einige Zeitgenossen war die Marine ein Fluchtort vor Verdächtigungen und Belästigungen. Ein Platz, wo abweichende Meinungen toleriert wurden – wenigstens wenn man flüsterte.

Dönitz schrieb später, dass zum Zeitpunkt seiner Ernennung zum Chef der U-Boot-Waffe ein Krieg mit Großbritannien undenkbar schien. Hitler hatte gerade den Deutsch-Britischen-Flottenvertrag ausgehandelt, der die Stärke der deutschen Flotte auf 35 Prozent der britischen Stärke begrenzte. 1938 hatte sich das alles verändert. Die deutschen Marinepläne zielten in den Worten des Oberkommandierenden, Admiral Erich Raeder, auf eine Lösung des „Englandproblems". Österreich war bereits Teil Großdeutschlands geworden, und Hitler plante die Annexion der Tschechoslowakei. Die britische Neutralität konnte nicht länger garantiert werden. Dies erschien irgendwie unvermeidlich. Großbritannien war die größte Marinemacht der Welt und wollte dies auch bleiben. Bereits der Versuch des Kaisers, diese Übermacht herauszufordern, war abgewehrt worden. Seine Hochseeflotte hatte die meiste Zeit des Ersten Weltkriegs in der Nordsee verbracht und endete in Meuterei und Niederlage.

Nur die U-Boot-Waffe tauchte mit einem unbeschädigten Ruf auf. Der Geist der erniedrigenden Kapitulation musste ausgelöscht werden. Dönitz selbst hatte das Kriegsende als Gefangener der Briten erlebt. Und auch eine freilich widerwillige Bewunderung der Royal Navy konnte die tiefer liegenden feindlichen Gefühle nicht überdecken – diese Gefühle teilte er mit den meisten seiner Offiziere.[10]

Mit dem Tag der Abrechnung im Hinterkopf bat Raeder seinen Stab zu untersuchen, was auf Deutschland bei einem Krieg mit Großbritannien zukommen würde. Eine vollständige Blockade, so der Stab, würde die beste Chance für einen Erfolg bieten: „Der Seekrieg ist der Kampf um die wirtschaftlichen und militärischen Seeverbindungen."[11] Das wiederum bedeutete einen totalen Krieg gegen die Handelsschifffahrt, um so Großbritanniens Wirtschaft zu strangulieren und in die Niederlage zu zwingen. Dafür musste Deutschland allerdings eine Marinestreitmacht aufbauen, die Großbritanniens mächtige Schlachtflotte herausfordern konnte. Die Frage blieb: Was für eine Marinestreitmacht? Raeder war sicher, dass diese Streitmacht aus großen Schiffen mit entsprechenden Geschützen bestehen müsse. Also Schlachtschiffe mit 50.000 Tonnen, Flugzeugträger, schwere Kreuzer. Diese große militärische Vision faszinierte Hitler. Im Januar 1939 wurde der so genannte Z-Plan vom Führer offiziell abgesegnet. Die Arbeiten begannen sofort.

Für Dönitz bedeutete dies eine herbe Enttäuschung. Er war davon überzeugt, dass U-Boot-Gruppen Schiffe wesentlich schneller zu versenken vermochte als sie der Feind bauen konnte. Wenn seine Boote eine Millionentonnage an Schiffen pro Monat versenkten, wären Großbritanniens Verbindungen über den Atlantik unterbrochen und der Krieg gewonnen. In den ersten Wochen des Jahres 1939 führte Dönitz ein aufwändiges Kriegsspiel im U-Boot-Hauptquartier durch. Unter den Teilnehmern befand sich auch der Wachoffizier von U-20, Jürgen Oesten. Oesten erinnert sich:

> „Die Aufgabe bestand darin herauszufinden, wie viele U-Boote man benötigte, um den Nachschub über den Atlantik zu unterbinden. Wir fanden heraus, dass wir mindestens 100 Boote im Atlantik benötigten, was wiederum bedeutete, dass wir insgesamt 300 Boote brauchten: 100 im Einsatz, 100 auf dem Weg zum Einsatz und 100 Boote in

den Werften, wo sie repariert oder ausgerüstet wurden. Und hätten wir 300 Boote, dann würde es anderthalb Jahre dauern, um eine effektive Wirkung auf den Ausgang des Krieges zu erzielen."

Dönitz folgerte daraus, dass die U-Boot-Waffe eine sofortige Priorität erhalten müsse. Eine große U-Boot-Flotte wäre schneller und preiswerter zu bauen und außerdem leichter vor den feindlichen Mächten zu verstecken als große Schlachtschiffe. Doch seine Versuche, den Stab zu überzeugen, waren vergeblich. Raeder glaubte, dass der Seekrieg mit großen Schiffen auf dem Wasser und nicht darunter gewonnen werden würde. Obwohl das erste Ziel die feindliche Handelsschifffahrt war, benötigte man Schlachtschiffe, um den mächtigen Kriegsschiffen des Feindes zu begegnen. Der Stab hatte stets die Bedeutung großer Schiffe betont, doch das mangelnde Vertrauen in die von Dönitz entwickelte Strategie hatte ihre Ursache auch im Glauben, dass die Briten den U-Booten keine Chance lassen würden. In Berlin war es wohl bekannt, dass die Royal Navy stark auf ihr neu entwickeltes Unterwasser-Zielerfassungssystem ASDIC (später einfach Sonar genannt) vertraute. Daher hätten die U-Boote kaum eine Möglichkeit, unter Wasser unentdeckt zu bleiben. Auch die Einwände von Dönitz, dass die Briten dem System zu sehr vertrauten, fanden kein Gehör. Der Führer der U-Boote war zwar ein respektierter Offizier, doch er war nur ein Kommodore und seine Ansichten wurden lediglich seinem Rang entsprechend gewichtet.

Für Dönitz war die Ablehnung seiner Pläne um so frustrierender, weil er im Gegensatz zum Stab nicht daran glaubte, dass noch viel Zeit verblieb. 1939 war deutlich, dass Hitlers Ziele in Polen das Risiko eines Krieges in sich trugen. Doch Raeders Pläne sahen vor, dass das letzte Schiff seiner Flotte erst 1948 vom Stapel laufen sollte – und das war bereits sehr optimistisch.

Dönitz verbarg seine Sorgen nicht vor seinen Männern. Hanns-Ferdinand Maßmann traf ihn zum ersten Mal im Frühjahr 1939:

„Es war auf einem U-Boot während unserer Schulung als U-Boot-Geschütz-Offiziere, Er kam in der Kieler Bucht an Bord. Er versammelte die Lehrgangsteilnehmer um sich und gab uns dann einen Einblick in seine Ansichten über den Aufbau der U-Boot-Waffe angesichts der außenpolitischen Situation. Zu jener Zeit konnte man noch nicht mit Sicherheit sagen, was passieren würde. England hatte für Polen eine Garantie abgegeben, und die ersten Spannungen zwischen Polen und Deutschland waren bereits sichtbar. Er sagte, man hätte ihm versichert, dass es nicht zu einem Krieg mit England kommen würde, doch angesichts der Umstände könne er das nicht glauben, und als Kommandant müsse er vorbereitet sein. Alles was er tun könne, war, eine U-Boot-Waffe von 300 U-Booten zu fordern. Nur damit könne man eine Blockade Englands durchsetzen."

Der Oberkommandierende der Marine demonstrierte sein Vertrauen in Hitlers politisches Urteil, als er im Juli 1939 zu den Offizieren der U-Boot-Waffe sprach. Der Führer, so Raeder, hätte ihm versprochen, dass es unter keinen Umständen einen Krieg gegen Großbritannien geben würde, denn das wäre „Finis Germaniae". Innerhalb von sechs Wochen geschah das Undenkbare. Deutsche Truppen marschierten in Polen ein, und als Antwort erklärten Großbritannien und Frankreich dem Reich den Krieg. Obwohl Dönitz aus seinen Vorahnungen keinen Hehl gemacht hatte, war das für ihn und seine Offiziere dennoch ein Schock.

1939 war Hans-Rudolf Rösing Kommandeur der U-Boot-Flottille „Emsmann". Er erinnert sich an eine tiefe Wut: „Wir fühlten uns von der anderen Seite in einen Krieg gestoßen. So stellte es die Propaganda dar. Wir glaubten nicht wirklich, oder wollten es nicht glauben, dass wir diejenigen waren, die den Krieg begonnen hatten. Wir dachten nicht, dass wir den Krieg auf See gewinnen konnten und schätzten die ganze Situation als ziemlich verzweifelt ein."

Die Kriegsmarine war nicht auf einen Krieg vorbereitet. Briten und Franzosen hatten mehr als zehn Mal so viele Kriegsschiffe. Die 3000 Männer des „Freikorps Dönitz" waren zwar motiviert, gut ausgebildet und außerordentlich zuversichtlich, was die Wirkung ihrer Waffe betraf, doch sie verfügten lediglich über 57 Boote, und die meisten davon waren die kleinen 250-Tonnen-„Enten". Gerade 27 Boote waren groß genug für Einsätze im Atlantik. Hanns-Ferdinand Maßmann: „Wir waren nicht deprimiert, aber besorgt. Gleichzeitig war da aber auch die Herausforderung. Wir hatten schließlich eine Aufgabe. Wir würden nun in Aktion treten und uns selbst beweisen. Wir hofften einfach, dass wir in diesem Krieg eine Rolle spielen würden, dass wir in der Lage sein würden, unser Ziel zu erreichen – England in die Knie zu zwingen."

Richard Amstein war dagegen nicht darauf aus, eine Rolle zu spielen. „Um ehrlich zu sein, sagte ich erst einmal ‚Scheiße, jetzt beginnt der ganze Mist.' Doch ich dachte, wenigstens ist das U-Boot ziemlich sicher. Ich glaubte nicht, dass uns etwas zustoßen konnte. Später wussten wir es dann besser." Bereits am zweiten Tag des Krieges schrieb Dönitz an Raeder und drängte noch einmal auf eine zügige Vergrößerung der U-Boot-Flotte. Wieder wurde die magische Zahl 300 erwähnt. Dieses Mal setzten sich seine Argumente durch. Dem Oberkommandierenden war bewusst geworden, dass die Realität seine hoch fliegenden Pläne für eine mächtige Flotte überholt hatte. Die erste Hürde war genommen, jetzt musste nur noch Hitler überzeugt werden.

Die erste Welle der U-Boot-Angriffe hatte einige Erfolge erreicht: Allein die Atlantikboote hatten innerhalb von wenig mehr als 14 Tagen 39 Schiffe versenkt. Doch dies wurde von der unglücklichen Versenkung der „Athenia" überschattet. Dönitz und sein Stab waren sich auch der Tatsache bewusst, dass ohne eine Aufhebung der engen Restriktionen für die U-Boot-Einsätze weitere entscheidende Erfolge unmöglich sein würden. Hitlers Gedanken mussten von der anstehenden Feldschlacht auf den bereits offen ausgebrochenen Seekrieg gelenkt werden.

Von Anfang an hatte Dönitz mit Planungen für „das kühnste aller kühnen Eindring-Unternehmen"[12] begonnen. Dieser Einsatz sollte die Führung des Reiches beeindrucken und das Selbstvertrauen des Feindes ins Wanken bringen. Es war eine der großartigsten maritimen Aktionen des Krieges – präzise geplant und brillant ausgeführt.

Im Herzen der Orkney-Inseln vor der britischen Nordküste liegt ein großes Stück offene See, Scapa Flow. Dieses große Becken, an seiner breitesten Stelle zehn Meilen messend, bildet einen natürlichen Hafen zwischen der Nordsee im Osten und dem Atlantik im Westen. Die Betonüberreste zeugen noch immer von der Bedeutung, die „Flow" als Hauptstützpunkt der britischen Home Fleet in zwei Weltkriegen hatte.

Während Hitler das neue Deutschland aufbaute, brachten Taucher in Scapa Flow die Überreste der kaiserlichen deutschen Marine an die Oberfläche. 1918, nach der Niederlage, war die deutsche Hochseeflotte langsam in die

Bucht eingelaufen. Vier Kriegsjahre endeten nun in einer erniedrigenden Gefangenschaft. Im Juni des folgenden Jahres fluteten die an Bord verbliebenen Männer ihre Schiffe und versenkten sie. Während der folgenden 20 Jahre wurden die Überreste des einstigen Stolzes der kaiserlichen Marine an die Oberfläche geholt und verschrottet. Die Bergungsunternehmen zahlten gutes Geld, und in den schlechten Zeiten hatten die Bewohner der Orkneys allen Grund, den Deutschen dankbar zu sein. „Für uns war der erste Weltkrieg stets sehr nahe", erinnert sich Sandy Robertson.

Im Sommer 1939 half der 31-jährige Robertson bei der Bergung des Kreuzers „Derfflinger", dem letzten Schiff. „Es gab keinen Platz, um es irgendwo unterzubringen – die Navy hatte den Platz belegt." Die Home Fleet war nach Scapa Flow zurückgekehrt. Am Vorabend des Krieges klopfte die Royal Navy bei Robertson an. Er würde für die nächste Zeit benötigt. Dringende Reparaturen mussten an den Verteidigungsanlagen durchgeführt werden. Robertson hatte die letzten zehn Jahre damit verbracht, Schiffe zu bergen, nun sollte er sie in seinem neuen Job versenken. Die drei wichtigsten Eingänge zu dem Ankerplatz waren durch Anti-U-Boot-Ausleger geschützt, die bei Bedarf geöffnet werden konnten. Zwischen den Inseln am östlichen Ende gab es vier kleinere Kanäle. Im Ersten Weltkrieg hatte die Admiralität sie mit versenkten Schiffen, die mit schweren Ketten gesichert wurden, abgesperrt. Die Gezeitenströme der vergangenen Jahre hatten die Schiffe zwar aus ihren Positionen geschoben, doch die Kanäle waren eng und flach und die Strömungen stark. Dies sei ein ausreichender Schutz gegen U-Boote, dachte man bei der Admiralität.

Die Erfahrung schien dies zu bestätigen. Zweimal während des Ersten Weltkriegs hatten U-Boote versucht, diese Verteidigungslinie zu durchbrechen und waren daran gescheitert. Dennoch hatte Dönitz wenige Tage nach Kriegsausbruch seinen Stab beauftragt, die für einen derartigen Angriff notwendigen Informationen zu sammeln. Bis Ende September hatte ihm die Luftwaffe eine ganze Serie von Luftaufnahmen der Verteidigungsanlagen in Scapa Flow geliefert. Es war klar, dass ein Angriff durch die Verteidigungslinie am östlichen Ende ausgeführt werden musste. Dönitz hielt im Tagebuch des U-Boot-Kommandos eine Route fest, die offensichtlich entlang der versenkten Schiffe im Kirk Sound führen musste. „Der Holm-Sund ist ausschließlich durch zwei quer im Fahrwasser des Kirk-Sundes liegende, anscheinend versenkte Dampfer und einen an der Nordseite liegenden gesperrt. Südlich derselben bis zum Lamb-Holm ist auf 7 m Wassertiefe eine Lücke von 17 m Breite bis zum flachen Wasser. Auch nördlich der Dampfer ist eine kleine Lücke. Das Ufer ist an beiden Seiten fast unbewohnt. Hier halte ich ein Eindringen nachts über Wasser bei Stauwasser ohne weiteres für möglich. Die Hauptschwierigkeit liegt auf navigatorischem Gebiet."[13] Die beste Möglichkeit schien Freitag, der 13. Oktober zu bieten, weil die beiden Stauwasserperioden in der Dunkelheit bei Neumond lagen.

Der Mann, von dem Dönitz glaubte, dass er über die Fähigkeiten für einen derart riskanten Einsatz verfügen würde, war Günther Prien, Kommandant von U-47. Klein gewachsen, mit einem runden, plumpen Gesicht hatte der Mann eine jungenhafte Erscheinung. Prien hatte fast die Hälfte seiner 31 Jahre auf See verbracht. „Er hat bereits in der Handelsmarine gedient und war ein ausgezeichneter Seemann, was er bereits bei unseren Übungen in Friedenszeiten unter Beweis gestellt hat", erinnert sich Priens Flottillenkommandant Hans-Rudolf Rösing. „Er war außerdem sehr engagiert und entschlossen." Ein Mann, aus dem gleichen Holz geschnitzt wie Dönitz.

Bei seinem ersten Kriegseinsatz hatte U-47 drei britische Frachter versenkt. Dann kam Dönitz auf Prien zu und bot ihm diesen speziellen Einsatz an. Man gab ihm 48 Stunden Bedenkzeit, doch niemand zweifelte an seiner Antwort. Am 8. Oktober verließ U-47 unauffällig den Kieler Hafen in Richtung Orkney-Inseln. Die Fahrt über die Nordsee verlief langsam. Das Boot nutzte seine Dieselmotoren für eine zügige Fahrt in der Nacht, doch am Tag musste es unter Wasser bleiben, um nicht entdeckt zu werden. Auf See erklärte Prien seiner Mannschaft den Einsatz, der vor ihnen lag. Niemand erwarte, dass sie überlebten, sagte er, aber er sei zuversichtlich, dass sie es schaffen würden. Priens Zuversicht hätte vermutlich einen empfindlichen Knacks bekommen, hätte er erfahren, wie viele lohnende Ziele während seiner Fahrt Scapa Flow verlassen hatten. Am 13. Oktober, dem Tag der Attacke, waren die meisten Schiffe verschwunden. Am Tag zuvor war ein deutsches Aufklärungsflugzeug tief über die Bucht geflogen. Aus Furcht, dass dies ein Vorspiel für einen Bombenangriff sein könnte, wurde der Schlachtkreuzer „Repulse" sofort abgezogen. Ihm folgte eine wahre Prozession von Schiffen – darunter der Flugzeugträger „Furious“. Die Schlachtschiffe „Nelson“ und „Rodney“ sowie der Schlachtkreuzer „Hood“, die bereits einige Tage zuvor ausgelaufen waren, blieben in Loch Ewe an der schottischen Westküste.[14]

Ein Veteran aus dem ersten Weltkrieg lag noch in Scapa Flow vor Anker: das Schlachtschiff „Royal Oak“. Seine großen 15-Zoll-Geschütze waren bei der Schlacht von Jütland im Einsatz gewesen. Jetzt war sie mit ihren 20 Knoten schlicht zu langsam, um der Flotte noch von Nutzen zu sein. Dennoch blieb sie weiter im Dienst – ein zackiges Kriegsschiff mit einem gefürchteten, schweren Schlag. Die junge Mannschaft war gerade vier Monate zuvor an Bord gegangen. Unter den 1200 Offizieren und Besatzungsmitgliedern waren 175 Nachwuchsseeleute. Hauptmatrose Joe Instance gehörte mit seinen 22 Jahren zu den erfahreneren Männern an Bord. Er hatte immerhin bereits sechs Jahre lang gedient, die Hälfte davon auf dem Schwesterschiff der „Royal Oak“, der HMS „Resolution“. Er erinnert sich: „Zuerst gab es Gerüchte, das Schiff sollte für zweieinhalb Jahre ins Mittelmeer verlegt werden. Diese Hoffnung löste sich auf, als der Befehl erging, das Schiff dunkelgrau anzustreichen. Meine Frau und ich wollten während meiner Abwesenheit sparen, um nach meiner Rückkehr ein Haus zu kaufen.“ Am 13.Oktober lag die „Royal Oak“ an ihrer üblichen Position in der nordöstlichen Ecke von Scapa Flow. Von hier aus konnten ihre Luftabwehrgeschütze den Himmel über dem Ankerplatz abdecken. Die verbliebenen Schiffe der Home Fleet waren auf der anderen Seite der Bucht in der Nähe der Hauptbasis der Navy in Lyness auf der Insel Hoy konzentriert.

Prien war in den frühen Stunden des 13. am östlichen Eingang der Bucht eingetroffen und verbrachte dort den Tag am Meeresboden. Er wartete auf die Nacht und auf Stauwasser. Wer es schaffte, verbrachte den Tag im Schlaf. Nach einer Mahlzeit um fünf Uhr wurden die Torpedos überprüft und vorsichtig Sprengsätze an den Ventilen verlegt. Sollte der Einsatz misslingen, würde U-47 wenigstens nicht in die Hände des Feindes fallen. Um 19.15 Uhr schließlich gab Prien den Befehl zum Auftauchen und zur Annäherung.

Was er vom Kommandoturm aus sah, hatte er nicht erwartet. Der Horizont war „widerlich hell“ – erleuchtet vom flackernden Nordlicht. Dennoch entschloss sich Prien weiterzumachen. Die Flut spülte das U-Boot mit, so das Kriegstagebuch, „unglaublicher Geschwindigkeit“ in Richtung Westen.

Nachdem er den Kirk Sound erreicht hatte, zielte Prien auf die Lücke zwischen den rostigen Rümpfen, die die Durchfahrt verstellten. Für einen kurzen Nerven zerfetzenden Augenblick war das Boot in einem der Haltetaue gefangen. „Mit Backbordmaschine stopp, Steuerbordmaschine langsam voraus und hart Backbord Ruder dreht das Boot zunächst sehr langsam, berührt Grund“, schrieb Prien ins Kriegstagebuch. „Das Heck berührt noch die Ankerkette, Boot ist frei, wird nach Backbord herumgerissen und lässt sich nur mit schnellen Maßnahmen wieder auf Kurs bringen.“[15] Nur wenige Meter entfernt huschen die Scheinwerfer eines Wagens von der Küste über die Wasseroberfläche. „Wir sind drin“, berichtet Prien seiner Mannschaft. Es war eine halbe Stunde nach Mitternacht am 14. Oktober.

Während U-47 leise in die Bucht einfuhr, wechselte die Stimmung auf der Brücke von Euphorie in bittere Enttäuschung. Hatten sie sich über die Schwelle der Royal Navy geschlichen, um festzustellen, dass niemand zu Hause war? Nachdem sie verzweifelt nach einem Ziel gesucht hatten, entdeckten sie die Schatten von, so dachten sie, zwei großen Schlachtschiffen, die in der Nähe der Küste vor Anker lagen. Prien identifizierte die beiden „fetten Kerle“ als die „Royal Oak“ und die „Repulse“. Tatsächlich hatten sie die „Royal Oak“ und den wesentlich kleineren Wasserflugzeugträger „Pegasus“ im Visier. Das U-Boot schlich sich langsam vorwärts und als es noch 3000 Meter entfernt war, wurden die Rohre eins bis vier geflutet. Es gab einen harten Stoß, als die beiden Torpedos aus dem Bug schossen und ihrem Ziel entgegen rasten. Auf der Brücke zählte die Wache. Dreieinhalb Minuten bis zum Einschlag.

Die meisten der 1200 Männer der „Royal Oak“ schliefen. Joe Instance war auf dem Hauptdeck, genau unter dem Vordeck.

> „Ich hatte keine Wache, und daher musste ich die ganze Nacht drinnen bleiben. Ich lag in meiner Hängematte als sich irgendwo vorne eine riesige Explosion ereignete. Es schüttelte das ganze Schiff durch. Ich sprang aus meiner Hängematte, ging zum nächsten Schott und sah auf die Uhr, weil am Tag zuvor ein junger Matrose in meiner Messe meinte, ‚Oh, heute werden wir es kriegen, Hookie. Es ist Freitag der 13.‘ Das war also meine erste Reaktion. Wieviel Uhr ist es? Vier Minuten nach Eins.

> Ich ging zurück und sagte, ‚Jungs, es ist Samstag der 14. Jetzt kommt aus den Hängematten, und wir finden heraus, was passiert ist.' Sie lehnten sich nur heraus und sagten, ‚nun mach dir mal keine Sorgen'. Keiner kam raus. Ich war hier der Verantwortliche, und daher dachte ich, ich sollte herausfinden, was los war. Ich zog mir Hose und eine Dienstjacke an, und ich dachte, es wäre das Beste, nach achtern zu gehen, wo die Offiziere waren. Sie würden mehr wissen als wir."

Ein Torpedo hatte an Steuerbord ein Loch in den Rumpf gerissen. Auf dem Flaggendeck hatten die Männer der Wache gesehen, wie sich eine Wasserwolke über das Vordeck ergossen hatte, doch weiter unten erklärte man Kapitän William Benn, dass es sich wahrscheinlich um eine Explosion im feuergefährlichen Lager handelte. Seiner Meinung nach gab es keinen Anlass für unmittelbare Besorgnis. Joe Instance erinnert sich: „Ein Gerücht wollte wissen, dass ein Kühlschrank in die Luft geflogen war. Niemand dachte an ein U-Boot. Tatsächlich dachte ich wie viele andere, dass ein hoch fliegender Bomber eine Bombe in der Nähe des Bugs abgeworfen hatte."

Die meisten Mannschaftsmitglieder blieben in ihren Hängematten. Man hielt es nicht für notwendig, sie zu wecken. Keine besonderen Vorsichtsmaßnahmen wurden ergriffen.

In der Dunkelheit bereitete U-47 eine weitere Salve vor. Von der Brücke aus ließ sich nur feststellen, dass einer der drei Torpedos sein Ziel erreicht hatte. Prien glaubte, er hätte das Schiff, das er fälschlicherweise als „Repulse" identifiziert hatte, getroffen und nicht die „Royal Oak". Während die Mechaniker noch die beiden Bugrohre nachbeluden, drehte er das Schiff herum und schoss seinen Hecktorpedo auf die „Royal Oak". Wieder wurde die Zeit bis zum Einschlag genau gestoppt. Ein weiterer Fehlschuss. Das Boot schwenkte auf eine neue Position, näher an der „Royal Oak". Um 1.25 Uhr: „Drei Bugschüsse. Nach je knappen drei Minuten nach den Abschüssen die Detonationen auf dem näher liegenden Schiff. Da rollt, knallt, bumst und grummelt es gewaltig. Zunächst Wassersäulen, dann Feuersäulen, Brocken fliegen durch die Luft."[16] Dieses Mal hatten alle drei Torpedos ihr Ziel erreicht.

Gerade zehn Minuten waren vergangen, seitdem die erste Explosion Joe Instance aus dem Schlaf gerissen hatte.

„Ich war achtern, versuchte herauszukriegen, was geschehen war. Da war eine kleine Toilette, und ich dachte, gut, da gehst du jetzt rein. Als ich drin war, schlugen die nächsten drei Torpedos innerhalb weniger Sekunden ein. Ich erinnere mich noch, dass ich dem Kerl neben mir gesagt habe, ‚wenn das so weiter geht, müssen wir nach Plymouth zu einer Reparatur'. Der letzte Torpedo traf das Munitionslager. Wir gingen gerade raus, als diese heiße orangefarbene Luft durch die Decks nach oben schoss. Ich wurde wieder in die Toilette gestoßen. Wie lange das dauerte, weiß ich nicht. Alles, was ich tun konnte, war, in einer Ecke in Deckung zu gehen, mein Gesicht zu bedecken und zu versuchen, mein Augenlicht zu retten und auf das Beste zu hoffen.

Der Kerl neben mir trug nur ein Unterhemd und eine Hose, und als ihn die Flammen erreichten, brannte er wie ein Streichholz. Glücklicherweise trug ich meine Wollhosen und meine Dienstjacke. Das rettete meinen Körper. Meine Hände, das Gesicht, der Nacken und meine Haare waren verbrannt, aber nicht mein Körper. Ich muss wohl für mindestens fünf Minuten ohnmächtig gewesen sein, und als ich wieder zu mir kam, begriff ich nicht, dass das Schiff sank, wusste aber, dass ich raus musste."

Die Explosion des Munitionslagers hatte das Schiff in tiefe Dunkelheit getaucht. Wasser rauschte durch die drei großen Lecks an der Steuerbordseite, und sofort bekam es Schlagseite. Die meisten Männer waren in der Dunkelheit zwischen den Decks gefangen. Es war die Dienstzeit, die Joe Instance auf der „Resolution", dem Schwesterschiff der „Royal Oak" verbracht hatte, die schließlich sein Leben rettete.

„Selbst in der Dunkelheit wusste ich, wo ich lang kriechen musste. Ich musste die Steuerbordseite des Schiffs überqueren und herunter zur Steuerbordtreppe, weiter zur Zwischentür zum Quarterdeck, dass nur einen Schutzvorhang hatte. Erst als ich diese Tür erreicht hatte, begriff ich, dass ich nicht mehr auf dem Deck kletterte, sondern auf dem Schott. Sie hatte eine Schlagseite von 60 Grad. Ich zog mich durch die Öffnung, blickte hinaus, und das Quarterdeck war wie eine lange Rutsche. Ich legte mich auf den Rücken, rutschte nach unten und wurde durch die Handläufe gestoppt. Einer unter meinem Hals, der andere unter meinem Magen. Ich sah dort nur eine andere Person. Das war der Offiziersanwärter der Wache. Er lehnte gegen das Geländer und hatte sein Fernrohr noch unter seinem Arm. Ich erinnere mich, wie er zu mir sagte, ‚glauben Sie, wir sollten das Schiff verlassen, Sir?' Ich weiß nicht, wen er glaubte vor sich zu haben. Bevor ich antworten konnte, verschwand alles unter mir und wir trieben nach draußen."

Die Beobachter auf der Brücke wussten, dass das alte Schlachtschiff am Ende war. Sie hatten den erschütternden Einschlag der Torpedos beobachtet. Nun lag es auf der Seite und würde bald versinken. Weil er befürchtete, dass seine Anwesenheit bemerkt worden war, gab Prien den Befehl, mit halber Geschwindigkeit Kurs auf den Kirk-Sund zu nehmen. Die Flut rollte kräftig gegen das Boot, doch Prien gelang es wieder, einen Weg zwischen den Blockadeschiffen zu finden. Um 02.15 Uhr hatte er die offene See erreicht. Mit dem für ihn typischen Eifer schrieb er in das Kriegstagebuch: „Schade, dass nur einer vernichtet wurde."

Die Royal Navy verschwendete keinen Gedanken an die Verfolgung des U-Boots. Hunderte Männer warteten darauf, aus dem Wasser gezogen zu werden. Schwimmwesten waren genauso wenig ausgegeben worden wie man die Rettungsboote zu Wasser gelassen hatte. Im Wasser beobachtete Joe Instance das Ende der „Royal Oak". „Sie hatte sich gedreht, und alles, was ich sehen konnte, war ihr Rumpf. Große Wasserfontänen schossen heraus. Der Lärm war furchtbar. Ich konnte hören wie die 15-Zoll-Geschütze – jedes wiegt ungefähr anderthalb Tonnen – aus ihren Halterungen rissen, als sie sich drehte. Und dann war sie verschwunden. Einfach so." Mit ihr versanken 833 Offiziere und Mannschaften. Alles war innerhalb von 13 Minuten geschehen. Joe Instance war einer der wenigen, der sich von unter Deck aus retten konnte. Im Wasser fühlte er sich, als schwimme er in einer Art Sirup. Das dickflüssige Öl der „Royal Oak" hatte sich ins Wasser ergossen.

„Ich wusste, dass ich meinen Kopf über Wasser halten musste. Ich erinnere mich lustiger Weise, wie mein Divisionsoffizier zu mir rüber kam. Er hing an einem Stück Holz. ‚Wer ist das?' fragte er. ‚Hauptmatrose Instance, und ich bin total verbrannt.' ‚Oh, so ein Pech', sagte er. Ich muss mindestens eine halbe Stunde im Wasser getrieben sein. Dann kam aus dem Nichts dieses kleine Floß, und ich hörte jemand sagen, ‚Oh, da drüben ist noch jemand.' Sie versuchten, meine Hände zu fassen. Natürlich waren die schlimm verbrannt, so dass ich aufschrie ‚no, no, no'. Der Offizier auf dem Floß meinte, ‚dann zieht ihn an den Haaren heraus.' Nun, ich hatte keine Haare mehr – die waren verschwunden. Schließlich griffen sie unter meine Achseln und zogen mich wie einen nassen Seehund in das kleine Floß. Und ich wurde ohnmächtig."

Auf der anderen Seite der Bucht, auf Hoy, wurde Sandy Robertson durch ein kräftiges Klopfen an seiner Haustür aus dem Schlaf gerissen. Es war kurz nach 3 Uhr. Im Dunkeln zitterte ein Bote des Marinestützpunkts. Robertson wurde sofort benötigt. In Lyness gingen er und zwei seiner Kollegen auf ein Tauchboot und wurden zum Ankerplatz gebracht. Auf halbem Weg erfuhren sie, was sie zu tun hatten. Sie sollten das Wrack des Schiffs untersuchen, das sie noch vor wenigen Stunden vor Anker liegend gesehen hatten.

Die Nachricht von der Versenkung der „Royal Oak" löste überall Bestürzung aus. Die ersten konfusen Berichte, die bei der Admiralität eintrafen, sprachen noch von einer Serie von Explosionen. Der Verlust des Schiffes samt des größten Teiles seiner Mannschaft war schlimm genug, aber dass ein U-Boot in die Bucht von Scapa Flow eingedrungen war, galt schlicht als undenkbar. Leitende Männer im Nachrichtendienst der Marine schlossen dies zunächst aus.[17] Doch unter den Überlebenden befand sich der kommandierende Offizier, und Kapitän Benn war ziemlich sicher, dass sein Schiff torpediert worden war. Man beschloss daher, Taucher nach unten zu schicken, um die Angelegenheit zweifelsfrei zu klären.

Bei Tageslicht konnte Robertson den riesigen Rumpf des Schiffes in einer Tiefe von rund 30 Metern erkennen. Der Bootsausleger, der an seiner Seite befestigt war, ragte noch über die Wasseroberfläche. Der erste Tauchversuch wurde schnell wieder abgebrochen, als ein Zerstörer in der Nähe begann, Wasserbomben auf ein vermeintlich getauchtes U-Boot zu werfen. Es war der erste von vielen falschen Alarmen. Prien war schon lange verschwunden, doch erst nach einer Woche wurde die Suche nach ihm abgebrochen. Als die Taucher schließlich das Schiff erreichten, wurden sie, so Robertson, mit einem furchtbaren Anblick konfrontiert. „Mein Gott, da lagen überall Körper – allein ungefähr hundert, die auf dem Boden lagen. Sie sagten mir, ich solle auf den Rumpf des Schiffs schlagen, um festzustellen, ob jemand antwortete. Was sollte das? Sie lag 17 faden tief, niemand hätte das überleben können. Alles war noch da. Die Geschütze und die Decks waren in Ordnung, doch da waren drei große Löcher in der Nähe der Kielflosse."

Robertson fand, was er suchte, direkt unter dem Tauchboot. „Die Marine war sich so sicher, dass nichts durch ihre Verteidigungsanlagen dringen konnte. Es gab allerdings keine Missverständnisse mehr, als wir die Schraube des Torpedos an Land brachten. Dann waren sie still."[18]

Die erschütternde Nachricht wurde noch am gleichen Tag veröffentlicht. Das Undenkbare war geschehen – ein britisches Schlachtschiff war am wichtigsten Ankerplatz der Marine versenkt worden. Winston Churchill, der neue Erste Lord der Admiralität, versicherte seinen Kollegen im Kriegskabinett, dass dieses „bedauerliche Unglück" die allgemeine maritime Situation nicht beeinflussen würde. Privat empfand Churchill den Verlust sehr schmerzlich. Der Gedanke an die in der „schwarzen Tiefe" gefangenen Männer trieb Tränen in seine Augen.[19] Eine Untersuchungskommission begann mit der Suche nach den Verantwortlichen, doch auf jeden Fall war klar, dass sich die Home Fleet bis zum Bau von verbesserten Abwehranlagen gegen U-Boote in Scapa Flow einen neuen Unterschlupf suchen musste.

Hauptmatrose Joe Instance war der einzige Überlebende seiner Abteilung. Die Tage nach seiner Rettung gingen in Schmerzen. Sein Kopf und seine Hände waren stark verbrannt. Es dauerte drei Wochen, bis das Öl aus seinen Wunden geholt worden war. „Wir waren alle vollkommen bandagiert – nur zwei Löcher für die Augen und eins für den Mund. Ich drehte mich zu dem Kerl neben mir und fragte ihn, ob ich genauso aussähe wie er. Nach seinem Ja dachte ich, oh, wie verrückt. Ich war ungefähr 14 Tage auf der Liste der lebensgefährlich Verletzten und man entschloss sich, meine Frau zu holen. Sie kam ins Krankenhaus und ging an mir vorbei. Sie erkannte mich nicht. Ich musste brüllen ‚ich bin Joe.'"

Nach einem Jahr war Instance wieder zurück im Atlantik. Dieses Mal auf einem Zerstörer. „Auf diesem Schiff und auf allen Schiffen nach der ‚Royal Oak' ging ich während der Nachtwachen so lange mit geschlossenen Augen durch das Schiffsinnere, bis dass ich genau wusste, wohin ich zu gehen hatte – für den Fall, dass so etwas noch einmal passieren sollte."

Die ersten Berichte über Priens Erfolg erreichten Deutschland über die BBC. Die Details waren unvollständig, aber Dönitz und seinem Stab war klar, dass sich U-47 nach Scapa Flow geschlichen, ein Schlachtschiff versenkt hatte und erfolgreich wieder herausgekommen war. Das Vertrauen in die Operation und ihren Kommandeur war vollkommen berechtigt gewesen. Dönitz hatte der Royal Navy eine demütigende Niederlage zugefügt. Er hatte aber auch Eindruck auf Hitler gemacht. Der war begeistert. Propagandaminister Goebbels wurde mit einer öffentlichen Kampagne beauftragt, um die Nazitugenden der Aktion zu rühmen – das U-Boot als der mutige „einsame Wolf".

Als U-47 wieder in Wilhelmshaven einlief, war seine beachtliche Leistung in ganz Deutschland bekannt. Beim Passieren der „Scharnhorst" bemerkten die jubelnden Seeleute die Umrisse eines angreifenden Stiers an der Seite des Kommandoturms des U-Boots. Das Bild hatte sich beim ersten Offizier des U-Boots eingestellt, als er seinen Kommandeur bei der Attacke auf die „Royal Oak" beobachtete.

Prien musste seine Rückkehr so lange hinauszögern, bis ihn der Oberkommandierende der Kriegsmarine begrüßen konnte. Raeder zeichnete ihn mit dem Eisernen Kreuz (Erster Klasse) aus, doch dies erschien nicht ausreichend. Hitler selbst wollte sich unbedingt beim neuen Helden des Reichs bedanken. Die Mannschaft von U-47 wurde in seinem persönlichen Flugzeug nach Berlin geflogen und dort vorbei an jubelnden Menschen in die Reichskanzlei gebracht. Alles wurde für die Wochenschau festgehalten. Hitler zeichnete Prien nun mit einem neuen, noch bedeutenderen Orden aus: dem Ritterkreuz des Eisernen Kreuzes. Die um den Hals getragene Auszeichnung wies seinen Träger auf Anhieb als einen „echten deutschen Helden" aus. Alle U-Boot-Kommandanten begehrten von nun an das Ritterkreuz. Prien, „Der Stier von Scapa", war der erste unter ihnen, der es erhalten hatte.

Es sei ein „einmaliger Triumph“ erklärte Hitler seinen Zuhörern, eine wagemutige Tat an jenem Platz, an dem ein schwaches Deutschland 1918 seine gesamte Flotte abliefern musste.[20] Noch einen Monat zuvor hatte Hitler seine Skepsis der U-Boot-Waffe gegenüber geäußert, nun war sie anscheinend die Verkörperung von militärischem Einfallsreichtum, Mut und Fähigkeit. Das war genau das Bild, das Dönitz zu schaffen versucht hatte.

Hanns-Ferdinand Maßmann, der zu jener Zeit neue Mannschaften ausbildete, erinnert sich an die Auswirkungen, die Priens Erfolg auf die öffentliche Unterstützung dieser Waffengattung hatte. „Mein Vetter fuhr mit Prien als Zweiter Offizier. Ich traf ihn später zufällig in einem Hotel. Er hatte einen Koffer voller Geschenke, die an Priens Mannschaft geschickt worden waren. Er musste sie verteilen. Diese Leistung hatte Auswirkungen überall in Deutschland. Es gab einen überwältigenden Ausdruck öffentlicher Unterstützung.“

Das Kriegstagebuch der deutschen Marine verzeichnete die Versenkung als „ruhmreichen Erfolg“, der die „Sympathie“ für die Männer der U-Boot-Waffe „gestärkt“ hatte. Unter der Leitung von Dönitz hatte sie „überragende operative Leistungsfähigkeit“ bewiesen.[21] Die Geister der deutschen Niederlage im Ersten Weltkrieg, die so eng mit Scapa Flow verbunden waren, waren endlich besiegt.

Beinah sofort genehmigte Hitler eine Verringerung der Restriktionen für U-Boot-Einsätze. Alle feindlichen Schiffe, auch Linienschiffe, die in Geleitzügen fuhren, durften nun torpediert werden. Die nun in der Reichskanzlei aufkeimende Hoffnung, dass ein Sieg auf See möglich sein, ja dass die Royal Navy geschlagen werden könnte, begann sich im ganzen Land zu verbreiten. Wenn ein einzelnes U-Boot ein britisches Schlachtschiff an seinem Ankerplatz versenken konnte, was konnte dann erst eine große Flotte von Booten in den Weiten des Atlantiks erreichen?

KAPITEL ZWEI

HORCHER

Admiral Sir Andrew Cunningham machte während des zweiten Weltkriegs die berühmte Beobachtung, dass man lediglich drei Jahre benötige, um ein Schiff zu bauen, aber dreihundert, um eine Tradition zu entwickeln. Die ersten Verluste auf See – vor allem die Versenkung der „Royal Oak", bedeuteten für die Öffentlichkeit, die sich noch schwer tat, sich auf einen zweiten Weltkrieg innerhalb von 20 Jahren einzustellen, einen schweren Schlag. Dennoch blieb der Glaube an einen Sieg unerschüttert. Das Land blickte vor allem auf seinen standfesten Schutz: die Royal Navy. Schiffe konnten verloren gehen, doch „dreihundert Jahre lang hatte die Navy immer wieder gekämpft und gesiegt", so John Adams. Und: „Man dachte schon, dass es blutig werden würde, aber man hatte das Gefühl, dass wir uns viele, viele Jahre sehr gut auf See geschlagen hatten, und wir irgendwie durchkommen würden."

Am 3. September 1939 befand sich der Zerstörer HMS „Walker" auf einer Routinepatrouille im St. George Kanal vor der englischen Südwestküste. An Bord befand sich der 20-jährige Leutnant Adams. „Ich kann mich noch daran erinnern, wie der Funkspruch kurz nach 11 Uhr am 3. eintraf: ‚Sofort Feindseligkeiten mit Deutschland beginnen.' Es gab ein allgemeines Gefühl der Erleichterung, weil die Flotte bereits ein Jahr zuvor mobilisiert worden war, und die Öffentlichkeit darüber besorgt war, was Hitler als nächstes vorhatte."

Der Erleichterung folgte eine schwer verdauliche Unsicherheit: Was nun? Die „Walker" war gerade 14 Tage zuvor aus der Reserveflotte geholt und die Mannschaft in aller Eile zusammen gestellt worden. Adams hatte seine Seeausbildung zunächst auf dem Übungskreuzer HMS „Frobisher" und dann als Offiziersanwärter auf der „Royal Oak" absolviert, doch die meisten anderen Männer der Besatzung waren Reservisten, Fischer, Bankbeamte oder Ladenbesitzer.

Innerhalb einer halben Stunde nach der Kriegserklärung führte die die „Walker“ begleitende HMS „Walpole“ den ersten Wasserbombenangriff durch. „Ein eingebildetes U-Boot“, schrieb Walker in sein Tagebuch. „Die Wasserfontänen sahen aber wenigstens gut aus.“ Hochgradige Spannung herrschte auch am folgenden Morgen. Die „Walker“ geleitete den Frachter „Corinthic“ durch den St. George-Kanal. „Wir dachten, wir hätten etwas im Wasser gesehen“, vertraute Adams seinem Tagebuch an. „Wir drehten bei, um anzugreifen und gaben den Befehl, für die Wasserbomben achtern bereit zu sein. Einer der Reservisten zog in seiner Begeisterung den Bolzen aus der Sicherung und feuerte eine Wasserbombe ab.“

Die verschreckte Mannschaft der „Corinthic“ hielt die Explosion für einen Torpedoangriff auf ihr Schiff. Adams erinnert sich, was sich vor seinen verblüfften Augen abspielte: „Die ‚Corinthic‘ stoppte ihre Maschinen, ließ Dampf ab, ließ die Rettungsboote herab, die ganze Mannschaft sprang hinein, und wir brauchten einige Stunden, um sie zu überzeugen, wieder an Bord zu gehen, die Rettungsboote hochzuziehen und weiterzufahren.“ Offensichtlich hatten nicht alle Menschen grenzenloses Vertrauen in das Schutzschild der Marine ihrer Majestät. Der Kapitän der „Corinthic“ hatte die rote Standarte der britischen Handelsmarine verkehrt herum gehisst, ein anerkanntes Notsignal. Adams: „Es war bemerkenswert zu sehen, dass sie auf die Rettungsboote die Worte ‚dies ist das Wrack der SS Corinthic‘ gemalt hatten. Eine sehr pessimistische Botschaft, von der wir nicht glaubten, dass sie zutraf.“

Die „Walker“ führte an jenem Tag noch zwei weitere Wasserbombenattacken durch, fing dabei aber lediglich einen beachtlichen Riesenhai. An den nächsten beiden Tagen folgten zwei weitere. Adams notierte in seinem Tagebuch mit einiger Skepsis, dass einige Mannschaftsmitglieder geschworen hatten, man hätte ein U-Boot am Rumpf des Bootes gehört und die Geräusche der Motoren vernommen. Eine eingebildete U-Boot-Flotte veranlasste zahllose Wasserbombenattacken in den ersten Kriegstagen. Das hatte man erwarten können. Es war einfach unmöglich, die furchtbaren Verluste, die 20 Jahre zuvor auf das Konto der U-Boote gegangen waren, zu vergessen.

Das Ziel der britischen Strategie war es, Deutschland von den lebenswichtigen Importen von Nahrung und Rohstoffen abzuschneiden und gleichzeitig die eigenen zu sichern. Während des Ersten Weltkriegs war das Erste wesentlich leichter zu erreichen gewesen als das Zweite. Die meiste Zeit des Krieges hatte die britische Marine eine strenge Wirtschaftsblockade aufrecht erhalten, die für den späteren Sieg mit entscheidend war. Dennoch waren die britischen Schiffe bei der Sicherung der eigenen Seeverbindungen nicht sonderlich erfolgreich gewesen. Die Admiralität war unglaublich langsam, die von den U-Booten ausgehende Bedrohung zu erkennen und entsprechende Vorbereitungen zu treffen. Im Frühjahr 1917 war Großbritannien am Rande der Niederlage. Der Kriegsstaatssekretär musste den Soldaten eingestehen, dass die „Seeleute die Herrschaft über die See“ verloren hatten. Das war für die größte Seemacht der Welt ein unvorstellbares Geständnis. Im April 1917 kehrte ein Viertel der Schiffe nicht mehr zurück. Fast 900.000 Tonnen an alliierten und neutralen Schiffen waren in einem Monat versenkt worden, und bis September hatten die U-Boote insgesamt acht Millionen Tonnen in drei Kriegsjahren versenkt.[1]

Erst die verspätete Einführung des Geleitzugsystems beendete die katastrophalen Verluste. Es ist schwer zu verstehen, warum es so lange dauerte, dieses System einzuführen, denn an den Prinzipien hatte sich seit den Tagen Nelsons nichts geändert: Handelsschiffe wurden in Flotten zusammen gefasst, die von Kriegsschiffen geschützt wurden. Indem man die Schiffe in einem Geleitzug konzentrierte, war es möglich, die Zahl der Ziele zu reduzieren. 50 auf dem Meer verteilte Schiffe bedeuteten für die U-Boote 50 Abschussmöglichkeiten. Im Geleitzug konnten diese Schiffe verteidigt werden. Wenigstens hatte man diese Lektion begriffen. 20 Jahre später zweifelte niemand mehr an der Bedeutung des Konvoisystems.

Unter der Flut von Funksprüchen, die die HMS „Walker“ am ersten Tag erreichten, befand sich einer der Admiralität, in dem es kurz und bündig hieß: „Winston ist zurück.“ Um 6 Uhr abends am 3.September hatte Churchill die Schwelle der Admiralität in Whitehall überschritten, um den Posten als First Lord aufs Neue zu übernehmen. Bereits in den ersten Monaten des Ersten Weltkriegs hatte er diese Funktion ausgefüllt. Nur wenig hatte sich in dem Gebäude verändert: Sein Stuhl, seine Kartentruhe, ja sogar seine Karten befanden sich noch dort, wo er sie 25 Jahre zuvor zurückgelassen hatte. Auch an der Aufgabe hatte sich nichts geändert, wie Churchill es später in seiner flammenden Art formulierte: „Wieder müssen wir um Leben und Ehre gegen die Macht und den Mut der tapferen, disziplinierten und rücksichtslosen germanischen Rasse kämpfen."[2] Es war klar, erklärte der neue First Lord seinen Beamten am folgenden Morgen, dass Deutschlands „erster Angriff" wieder in den westlichen Seegebieten vor Großbritannien stattfinden würde.[3] Dies war auch die seit langem fest stehende Ansicht des Marinegeheimdienstes, der bereits 1935 warnte: „Wenn Deutschland alle seine Schiffe für Angriffe auf die Schifffahrt einsetzt, könnte es zusammen mit Luftangriffen auf London und den Schiffsverkehr sowie rücksichtslosen U-Boot-Einsätzen darauf hoffen, uns vor allem durch wirtschaftlichen Druck zu besiegen... Es wird sich an den nur kleinen Unterschied zwischen Sieg und Niederlage erinnern, den es im letzten Krieg erfahren hatte."[4]

In der Vergangenheit war die Insellage vor Europa stets eine große strategische Stärke Großbritanniens gewesen. Dennoch machte die Abhängigkeit von der See das Land in einer vergleichbaren Situation äußerst verwundbar. Vor dem Krieg importierte Großbritannien im Jahr gut 59 Millionen Tonnen Nahrung und Rohstoffe und jeden Tropfen Erdöl, der vor allem aus dem Westen über den Nordatlantik ins Land gebracht wurde.[5] Die lebenswichtige Verbindung wurde durch die größte Handelsflotte der Welt aufrecht erhalten: insgesamt rund 3000 Schiffe mit einer Tonnage von 17,5 Millionen Tonnen.[6] Großbritannien konnte zudem mit den Ressourcen seiner Alliierten rechnen, doch diese weltweiten Interessen mussten ebenfalls verteidigt werden.

1939 war die Royal Navy allerdings nur noch ein Schatten der siegreichen Streitkraft des Ersten Weltkriegs. In den Jahren zwischen den beiden Kriegen fanden die härtesten Schlachten nicht auf See, sondern gegen die verschiedenen Regierungen statt, die fest entschlossen waren, die Verteidigungskosten zu senken. Die meisten Kämpfe endeten mit einer Niederlage. Von den zwölf Schlachtschiffen der Navy waren zehn während des ersten Weltkriegs gebaut worden. Das galt auch für zwei der drei Schlachtkreuzer. Nur einer der sechs Flugzeugträger war als solcher konstruiert worden, die anderen waren Umbauten aus den zwanziger Jahren.[7] Außerdem gab es zu wenig kleinere Schiffe, die für den Schutz der Geleitzüge benötigt wurden.

Dennoch waren Regierung und Bevölkerung optimistisch. Die Bedrohung der britischen Herrschaft der Meere erschien weniger dramatisch als 25 Jahre zuvor. Dieses Mal ruhten die Siegeshoffnungen auf zwei Säulen: dem Geleitzugsystem und der Unterwasser-Ortung. Im letzten Krieg hatte die Entwicklung des Geleitzugsystems drei Jahre gedauert, dieses Mal benötigte der neue First Lord gerade drei Tage. Das größte Problem waren die fehlenden Begleitschiffe. Zunächst wurde den Schiffen der Schutz nur in der Nähe der britischen Inseln angeboten. Geleitzüge von Liverpool oder London aus wurden zwischen dem 12. und 15. Grad West begleitet. Danach waren sie auf sich gestellt.[8] Die Geleitschiffe warteten dort auf Konvois, die Kurs auf Heimathäfen hatten. Dabei war es mitunter schwierig, den vereinbarten Treffpunkt einzuhalten. Obwohl es nicht an Seemannskunst mangelte, waren die äußeren Bedingungen oft schwierig, und es gab noch kein Radar, auf das man zurück greifen konnte. Geleitzüge und Begleitschiffe kämpften mit den gleichen Navigationsproblemen, die Nelson bereits 150 Jahre zuvor erlebt hatte. John Adams: „Es hing einfach von der Navigation ab. Wenn der Geleitzug wegen schlechtem Wetters keine gute Sicht zur Sonne auf dem Atlantik hatte, konnten sie bis zu 50 Meilen abseits sein. Es gab in jenen Tagen keine andere Möglichkeit, als mit Sonne und Sternen zu navigieren. Ich kann mich daran erinnern, dass wir damals bis zu vier Tage auf einen Geleitzug gewartet haben."

Nur Schiffe mit einer Geschwindigkeit von 9 bis 15 Knoten sollten in einem Geleitzug fahren. Das war wenigstens die Hoffnung, doch die Konvois fuhren stets mit der Geschwindigkeit des langsamsten Schiffs, die oftmals bei weniger als 9 Knoten lag. Selbst in einer engen Formation konnte ein Geleitzug mit 40 bis 50 Schiffen eine Fläche von 20 Meilen auf See abdecken. Das Einhalten der Position war daher überlebenswichtig und verlangte viel Organisation. John Adams:

> „Bevor wir ablegten, hatten wir an Land eine Geleitzugbesprechung, wo den Schiffen eine bestimmte Position zugewiesen wurde. Man hatte einen Geleitzug-Kommodore, der ein höherer Marineoffizier im Ruhestand war. Von Liverpool aus liefen wir am Feuerschiff Bar auf die offene See, wo das Rechteck geformt und langsam Fahrt aufgenommen wurde. Man startete mit sechs Knoten und ging dann vielleicht auf neun, je nachdem, wieviel Geschwindigkeit möglich war. Der Kommodore entschied dann, ob Zickzackkurs gefahren wurde oder nicht. Wir in den Begleitschiffen machten unsere Runde, über-

prüften die Schiffe, ihren Namen und ob sie die richtige Position einhielten und so weiter."

Die Geleitzug-Disziplin aufrecht zu erhalten, war vor allem in den ersten Monaten des Krieges schwierig, als selbstständig eingestellte Handelskapitäne, an einen freien Horizont gewöhnt, nun gezwungen waren, sich tagelang in einer nautischen Box aufzuhalten. Einige lehnten den Schutz der Geleitzüge ab, aber die meisten akzeptierten ihn dann doch als beste Überlebenschance. Anfangs machte es nicht diesen Anschein, denn eine große Anzahl von verdunkelten Schiffen, die im Zickzackkurs über den Ozean dampften, erschien manchem zunächst gefährlicher zu sein als die Bedrohung durch U-Boote.

Das war vor allen Dingen der Fall bei einem kleinen Geleitzug, den die „Walker" begleiten sollte. Er verließ Liverpool am 9.September mit der „Walker" und „Vanquisher" als Schutz. „Wie können zwei Zerstörer eine angemessene Begleitung bieten?", fragte sich Adams in seinem Tagebuch. Es gab die üblichen falschen Alarme, doch das größte Problem des Konvois war die Einhaltung der Positionen. Am 11. September schreibt Adams in sein Tagebuch: „Säule 1 und ‚Vanquisher' dampften wegen schlechter Einhaltung der Position während der Nacht davon und mussten in der Morgendämmerung umkehren." Sein Tagebucheintrag fährt weiter fort: „Ich ging gegen 21 Uhr in meine Koje, um mir einigen Schlaf für die mittlere Wache zu holen und wurde gegen 22 Uhr durch einen furchtbaren Schlag und Schlingern geweckt. ‚Jesus'", dachte ich, ‚jetzt weiß ich, wie es ist, wenn man von einem Torpedo getroffen wird." Glücklicher Weise war ich vollständig angezogen und stand nach fünf Sekunden an Deck. Dann sah ich, dass wir mit der ‚Vanquisher' kollidiert waren."

Der Kapitän der „Walker" hatte die „Vanquisher" von der anderen Seite des Geleitzugs gerufen und sie an achtern für die Rückreise nach Liverpool befohlen. Auf der Brücke der „Walker" konnte der Wachoffizier lediglich eine Gischtspur im Wasser ausmachen, die er in der Dunkelheit für die Heckwelle der „Vanquisher" hielt. Es war die Bugwelle. Die „Vanquisher" kreuzte vor dem Geleitzug. Der Fehler wurde zu spät entdeckt: „Wir fuhren direkt durch sie durch und töteten dabei 14 Mann", erinnert sich Adams. „Wir waren acht Stunden lang ineinander verkeilt." Es kam zu schrecklichen Szenen. Weil das Schiff kein medizinisches Personal oder entsprechende Ausrüstung besaß, war der Erste Offizier der „Walker“ gezwungen, einen schwer verletzten Mann zu erschießen. „Da war ein Matrose unten im Wrack, der einen Kumpel fest hielt, doch beide Beine seines Freundes wurden abgerissen, als die beiden Schiffe auseinander kamen.“ Glücklicherweise war das Wetter gnädig, und beide Schiffe konnten gerettet werden, doch es war eine erschreckende und grausame Erfahrung für die Mannschaft der „Walker“.

Trotz aller Schwierigkeiten funktionierte das Konvoisystem. Die erste Säule der Admiralität hatte sich als standfest erwiesen. Bei der zweiten, der Unterwasserortung, war das noch nicht der Fall. Seit dem Ende des ersten Weltkriegs hatten britische Wissenschaftler an der Entwicklung von ASDIC oder Sonar, wie es später genannt wurde, gearbeitet, um U-Boote unter der Wasseroberfläche orten zu können.[9] Dabei wurden Geräuschimpulse von einer Kuppel unter einem Schiff gesendet, die, wenn sie auf ein Hindernis stießen, reflektiert wurden. Das so genannte ASDIC-Echo gab Lage und Entfernung eines möglichen Ziels an. Das war zwar ein revolutionärer Schritt nach vorne, doch die damit verbundenen Behauptungen waren durchaus übertreiben. Nachdem den U-Booten „der Mantel der Unsichtbarkeit“ genommen worden war, so ein Regierungsausschuss, seien die Angriffe auf Handelsgeleitzüge nicht mehr „profitabel“. Meinte man. Die Admiralität rühmte sich, „dass die U-Boote nie mehr in der Lage sein würden, uns Probleme zu bereiten wie 1917“. Es war nur noch eine Sache des Entdeckens, Angreifens und Versenkens. Wenn eine Wasserbombe das U-Boot schon nicht zerstörte, so war es wenigstens nicht mehr in der Lage, die Schifffahrt zu bedrohen.

Es gibt Stimmen, die behaupten, dass die öffentlichen Verlautbarungen über ASDIC nur ein Schachzug der Nachrichtendienste waren. Man wollte versuchen, Deutschland davon zu überzeugen, dass es sich nicht lohnte, Geld in den Aufbau einer U-Boot-Flotte zu stecken. Sollte es so gewesen sein, dann war man bis zu einem gewissen Grad erfolgreich. Im Gegensatz zu den Versicherungen von Dönitz glaubte die deutsche Marineführung in der Tat, dass ASDIC die Kampfleistung der U-Boote deutlich beschneiden würde. Doch diese Kampagne war ein zweischneidiges Schwert, denn selbst die kühnsten Kritiker der britischen Marinepolitik waren von dieser Technik überzeugt. Dazu gehörte auch Churchill. Er hatte die Jahre vor dem Krieg auf den Hinterbänken des Parlaments verbracht – in der politischen „Wildnis“. Im Juni 1938 wurde er in die U-Boot-Schule in Portland eingeladen, um dort ASDIC im Einsatz zu erleben. Der damalige neue ASDIC-Spezialist auf dem Schulungsschiff HMS „Walpole“, Maurice Usherwood, erinnert sich:

> „Churchill und der First Sea Lord waren beide auf der Brücke. Ich erklärte ihnen die verschiedenen Kontrollinstrumente. Der Erfolg von ASDIC hing nicht nur vom Talent und der Erfahrung desjenigen ab, der ASDIC bediente, sondern auch von einer ganzen Reihe anderer Faktoren wie dem Temperaturgefälle des Meeres. Doch bei dieser Gelegenheit war das Wetter gut, die See ruhig, so dass wir innerhalb kurzer Zeit ein ASDIC-Signal empfingen, das ich auf Anhieb als U-Boot identifizieren konnte.
>
> Wir hielten den Kontakt problemlos und führten ein oder zwei simulierte Wasserbombenangriffe durch. Um unsere Gäste davon zu überzeugen, dass sich das U-Boot wirklich dort befand, wo wir es vermuteten, veranlassten wir es, seine Position durch eine Rauchkerze zu markieren. Ich sagte Churchill und dem First Sea Lord, in welche Richtung sie blicken sollten, und jedes Mal kam die Rauchkerze an der angegebenen Stelle nach oben. Sie waren sichtlich beeindruckt.
>
> Der Kapitän der ‚Walpole' und ich versuchten zu erklären, dass unsere ASDIC-Männer in der Tat hervorragend gearbeitet hatten, doch dass die Einsatzbedingungen nicht immer so gut waren wie bei dieser Gelegenheit. Man konnte Echos von allen möglichen Quellen außer den U-Booten empfangen – ein Fischschwarm, ein Wrack auf dem Meeresboden -, und man musste die Quellen genau unterscheiden. Churchills spätere Stellungnahmen, so erschien es mir, zeigten, dass er sich daran erinnerte, was er mit seinen eigenen Augen gesehen hatte, vor allem die Rauchkerze, die genau an dem von uns vorhergesagten Punkt an die Wasseroberfläche kam.“

Churchill schrieb dem First Sea Lord, Admiral Sir Ernle Chatfield, dass „ich hätte mir nicht vorstellen könen, dass eine dieser Kreaturen geradezu darum betteln würde, zerstört zu werden.“ Der neue U-Boot-Detektor „hat uns von einer unserer großen Gefahren befreit".[10] Diese Ansicht wurde auch von Chatfield geteilt. „Unsere Anti-U-Boot-Methoden sind nun so wirksam, dass sie natürlich nicht 100 Prozent erreichen, aber ich glaube, dass 80 Prozent nicht zu hoch gegriffen ist... und dass die Zahl der Zerstörer und Schiffe, die wir in einem künftigen Krieg... gegen U-Boot-Angriffe benötigen, deutlich verringert wird."[11]

Doch bei aller Zuversicht waren nicht genügend Schiffe mit der neuen Einrichtung ausgerüstet und zu wenige Männer für ihre Bedienung ausgebildet worden. Die Admiralität hatte große Probleme, junge Offiziere für die Anti-U-Boot-Kriegsführung zu begeistern. Ein brillanter junger Offizier, der verstanden hatte, war Maurice Usherwood, der Churchill in die Mysterien des neuen Geräts eingeweiht hatte. Nach seiner Grundausbildung hatte der 27-Jährige beschlossen, sich dem Stab in Portland anzuschließen. „Es waren nur die kleinen Schiffe, Zerstörer und so weiter, die mit ASDIC ausgerüstet wurden, und ich mochte die Idee, auf einem kleinen Schiff zu sein. Es ist eine engere Gemeinschaft und deshalb angenehm. Die Anti-U-Boot-Abteilung war neu in der Navy, und ich dachte mir, da könnte es Chancen für mich geben."

Als Usherwood 1937 zur Anti-U-Boot-Kriegsführung kam, bestand die Schule lediglich aus einigen Holzhütten. Der Stab war klein und die Mittel beschränkt. „Es war eine Art Dornröschen-Dienst. Er wurde tatsächlich rund um ASDIC aufgebaut, und die bereits länger eingerichteten Abteilungen wie Signal- und Geschützwesen sowie die Torpedoausbildung und so weiter, glaube ich, blickten anfangs auf uns herab." Diejenigen, die mit dem neuen Erkennungssystem arbeiteten, wurden bald – nach dem Geräusch des Echos – „Pingers" genannt. Geschützwesen und Navigation waren beliebt und der anerkannte Weg zu Beförderungen und nicht die Anti-U-Boot-Kriegsführung. Den jungen Offizieren war klar, dass die Admiralität die kleine deutsche Kriegsflotte als größte Bedrohung für die alliierte Schifffahrt ansah. Zwar war 1917 nicht vollständig vergessen, aber nun setzte man volles Vertrauen auf das neue „Unterwasserauge" der Navy.

Außerdem war bekannt, dass die deutsche Kriegsmarine höchste Priorität auf den Bau von größeren und besseren Schlachtschiffen und Kreuzern legte. Daher wurde ein großer Teil der Zeit mit Angriffsübungen auf diese Phantomflotte verbracht. Zerstörer agierten als Vorreiter, die ihre Torpedos gegen den Feind vor einer Schlacht zwischen den großen Schiffen und Geschützen einsetzten. Der offizielle Historiker der Navy offenbarte später, dass es in den 20 Friedensjahren zwischen den beiden Kriegen keine Übung für den Schutz eines sich langsam bewegenden Geleitzuges vor U-Boot-Angriffen gegeben hatte.[12] Das wurde jedoch in den Wochen nach dem Kriegsausbruch zu einer der wichtigsten Aufgaben der Navy. Viele der Schiffe ihrer Majestät waren, was wenig überraschte, schlecht vorbereitet. Die Geschütze des Veteranen HMS „Walker“ konnten gerade um 30 Grad nach oben gerichtet werden, was sie so gut wie wertlos machte, wenn das Schiff aus der Luft angegriffen wurde. Niemand an Bord hatte Erfahrungen mit dem Schutz eines Geleitzuges. „Ich glaube nicht, dass ich vor dem Kriegsausbruch den Abschuss einer Wasserbombe erlebt habe“, erinnert sich John Adams. „Als Leutnant auf einem Zerstörer habe ich das ASDIC bedient, aber ich hatte keine Anti-U-Boot-Kurse absolviert.“

Die Situation war auf den neuen Flottenzerstörern nicht anders. Nach dem Kriegsausbruch diente Maurice Usherwood als Anti-U-Boot-Spezialist auf einer Zerstörer-Flottille auf dem Mittelmeer. Seinen ersten Einsatz erlebte er an Bord der HMS „Garland“ am 13. Tag des Krieges:

> „Ich befand mich auf der Brücke, als wir einen ASDIC-Kontakt hatten. Ich war darüber nicht sehr glücklich, doch der Kapitän beschloss, Wasserbomben abzuwerfen. Nun gab es auf der Brücke einen Hebel, der durch einen Bolzen in der gesicherten Position gehalten wird. Wenn man den Bolzen löste und den Hebel zu sich zog, ertönte achtern im Schiff ein Signal und die Wasserbomben wurden abgeworfen. Nachdem der Kapitän seine Entscheidung getroffen hatte, nahm der Mann am Hebel den Bolzen heraus und zog versehentlich so weit am Hebel, dass das Signal achtern gegeben wurde. Die Wasserbombenmannschaft hörte das Signal und gab die Bomben frei. Sie hatten nicht bemerkt, dass das Schiff nur mit geringer Geschwindigkeit fuhr. Das Schiff musste aber ausreichend weit von der Explosion der Bomben entfernt sein. Die Wasserbomben flogen also ins Wasser, explodierten und sorgten an achtern für Verwüstungen. Glücklicherweise gab es keine Opfer, aber es war ein unglückliches Ereignis. Ich erinnere

mich, dass ich die Brücke verließ, um zu sehen, wie es in meiner Kabine aussah. Sie war ziemlich zerstört, und alles war voller Öl."

Dieser kostspielige Fehler wäre bei einer erfahrenen Mannschaft undenkbar gewesen. Die „Garland" verbrachte die ersten Kriegsmonate, als die Navy über zu wenig Schiffe für den Schutz der Geleitzüge verfügte, in einer Werft.

Um diesen Notstand abzustellen, wurden nach Churchills Anregung Pläne für die Entwicklung von „Anti-U-Boot-Schiffen und Luftabwehr-Schiffen" entwickelt, die schnell in großen Stückzahlen produziert werden konnten. „Sie sollen", so schrieb Churchill als „billig und gefährlich" angesehen werden – billig für uns, gefährlich für das U-Boot." Das für diese Schutzboote gewählte Design war das der in Middlesborough für die Norweger gebauten Walfänger. Die Schiffe mit einer Verdrängung von gerade 925 Tonnen und einer Länge von knapp 70 Metern wurden zuerst nach Blumen benannt. Diese „Korvetten" sollten die Arbeitspferde der Geleitschutzflotte werden. Es dauerte aber noch ein Jahr, bis die Schiffe der Navy in ausreichender Zahl zur Verfügung standen. In der Zwischenzeit wurden Trawler und Walfänger mit ASDIC sowie Wasserbomben ausgerüstet und als Schutzschiffe in Dienst gestellt.

Offiziere und Mannschaften wurden nun für die Fischereiflotte seiner Majestät benötigt, was für einige Männer eine rasante Beförderung zu einem Schiffskommando bedeutete. Einer war Ian Jamieson: „Ich hoffte als Leutnant auf einen Zerstörer zu kommen, doch dann sollte ich mich beim verantwortlichen Marineoffizier in West Hartlepool melden. Die Norweger hatten sechs Walfänger bestellt, aber wir hatten sie übernommen und bauten sie zu Anti-U-Boot-Walfängern um. Zum Beispiel wurde ein Vierzollgeschütz an Stelle der Harpune montiert. Sie nutzten Öl als Treibstoff im Gegensatz zu den meisten Trawlern. Sie waren 16 Knoten schnell und hatten eine beachtliche Reichweite." Der 19-jährige Jamieson war ein so genannter „Straight Stripe", der bereits im Alter von 13 Jahren zur Marine gegangen war. Er war gerade aus dem Mittelmeer zurückgekehrt, wo er als Offiziersanwärter auf HMS „Walpole" gedient hatte. Diese neue Stellung begrüßte er nicht gerade mit ganzem Herzen. „Anti-U-Boot-Kriegsführung stand so ziemlich ganz unten auf der Liste der Dinge, die ich tun wollte", erinnert er sich.

Es waren aber nicht nur die Nachwuchskräfte der Marine, die das Kommando über ein Anti-U-Boot-Schiff übernahmen, auch die Reservisten der Navy (die „Wavy-Navy-Reservisten“, so genannt wegen des goldenen Rings auf ihren Ärmeln) wurden einberufen. Es gab zwei Typen von Reservisten: die würdigen Seeleute der RNVR (Royal Naval Volunteer Reserve), von unfreundlichen Zeitgenossen auch als „Really Not Very Reliable“ (Nicht wirklich zuverlässig) und die Veteranen der Handelsmarine der RNR (Royal Naval Reserve), von Unwissenden auch als „Really Not Required“ (Nicht wirklich benötigt) bezeichnet. Tatsächlich wurden beide Gruppen sehr benötigt, obwohl einige unter ihnen, die die notwendige Erfahrung besaßen, darum kämpfen mussten, ernst genommen zu werden. Reserveoffizier Colin Warwick hatte einige Zeit in der Handelsmarine gedient und hatte ein Offizierspatent in der RNR. 1939 schrieb der 27-jährige Warwick an die Admiralität und beschrieb seine Erfahrungen. Er erinnert sich:

> „Ich bekam eine Antwort, die besagte, dass sie meinen Namen auf die Reserveliste der Handelsmarine setzen würden. Als nächstes traf ich meinen Schwager, der in Edinburgh studierte, in einer Marineuniform. Ich sagte, ‚du kannst doch das eine Ende eines Schiffes nicht vom anderen unterscheiden. Was machst du eigentlich?’
>
> ‚Nun’, sagte er, ‚sie haben Offizierspatente an die Studenten gegeben, und da habe ich eines genommen.’
>
> Daher schrieb ich wieder an die Admiralität, wobei ich bemerkte, dass man meine Dienste wohl verdammt dringend benötigte, nachdem ich mir meinen Schwager angesehen hatte.“

Dieses Mal fand er sich in einem Rauch gefüllten Raum in London wieder, wo ein weiteres Dutzend Freiwillige wartete. Alle trugen den blauen Burberry-Mantel der Handelsmarine-Reserve.

> „Man konnte es riechen. Sie waren alle alte Seeleute in meinem Alter. Ich ging zum Admiral, und er sagte, ‚tut mir Leid wegen ihres Schwagers. Wie ist er überhaupt zu uns gekommen?’
>
> Ich erzählte es ihm.

‚Oh', sagte er, ‚das stimmt, wir haben eine Menge Offizerspatente an die Universitäten gegeben, und jetzt beschweren sich die Kommandanten über das ‚Pferdefleisch, das ihr uns als Wachoffiziere schickt'. ‚Gleichzeitig', fuhr er fort, ‚gibt es viele Kerle wie Sie, die uns ziemlich unhöfliche Briefe schreiben. Wir haben nicht erkannt, wie viele Männer auf See waren, die dann an Land gingen... Nun,' sagte er, ‚wir brauchen Männer, die Schiffe auf See führen und kämpfen können. Wenn ich Sie wäre, würde ich ein Anti-U-Boot-Schiff nehmen.'

Also sagte ich, ‚in Ordnung, aber dann möchte ich mein Offizierspatent wieder haben – RNR.'

Er sagte, ‚ja wir können ihnen ein Offizierspatent geben – Leutnant, RNR.'"

Das war's. Ich war in der Navy."

Einige Tage später meldete sich Warwick in der Anti-U-Boot-Schule in Portland, wo er von einem geselligen Kommandeur begrüßt wurde. „So viel ich weiß, dauert die Schulung ein oder zwei Monate", meinte ich. Er erwiderte: „Die Letzten haben wir hier in 14 Tagen durch geschleust. Bei Ihnen schaffen wir es in sieben Tagen, weil wir auch am Wochenende arbeiten werden."

Wenige Tage nachdem er Portland verlassen hatte, kommandierte Warwick die „St Loman", einen von vier Trawlern der 15. Anti-U-Boot-Gruppe. Ihre Aufgabe bestand in der Jagd und der Zerstörung von U-Booten vor der Nordküste Schottlands. „Sie wurde mit Kohle befeuert", erinnert sich Warwick. „Sie hatte ungefähr 250 Tonnen Kohle an Bord und konnte problemlos ungefähr einen Monat lang auf See bleiben." Die Messe und Schlafquartiere der Matrosen befanden sich im ehemaligen Fischlager des Schiffs, während der „Skipper" etwas komfortabler in einer großen Kabine unter dem Steuerhaus untergebracht war.

Die erste Aufgabe des neuen Kommandeurs bestand darin, die Sympathien der hartgesottenen Mannschaft aus erfahrenen Trawler-Männern zu gewinnen. Dafür waren mitunter Methoden notwendig, die außerhalb den üblichen Regeln auf den Schiffen seiner Majestät lagen. Warwick erinnert sich:

„Der Kommandant unserer Gruppe, Kapitän Turner, – wir nannten ihn ‚Flash Alf' – erzählte mir, dass er auf ein Schiff mit einer Mannschaft aus der Handelsmarine versetzt worden war. Sein Maat erklärte ihm, dass ‚es hier etwas anders zugeht als auf den Schiffen, auf denen Sie bisher Dienst getan haben, Sir.'"

Er fragte, was darunter zu verstehen sei.

„Nun, da gibt es nur eine Sache, die wir verstehen." Dabei hob er seine Faust.

Flash Alf begab sich auf seine erste Runde durch das Schiff. Als er den Maschinenraum erreicht hatte, fragte er ein Mannschaftsmitglied, was er sei.

Der Mann sagte, „ich bin ein verdammter Schmierer."

Flash Alf antwortete: „Ich gebe Ihnen einen Rat. Wenn Sie ihrem Kapitän antworten, sagen sie ‚Sir'."

„Oh", meinte der Mann, „diesen Blödsinn mache ich nicht mit."

Da dachte Flash Alf daran, was der Maat ihm gesagt hatte, schlug den Mann mit einem trockenen Haken nieder und setzte seine Inspektion fort.

„Danach", sagte Flash Alf, „hatten wir einige neue Männer, die an Bord kamen. Ich konnte hören, wie sie sich vor meiner Kabine unterhielten. Einer fragte die Quartiermeister, ‚wie ist der Alte?' ‚Nun", sagte er, ‚er ist in Ordnung. Er schlägt Dich nieder, sobald er Dich sieht.'"

Flash Alf weiter: „Ich hatte einen Weg gefunden, wie man mit den Männern der Handelsmarine umgehen musste."

Der Kapitän des Walfängers seiner Majestät „Windermere", Ian Jamieson, hatte eine andere Art, wie er sein erstes Schiff führte: „Neben mir gab es noch einen 19-jährigen Leutnant und den Kapitän. Wir hatten eine Mannschaft von 25 bis 30 Mann. Mein Erster Offizier war in der Handelsmarine gewesen, war aber vor zwölf Jahren ausgeschieden und hatte die Leitung eines Hotels in Margate übernommen. Die Seeleute stammten alle von Trawlern, nicht von der richtigen Navy. Wir leiteten das Schiff in einer Art Komitee, und das ging ganz gut." Wie die „St Loman" operierte die „Windermere" vor der schottischen Nordküste.

Von Anfang an setzte Churchill auf kraftvolle Aktionen. „Die Suche nach einer maritimen Offensive“, schrieb er den Verantwortlichen der Admiralität, „muss unaufhörlich sein.“[13] Daher empfahl er die Bildung von „Sucheinheiten“, um feindliche Kriegsschiffe und U-Boote „zu fangen und zu vernichten“. Diese Jagdgruppen sollten sich dabei auf die neue Wissenschaft der „Unterwasserortung“ verlassen und die U-Boote „in der Tiefe“ zerstören. Dazu sollten nicht nur Zerstörer und spezielle Anti-U-Boot-Schiffe eingesetzt werden, sondern auch große „kapitale Schiffe“ wie Flugzeugträger zum Einsatz kommen. Der leichtfertige Einsatz dieser Schiffe im Anti-U-Boot-Kampf endete fast so schnell, wie er begonnen hatte, nachdem U-29 am 17. September den Flugzeugträger „Courageous“ versenkt hatte. 518 Seeleute kamen dabei ums Leben. Dennoch konnte auch dieses Ereignis Churchills Begeisterung für die „Killergruppen“ nicht bremsen: „Die britische Attacke auf die U-Boote“, berichtete er dem Parlament, „wird mit größtmöglichem Einsatz und Intensität geführt. Ein Zehntel der feindlichen U-Boot-Flotte“, so Churchill – sieben Boote –, wären in den ersten 14 Tagen des Krieges versenkt worden. Das Land könne sich auf „die Wissenschaft und Seemannschaft der Jagdgruppe der Navy verlassen“.[14] Die Wirklichkeit freilich war weniger beeindruckend. Die Flotte der kleinen Schiffe, die entlang der britischen Küste patrouillierte, hatte im September gerade zwei Boote versenkt.

Die Sinnlosigkeit der Taktik war vielen der Männer durchaus bewusst. Es war mehr Glück als „Wissenschaft und Seemannschaft“, auf das sie sich verließen. Der Zerstörer „Walker“ wurde in den ersten Monaten immer wieder auf wilde Jagd geschickt. John Adams erinnert sich daran, wie er Stunden am ASDIC verbrachte, und nichts als die weite See registrierte:

> „Ich glaube, der Stab an Land war sehr nervös. Wo es bei mir aufhörte, war der Bericht eines Leuchtturms an der südlichen Küste der Isle of Man. Dort hatte man angeblich ein Periskop in einer Entfernung von sechs Meilen ausgemacht. Nun, wenn man Glück hatte, konnte man ein rund 1000 Yards entferntes Periskop entdecken, aber bestimmt keines in sechs Meilen. Dennoch wurden wir von Liverpool aus in Marsch gesetzt und sollten diesen Kontakt jagen, was von Anfang an ein hoffnungsloses Unterfangen war. Bei einer Geschwindigkeit von 25 Kno-

ten benötigten wir zwei Stunden, bis wir da waren, und selbst wenn das U-Boot abgetaucht war, und sich um höchstens zehn Meilen entfernt hätte, ist das eine ziemlich große Wasserfläche, die man absuchen muss, wenn ASDIC nur eine Reichweite von 2000 Yards hat."

Den neuen Anti-U-Boot-Schiffen erging es wenig besser, wie sich der Kommandant der „Windermere", Ian Jamieson, erinnert: „Die deutschen U-Boote fuhren zwischen den Shetlands und den Orkneys in und aus dem Atlantik, und unsere Aufgabe bestand darin, zu versuchen, sie zu versenken, wenn sie dort hindurch fuhren. Ich glaube nicht, dass wir dem wirklich nahe kamen."

Wie im Ersten Weltkrieg hatte die Navy Probleme zu akzeptieren, dass die größte Wichtigkeit in der pünktlichen Lieferung von Schiffen und Ladungen lag.

Doch während der September mit einem Verlust von 41 Schiffen (153.879 Tonnen), die von U-Booten versenkt wurden, ein schlechter Monat war, gingen die Zahlen in den folgenden drei Monaten deutlich zurück. Am Ende des Jahres lag die Bedrohung der Schifffahrt weniger in den U-Booten, sondern vielmehr in den magnetischen Minen, die zu Hunderten vor der britischen Küste ausgesetzt worden waren. Es hatte den Anschein, als sei das Vertrauen der Admiralität in die beiden Säulen – Geleitzüge und ASDIC – kein Fehler gewesen. Von den 114 im Jahre 1939 versenkten Schiffen fuhren lediglich zwölf im Schutz eines Geleitzuges.[15] Es gab damals viele äußerst optimistische Berichte über versenkte oder beschädigte U-Boote, doch höchstens neun trafen auch tatsächlich zu. In einem in zeittypischer Sprache verfassten Radiobericht sprach Churchill am 20.Januar 1940 davon, dass er fest überzeugt sei, dass die U-Boote bald besiegt seien. Das Geleitzugsystem „hielt das Meer offen", der „treue ASDIC-Detektor roch die U-Boote in den Tiefen des Meeres" und mit seiner Hilfe würde ihre Stärke gebrochen.[16]

Gerade fünf Tage vor Churchills Radiosendung war U-23 nach Wilhelmshaven zurück gekehrt. Die Wartenden auf den Kaianlagen konnten zwei Wimpel am Periskop ausmachen – das Zeichen für zwei versenkte Schiffe. Dies war keine bemerkenswerte Ausbeute. Doch wie es dazu gekommen war, war um so beachtlicher.

Es war die dritte Feindfahrt von U-23 unter dem Kommando von Otto Kretschmer gewesen. Es war eine „Ente“, also ein Typ II mit gerade mal 250 Tonnen, und hatte somit ungefähr nur ein Drittel der Größe der „Atlantikboote“. Das Einsatzgebiet war auf die Nordsee beschränkt, wo es schwieriger war, Ziele auszumachen als auf den belebten Gewässern westlich der britischen Inseln. Der 27-jährige Kretschmer hatte den U-Boot-Stab bereits vor dem Krieg mit seiner kühlen Professionalität beeindruckt, doch die ersten Einsätze des Bootes verliefen enttäuschend. Und wie der Erste Offizier auf U-23, Hans-Jochen von Knebel Doeberitz berichtet, begann auch die dritte Feindfahrt nicht viel versprechend:

> „Es gab Berichte der Nachrichtendienste, wonach sich die britische Flotte nach Priens Versenkung der ‚Royal Oak' nicht mehr in Scapa Flow aufhielt, sondern weiter nach Norden verlegt worden war. Unsere Aufgabe bestand darin, die Buchten nördlich von Scapa Flow abzusuchen. U-23 war ein kleines Boot, so dass wir nur vier Torpedos an Bord hatten, von denen sich zwei innerhalb des Bootes befanden. Wir entdeckten einen Dampfer vor den Orkneys, den wir unter Beschuss nahmen, doch der erste Torpedo explodierte, bevor er sein Ziel erreicht hatte. Wir mussten also einen zweiten Torpedo abschießen, und das taten wir auch. Doch dieser Torpedo rauschte unter dem Schiff durch und explodierte auf der anderen Seite. Nun war der zweite Torpedo weg. Am Ende nutzten wir den dritten, um den Dampfer zu versenken.“

Für von Knebel war es das erste Mal, dass er Zeuge jenes Problems wurde, über das in den U-Boot-Messen viel geredet wurde. Die Klagen hatten mit dem ersten Tag des Krieges begonnen. „Versagende Torpedos haben ernste Auswirkungen auf die Moral der kommandierenden Offiziere und der Mannschaften“, vertraute Dönitz seinem Kriegstagebuch an. Es war die wichtigste Waffe der U-Boote, doch nach seiner Meinung erwies sie sich als so gut wie „nutzlos“.[17] Erhebliche Anstrengungen wurden unternommen, um diese Defekte auszuschließen, doch das war den Kommandeuren und Mannschaften, die alles wegen der fehlerhaften Waffe riskierten, nur ein schwacher Trost. In dieser Situation befand sich nun U-23. Man hatte drei Torpedos benötigt, um die „Fredville“ zu versenken. Nun blieb nur noch einer übrig, und das Boot hatte den Auftrag, die Buchten der Orkney-Inseln abzusuchen. Von Knebel:

> „Auf einem kleinen Boot gab es nur zwei Wachoffiziere. Wir sahen uns fragend an. ‚Macht der Alte mit nur einem Torpedo weiter?'“
>
> „Welchen Kurs?“, fragten wir ihn
>
> „Ja, ja, Kurs 320“, sagte er. „So war Otto Kretschmer. Er machte auch mit nur noch einem Torpedo weiter.“

Bei Ausbruch des Krieges hatte von Knebel eher widerstrebend im Stab gedient. „Ein Stabposten war nicht geschätzt“, erinnert er sich. Monatelang hatte er sich um einen Kampfeinsatz bemüht. Sein Schicksal wendete sich, als er auf einen neuen Schreibtischposten versetzt wurde – dieses Mal als Adjutant beim Befehlshaber der U-Boote (BdU), Karl Dönitz.

> „Dönitz kam zu mir und sagte: ‚Sie wollen also zu mir kommen?'
>
> Ich sagte, ‚von wollen kann gar keine Rede sein, Herr Admiral.'
>
> ‚Wieso das denn?'
>
> ‚Nun – zu allererst habe ich keine Erfahrung. Ich muss noch lernen, ein U-Boot zu führen.' Wir hatten unsere Ausbildung, aber sonst...
>
> Dönitz wandte sich an Admiral von Friedeburg und fragte: ‚Wann muss der andere Kerl, sein Vorgänger, abgelöst werden?'
>
> ‚Also spätestens in drei Monaten', antwortete von Friedeburg.
>
> ‚Gut, dann lassen sie Knebel auf ein U-Boot.'
>
> Und so bekam ich die Genehmigung, auf einem U-Boot zu fahren.“

Das Boot war Kretschmers U-23. Am Abend des 11. Januar nahm „der Alte“ Kurs auf Inganess Bay im Osten der Orkneys in der Höhe der Hauptstadt Kirkwall.

Der Eingang der Bucht wurde von zwei Anti-U-Boot-Trawlern, die mit ASDIC und Wasserbomben ausgerüstet waren, bewacht. Es war eine klare Nacht ohne Mondlicht, und Kretschmer schaffte es an den beiden Schiffen vorbei in die Bucht. Ein großer Tanker, die 10.500 Tonnen große und in Dänemark registrierte „Danmark“, lag im südwestlichen Teil vor Anker. Man hatte sich keine Mühe gegeben, das Schiff zu verdunkeln. Von Knebel:

> „Wir konnten die Leute auf der Brücke sehen, wie sie Zigaretten rauchten. Wir schossen, und in der Tat, es funktionierte – der Torpedo explodierte zum richtigen Zeitpunkt. Wir waren sehr stolz und glücklich. Die Engländer glaubten nicht, dass wir so nahe am Ankerplatz waren, und als der Torpedo explodierte, suchten sie den Himmel mit Scheinwerfern ab, weil sie dachten, es sei die Luftwaffe gewesen. Sie feuerten sogar in den Himmel. Für mich, auf meiner ersten Reise, war das natürlich ein Erlebnis. Dann drehten wir ab und fuhren wieder sehr nahe an den Beobachtungsposten vorbei, kamen aber heil wieder heraus.“

Die Überreste der „Royal Oak“ lagen nur vier Meilen von dem Tanker entfernt. Im Schutz der Dunkelheit hatte sich U-23 genähert, angegriffen und war von der Wasseroberfläche verschwunden. Am Morgen des 12. war das Boot bereits auf seinem Rückweg. Die Anti-U-Boot-Trawler, die den Eingang bewachten, führten zwar mehrere ASDIC-Einsätze aus, konnten aber nichts entdecken.

Die Versenkung der „Danmark“ leitete eine neue Phase des Seekriegs ein. Sie trug die Fahne eines neutralen Landes. Von Januar 1940 an, so von Knebel, wurden die Beschränkungen der Prisenordnung, die den Seekrieg regelten, „bewusst ignoriert“. Um diese neue Position zu verschleiern, wurden die U-Boote angewiesen, die Ziele mit Vorsicht auszusuchen. Man hoffte, dass dies den Feind verwirren und vielleicht die Illusion einer ganzen Reihe von zufälligen Minenangriffen schaffen würde.[18]

Als Churchill seine warmen Worte der Zuversicht über das Radio verbreitete und ein Ende des U-Boot-Kriegs vorhersagte, untersuchten seine Beamten eine ganze Reihe von verblüffenden Berichten über Verluste an der schottischen Nordostküste. Bis zum Ende des Monats wurden mehr als ein Dutzend neutrale Schiffe in der winterlichen Dunkelheit versenkt. Die Admiralität vermutete, dass dafür in erster Linie Minen verantwortlich seien, und viele Stunden wurden damit verbracht, vergeblich das Meer abzusuchen.[19] Unter den angeblich von Minen versenkten Schiffen befand sich auch Kretschmers erstes Opfer, die „Fredville“. Bei seiner zweiten Beute, der

„Danmark“, hatte man zunächst eine interne Explosion als Ursache vermutet. Die Admiralität begriff die grausame Wahrheit erst, als U-Boote von Flugzeugen auf der Wasseroberfläche ausgemacht wurden.[20]

Im März stellte die Anti-U-Boot-Abteilung der Admiralität fest, dass in den ersten sechs Monaten des Krieges die Zahl der nachts versenkten Schiffe von drei auf 58 Prozent aller Verluste gestiegen war. Die Schiffe seiner Majestät, so die Schlussfolgerung, mussten mit dem Feind nun nachts auf der Wasseroberfläche rechnen. Dies hätte die Admiralität nicht überraschen dürfen, denn die U-Boote hatten die gleiche Taktik gegen Ende des Ersten Weltkriegs eingesetzt. Was man insbesonders vergessen hatte, war die Tatsache, wie eng die U-Boote an die Wasseroberfläche gebunden waren. Dort waren sie am wirkungsvollsten, und dort hielten sie sich 90 Prozent ihrer Zeit auf.

Das von Dönitz bevorzugte Boot des Typs VII unterschied sich kaum von seinem Vorgänger aus dem Ersten Weltkrieg. Es wurde von zwei großen Dieselmaschinen angetrieben, die es auf eine Höchstgeschwindigkeit von 17 Konten brachten. Die Luft für die Motoren wurde über ein Rohr innerhalb des Kommandoturms angesaugt, das so weit wie möglich vom Wasser entfernt war. Beim Tauchbefehl wurden diese Maschinen sofort abgestellt, und die Batterien des Bootes übernahmen die Arbeit. Unter Wasser schafften die Boote wenig mehr als sieben Knoten, und die auch nur eine Stunde lang. Mit zwei Knoten konnte das Boot maximal 36 Stunden unter Wasser bleiben. Dann musste es wieder auftauchen, um die Batterien zu laden und die Luftversorgung aufzufrischen. Auf der Wasseroberfläche war ein U-Boot im Allgemeinen schnell genug, um einen feindlichen Geleitzug zu überholen. Unter Wasser war das unmöglich. Außerdem war es dort so gut wie blind.

Im Frühjahr 1940 war Jürgen Oesten Kommandant auf U-61: „Alle Boote, die wir während des Krieges hatten, waren eigentlich Schiffe, die zusätzlich die Fähigkeit hatten, tauchen zu können. Die Angriffe fanden meistens nachts auf dem Wasser statt. Von den 20 Schiffen, die ich versenkt habe, versenkte ich 19 auf dem Wasser fahrend und nachts. Diese Angriffe verliefen praktisch so wie bei Torpedobooten. Wenn man sich nachts näher als 3000 bis 4000 Meter einem Ziel genähert hat, kann man den Kommandoturm vom Schiff aus nicht ausmachen. Du bietest dem Ziel nur eine schmale Silhouette – das Boot ist praktisch unsichtbar.“

Die Royal Navy hatte sich auf einen Krieg gegen Unterseeboote vorbereitet, doch der wahre Feind waren Tauchboote. Zu viel Vertrauen war in die neue Wissenschaft der Unterwasserortung gesetzt worden. ASDIC war so gut wie nutzlos gegen ein U-Boot auf der Wasseroberfläche. „Ich erinnere mich nicht, in den Taktiken der U-Boote im Ersten Weltkrieg ausgebildet worden zu sein“, blickt der Anti-U-Boot-Experte Maurice Usherwood zurück. „Ich erwartete, dass sie auf Periskoptiefe bleiben und von dort aus angreifen.“

Dies war nicht nur ein Fall institutionellen Gedächtnisverlusts, es war auch ein Versagen der Geheimdienste. Auf der technischen Seite gab es keine Überraschungen. Der britische Secret Intelligence Service hatte es geschafft, eine bedeutende Quelle innerhalb des U-Boot-Bauprogramms zu installieren. Von 1935 an zeigte ein konstanter Informationsfluss der Admiralität, dass die neuen U-Boote nur einen geringen Fortschritt im Vergleich zu den Booten des ersten Weltkriegs darstellten.[21] Man wusste viel über Nieten und Bolzen, aber die Beurteilung der zukünftigen U-Boot-Taktik blieb im Dunklen. Dabei war ausreichend Information vorhanden. Dönitz machte kaum Anstrengungen, seine Ansichten zu verheimlichen. Der Geheimdienst der Royal Navy hätte nur ein Exemplar des Buches „Die U-Bootwaffe“ kaufen müssen, das im Januar 1939 veröffentlicht worden war. Darin unterstreicht Dönitz die Bedeutung der nächtlichen Angriffe auf der Wasseroberfläche, und wie gründlich seine U-Boote in dieser Taktik ausgebildet worden sind. Die Admiralität hätte sich auch an die britische U-Boot-Waffe wenden können, wo erfolgreiche Übungen nächtlicher Angriffe auf der Wasseroberfläche durchgeführt worden waren.

Bei dieser Aneinanderreihung von Versäumnissen ist es wenig überraschend, dass man kaum versuchte, die potenziell mächtigste Waffe gegen aufgetauchte U-Boote einzusetzen. Die Bedeutung von Luftangriffen im Seekrieg war während der letzten Monate des Ersten Weltkriegs deutlich geworden, als die Geleitzüge mit Luftunterstützung wesentlich geringere Verluste verzeichneten als die Ungeschützten. Doch in den darauf folgenden Jahren war das Vertrauen der Admiralität in ASDIC so groß, dass man dem Flugzeug keine wichtige Rolle bei dieser Aufgabe beimaß. Fast kein Flugzeug der Airforce hatte eine ausreichende Reichweite für lange Patrouillenflüge über der offenen See, und die Mannschaften waren für Anti-U-Boot-

Einsätze so gut wie nicht ausgebildet. Um das Ganze noch zu verschlimmern, waren sie mit einer Bombe ausgerüstet, die dem Flugzeug und seiner Mannschaft gefährlicher werden konnte als dem U-Boot. Um ernsthaften Schaden anzurichten, musste sie zwischen drei und vier Meter vom U-Boot entfernt aufschlagen, was die Mannschaften zwang, aus geringer Höhe anzugreifen. Man entdeckte bald, dass die Bomben die unangenehme Eigenschaft hatten, von der Wasseroberfläche abzuprallen, bevor sie explodierten.[22] Sie waren praktisch nutzlos, und doch dauerte es bis zum Sommer 1940, bevor ein Ersatz vorangetrieben wurde.

Die Küstenkommandos waren kaum besser auf die Bedrohung aus der Luft vorbereitet. Unter den Schiffen, die der zunehmend starken Anwesenheit der Luftwaffe zum Opfer fielen, war der Anti-U-Boot-Trawler „Windermere“. Ohne Luftunterstützung war es ein ziemlich einseitiger Kampf. Ian Jamieson:

> „Wir waren aus Aberdeen ausgelaufen, um uns den anderen fünf Schiffen unserer Gruppe anzuschließen, als wir von vier Heinkel-Bombern erwischt wurden, die wahrscheinlich dachten, dass wir mit unserem Lewis-Geschütz ein leichtes Ziel waren. Für eine Weile konnten wir den Bomben ausweichen – man sah, wann sie sie auslösten und konnte den Kurs ändern. Doch dann kam diese Bombe genau auf uns zu, und ich wusste, dass sie uns treffen würde. Wir wurden aufs Brückendeck geschleudert. Wir waren zu dritt und überlebten alle, obwohl die Brücke total zerstört war. Das Schiff stoppte plötzlich, worauf die Deutschen mit Maschinengewehren auf uns schossen, und ich brachte alle in Deckung.“

Erstaunlicher Weise kam bei der Explosion niemand ums Leben, doch Jamiesons Hand und Arm waren schwer verletzt. Die Heinkel-Bomber gaben die Verfolgung auf, weil sie keine Munition mehr besaßen.

Obwohl Jamieson ein „Pinger“ war, hatte er den Feind nur in Form der Luftwaffe erlebt. Fünf Monate musste er im Krankenhaus bleiben. Im September 1940 wurde er in die Anti-U-Boot-Abteilung der Admiralität versetzt. Doch da hatte sich der Seekrieg gründlich verändert. Die beiden tragenden Säulen waren ins Schwanken geraten.

KAPITEL DREI

GLÜCKLICHE ZEITEN

In den ersten Wochen des Krieges führte Karl Dönitz einen Tagesablauf ein, den er auf fast religiöse Weise die nächsten fünf Jahre lang beibehalten sollte. Der Morgen des 22. Juni 1940 begann wie jeder andere Tag. Pünktlich um neun Uhr traf sich Dönitz mit seiner kleinen Gruppe von Stabsoffizieren für die tägliche Besprechung im Lageraum. Den Informationen über die Ereignisse der vergangenen Nacht folgten die aktuellen Positionen der U-Boote, die ausführlich besprochen wurden. Die Wände des Lageraums waren mit Karten tapeziert, auf der die U-Boote und die britischen Geleitzüge mit kleinen Fahnen markiert waren. Es gab beachtlich wenige schwarze Fahnen – in den ersten neun Kriegsmonaten hatte sich die U-Boot-Flotte dennoch verkleinert. 24 Boote waren zumeist von britischen Begleitschiffen versenkt worden, und im Juni befand sich nie mehr als ein Dutzend Boote auf See. Nachdem die Besprechnung abgeschlossen war und die Tagesbefehle gegeben waren, nahm Dönitz sein Mittagessen ein. Dem folgte ein kurzer Spaziergang in der Gegend um Wilhelmshaven in Begleitung seines neuen Adjutanten, Hans-Jochen von Knebel Doeberitz.

Nach drei Feindfahrten mit Kretschmers U-23 war von Knebel gezwungen, seinen Platz im Stab von Dönitz einzunehmen. Seine Enttäuschung wurde etwas durch die Offenheit des Führers der U-Boote gemildert. Am Nachmittag des 22. Juni gingen die beiden Männer zu einem Bauernhof in der Nähe. Von Knebel: „Wir spielten immer mit den Kindern auf dem Hof. Ich musste stets eine Tafel Schokolade mitbringen, damit Dönitz sie ihnen geben konnte. An diesem Tag rannte die Bauersfrau aus dem Haus und rief, ‚sie haben kapituliert, sie haben kapituliert.' Frankreich war gefallen."

Es kam plötzlich und vollkommen unerwartet. Die deutschen gepanzerten Einheiten hatten ihren unnachgiebigen Vorstoß gerade sechs Wochen zuvor begonnen und die an der Maginotlinie konzentrierten französischen Militärs umgangen. Der Widerstand war in sich zusammen gebrochen. Die Briten schafften es, die Überreste ihres Expeditionskorps über Dünkirchen in die Heimat zu bringen, doch der Zusammenbruch war vollständig. Die Armeen des Reiches hatten einen bemerkenswerten Sieg errungen, und für die Marine war dies eine lang erwartete Chance. Von Knebel erinnert sich, wie begeistert Dönitz die Nachricht aufnahm: „Wir haben die französische Küste, wir sollten uns sofort dahin aufmachen. Im Hauptquartier organisierte ich einen fabelhaften Wagen, einen Sechszylinder-BMW. Neben Dönitz und dem Fahrer machten nur noch der Nachrichtendienstoffizier Hans Meckel und ich die Reise mit. Wir wussten nicht, was uns in Frankreich erwarten würde. Es war Feindesland."

Der Wagen fuhr mit Höchstgeschwindigkeit zu den Häfen an der französischen Atlantikküste. Nachdem sich diese in deutscher Hand befanden, mussten sich die Boote nicht mehr auf die gefährliche siebentägige Fahrt durch die Nordsee und um die britischen Inseln begeben. Die eingesparte Zeit konnte eingesetzt werden, um Schiffe im westlichen Atlantik anzugreifen. Dönitz hoffte, dass dies die angeschlagene Moral seiner Truppe wieder aufrichten würde, die im April gerade sieben Schiffe versenkt hatte. Immer wieder versagende Torpedos hatten ihn zu einem Rückzug aus der Schlacht um Norwegen gezwungen – eine beschämende Angelegenheit. Die Torpedos waren inzwischen überarbeitet worden, so dass im Juni genügend ihr Ziel fanden – es hatte nun den Anschein, als sei dieses Problem gelöst. Die Alliierten verloren im Chaos des Rückzugs aus Frankreich 600.000 Tonnen an Schiffen. Der Anteil der U-Boote daran lag bei 62 versenkten Schiffen mit 284.113 Tonnen – ihr bestes Monatsergebnis bisher.

Die Reise durch Frankreich verlief nicht ereignislos. Die Straßen waren voller Flüchtlinge, die vom Vormarsch überrollt worden waren. Ein Offizier bat Dönitz, zwei von ihnen, die Richtung Süden unterwegs waren, mitzunehmen. Von Knebel:

> „Wir begriffen sofort, dass es sich um deutsche Flüchtlinge handelte, die Deutschland wegen der politischen Situation verlassen hatten. Ein großer, distinguiert wirkender Jude und seine nicht mehr ganz jugend-

liche Tochter. Sie wollten in Bordeaux auf ein Schiff nach England. Dönitz sagte zu ihnen: ‚Grüßen Sie die Engländer. Sie haben den Krieg angefangen, nicht wir. Sagen Sie ihnen, sie sollen ihn beenden.' So scherzte er durchaus freundlich. Ich glaube, sie stiegen in Le Mans aus. Es war eine Episode, die auf mich im Rückblick und angesichts der Tatsache, dass sie Juden waren, einen sehr starken Eindruck gemacht hat."

Nachdem Dönitz die Häfen an der Biskaya inspiziert hatte, war er überzeugt, dass die meisten U-Boote von Westfrankreich aus eingesetzt werden sollten. Er war vor allem von den Anlagen in Lorient beeindruckt, wo der Verantwortliche für die Docks sie scheinbar freundlich begrüßte. Von Knebel: „Wir wohnten in einem der Hotels und wurden recht zivil behandelt. Die Bevölkerung war freundlich uns gegenüber und wir fühlten keine Feindseligkeiten."

Dönitz wählte Lorient als Hauptstützpunkt für die U-Boote und fand auch ein neues Hauptquartier samt Wohnung außerhalb der Stadt. Das Schloss Kernével überragt auf einer Halbinsel den natürlichen Hafen, der von den drei Flüssen Scorff, Blavet und Ter gebildet wird. Das Ende des 19. Jahrhunderts entstandene Gebäude gehörte einst einem reichen Sardinenhändler und war mehr eine auffällige Strandvilla als ein Schloss. Heute wird die Aussicht von der Terrasse von auseinander gerissenem grauem Beton dominiert. Das ist Keroman III, das größte von sieben für U-Boote gebauten Docks in Bunkern. Hinter Keroman III befinden sich Keroman I und II sowie der nicht fertig gestellte Keroman IV, unter dem sich noch heute ein Labyrinth mit Versorgungstunneln befindet, in denen allerlei Schrott liegt. Von dieser aufwändigen Infrastruktur existierte noch nichts, als am 7. Juli das erste U-Boot in der Flut langsam den Fluss herauf kam. Es war U-30, das Boot, das den ersten Schlag in der Atlantikschlacht geführt hatte, und Funker Georg Högel gehörte zur Mannschaft:

„Alle waren wir an Deck befohlen worden, weil wir dachten, die Franzosen hätten die Bucht verminen können. Ich erinnere mich noch heute, dass Lorient vollkommen friedlich war. Ich konnte die Rauchwolke von einem brennenden Öllager in der Nähe der Stadt sehen.

Ich hatte die Nachtwache auf dem Boot, während meine Kumpel die Nacht im Hotel Beau Séjour in der Nähe des Marktes verbrachten. Sie holten mich am nächsten Morgen ab. Ich war erstaunt, dass man ein Zimmer für mich reserviert hatte. Es gab sogar Post aus der Heimat. In Frankreich Post zu bekommen, war für mich in diesem Moment die größte Überraschung.“

Während die deutsche Marine nicht daran zweifelte, dass der Sieg über Großbritannien höchste Bedeutung hatte, blickte Hitler bereits in Richtung Osten. Nach seiner Überzeugung konnte Großbritannien nun nicht weiter kämpfen. Eher früher als später würde es um Frieden betteln. Daher sollten die Planungen für einen Krieg gegen Deutschlands „natürlichen kommunistischen Feind“, die Sowjetunion, sofort beginnen. Allerdings war hierfür ein baldiges Ende des Krieges im Westen erwünscht. Die Luftwaffe und die Kriegsmarine mussten Großbritannien auf die Knie zwingen. Sollte dies misslingen, könnte das Heer einen Angriff auf die britischen Strände (Operation Seelöwe) wagen. Die Kriegsmarine hatte allerdings weder die notwendigen Landungsboote noch ausreichend große Schiffe, um diese zu beschützen. Daher hing ein Erfolg allein von der Fähigkeit der Luftwaffe ab, die vollkommene Lufthoheit über Land und Meer zu erlangen.

In Großbritannien hatte man bereits mit fieberhaften Vorbereitungen begonnen, um einer Invasion zu begegnen. Winston Churchill, der im Mai zum Premierminister gewählt worden war, formulierte es auf seine einmalige Art und Weise: „Die Schlacht um Frankreich ist vorüber“, sagte er der Öffentlichkeit. „Ich erwarte, dass die Schlacht um Großbritannien gerade beginnt.“ Einige Zeitgenossen, die den Zusammenbruch der französischen Armee beobachtet hatten, waren überzeugt, dass man alleine besser dran war. Unter ihnen befand sich auch der 26-jährige Offizier des Marinenachrichtendienstes, Peter Smithers: „Es gab dieses Gefühl, nun sind wir allein. Gott sei dank. Wir können uns auf uns verlassen. Wir konnten uns nicht auf die Franzosen verlassen. Es gab nun niemanden mehr außer dem Empire. Das würde uns helfen. Wir sind allein. Nun los. Wenn man dann aber nüchtern über die Realität nachdachte, hatten wir schlimme Aussichten.“

Smithers war erst einige Monate zuvor zum Nachrichtendienst versetzt worden. Eine Freundin hatte ihm den Kontakt zum persönlichen Assistenten des Direktors vermittelt. Das war Korvettenkapitän Ian Fleming, der spätere Autor der James-Bond-Romane. Smithers erste wichtige Aufgabe war die Evakuierung des „Special Intelligence Service“ (MI6) aus Paris. Im Juli war er wieder in London: „Es war eine verzweifelt geschäftige Atmosphäre. Im Einsatzraum der Admiralität hing ein Schild mit dem Wort ‚Cromwell’. Das war das Codewort für die Invasion. Ich betrachtete die Luftaufnahmen, die die versammelten Kähne zeigten, jeden Tag. Alle Sicherheitseinsätze, alle maritimen Operationen konzentrierten sich auf diese Bedrohung.“

Das Überleben der Nation hing langfristig von Kriegsmaterial aus den Vereinigten Staaten ab. Ganz oben auf der britischen Einkaufsliste standen Zerstörer, und Churchill richtete persönlich einen Appell an Präsident Franklin D. Roosevelt: „Die Deutschen besitzen die gesamte französische Küste, von wo aus sie U-Boote und Sturzbomber gegen unseren Handel und die Lebensmittelversorgung einsetzen, und zusätzlich müssen wir ständig darauf vorbereitet sein, auf See eine drohende Invasion zurückzuschlagen... Mr. President, mit allem Respekt muss ich Ihnen sagen, dass dies nun getan werden muss.“[1] Roosevelt antwortete mit dem Versprechen, Großbritannien 50 alte Zerstörer zu überlassen. Das war die großzügige Geste eines Landes, das sich selbst nicht im Krieg befand. Doch es sollten Monate vergehen, bis die Schiffe vollständig einsatzbereit waren, und bis dahin musste man der drohenden Invasion ohne sie begegnen. Zerstörer und Korvetten wurden für den Schutz der Kanalküste benötigt, was wiederum bedeutete, dass die Lebensader über den Atlantik weniger geschützt werden konnte – und das genau zu jenem Zeitpunkt, an dem die U-Boote einen konzentrierten Angriff planten, um sie zu zerschneiden. Im Juli 1940 konnte die britische Handelsmarine im Durchschnitt auf höchstens zwei Schiffe der Navy als Schutz für die Geleitzüge zählen.

Dies war der Auftakt zu einer Epoche, die die U-Boot-Männer als „die glücklichen Zeiten“ bezeichneten. Von ihrer neuen französischen Einsatzzentrale aus erreichte eine Handvoll von U-Boot-Kommandanten beachtliche Abschussquoten. Einer der Ersten, der Lorient verließ, war Otto Kretschmer auf U-99, einem neuen Boot vom Typ VII B, einem Atlantikboot. Dönitz’ Befehl war unmissverständlich: „Greift immer wieder an, lasst euch nicht abschütteln. Wenn das Boot abgedrängt wird, versucht zurückzukommen und greift wieder an!“ Volkmar König stieß mit 20 Jahren als Offiziersanwärter zur Mannschaft von U-99: „Kretschmer war ein sehr intelligenter Mann. Sehr kaltblütig. Er wusste genau, welches Risiko er eingehen konnte."

Von Lorient aus nahm Kretschmer über die Biskaya Kurs auf die westlichen Seegebiete vor Großbritannien. U-99 hatte genügend Diesel im Tank, um vier Wochen auf See bleiben zu können, doch die Länge der Feindfahrt wurde von der Zahl der Torpedos bestimmt, die an Bord waren. Wenn man Glück hatte und die Jagd gut verlief, war man bald wieder in Lorient. Bis dahin war die gut 70 Meter lange stählerne Zigarre die Heimat für 43 Männer.

Die Mannschaft war jung und fit – sie musste es auch sein. Die meisten Männer waren zwischen 20 und 23 Jahre alt. Der Kommandant, „der Alte", war gerade 28. Ungefähr die Hälfte der Mannschaft lebte im Bug, dem am besten gepanzerten Teil des Bootes.[3] Hier befanden sich vier Torpedorohre und rund zehn Torpedos. Zwei weitere Torpedos konnten von einem Rohr im Heck abgefeuert werden. Zwei zusätzliche befanden sich in einer Druckkammer im oberen Deck. Sie kamen nach unten, wenn es der Platz zuließ. Niemand war mehr darauf aus, sie einzusetzen als diese Männer. Je mehr Torpedos abgefeuert waren, desto komfortabler wurde es für sie. König: „Man teilte die Koje mit einem Kameraden, der die gleiche Aufgabe an Bord hatte. War ein Mann für vier Stunden auf Wache, hatte der andere Zeit zum Ausruhen. Wenn die Wache wechselte, übernahm der andere Mann die Koje, die noch immer warm war."

Neben jeder Koje befand sich ein kleiner Schrank für persönliche Dinge. Ein Blick in diesen ließ keinen Zweifel am spartanischen Leben der U-Boot-Männer aufkommen. Es gab überhaupt keinen Bedarf für saubere Kleidung oder Rasierapparate und nur einen geringen für Seife. Wenige Tage nachdem sie Lorient verlassen hatten, veränderte sich die Mannschaft angesichts der harten Routine an Bord und wegen des fehlenden Sonnenlichts. Die Gesichter waren weiß wie Gips, Bärte sprossen und die Augen saßen in dunklen Höhlen. Die Kleidung war bald von Dieseldunst und einer Salzkruste überzogen. Frisches Wasser gab es nur zum Trinken, und obwohl es möglich war, sich mit Meerwasser zu waschen, machte niemand davon großen Gebrauch. Es gab an Bord zwei Toiletten, von denen eine als Lagerraum genutzt wurde, so dass sich mehr als 40 Mann die andere teilten. Ein Boot wie U-99 hatte sein ganz eigenes Aroma. König: „Es war eine Kombination von allen möglichen Gerüchen. Der Dieselgeruch war beherrschend, doch dann gab es noch den Essensgeruch und den der Männer. Das gebe man alles in einen Topf, schüttele es ein wenig, und man hat den Geruch eines U-Boots." Einige der Männer benutzten Eau de Cologne, um diesen Cocktail ein wenig abzumildern, doch die meisten nahmen ihn so, wie er war.

Jenseits des Bugraums befanden sich auf U-99 die Quartiere der Offiziere und Unteroffiziere. Das Leben für die neun Männer, die hier schliefen und ihre Mahlzeiten einnahmen, war etwas weniger hart. Kretschmer hatte seine eigene Koje mit einem kleinen Sekretär gegenüber dem Funkraum. Er aß mit seinen Offizieren an einem Tisch in der Mitte des Durchgangs. Die Mahlzeiten wurden ständig durch den Verkehr vom und zum Torpedoraum unterbrochen.

Das Herz von U-99 war der Kontrollraum. Es war die Schaltzentrale für den Kampfeinsatz. Von hier aus wurden die Tanks für das Ab- oder Auftauchen, das Ruder und alles Weitere gesteuert. Eines der beiden Periskope wurde ebenfalls vom Kontrollraum aus bedient. Ein längeres Periskop für die Kampfeinsätze war im Kommandoturm untergebracht.

Im nächsten „Abteil" befanden sich die Unterkünfte der Unteroffiziere und die kleine Kombüse. Dem Koch standen gerade drei Kochplatten zur Verfügung, zwei kleine Backöfen und ein 40 Liter fassender Kochtopf, und dennoch war die Qualität der Mahlzeiten erstaunlich gut – das half die Härte des Lebens an Bord etwas zu mildern. Der deutsche Feldsoldat wäre von der Vielfalt der Würste, geräucherten Fleischsorten, Käse, Gemüse sowie dem Obst, das an allen möglichen Ecken des Bootes gelagert wurde, begeistert gewesen. Es gab sogar einige spezielle Dinge an Bord: Schokolade und guten Kaffee. Dies alles blieb allerdings nicht lange frisch, denn irgendwo tropfte immer Wasser hinein, so dass sich bald eine gewisse Feuchtigkeit des Bootes bemächtigte und das Essen in diesem Feuchtbiotop innerhalb weniger Tage von einem grünlichen Schimmel überzogen war.

Jenseits der Küche befand sich der Maschinenraum mit seinem nagelnden Dieselmotor und dann noch schließlich das „Abteil" für die elektrische Anlage mit zwei 375 PS starken Elektromotoren, die beim Tauchgang aktiviert wurden. Mitunter flehte die Mannschaft diesen Moment herbei – als Erholung von dem ständigen Rollen und Schaukeln, das sie ertragen musste, wenn das Boot auf der Wasseroberfläche von den Wellen durchgeschüttelt wurde. Diese Augenblicke waren eher selten, denn meistens schoben vier Mann auf der Brücke Wache und hielten Ausschau nach möglicher Beute. Volkmar König erinnert sich:

> „Wenn die See nicht rau ist, ist das eine angenehme Aufgabe. Man beobachtet den Horizont und hält Ausschau nach einer Rauchfahne. Vielleicht ist es ein Schiff oder ein Geleitzug. Man muss auch Ausschau nach feindlichen Flugzeugen halten und nachts nach feindlichen Zerstörern.
>
> Es ist ganz anders, wenn die See rau ist. Dann jagen die großen Wellen über dein Boot. Man ist mit einem Sicherheitsgurt an einer Säule in der Mitte der Brücke gesichert, doch Du gehst dann wirklich zusammen mit dem Boot durch die Wellen. Die Wellen rasen über deinen Kopf, und Du bist genau in der Mitte. Die Brücken-Mannschaft hatte für dieses Wetter spezielle Anzüge wie die Taucher. Wir nannten sie Mickymaus-Anzüge."

Der zweite Wachoffizier auf U-99 war der 23-jährige Horst Elfe. Mitunter, so erinnert er sich, war die See so rau, dass an einen Angriff überhaupt nicht zu denken war:

> „Wir mussten einige kräftige Stürme im Nordatlantik überstehen. Es hätte nicht schlimmer kommen können. Unter Wasser konnten wir nichts tun. Kein U-Boot konnte auf Periskoptiefe in einem mächtigen Sturm beherrscht werden. Man musste also entweder auf dem Wasser oder deutlich tiefer sein. Daher waren Unterwasserangriffe völlig undenkbar. Und Angriffe auf der Wasseroberfläche waren unmöglich, weil niemand etwas sehen, geschweige denn zielen konnte. Es gab Gelegenheiten, bei denen man plötzlich ein einzelnes Schiff sah, das man normalerweise angegriffen hätte, aber man konnte nicht. Man steuerte einen Parallelkurs und tat sich nichts Böses. Jeder dachte bei diesem Seegang nur an sein eigenes Überleben."

Hatte die Brückenwache eine Rauchfahne entdeckt, begann U-99 mit seinem Angriff. Das Boot schien dann vor Spannung zu erzittern, wurde bis zum

Letzten beschleunigt, um sich dem feindlichen Schiff zu nähern. Doch diese Augenblicke waren selten. König: „Aktion war die Ausnahme. Im Allgemeinen fuhren wir irgendwo auf der Wasseroberfläche und suchten Beute. Das war unsere Routine. Die Regel war Langeweile."

Das war die kleine Welt der Mannschaft auf U-99: sechs Abteile vom Bug bis zum Heck und der Kommandoturm. Für einen Außenstehenden wirkte der Dienst auf einem U-Boot wie eine Gefängnisstrafe, doch alle Unannehmlichkeiten an Bord der Boote wurden durch eine starke Kameradschaft ausgeglichen. König: „Als ich zum ersten Mal in den Kontrollraum eines U-Boots kam, befand sich dort die Mannschaft und lachte. Über den Funk kam Musik und die Maschinen summten. Es war eine familiäre Atmosphäre. Irgendwie fühlte man sich eingetaucht in einer Welt der Kameradschaft."

Das war genau der „U-Boot-Geist", wie ihn sich Dönitz vorstellte. An Bord von U-99 waren dafür im Wesentlichen die Offiziere, weniger der Kommandant zuständig. König: „Kretschmer saß nie an der Bar und trank ein Bier mit seinen Männern. Er war eine Autorität, und wenn er einen Befehl gab, war das ein Befehl. In einer Mannschaft muss man Vorgesetzte haben, mit denen man reden oder einen Witz machen kann. Kretschmer hatte das Glück, dass andere diese Aufgabe übernehmen konnten und der Mannschaft das Gefühl einer Familie gaben."

Innerhalb des Bootes wurde Kretschmer „stiller Otto" genannt. „Er gehörte nicht zu jenen, die motivierende Reden schwangen", erinnert sich Elfe. „Er war immer sehr sachlich, sehr unemotional, aber er war nicht ohne Herz." Dennoch war die Mannschaft zufrieden, unter Kretschmer dienen zu dürfen. Seine Urteilskraft war ebenso unumstritten wie sein Glück. Er sollte beides drei Tage nach der Ausfahrt von Lorient aufs Neue unter Beweis stellen. Am frühen Morgen des 28.Juli entdeckte U-99 das 13.200 Tonnen große Linienschiff „Auckland" vor der südwestlichen Küste Irlands und schickte es auf den Meeresboden. Am folgenden Tag ereilte den Frachter „Clan Menzies" das gleiche Schicksal. Die Feindfahrt hatte gut begonnen.

Zur gleichen Zeit bereitete sich der Zerstörer HMS „Walpole" auf die Begleitung eines Geleitzuges vor, der bald Liverpool verlassen sollte. An seiner Seite fuhr die neue Korvette HMS „Prewinkle", „ein besserer Trawler", so der erste Eindruck von Leutnant Adams von der „Walker". Er sollte sein

Urteil bald revidieren. Der Schutz des Konvois bestand aus diesen beiden Schiffen – die Royal Navy hatte nicht mehr zu bieten. Der Geleitzug lief am Abend des 29. Juli aus. Seine Route führte genau durch das Gebiet vor der nordwestlichen Küste Irlands, in dem U-99 auf Beute lauerte.

In den ersten Stunden des 31. Juli fiel U-99 das dritte Schiff zum Opfer. „Angriff, Einzelschuß auf 900 m. Treffer achtern", schrieb Kretschmer in sein Kriegstagebuch. Es handelte sich um den 5475 Tonnen schweren Frachter „Jamaica Progress", unterwegs nach Liverpool mit einer Ladung Bananen. Wachoffizier Horst Elfe erinnert sich, dass er überrascht war, wie viele Schiffe sich wie die „Jamaica Progress" nach einem Jahr Krieg noch immer allein auf die offene See wagten: „Sie waren bereit, ein großes Risiko einzugehen." Im weiteren Verlauf des Morgens tauchte U-99, um die Torpedos neu zu laden. Unter Wasser entdeckten die Hydrophone des Bootes das Geräusch von Schrauben. Die Verfolgung begann. Kurz nach Mittag entdeckte U-99 einen Geleitzug. „15 Dampfer, dreireihige Formation, geringe Zerstörungssicherung", notierte Kretschmer in seinem Kriegstagebuch. Und: „Ich stehe ungünstig, komme aber bei der Stb.-Zerstörerposition an den Geleitzug heran, muß wegen plötzlicher Rammposition infolge Zackens die äußere Kolonne untertauchen und komme dadurch nur auf das letzte Schiff der mittleren Reihe zu Schuß, nicht auf den Tanker, den ich ja eigentlich ausgesucht hatte. Einzelschuß auf 800 m; Treffer. Es ist ein großer alter Frachter von mindestens 8000 BRT."

„Es war ein ruhiger angenehmer Sommertag und plötzlich verschwand die „Jersey City", erinnert sich Adams. „Es war so ruhig, dass wir das Periskop hätten sehen müssen." Die „Walker" machte sich auf die Suche nach dem U-Boot. „Man verließ sich einfach auf die Aussage, ‚der Torpedo kam von da hinten'", so Adams. „Dann nahmen wir Kurs auf ‚da hinten'. Man fuhr in einem immer größeren Kreis und versuchte das U-Boot mit ASDIC auszumachen."[4]

„Hochverfolgung durch einen Zerstörer", notierte Kretschmer in seinem Kriegstagebuch. „20 Wasserbomben, ungenau liegend." In ihrem Boot konnte die Mannschaft von U-99 hören, wie die „Jersey City" unterging. Große Luftblasen rasten an die Wasseroberfläche, und Metall rieb an Metall.

Kretschmer war ein Risiko eingegangen. Elfe: „Es war besser und auch sicherer, von außerhalb eines Geleitzuges zu schießen, doch der Konvoi hatte plötzlich den Kurs geändert, und nun befand man sich mittendrin. Einmal innerhalb des Konvois konnte man, wenn man wollte, in beide Richtungen schießen, doch es war nicht immer so geplant. Man fühlte sich außen wesentlich sicherer, weil man einen klaren Fluchtweg hatte.“ Dennoch war die „Jersey City“ eine leichte Beute, und der Schutz des Geleitzuges zu schwach gewesen, um U-99 in Schwierigkeiten zu bringen.

Die „Walker“ und die „Prewinkle“ fuhren mit dem Geleitzug weiter. Als U-99 schließlich auftauchte, fand es lediglich zwei leere Rettungsboote. Kretschmer war zur weiteren Verfolgung entschlossen. Seine Einschätzung des wahrscheinlichen Kurses des Konvois traf ins Schwarze. Innerhalb weniger Stunden entdeckte die Brückenwache Rauch am Horizont, doch bevor U-99 den Geleitzug überholen konnte, wurde das Boot von einem Sunderland-Wasserflugzeug des Küstenkommandos entdeckt und musste wieder abtauchen. Erst nach fünf Stunden konnte die Verfolgung aufs Neue beginnen, und am Abend des 1. August war es wieder in Angriffsposition. Zu diesem Zeitpunkt bereiteten sich die beiden Begleitschiffe darauf vor, den Geleitzug zu verlassen. Kretschmer beschreibt in seinem Kriegstagebuch die weiteren Ereignisse:

> 1. August 24.00: Bei Dunkelwerden setze ich mich nach S(üden) auf die Seite des günstigen Horizonts. Der Geleitzug kommt jetzt vor die helle Abendkimm. Das Geleit, bestehend aus 2 Zerstörern, fährt stark zackend an beiden Seiten vorn.
> 2. August 00.50: Die beiden Zerstörer machen kehrt, signalisieren kurz mit der Morselampe, laufen am Geleitzug nach achtern und weiter ab nach Osten, wo sie wegen der Dunkelheit aus Sicht kommen. Was nun folgt ähnelt dem Wüten eines Wolfes in einer Schafsherde.
> 02.51: Schuß auf den größten Tanker. Treffer achtern, beim Schott zwischen Maschinenraum und dem achteren Laderaum. Das Schiff „Barendrecht“, 9385 BRT, ein Holländer, sackt achtern schnell tiefer, funkt auch nicht, Besatzung geht in die Boote. Geleitzug beginnt...zu zacken. Es ist ein heilloses Durcheinander.
> 03.40: Schuß auf den nächsten Tanker. Entfernung 450 Meter. Treffer Mitte. Schiff schert aus und bleibt mit starker Schlagseite liegen, funkt

aber noch Namen und Position. „Lucerna“, 6556 BRT, Besatzung geht in die Boote... Ich gehe jetzt in den Geleitzug hinein und fahre mit, rings von den zackenden Schiffen umgeben. Um an den nächsten Tanker heranzukommen, muß erst ein schwer beladener Frachter fallen. Beim Schuß jedoch gibt er einen kurzen Ton mit der Dampfpfeife und dreht ab. Der Schuß geht an ihm vorbei und trifft dann tatsächlich den Tanker, der eigentlich erst danach drankommen sollte. Dampfer funkt, bleibt mit Schlagseite liegen. „Alexia“, 8016 BRT.
04.27: Bisher konnten bei dem außerordentlich starken Meeresleuchten nach dem Schuß alle Torpedos bis zum Ziel verfolgt werden. Der Geleitzug löst sich jetzt völlig auf. Die Schiffe laufen einzeln und in Gruppen in verschiedenen Richtungen auseinander... Bei der stärksten Gruppe befindet sich noch ein Tanker der nun angegriffen wird... Der erste Schuß geht über das Boot hinweg... Ich laufe zurück, um den getroffenen Dampfern, wenn nötig mit Artillerie den Rest zu geben. Die „Alexia“ schwimmt noch.
06.30: 30 Schuß auf 2500 m mit dem Geschütz auf das Schiff, das nun wieder funkt und Zerstörer anfordert. Etwa 15 bis 20 Treffer, die meisten in der Wasserlinie und in der Maschine, andere in der Brücke und am Oberdeck... Qualmen des Schornsteins zeigt an, daß der Kesselraum vollgelaufen ist. Dampfer ist zweifellos im Sinken. Auf dem Weg zur „Lucerna“, die schon gesunken ist.
06.52: Die Aufbauten eines Zerstörers in Sicht, der auf die „Alexia“ zuhält. Ich laufe mit AK nach Norden ab.

Der Angriff hatte etwas mehr als drei Stunden gedauert und wurde nur durch das Erscheinen der HMS „Walker“ unterbrochen. In dieser Zeit hatte U-99 nie die Wasseroberfläche verlassen und hatte, als die Torpedos aufgebraucht waren, mit dem Geschütz angegriffen. Die Mannschaft glaubte, dass sie drei weitere Tanker ihrer Ausbeute hinzufügen konnte, was insgesamt sieben Schiffe mit insgesamt 56.000 Tonnen ergab. Eine bemerkenswerte Leistung, wenngleich nicht ganz so eindrucksvoll, wie Kretschmer dachte. In dem Durcheinander der nächtlichen Schlacht hatte er die Spur der Tanker verloren, die trotz der schweren Schäden immer noch schwammen. Adams: „Sie waren noch in der Lage, zehn Knoten zu schaffen. Wir bildeten einen kleinen Geleitzug und brachten sie zurück nach England. Jeder hatte ein Loch von der Größe eines Londoner Doppeldeckerbusses in der Seite. Das war schon ziemlich beachtlich." Dennoch waren es ernüchternde Tage für die Mannschaft der „Walker" gewesen. Das Schiff kehrte in ein Land zurück, das aus der Luft bedroht wurde und in dem scheinbar niemand von der auf See ausgetragenen Schlacht wusste oder sich darum kümmerte. Adams: „Wir waren in einem unsichtbaren Krieg, und selbst wenn wir an Land gingen, sah niemand die untergegangenen Schiffe oder die Überlebenden, die es dennoch nicht geschafft hatten. Es gab einfach nichts, woran wir zeigen konnten, was wir alles verloren hatten."

Kretschmers Feindfahrt hatte gerade zwölf Tage gedauert. Kaum lang genug, um einen U-Boot-Bart sprießen zu lassen. In Lorient wurden sie vom Kommandeur der Kriegsmarine, Großadmiral Raeder, in Empfang genommen. Ein Kameramann des Propagandaministeriums hielt alles für die deutsche Öffentlichkeit fest. Zu den Klängen des „Englandliedes", der Hymne der U-Boot-Waffe, überreichte Raeder Kretschmer das Ritterkreuz, während die Offiziere und die meisten Mannschaftsmitglieder mit dem Eisernen Kreuz ausgezeichnet wurden. Elfe: „Admiral Raeder war erstaunt, dass wir alle britische Kriegskleidung trugen. Wir hatten noch keine Uniformen aus der Heimat bekommen und hatten daher nur unsere schmutzigen Overalls an Bord. Um besser auszusehen, trugen wir die britische Kleidung aus der in Dünkirchen gemachten Beute."

Der Nachrichtendienst der Kriegsmarine, der so genannte B-Dienst, hatte Dönitz über die drei durch die „Walker" geretteten Tanker informiert. Es war eine unbequeme Nachricht, die er daher lieber ignorierte. Kretschmer hatte den richtigen aggressiven Geist gezeigt, und daher verdiente er das Ritterkreuz. Die U-Boot-Waffe brauchte ihre Helden. Doch trotz der Bewunderung des Führers hatte sich die Zahl der einsetzbaren Boote unter dem Kommando von Dönitz bis September 1940 auf gerade 24 verringert. Das waren 22 weniger als bei Kriegsausbruch. Goebbels' Propagandaministerium erkannte die Starqualität von Kretschmer und seinen Kollegen als die der „grauen Wölfe" des Atlantiks. Dönitz war für diese zusätzliche Hervorhebung dankbar, um so dem U-Boot im Reich einen höheren Stellenwert zu erteilen.

In Wahrheit gab es keinen Grund, die Erfolge größer zu machen als sie waren. Eine ständige Prozession von erfolgreichen U-Booten kam den Fluss Scorff nach Lorient hinauf, um dort von Dönitz mit Champagner und Orden begrüßt zu werden. Zur wachsenden Zahl der Kommandanten, die mit dem Ritterkreuz ausgezeichnet wurden, gehörte in jenem Sommer auch Fritz-Julius Lemp, dessen U-30 bis dahin einschließlich der „Athenia" 16 Schiffe mit insgesamt 80.232 Tonnen versenkt hatte. Dieser Augenblick wurde, so Georg Högel, von der gesamten Mannschaft genossen: „Sicher teilte man die Freude, weil man ja von Anfang an alles mitgemacht hatte. Man hatte die Höhen und Tiefen erlebt, die Risiken und die Gefahren. Wenn der Kommandant das Ritterkreuz bekam, fühlten wir uns auch ausgezeichnet."

Unter den Kommandanten herrschte ein ausgeprägter Wettbewerbsgeist. Wer konnte die meisten Schiffe versenken? Erich Topp:

„Die politische Umgebung war ausschließlich auf Krieg und Sieg ausgerichtet, und jeder wollte zum siegreichen Ausgang etwas beitragen. Wir waren nach den ersten Erfolgen, die wir im Atlantik genossen, überzeugt, dass das U-Boot einen entscheidenden Beitrag liefern konnte."

Der 26-jährige Topp hatte in jenem Sommer das Kommando des kleinen Typ-II-Boots („Ente") U-57 übernommen. Auf dem Kommandoturm prangten zwei rote Teufel: „Die beiden Figuren trugen Fackeln – die Fackel des Lebens in einer Hand und die Fackel der Zerstörung in der anderen. Das symbolisierte den schmalen Grat zwischen Leben und Tod, auf dem wir balancierten."

Als junger Kommandant, der sich einen Namen für sein U-Boot machen wollte, wählte er einen besonders schmalen Grat. Am 14. August 1940 lief das „Rote-Teufel-Boot" zu seinem zweiten Einsatz unter Topp aus.

> „Kurz nachdem wir Lorient verlassen hatten, wurden wir von einem britischen Bomber überrascht, der plötzlich aus den Wolken heraus auftauchte. Seine Bomben fielen ziemlich nahe neben uns. Einer der beiden Diesel wurde aus der Verankerung gerissen. Ich bat den leitenden Ingenieur und den Wachoffizier zu einem Gespräch.
>
> Der leitende Ingenieur sagte: ‚Wir haben nur noch die eine Maschine, und wenn die ausfällt, war es das für uns.' Er war dafür, umzudrehen und den Schaden beheben zu lassen.

Ich bat meinen Wachoffizier um seine Meinung.

Er sagte: ‚Wir haben noch fünf Torpedos an Bord. Wir haben keinen abgefeuert. Es ist unsere Pflicht, den Feind anzugrcifen.'

Ich sagte: ‚Das ist auch meine Meinung.' Weil das Boot beschädigt war, entschieden wir uns, so nahe wie möglich an die britische Küste zu fahren."

In der Nacht des 23. August schob sich das Boot in den Nordkanal. „Ein Geleitzug tauchte auf, und ich griff ihn auf der Wasseroberfläche mit drei Torpedos an. Alle fanden ihr Ziel", erinnert sich Topp. Innerhalb weniger Stunden, nachdem OB 202 ausgelaufen war, hatte der Konvoi zwei Frachter verloren. Ein dritter war schwer beschädigt. Das sollte allerdings keine weitere leichte Beute werden. Die Antwort kam schnell. Topp:

„Wir wurden verfolgt. Ich versuchte zu entkommen, doch die Verfolger waren schneller und wir mussten bei einer Wassertiefe von gerade 50 Metern abtauchen. Doch wir hatten Glück, denn wir fanden eine Rinne auf dem Meeresboden. Dann warfen sie ständig Wasserbomben ab. Wir lagen da und mussten 22 Stunden lang aushalten. Alles brach zusammen. Es war eine Katastrophe.

Natürlich machten die Wasserbomben ganz schönen Lärm. Das Boot zitterte, und dann stellten alle mögliche Geräte ihren Dienst ein. Das Licht fiel aus, die Ventile begannen sich zu lösen. Es gab mehr als 100 Ventile, die mit dem Äußeren eines Unterseeboots verbunden sind, und als sie nachgaben, begann das Wasser hinein zu sickern.

Die Luft wurde ziemlich schlecht. Der Kohlendioxidanteil war zu hoch. Nur die Männer, die benötigt wurden, um die zahlreichen Lecks zu stoppen, durften sich bewegen. Ich schickte den Rest in ihre Kojen. Wir hatten den Tauchretter zum Atmen. So lagen wir bis ungefähr Mitternacht in der nächsten Nacht.

Dann, nach 22 Stunden unter Wasser, sagte ich, ‚jetzt müssen wir auftauchen. Es ist unsere letzte Chance. Druckluft in alle Tanks.' Nichts bewegte sich. Ich versuchte etwas anderes. Ich hatte einen Elektromotor, der noch funktionierte. Ich startete ihn und versuchte

> die Schrauben des Bootes zu drehen, vielleicht hatte sich der Kiel auf den Meeresboden gelegt. Es funktionierte.
>
> Das Boote befreite sich und schoss nach oben.
>
> Es war natürlich dunkel. Ungefähr 1000 Meter entfernt lag ein Zerstörer, der uns aber nicht sah. Es war schwierig zu wissen, welchen Kurs wir nehmen sollten, denn unser Kompass war, wie vieles Andere, beschädigt. Ich sagte zu mir: ‚Der Wind kam gestern aus Nordwesten!' Und so fuhren wir gegen den Wind und versuchten alles, was wir reparieren konnten, bis zum nächsten Morgen in Ordnung zu bringen."

Auf dem Weg Richtung Norden traf das angeschlagene Boot auf einen weiteren Geleitzug, der Richtung Heimat lief. Topp: „Ich beschloss, einen Tanker mit meinen beiden letzten Torpedos anzugreifen. Sie trafen, der Tanker explodierte, brach in Flammen aus. Wieder wurden wir mit Wasserbomben angegriffen, doch dieses Mal richteten sie keinen Schaden an, weil wir eine Tiefe von 100 Metern erreichen konnten. Danach hatten wir eine stärkende Mahlzeit und machten uns auf die Rückfahrt."

Es war eine bemerkenswerte Feindfahrt mir nur einem Diesel. Es war aber auch, wie Topp zugibt, „die typische Aktion eines jungen Kommandanten" und dem Geist der damaligen Zeit entsprechend. In der letzten Augustwoche versenkten die U-Boote 110.000 Tonnen, ein Viertel davon ging auf Topps Konto. Es sollte die erfolgreichste Woche des ganzen Krieges sein. Und obwohl er Risiken eingegangen war, konnte sich Topp der Unterstützung seiner Mannschaft sicher sein:

> „Zuerst ist es natürlich wichtig, dass man erfolgreich ist. Die Männer wollen mit Erfolgen nach Hause kommen, und das ist sicherlich ein entscheidender Faktor. Doch mir war es auch wichtig, mit jedem eine persönliche Verbindung aufzubauen, um zu wissen, was in den Seelen der Männer vorging. Als wir einmal ausliefen, war mein Wachoffizier sehr still und blass. Ich fragte, was mit ihm los war. ‚Nichts, nichts', sagte er. Nach einer Weile fragte ich ihn wieder. ‚Sie können mich nicht davon überzeugen, das bei Ihnen alles in Ordnung ist.' Dann sagte er, ‚nun gut, ich habe meinen Glücksbringer vergessen.' Sein Glücksbrin-

ger war ein Myrtenkranz von seiner Hochzeit. Er hatte ihn immer an Bord, und jetzt hatte er ihn vergessen. Ich änderte also den Kurs und fuhr zurück, um ihn zu holen. Danach hatte ich einen exzellenten Wachoffizier an Bord, der seine Pflichten sehr gut erfüllte."

Topps U-57 war nicht das einzige Boot, das in jenem Sommer einige Schläge hinnehmen musste. Eine ganze Reihe von U-Booten wurde entdeckt und angegriffen. Doch zwischen Juli und Oktober wurden nur zwei versenkt. Das lag nicht nur an der Schwäche der Royal Navy oder dem Mangel an Erfahrung bei den Küstenkommandos. Niemand vermochte einzuschätzen, wieviel eine U-Boot-Hülle aushalten konnte. Im August 1940 hatte der 26-jährige Kommandant von U-61, Jürgen Oesten, fünf Schiffe mit insgesamt 20.000 Tonnen versenkt. „Es war wie auf der Jagd. Allerdings konnte man, wenn man einen Geleitzug angriff, auch zum Gejagten werden." Das geschah, nachdem U-61 einen Frachter im Osten der Orkneys angegriffen hatte. Oesten: „Die Wasserbomben schlugen so nahe ein, dass die Hülle des Bootes eingedrückt wurde. Wir hatten Glück, dass diese Hüllen mit Aluminiumstahl geschweißt waren. Wären sie genietet gewesen, hätten sie keine ernsten Detonationen überstanden." Das Boot schaffte es, mit nur einer Maschine zurückzukommen. Dönitz wartete am Kai, als Oesten fest machte. „Er sagte ‚was wollen sie hier. Sie sind als gesunken gemeldet.'" Ich sagte: „Wenn sie wollen, gehe ich wieder zurück."

Das war typisch für den formlosen Umgang zwischen Dönitz und den Kommandanten und ihren Mannschaften. Sie fühlten, dass ihr Oberkommandierender einer von ihnen war. Er sprach mit ihnen wie ein Seemann zum anderen. Waren sie auf See, schickte er ihnen Nachrichten über wichtige Ereignisse wie Geburten aus der Heimat. „Onkel Karl" schien sich um sie zu sorgen. Er erwartete von seinen Männern, dass sie ihr Bestes gaben und war grob, wenn sie seiner Meinung nach dem nicht entsprachen.[5] Die Mannschaften wollten für ihn gute Leistungen bringen. Die Treue zur U-Boot-Waffe war in großem Maße auch Treue zu ihm. Oesten erinnert sich:

„Wenn man mit einer ausgelaugten Mannschaft zurück kehrte, wartete Dönitz meistens. Wenn ein alter Unteroffizier, der keine Lust mehr hatte, sich krank melden wollte, sah ihn Dönitz an und fragte ihn: ‚Nun Meier, wie lange kennen wir uns schon?'

Er antwortete stolz: ‚Acht Jahre', oder so ähnlich.

Und dann sagte Dönitz: ‚Nun, dann wollen wir doch noch ein bisschen weiter machen.' Und danach war der Mann bereit für zwei weitere Fahrten."

Es waren nicht nur „glückliche Zeiten" auf See. Dönitz sorgte dafür, dass es seinen Männern auch an Land gut ging. Richard Amstein von U-123: „Wir hatten schon ein gutes Leben. Und wir machten das Beste daraus. Als Obergefreiter bekam ich ein Gehalt – es war nicht sehr viel. Doch wenn man an Bord war, bekam man mehr Geld, und wenn sich das Boot außerhalb der Drei-Meilen-Zone befand, gab es noch mehr Geld. Es gab auch für jeden Tauchgang einen Aufschlag, ob man nun Dienst hatte oder nicht. Man hatte immer genügend Geld." In den Hotels von Lorient gab es guten französischen Wein und Essen, und in den Cafés der Nebenstraßen konnte man auch angenehme Kontakte knüpfen. Amstein: „Wir suchten uns meistens eine Spelunke. Es gab da einige Etablissements, die sehr nett waren – sie hatten eine kleine Kapelle. Und dann versuchten wir, wenn dort Mädchen auftauchten, mit ihnen zu tanzen. Manchmal hatten wir sogar Erfolg. Getränke kosteten damals fast nichts. Der Preis einer Flasche Champagner war, ich glaube 20 Francs, was für uns kein Geld war."

Lorient war ein alter französischer Hafen und gut vorbereitet, die Bedürfnisse der Seeleute, auch wenn sie unter feindlicher Fahne fuhren, zu befriedigen. Georg Högel von U-30: „Ich war jung und naiv. Als wir in Lorient eintrafen, gab es noch eine Ausgangssperre. Wir durften uns nach 10 Uhr abends nicht auf den Straßen blicken lassen. Doch für die Mannschaften dauerte sie nur bis zehn nach zehn. Erst ging der Kommandant. Dann die Offiziere. Dann die Unteroffiziere, und am Ende ging auch der Rest meiner Kameraden. Ich vermied Ärger, indem ich im Hotel blieb. Am nächsten Morgen wurde klar, dass ein kleiner Heizer dem leitenden Ingenieur eine Nutte geklaut hatte. Das war nicht meine Sache. In jenen Tagen fand ich das ganz und gar nicht gut, vor allem, wenn ich die Leute in einer Schlange stehen sah und wusste weshalb."

Die Kommandanten hatte nichts dagegen, wenn sich ihre Männer an Land herumtrieben, so lange sie stets bereit waren, wieder in See zu stechen. Topp erklärte seiner Mannschaft: „Kameraden, tut, was ihr wollt. Habt eine gute Zeit, aber holt euch keine Infektion von irgendeiner Prostituierten.“ „Ein leitender Maschinist kam mit einer Krankheit zurück, ich verabscheute das. Er konnte nicht mit uns auslaufen. Ich musste dann einen anderen Mann mitnehmen. Das widersprach den Regeln und auch der Loyalität, die er mir hätte zeigen sollen.“

Die offiziell befürwortete Ruhe und Erholung für die U-Boot-Männer schloss Mannschaftsferien auf so genannten U-Boot-Weiden ein. Das konnte ein Hotel in den österreichischen Alpen oder eine elegante Villa in Frankreich sein. Gleichgültig, wo sich die „Weide“ befand, Essen und Service waren stets vom Feinsten. Für diejenigen, die mehr als einige Tage frei hatten, gab es den speziellen U-Boot-Zug in die Heimat.

Einige U-Boot-Offiziere wählten allerdings Frankreich als neues Heim. Erich Topp bekam eine Villa in der Nähe seiner Basis in St. Nazaire, die er mit seinem Freund, dem Kommandeur von U-46, Engelbert Endraß, (ehemals Wachoffizier auf U-47 und Schütze der Torpedos, die die „Royal Oak versenkten) teilte. „Die Villa gehörte einem Schauspieler aus Paris. Er hatte sie verlassen, doch das Inventar war geblieben: Geschirr und Gläser. Natürlich luden wir unsere Freundinnen aus Paris ein. Endraß hatte eine belgische Freundin, eine Sängerin namens Monique, und meine Freundin Patti war eine russische Tänzerin.“

Und dann gab es auch noch Paris. Ein von russischen Emigranten geführter Club, Scheherazade, war der inoffizielle Treffpunkt der U-Boot-Offiziere. Topp und Endraß gehörten zu den Stammgästen, die dort ihre Freundinnen trafen. „Wir gingen alle ins Scheherazade. Irgendwie fühlten wir uns dort zu Hause“, erinnert sich Jürgen Oesten. Für viele sollte es ein kurzes Leben werden, und das sollte wenigstens fröhlich sein. Die Mädchen, der Champagner und nächtliche Vergnügen halfen. Oesten:

> „Ich hatte dieses Gefühl das erste Mal nach einem Wasserbombenangriff an Bord von U-61, als die Druckkammer eingedrückt wurde. Ich fuhr nach Österreich zum Skifahren und traf dort ein junges Mädchen.

Sie studierte Medizin. Ich dachte mir, ‚das Leben ist kurz, vielleicht solltest du was machen.' Wir wurden gute Freunde, und ich heiratete sie. Ich war sieben Jahre verheiratet, doch wenn ich die Zeit zusammenrechne, die wir zusammen waren, komme ich auf gerade vier oder fünf Monate. Ich habe in diesen sieben Jahren mit anderen Frauen viel mehr Zeit verbracht als mit meiner eigenen. Und daher beschlossen wir uns zu trennen und uns scheiden zu lassen."

Meistens dauerten die guten Zeiten an Land nur so lange, bis das U-Boot wieder für eine neue Feindfahrt vorbereitet war. Dönitz war entschlossen, die Unfähigkeit der Briten auszunutzen, ihre Nachschublinien über den Atlantik ausreichend zu schützen. Später schrieb er: „Ich war bestrebt, keinen Tag vergehen zu lassen, an dem nicht ein Schiff von den Booten auf See versenkt wurde." Der Stab im U-Boot-Kommando führte ein tägliches Logbuch über die britischen Schifffahrtsaktivitäten, das aus den Berichten der einzelnen U-Boote zusammen gestellt wurde. Vergingen mehr als zwei Tage ohne die Sichtung eines Geleitzuges, befahl Dönitz seinen Kommandanten, in einem anderen Seegebiet zu suchen. Obwohl die U-Boote nahe an den britischen Inseln eingesetzt waren, hing bei der Bestimmung einer Kursänderung eines Konvois viel von Vermutungen ab. Der Blick von der Brücke reichte an einem klaren Tag höchstens 20 Meilen weit – deutlich weniger bei den oftmals auf dem Atlantik anzutreffenden Wetterlagen. Häufig befanden sich nur sechs oder sieben Boote im Einsatzgebiet, so dass der Kontakt mit einem Geleitzug keine sichere Sache war. Dönitz hatte die Notwendigkeit einer Luftaufklärung für die Unterstützung der U-Boot-Einsätze erkannt, doch seine wiederholten Versuche, sie zu bekommen, stieß auf taube Ohren. Hermann Göring, Chef der Luftwaffe, widersetzte sich mit aller Macht Versuchen, seine Autorität über die Luftwaffe in irgendeiner Weise zu schmälern. Und außerdem fiel es im Sommer 1940 leicht, zu argumentieren, dass die entscheidende Schlacht im Himmel über Großbritannien stattfände.

Doch trotz des von Erfolgen gekrönten Sommers war Dönitz entschlossen, eine neue Strategie einzuführen, von der er erwartete, dass sie den Seekrieg für Deutschland entscheiden würde. Er hatte die wichtigsten Punkte in einem Bericht an Raeder und seinen Stab ausgeführt. Sie bedeuteten „Konzentration gegen Konzentration" – ein Angriff von mehreren Booten auf einen Geleitzug. Zwar hatten seine Kommandanten jeder für sich beachtliche Erfolge erzielt, doch nur indem man in Gruppen oder einem „Rudel" angriff, konnte man hoffen, ganze Geleitzüge zu zerstören. Dann wäre die Macht der U-Boote groß genug, um Großbritannien um Frieden betteln zu lassen. Die Strategie war einfach, ihre Durchsetzung weniger. Zuerst war es notwendig, den Geleitzug zu orten, dann das Rudel so rechtzeitig zu versammeln, dass der Konvoi noch erreichbar war.

Dönitz plante, seine Gruppen in Suchlinien entlang der Konvoirouten aufzustellen. Das erste U-Boot, das den Geleitzug entdeckte, war das so genannte „Kontaktboot". Es sollte einen verschlüsselten Funkspruch an das Hauptquartier absetzen, um dann die anderen Mitglieder der Gruppe zu versammeln. Das konnte mehrere Stunden dauern. Im Verlauf des Krieges war es nicht ungewöhnlich, dass sich eine Gruppe über mehr als 300 Meilen auf dem Ozean verteilte. Das „Kontaktboot" musste den Geleitzug beschatten und regelmäßige Funksprüche über die Position an die verfolgenden Boote senden. Kein Angriff durfte vor der Versammlung des Rudels unternommen werden. Nach Einbruch der Nacht konnten die U-Boote auf der Wasseroberfläche angreifen. Die Wirkung des gleichzeitigen Angriffs würde, so hoffte Dönitz, die Verteidigung des Geleitzuges vollständig zusammenbrechen lassen. Es gab allerdings ein Risiko. Die beherrschende Rolle des U-Boot-Kommandos an Land bei der Versammlung des Rudels machte eine Menge von Funksprüchen notwendig, die womöglich von den Briten abgefangen werden konnten. Doch Dönitz war bereit, dieses Risiko einzugehen. Erste Versuche mit derartigen „Rudelangriffen" hatten nur einen begrenzten Erfolg gebracht, doch als das zweite Kriegsjahr anbrach, hielt Dönitz die Zeit für gekommen, es noch einmal zu versuchen. „Ich erwartete zuversichtlich substanzielle Ergebnisse", sollte er später schreiben. Großbritanniens Überleben hing nun von seiner Fähigkeit ab, die Herausforderung der Wolfsrudel zu meistern.

KAPITEL VIER

WOLFSRUDEL

Am Abend des 7. September 1940 eröffnete das Dröhnen von 300 Bombern am Himmel über London den bis dahin vernichtendsten Luftangriff auf eine Stadt. Angriffsziele waren in erster Linie die Docklands und die Industriegebiete. Es war Ian Jamiesons erster Tag in der Admiralität, nachdem er fünf Monate im Krankenhaus verbracht hatte, um dort von den Wunden, die er beim Bombenangriff auf sein Schiff erlitten hatte, zu genesen. Als er an seinem Schreibtisch eintraf, wurde er vom Heulen der Sirenen begrüßt. „Damals fühlte ich mich, als wäre jede Bombe für mich bestimmt“, erinnert er sich.

Am 15. September wurden zwei Tagesangriffe auf die britische Hauptstadt von der Royal Air Force vereitelt. 56 deutsche Flugzeuge wurden abgeschossen. Es war ein entscheidender Schlag, denn der Luftwaffe war es nicht gelungen, die Luftherrschaft über die britische Insel am Tag zu erringen. Und es war unmöglich, eine Invasion ohne Lufthoheit durchzuführen. Die nächtlichen Angriffe, die am 7. September begonnen hatten, waren also in gewisser Hinsicht das Eingeständnis einer Niederlage. Doch auch wenn die Luftschlacht um England gewonnen war, so war die entscheidende Schlacht im Atlantik noch immer unentschieden.

Als Jamieson seinen Dienst in der Admiralität antrat, nahmen gleichzeitig die Nachtangriffe auf Geleitzüge deutlich zu. Als Mitglied der Anti-U-Boot-Kriegsführungsabteilung in der Admiralität war es seine Aufgabe, an der Analyse der U-Boot-Taktik zu arbeiten. Was hatte Dönitz vor, und wo würden die Boote als nächstes zuschlagen, wollte die Admiralität wissen. Jamieson: „Ich hatte einige Gespräche mit Überlebenden... und da gab es einige interessante Informationen, auf die wir aufbauen konnten.“ Die Anti-U-Boot-Abteilung benutzte diese Nachrichten, um einen Bericht zu verfassen, der an alle Begleitschiffe verteilt wurde, um ihnen in Jamiesons Worten, „bei zukünftigen Zusammentreffen im Atlantik zu helfen". Ein Angriff vor allem alarmierte die Anti-U-Boot-Kriegsführung ganz besonders. In der Nacht des 21. September war der aus 41 Handelsschiffen bestehende schnelle Konvoi HX 72 angegriffen worden, wobei elf Schiffe versenkt wurden. Der Kommodore des Geleitzuges war sicher, dass mindestens zwei U-Boote angegriffen hatten, und die leitenden Offiziere der Begleitschiffe stimmten dem zu. Es gab erste Vermutungen, dass die U-Boote ihre Attacken koordinierten. Das kam vollkommen unerwartet, und einige einflussreiche Stimmen im Nachrichtendienst der britischen Marine waren entsprechend skeptisch.[1] Der langsame Geleitzug SC 7 sollte eine abschließend Antwort bringen.

Die bunte Mischung von Schiffen, die den Geleitzug SC 7 bilden sollten, begann sich in der ersten Oktoberwoche im kanadischen Hafen von Sydney zu versammeln.[2] Die unscheinbare kleine Stadt auf der Insel Cape Breton war eigentlich nicht mehr als eine Station, an der Schiffe Treibstoff für die Heimreise bunkerten. Zwei Monate zuvor war sie als Ausgangspunkt für die Heimreise langsamer Geleitzüge bestimmt worden. Der Konvoi SC 7 war für eine Höchstgeschwindigkeit von acht Knoten ausgelegt, und einige der 35 Schiffe hatten sogar Probleme, dieses langsame Tempo zu halten. Die Hälfte von ihnen war während oder vor dem Ersten Weltkrieg vom Stapel gelaufen, das älteste, der norwegische Tanker „Thoroy" war bereits seit 47 Jahren im Einsatz. Die Schiffe des Geleitzuges hatten die voran gegangenen 14 Tage damit verbracht, in kanadischen Häfen ihre Ladungen aus Holz, Getreide, Stahl, Kupfer und Eisenerz aufzunehmen. Einige wie die Schiffe der Tempus-Reederei „Beatus" und „Fiscus" waren durch den St.-Lorenz-Strom zum Hafen von Three Rivers gedampft. Die „Beatus" hatte Stahl, Holz und demontierte Flugzeuge geladen. Die „Fiscus" war weniger glücklich. Sie transportierte jeweils fünf Tonnen wiegende Stahlbarren.

Frank Holding erinnert sich, wie ängstlich die Besatzung der „Fiscus" angesichts der zweiwöchigen Fahrt über den Atlantik war: „Mit so einer Ladung an Bord, hatte man keine Chance. Bei einem Treffer ging das Schiff wie ein Stein unter." Holding war glücklich, an Bord der „Beatus" zu sein. „Sie war ein dreckiger alter Dampfer. Sie roch nach Zucker und Öl. Die Köche waren Chinesen, und die Mannschaft im Maschinenraum kam aus Indien. Es gab dann noch mich und einen Kerl aus Liverpool."

Als Hilfssteward hatte Holding ein etwas leichteres Leben an Bord: „Wir hatten gegenüber der Deck- und Maschinenraummannschaft einige Vorteile. Sie lebten im Vorderdeck, mit acht oder bis zu zehn Kojen in einem Raum. Ich teilte mir meinen Raum mit dem Kochjungen." Holding war zwar erst 19 Jahre alt, doch nach drei Jahren in der Handelsmarine hatte er bereits die ganze Welt gesehen. Für ihn war das Ganze noch eine Art Abenteuer und die Bedrohung durch die U-Boote bedeutete für ihn eine zusätzliche Spannung. „Man hatte uns immer wieder gesagt, dass niemand gefangen genommen würde, wenn uns ein U-Boot versenken würde. Höchstens der Kapitän und der leitende Ingenieur. Der Rest würde ertrinken. Wir hatten Angst vor Maschinengewehrfeuer, und irgendwelche Leute erzählten uns, dass sie einen kannten, der viele Tage lang in einem Rettungsboot auf dem Wasser trieb, doch wir machten uns darüber nie Gedanken. Auf der ‚Beatus' machten wir mit dem Zweiten Offizier unsere Scherze und sagten: ‚Dieses Mal werden sie uns kriegen.' So redeten junge Kerle nun mal."

Während die „Beatus" in Three Rivers beladen wurde, erhielt Holding Besuch von zwei alten Freunden. „Sie kamen an Bord und suchten nach mir. Es waren der Junge von nebenan, Bill Howard und sein Bruder Eddie. Ich sagte ‚ich bin pleite und kann nicht an Land gehen, und außerdem laufen wir morgen aus.'" Holding konnte sich wenigstens auf eine Nacht mit jeder Menge Bier in Liverpool freuen. Die Howard-Brüder waren auf der „Creekirk", die mit Eisenerz beladen wurde.

Am 5. Oktober war der Konvoi SC 7 zusammen gestellt und bereit zum Auslaufen. An jenem Morgen versammelten sich die Kapitäne an Land zur üblichen Besprechung. Sie wurden dem Kommodore des Geleitzuges, Admiral Lachlan MacKinnon (im Ruhestand) vorgestellt, der, wie man ihnen sagte, noch nie ein Schiff verloren hatte. Es gab die üblichen Anweisungen. Strengste Aufmerksamkeit musste auf das Halten der Position gelegt werden, nachts durften keine Lichter gezeigt werden, und die Schiffe sollten so wenig Rauch wie möglich produzieren. Außerdem durften sie keine Müllspur hinter sich her ziehen.

Die langsamen Konvois hatten inzwischen einen schlechten Ruf entwickelt. Die Offiziere der Royal Navy murrten, dass einige der Schiffe in diesen Geleitzügen von ziemlich eigensinnigen Kapitänen geleitet wurden. Es gab immer wieder eine beachtliche Anzahl von Ausreißern, die entweder den

Anschluss verloren oder vorweg fuhren. Nachdem ein Schiff den Geleitzug verlassen hatte, war es auf sich selbst gestellt. Es gab einige Kapitäne, die dies für sicherer hielten. Was für eine Art Schutz hatte die Royal Navy denn schon zu bieten? Für die ersten Tage auf See wurde SC 7 lediglich von einem kleinen Kanonenboot begleitet. Erst bei der Annäherung an die Heimat konnte man zusätzlichen Schutz erwarten. Ein Drittel der Handelsschiffe, darunter die „Beatus", war mit einem Vier-Zoll-Geschütz ausgerüstet, doch niemand erwartete davon einen besonderen Nutzen.

Kurz nach 12 Uhr begannen die Schiffe, den Hafen von Sydney zu verlassen. Die Formation des Geleitzuges nahm den ganzen Nachmittag in Anspruch. Er bestand aus neun Sektionen mit jeweils drei oder vier Schiffen. Das Schiff des Kommodore, die „Assyrian", fuhr an der Spitze der mittleren Kolonne, so dass der Rest des Konvois seine Signale sehen konnte. Hin und wieder befahl er dem Geleitzug einen defensiven Zickzackkurs nach Steuer- oder Backbord. Der Befehl wurde im Allgemeinen mit Flaggen- oder Lichtsignalen gegeben. Funksprüche hätten unerwünschte Aufmerksamkeit erregen können. Eine Kursänderung verlangte von diesem unbeholfenen, trägen Konvoi wie ein einziges Schiff zu agieren – und das ohne Verzögerung. Zwischen den Schiffen lagen jeweils rund 600 Meter Distanz. Der Kommodore benötigte unter diesen Umständen gleichermaßen Urteilskraft und Glück.

Für die Männer der Handelsmarine, die an einen offenen Horizont gewöhnt waren, stellte die Fahrt in einem Konvoi ein eher frustrierendes Geschäft dar. „Sechs Knoten! Man war zu Fuß schneller unterwegs", erinnert sich Frank Holding. „Man hoffte nur darauf, jede Nacht hinter sich zu bringen und es in den Hafen zu schaffen."

Nach vier Tagen ereignisloser Fahrt geriet SC 7 in schlechtes Wetter. Und fast auf Anhieb begannen die ersten Schiffe, aus dem Geleitzug herauszufallen. Zeitweise gehörte auch das größte britische Schiff, die 6000 Tonnen große „Empire Miniver" zu diesen Nachzüglern. „Ich hatte einige Probleme mit den Turbinen", schrieb Kapitän Robert Smith in seinem Bericht an die Admiralität.[3] „Es war ungefähr 17.25 Uhr und sehr dunkel, als wir zurückfielen und den Sichtkontakt zum Konvoi verloren." Doch die „Empire Miniver" war schneller als die meisten anderen Schiffe und innerhalb einiger Stunden konnte Smith wieder Kontakt aufnehmen. Die Aufgabe wurde auch durch ein Schiff am Ende des Konvois erleichtert. Smith: „Der dritte Maat und ich waren auf der Brücke und starrten in die Dunkelheit, als wir zu unserem Erstaunen ein weißes Licht an Backbord sahen. Ich sagte noch zum dritten Maat, dass da irgendein Narr sehr leichtsinnig war. Als wir näher kamen, sahen wir, dass es ein griechischer Dampfer war, der das Licht eingeschaltet hatte. Wir konnten es aus einer Entfernung von ungefähr sechs Meilen sehen." So viel zu den Anweisungen in der Konvoi-Besprechung...

Auf der anderen Seite des Atlantiks bereiteten sich die Schiffe seiner Majestät, „Bluebell" und „Fowey" darauf vor, von Liverpool aus zum vereinbarten Treffpunkt mit SC 7 auszulaufen. Die „Fowey" war ein Kanonenboot mit einer regulären Besatzung, während es sich bei ihrem Schwesterschiff um eine Korvette handelte, die in aller Eile zusammen genietet worden war. Ihre aus erfahrenen Männern und Reservisten bestehende Mannschaft hatte vor gerade zwei Monaten den Dienst an Bord begonnen, gerade als die letzten Nieten in den Rumpf geschlagen wurden. Unter ihnen befand sich der 22-jährige Don Kirton, ein erfahrener Marinesoldat, der sich daran erinnert, wie erschrocken die Mannschaft war, als sie die „Bluebell" zum ersten Mal sah: „Einige der alten Seebären mit fünf oder sechs Jahren Erfahrungen dachten nur, ‚was sollen wir damit machen?' Sie wirkte mehr wie ein Ruderboot denn wie ein Kriegsschiff. Der Schornstein war das größte Teil. Sie hatte ein altes Vierzoll-Geschütz, das aus dem Jahr 1914 stammte, und ich dachte ‚damit kommen wir bestimmt nicht weit.'"

Es gab noch andere unangenehme Überraschungen. Bei seiner ersten Fahrt geriet das Schiff in schlechtes Wetter. „Ich würde sagen, dass mindestens 75 Prozent der Mannschaft seekrank war", erinnert sich Kirton. Das ständige Auf und Ab sowie das Rollen machte das Leben außerordentlich unangenehm. Kirton hatte noch ein ganz anderes Risiko. Die Navy hatte ihn wegen seiner schlechten Zähne nicht nehmen wollen. Doch er war derart hinter dem Job her, dass er sie sich hatte ziehen lassen, und das sollte ihm Probleme bereiten.

> „Ich war mit zwei Gehilfen auf meiner Gefechtsstation am Wasserbombenwerfer. Die See war rau, und das Schiff rollte wie verrückt. Ich hatte Husten und plötzlich hustete ich meine Zahnprothese aufs Deck, wo das Wasser hin und her schwappte. Meine beiden Gehilfen lach-

ten sich halbtot. Da lagen meine Zähne im Speigatt und schaukelten hin und her. Ich hatte Angst, sie in der See zu verlieren. Ich beobachtete sie, doch ich konnte meine Gefechtsstation nicht verlassen. Ich wartete auf Befehle von der Brücke, die verdammten Dinger abzufeuern. Endlich kam der Befehl von der Brücke ‚Gefecht beendet', und ich konnte meine Zähne zurückholen."

Die unangenehmen Bewegungen des Schiffes wurden noch durch das ständige Eindringen von Wasser in die vordere Messe der Matrosen verstärkt. Die Bedingungen hier waren nur geringfügig besser als auf einem U-Boot. Kirton: „Es gab da eine so genannte wasserdichte Tür, die während der ganzen Zeit geöffnet und geschlossen wurde. Bei schwerer See kam es von oben. Man konnte aber nie sicher sein, woher es kam. Es war immer feucht. Deine Kleidung war von Schimmel überzogen." Als leitender Versorgungsassistent genoss Kirton den relativen Luxus einer Koje im Lager. Die meisten Mitglieder der 80 Mann starken Besatzung mussten sich in ihre Hängematten in der Messe zwängen.

Die Mahlzeiten erreichten die Männer angesichts der unsicheren Reise von der Kombüse über das nasse und rollende Deck nur selten heiß. Die Speisekarte der Mannschaft wurde mitunter durch einen Fischfang aufgewertet. Eine gut platzierte Wasserbombe konnte einen ganzen Schwarm ans Schiff heran bringen. Die Mannschaft stand dann mit Netzen, Eimern, Dosen und was sonst noch gerade zur Hand war, an Deck. Es gab auch die tägliche Rum-Ration. Für die Unteroffiziere um 11, für den Rest der Mannschaft um 12 Uhr. Der Mann mit dem Fass an Bord der „Bluebell" war Kirton. Seine Herausforderung bestand darin, die Rationen bei jedem Wetter zu verteilen. „Man ging an der Backbordseite entlang und hielt sich an den Tauen fest, die dort gespannt waren. Und dann hatte man zwei Leute, die das Fass festhielten. Auf seiner Seite stand ‚Der König, Gott segne ihn'. Man mischte zwei Teile Wasser mit einem Teil Rum und verteilte das dann an die Messen."

Der Kapitän der „Bluebell", Korvettenkapitän Robert Sherwood, war wie die meisten Männer der Mannschaft nur wegen des Krieges zur Marine gekommen. Obwohl er gerade 33 Jahre alt war, hatte er bereits 15 Jahre auf See verbracht und sich bis zum Kommando eines eigenen Schiffes hoch gearbeitet. Sherwood beeindruckte seine Männer durch sein Selbstvertrauen und seinen schnellen Verstand. Auf der Fahrt zum Treffpunkt mit SC 7 hatte er seine Hängematte auf der Brücke der „Bluebell" gespannt, so dass er den Wachen stets zur Verfügung stand. Seine drei Offiziere waren weniger erfahren. Der Erste Offizier war ein Yachtkapitän von der Ostküste, und die beiden Leutnants waren junge Freiwillige aus Kanada. James Keachie war einer von ihnen: „Wir waren beide ziemlich grün hinter den Ohren. Ich vertraute zu einem großen Teil auf den Steuermann der ‚Bluebell', der mir glücklicherweise gut gesonnen war." Keachie war eigentlich auf dem Weg, Rechtsanwalt zu werden, hatte sich jedoch direkt nach dem Kriesgausbruch als Freiwilliger zur kanadischen Marine gemeldet. Seine Grundausbildung hatte ihn jedoch nicht ausreichend für die Aufgaben auf der „Bluebell" vorbereitet. „Es gab überhaupt keine Ausbildung, wie wir U-Booten auf der Wasseroberfläche oder in Geleitzügen begegnen sollten. Alle Taktiken waren mit ASDIC verbunden."

Die „Fowey" und „Bluebell" sollten SC 7 nordwestlich der Rockall Bank, ungefähr 300 Seemeilen von der Heimat entfernt, treffen. Die Schiffe des Konvois strebten dort bereits mit aller Kraft Richtung Zielhafen. In den frühen Stunden des 16. Oktober war ein Notsignal von einem Nachzügler, dem Frachter „Trevisa" empfangen worden: „SSS, U-Boot-Angriff". Das Begleitschiff, die HMS „Scarborough", konnte nichts unternehmen. Ladung und Mannschaft waren verloren. Die Stimmung wurde am Nachmittag besser, als „Fowey" und „Blubell" am Horizont auftauchten. Don Kirton erinnert sich, wie sie sich SC 7 näherten: „Wenn man über die Schiffe blickte, wirkte das wie eine schwimmende Stadt. Sie schienen wie ein Block, der sich bewegte, als wären sie miteinander verbunden. Es war ein wunderbarer Anblick."

Niemand war glücklicher über die Neuankömmlinge als der Kapitän der „Scarborough", obwohl die beiden Schiffe immer noch ein eher schwächlicher Schutz für einen Konvoi waren, der sich über sechs Meilen erstreckte. Die „Scarborough" nahm die Position an der Spitze des Geleitzuges ein, „Fowey" an Steuer-, „Bluebell" an Backbord. Es gab keinen Plan für eine koordinierte Vorgehensweise, sollte der Konvoi angegriffen werden.

In dieser Nacht machte die Wache auf der Brücke von U-48 etwas aus, das wie die Silhouette eines Schiffes erschien. Als sich das Boot näherte, wurde deutlich, dass es sich um einen großen Geleitzug mit schwachem Schutz handelte. Die gute Nachricht wurde an das U-Boot-Kommando gesendet: „Geleitzug Richtung Heimat, sieben Knoten fahrend, zurzeit bei Kartenreferenz AL3388." Diese Ortung wurde sofort an eine Gruppe von fünf Booten weiter geleitet, die Dönitz östlich und nördlich der Rockall Bank platziert hatte. Der Befehl war einfach: finden, annähern, angreifen.

Anstatt auf den Rest des Rudels zu warten, entschloss sich der Kommandant von U-48, Heinrich Bleichrodt, zu einem Angriff auf die Backbordseite. Das größte Zielobjekt des Konvois lag direkt vor ihm. Das erste Torpedo von U-48 zerriss die Seite des 9500 Tonnen großen Tankers „Languedoc" und schickte eine Fontäne aus Wasser und Feuer in den nächtlichen Himmel. Zwei Minuten später schlug ein weiterer Torpedo in den Frachter „Scoresby" ein. James Keachie von der „Bluebell": „Das erste Lebenszeichen des U-Boots kam, als das Schiff getroffen wurde." Die Männer unter Deck mussten nicht erst auf den Befehl „alle Mann auf Gefechtsstation" warten. Don Kirton: „Man hörte den Aufprall des Torpedos auf den Rumpf des Schiffes und die Explosion. Das weckte die Mannschaft – unter Wasser setzen sich Geräuschwellen deutlich fort. Man wusste, dass nun der kleine, ganz persönliche Krieg begonnen hatte."

Bis die „Bluebell" es vom Ende des Konvois nach vorne geschafft hatte, war die „Scoresby" bereits versunken. Ihr Grab war durch hunderte von schweren Grubenhölzern markiert, die auf ihrem Deck gestapelt waren. Keachie: „Die Menge an Trümmern war unglaublich. Das Holz war einfach überall, und man musste vorsichtig sein, dass es nicht in die Schrauben geriet. Der Kapitän wollte da nicht durchfahren, aber wir mussten, um nahe genug an die Überlebenden zu kommen."

Die „Bluebell" schloss sich den beiden anderen Begleitschiffen für eine langwierige und erfolglose ASDIC-Suche an. U-48 hatte sich derweil in die Nacht zurückgezogen. Die „Languedoc" schwamm noch immer. So hätte sie sich noch viele Stunden lang halten können, doch sie war nun ein gefährliches Hindernis für die anderen Schiffe geworden. Kirton: „Sie war ein wunderschönes Schiff, ohne jeden Makel, mit weiß gestrichenen Decks, und nun lag sie manövrierunfähig da. Wir gingen längsseits, und fünf oder sechs Männer der Mannschaft gingen an Bord, holten die Codebücher und brachten sie zurück. Das war es dann. Man dachte noch, ‚was für eine Verschwendung. Sicher könnte sie geborgen werden'. Doch wer sollte sie in Schlepptau nehmen? Es war Krieg. Punkt. Krieg und Verschwendung – und was für eine Verschwendung. Furchtbar." Die „Bluebell" versenkte sie. Es war ihr einziger Wasserbombeneinsatz.

Der größte Teil des Morgens des 17. Oktober wurde damit verbracht, den Konvoi wieder zu formieren. Während einige Schiffe aus dem Geleitzug herausgefallen waren und das Weite gesucht hatten, waren sich andere gar nicht darüber bewusst, dass es einen Angriff gegeben hatte. Frank Holding von der „Beatus" erinnert sich an einen Besuch von einem der Begleitschiffe an jenem Morgen. „Sie kamen längsseits mit einem Megaphon und wollten wissen, ob wir in dieser Kolonne irgendwelche Detonationen gehört hätten. Doch der Konvoi hatte sich über eine Länge von vielleicht acht Meilen verteilt. Wir hatten nichts gehört. Wir wussten natürlich, dass wir in die Kriegszone einfuhren, und daher waren alle aufmerksam."

Dem Geleitzug war nur eine kurze Erholung gegönnt. Bleichrodt folgte SC 7, wie es von ihm erwartet wurde, musste aber abtauchen, als er von einem Sunderland-Wasserflugzeug entdeckt wurde. Von dem Bericht der Sunderland angeregt, entschloss sich der Kapitän der „Scarborough", U-48 zu jagen und brach damit eine der goldenen Regeln der Anti-U-Boot-Kriegsführung, niemals den Geleitzug zu verlassen. Das kleine Kanonenboot verbrachte viele nutzlose Stunden mit der Suche nach dem U-Boot. Stattdessen hätte es dringend beim Konvoi bleiben müssen. In den frühen Stunden des 18. wurden die beiden verbliebenen Begleitschiffe vom Kanonenboot HMS „Leith" und der Korvette HMS „Heartsease" unterstützt, doch diese beiden willkommenen Verstärkungen waren nicht die einzigen Schiffe, die SC 7 fanden. Minuten nach deren Eintreffen kam es am Ende der Backbordkolonne zu einer Explosion. Der Dampfer „Carsbeck" war getroffen worden. U-38 hatte wieder den Kontakt zum Geleitzug aufgenommen. Dönitz konnte sicher sein, dass dies geschehen würde. Er verschwendete keine Zeit, um die wartende Gruppe der fünf anderen U-Boote zu informieren. Diese Boote sollten nun das „Wolfsrudel" bilden. Unter ihnen befanden sich die drei führenden Kommandeure: Endraß (U-46), Schepke (U-100) und Kretschmer (U-99). Kretschmers Kriegstagebuch über die folgende Jagd:

> 17.45: „U-101", das nur 2-3 Sm nördlicher steht, macht das Morsesignal: „Feind in Sicht an Bb."

> 17.49: In re. 30° kommt ein Kriegsfahrzeug mit Bug rechts in Sicht, bald darauf links davon Rauchwolken, endlich der Geleitzug. Beim Vorsetzen zum Angriff kommt im SO ein Dampfer mit anscheinend nördlichem Kurs in Sicht.
> 19.28: Getaucht zum Unterwasser-Angriff.
> 19.50: Aufgetaucht, da Dampfer mit sehr geringer Fahrt nach Osten abläuft. Beim weiteren Vorsetzen wird ein auftauchendes deutsches U-Boot, anscheinend wieder „U-101“ auf wenige hundert Meter passiert.

Die äußeren Bedingungen waren für die Angreifer geradezu ideal. Frank Holding von der „Beatus“: „In dieser Nacht ging ich an die Reling, um über das Wasser zu blicken. Da war ein großer weißer Flecken, der sich vom Schiff bis zum Horizont erstreckte. Mond auf dem Wasser. Und man denkt: ‚Irgendjemand ist da draußen.’ Man hatte seine Schwimmweste die ganze Zeit dabei. An Deck und überall, wo man unterwegs war.“

Als Erstem gelang es Endraß in dieser Nacht, ein Schiff zu versenken. Eine gewaltige Explosion am Backbordbug des Konvois signalisierte das Ende der schwedischen „Convallaria“. Das Begleitschiff „Leith“ eilte von der Spitze des Geleitzuges an die Backbordseite und begann mit seiner ASDIC-Suche, die es zehn Meilen vom Kurs abbringen sollte. Bei seiner Rückkehr hatte Endraß zwei weitere Schiffe auf den Meeresboden geschickt.

Die „Beatus“ befand sich ebenfalls auf der Backbordseite. Frank Holding hörte die Explosion der „Convallaria“:

> „Ich ging an Deck. Dort stand ein ungefähr 16-jähriger junger Bursche, der mir berichtete, er hätte den Torpedo am Bug gesehen und an die Brücke berichtet. Ich ging zurück in meine Kabine und sagte meinen Kumpeln, dass wir uns besser bereit halten sollten. Als nächstes hörte ich diese Explosion und ein Geräusch, als würde Glas in der Nähe des Maschinenraums zerbrechen. Das Schiff stand. Als ich aufs Bootsdeck kam, war ein Rettungsboot bereits im Wasser und voll gelaufen. Einige der Inder hatten es fallen lassen – das war nicht gut für uns. Wir hatten nun nur noch ein Rettungsboot. Wir wussten, dass wir sanken. Während wir an Deck in der Nähe des Schornsteins standen,

fiel diese nasse Asche auf uns – das Wasser musste den Maschinenraum erreicht haben. Der Kapitän befahl uns, das Boot zu Wasser zu lassen und hineinzugehen. Einer der Heizer kam nicht. Er wollte das Schiff nicht verlassen. Der Kapitän und der Schütze machten sich auf die Suche nach ihm. Er war Inder. Ich weiß nicht, ob seine Religion etwas damit zu tun hatte, aber sie mussten ihn nach oben zerren. Wir waren bereits im Boot, als die beiden noch nach ihm suchten. Wir wollten ablegen, weil nun alles passieren konnte. Wir hätten noch einen zweiten Torpedo abbekommen können. Doch wir hatten Glück.

Wir legten ab. Ich hatte eine Mundharmonika, und ich begann einfach zu spielen. Mir machte es Spaß. Komisch, nicht? Es war in etwa ‚Give me land, lots of land where the buffalo roams'. Ich bekam nicht viel Land – sondern viel Wasser. Doch dann sagte der Zweite Offizier, ‚hör endlich damit auf! Da ist ein U-Boot auf dem Wasser.' Ich war kurzsichtig, aber ich konnte die Dieselmotoren mit voller Kraft arbeiten hören und wie Männer auf Deutsch brüllten. Sie waren begeistert. Sie waren auf der Jagd, diese U-Boot-Männer."

Die letzten Momente der „Beatus" wurden vom nächsten Schiff in der Kolonne, dem holländischen Frachter „Boekelo" beobachtet. Ihr Kapitän stoppte die Maschinen, um Überlebende aufnehmen zu können – eine ebenso großzügige wie kostspielige Geste. Die Mannschaft hatte gerade den Kabinensteward der „Beatus" an Bord geholt als ein Zittern durch das Schiff ging. Eine große Flamme stieg auf und Holz regnete auf das Deck. Wasser schoss durch den Laderaum Nummer vier in das Schiff, und die „Boekelo" entwickelte eine Schlagseite nach Backbord.

Nun gab es kein Halten mehr. Als erstes Schiff auf der Steuerbordseite des Konvois wurde der alte britische Frachter „Creekirk" versenkt. Sie sank, von ihrer Ladung Eisenerz nach unten gezogen wie ein Stein auf den Meeresboden. Und mit ihr die gesamte Besatzung. Die „Creekirk" war das erste Opfer von U-99 in dieser Nacht. Das ganze traurige Schauspiel wurde von der „Empire Miniver" aus der Nähe beobachtet und war für deren Kapitän Robert Smith Warnung genug. Seine Laderäume waren mit 10.000 Tonnen Eisenerz und Stahl beladen. „Ich dachte, es sei das Beste, mit Höchstgeschwindigkeit aus dem ganzen Durcheinander abzuhauen", schrieb er später in seinem Bericht an die Admiralität.

Smith peitschte sein Boot mit etwa neuneinhalb Meilen vorwärts und hätte es beinahe geschafft: „Ich war auf der Brücke mit meinem Oberbootsmann, der locker auf die Backbordseite spazierte. Als nächstes brüllte er ‚passt auf den Aufprall auf.' Es gab einen dumpfen Schlag und dann eine Wolke bläulichen Rauchs. Danach war alles dunkel, alle Lichter gingen aus, die Maschinen stoppten, das Schiff zitterte, lag still.... Alle Luken waren geöffnet und Stahl flog uns wie Schrapnells um die Ohren." Der Torpedo war im Maschinenraum der „Empire Miniver" eingeschlagen und hatte ihr Schicksal besiegelt. Es blieb noch Zeit, in die Boote zu gehen. Smith beobachtete die letzten Augenblicke seines Schiffs aus sicherer Distanz. „Ungefähr 25 Minuten nach dem Angriff gab es eine furchtbare Explosion mittschiffs. Danach brach sie auseinander und sank sofort." Das war Kretschmers zweiter Abschuss. U-99 hatte sich zwischen die Kolonnen geschlichen und befand sich nun im Herzen des Konvois. Als nächstes musste der griechische Frachter „Niritos" mit seiner Ladung Schwefel dran glauben, dann die „Fiscus" und die „Thalia". In seinem Kriegstagebuch fand Kretschmer nur knappe Worte als Nachruf:

> 23.55: Bugschuss auf großen Frachter, etwa 6000 BRT. („Niritos"), Entfernung = 750 m. Treffer am vorderen Mast. Der Torpedodetonation folgt unmittelbar eine durch eine hohe Stichflamme begleitete Explosion, die das Vorschiff bis zur Brücke aufreisst und deren Qualmwolke etwa 200 m hoch steht. Vorschiff anscheinend gebrochen. Schiff brennt weiter mit grünlichen Flammen.
> 19. Oktober, 00.15: Es sind dauernd Torpedodetonationen anderer Boote zu hören. Die Zerstörer wissen sich nicht zu helfen und schießen dauernd zu ihrer Beruhigung Leuchtgranaten, die aber in der hellen Mondnacht nicht viel ausrichten. Ich fange nun an, den Geleitzug von achtern abzubauen.
> 01.38: Bugschuß auf großen, tiefbeladenen Frachter von etwa 6000 BRT. („Fiscus"), Entfernung = 945 m. Treffer am vorderen Mast. Schiff sinkt in der Detonation.

> 01.55: Bugschuß auf den nächsten großen Dampfer von etwa 7000 BRT. („Thalia"), Entfernung = 975 m. Treffer am vorderen Mast. Schiff sinkt innerhalb von 40 Sekunden.

„Wir hatten nie den Wunsch zu töten", erinnert sich der zweite Wachoffizier an Bord von U-99, Horst Elfe. „Wir sahen es nicht als unsere Aufgabe, Menschen zu töten. Uns ging es nur darum, Schiffe zu versenken." „Rettet niemanden und bringt niemanden mit", hatte Dönitz seinen Mannschaften eingeschärft. „Achtet nur auf Euer Boot und strebt danach, den nächsten Erfolg so schnell wie möglich zu erzielen. Wir müssen hart sein in diesem Krieg." Kretschmer hatte seine Befehle mit der notwendigen Rücksichtslosigkeit ausgeführt.

Auf dem Schiff des Kommodore, der „Assyrian", wurde die Sorge um die Sicherheit des Konvois von einer ganz unmittelbaren Gefahr abgelöst. Ihr Kapitän, Reginald Kearon, schrieb in seinem Bericht: „Gegen 21.00 Uhr bemerkte ich ein U-Boot in 200 Meter Entfernung backbords am Bug. Ich änderte den Kurs, um ihm den Weg abzuschneiden und zu rammen, doch das Boot flüchtete... Ich jagte den Feind sieben Minuten lang. Wir konnten sein Periskop und seine Spur deutlich sehen... nach den sieben Minuten konnten wir den Kommandoturm sehen und die Abgase riechen, als er seine Dieselmaschinen startete. Nachdem er aufgetaucht war, drehte er schnell ab."

Kurz danach wich die „Assyrian" einem tödlichen Angriff aus, dem dritten Torpedo, der in dieser Nacht auf sie abgefeuert worden war. Der vierte traf das Schiff backbords. „Die Seite war bis zum Bootsdeck aufgerissen", berichtete Kapitän Kearon später. Als die Mannschaft die Rettungsboote der „Assyrian" zu Wasser ließ, hagelten plötzlich schwere Grubenhölzer nach der Explosion eines Frachters in der Nähe auf die Männer nieder und verletzten einige Mannschaftsmitglieder schwer. Unter denjenigen, die es auf ein Floß geschafft hatten, befand sich auch Admiral MacKinnon, der Kommodore, der noch nie ein Schiff verloren hatte. Der Kapitän und drei Mannschaftsmitglieder waren noch an Bord, als die „Assyrian" in den Fluten versank. „Sie ging mit dem Heck voran, praktisch aufrecht", berichtete Kearon. „Ich wurde nach unten gezogen, und nachdem ich mehrere Male auf der Wasseroberfläche gewesen war, fand ich mich neben einem Rundholz wieder... und bemerkte meinen Ersten Offizier am anderen Ende. Er kam zu mir herüber." Kearon berichtet, dass sich

Der persönliche Kontakt: Admiral Karl Dönitz zeichnet im November 1939 eine heimgekehrte Mannschaft mit Orden aus.

Oben: 1939 bestand die Hälfte der U-Boot-Flotte aus den Booten vom Typ II, die von ihren Besatzungen „Ente“ genannt wurden und wegen ihre geringen Reichweite nur in der Nordsee eingesetzt werden konnten.

Rechts: „Der Stier von Scapa“ Günther Prien wird in Berlin stürmisch begrüßt, nachdem er die „Royal Oak“ im Oktober 1939 versenkt hatte.

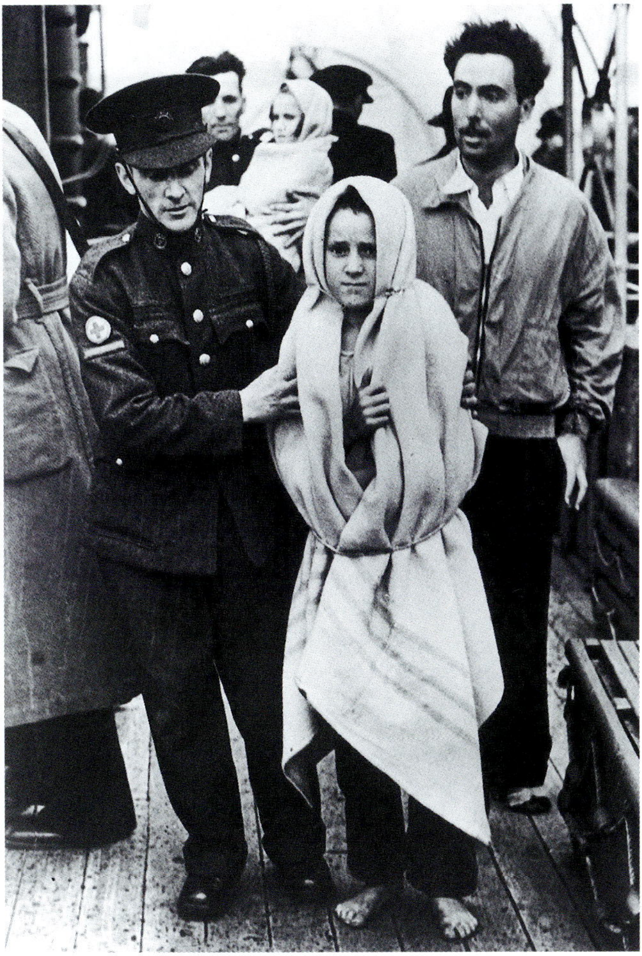

Oben: Einer der Überlebenden des Passagierschiffs „Athenia“, das nach der Kriegserklärung am 3. September 1939 versenkt wurde.

Links: Hitler zeichnete Prien persönlich mit dem Ritterkreuz für die Versenkung des Schlachtschiffs „Royal Oak“ aus. Es sei ein „einzigartiger Triumph“, erklärte er der Mannschaft von U-47, der das Vertrauen in den Sieg beim Volk gestärkt hätte.

Oben: Die Macht der Royal Navy: Das zweite Schlachtgeschwader, angeführt von der „Royal Oak“.

Unten: Angehörige von Besatzungsmitgliedern der „Royal Oak“ suchen auf Listen nach den Namen der Überlebenden. 833 Offiziere und Mannschaftsmitglieder kamen bei dem Angriff ums Leben.

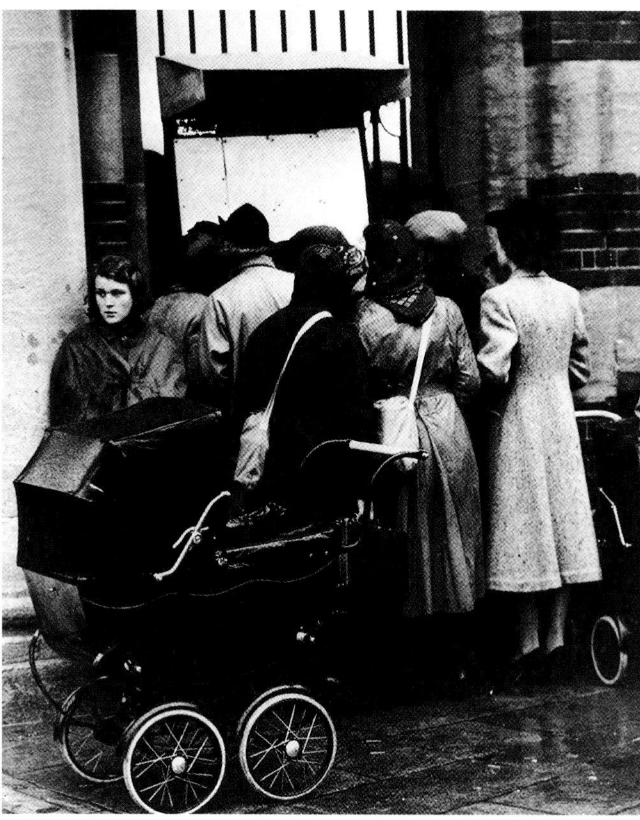

Oben: Die Besatzung des torpedierten Frachters „Jersey City“ geht auf den Zerstörer HMS „Walker“. Die „Jersey City“ wurde in einem Geleitzug am 31. Juli 1940 von U-99 versenkt.

Links: Die Zerstörer HMS „Jupiter“ und HMS „Javelin“ hinter dem Zerstörer HMS „Kelvin“ als Geleitschutz im September 1940 im Atlantik.

Rechts: Sarah Manson und ihre vier Enkeltöchter vor ihrem zerstörten Haus in Liverpool. Fast 4000 Menschen verloren bei den Bombenangriffen im Mai 1941 ihr Leben.

Unten: Als First Lord der Admiralität versicherte der spätere Premierminister Winston Churchill, dass man die U-Boot-Gefahr besiegen würde. Später gab er zu, dass ihn während des Krieges nichts stärker geängstigt hatte.

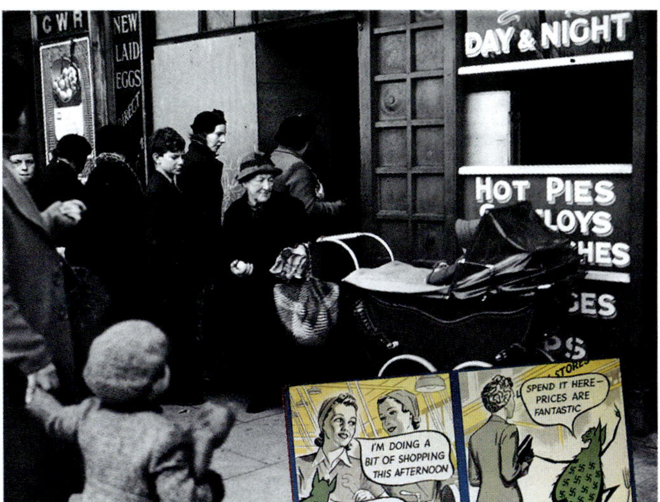

Oben: Am Vorabend des Ablegens ihres Geleitzuges mussten die Kapitäne der Handelsschiffe an einem Treffen teilnehmen, wo ihnen vom Kommodore des Geleitzuges die Wichtigkeit von Disziplin nahe gebracht wurde. Die Aufnahme entstand in Liverpool.

Links: Eine Frau verlässt im Februar 1941 ein Geschäft in London, wo sie sich ein Ei gesichert hatte. In fast allen Haushalten diktierten die festgelegten Rationen den Essensplan.

Unten links: Eine hervorragende Werbekampagne überzeugte die Hausfrauen, ihren Anteil beim Kampf gegen die U-Boote zu leisten.

Britische Schiffe waren nicht in allen Häfen willkommen, und die Seeleute wurden ständig ermahnt, auf der Hut zu sein.

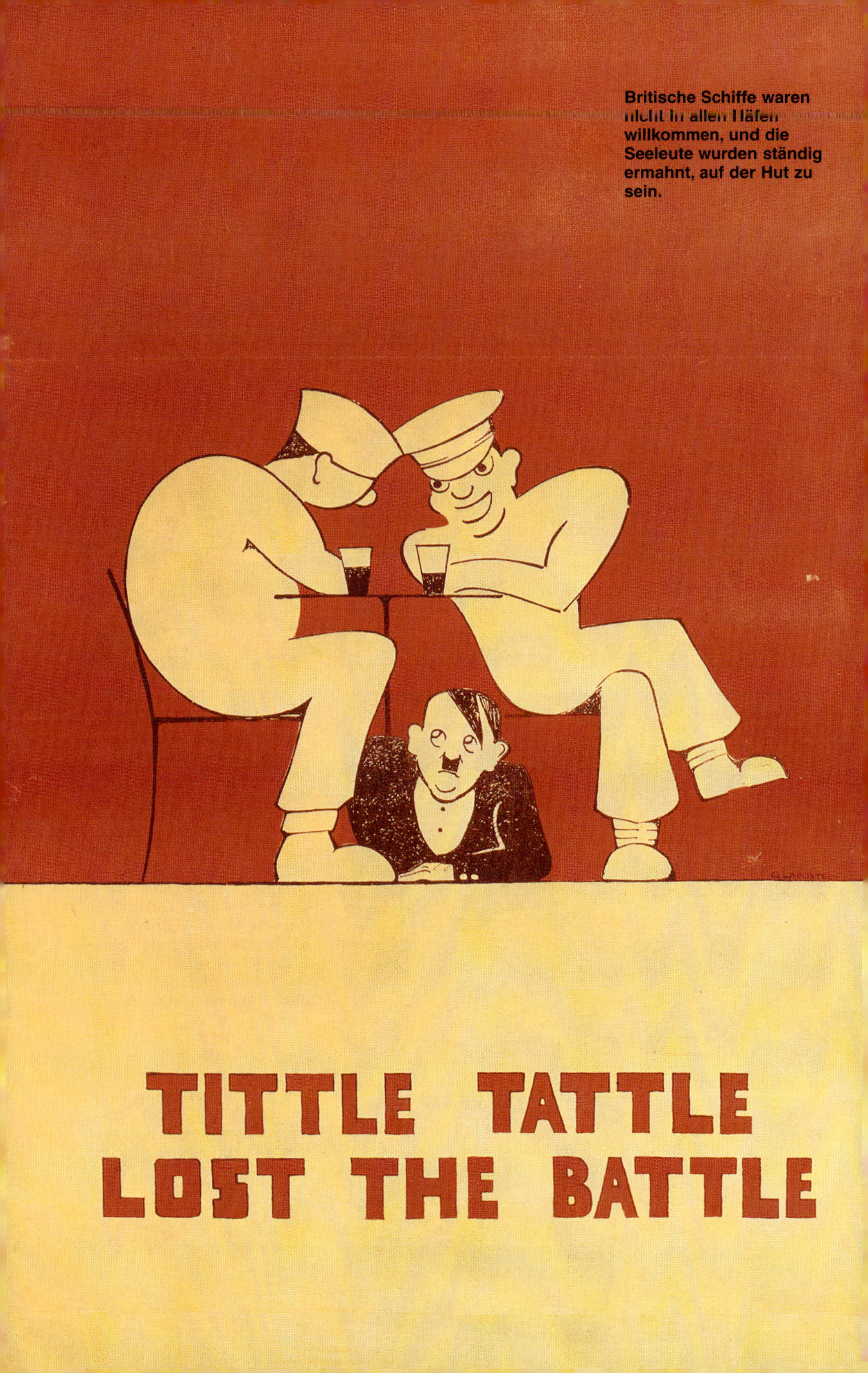

eine Gruppe von Überlebenden um das Rundholz versammelte. „Wir besprachen unsere Aussichten gerettet zu werden. Ich glaubte nicht, dass wir eine große Chance hatten, doch er (der Erste Offizier) antwortete, dass er ein älterer Mann sei, und jeder Zeit sterben könnte, während ich, der Jüngere, länger aushalten würde. Zwei andere Männer schwammen zu uns. Einer lag über dem Rundholz, und der andere, Signalmann Hall, kam auf einer Boje angepaddelt. Er meinte: ‚Wenn es nicht so kalt wäre, wäre es fast wie die Serpentine.'" Kearon und seine Männer verbrachten eine Stunde im Wasser, bevor sie von der „Leith" entdeckt wurden. „Ein Mann verließ das Rundholz und schrie um Hilfe. Er schwamm 300 Meter zu dem Begleitschiff, wurde an Bord gezogen, brach dann aber zusammen und starb beinahe auf der Stelle", berichtete Kearon der Admiralität. Als die „Leith" die anderen Überlebenden aus dem Wasser fischte, war auch der Erste Offizier bereits gestorben.

Und die Begleitschiffe, der Abwehrschirm des Konvois? „Heartsease" war ausgesandt worden, um ein Schiff, das den Anschluss verloren hatte, heran zu führen. Dadurch standen nur drei Begleitschiffe bereit, um vor einer Front von fünf Meilen Breite zu patrouillieren. Nach dem Angriff auf die „Carsbreck" am Nachmittag des 18. erwartete man einen weiteren Angriff. Doch nicht mit einer solchen Heftigkeit. Eines der hilflosen drei Schiffe war die HMS „Bluebell". Don Kirton auf seiner Gefechtsstation an Wasserbombenwerfer 2 erlebte die ganze schreckliche Pantomime: „Ich beobachtete, wie dieses Schiff in einem Feuerball explodierte. Ich glaube die Flammen waren gut 30 Meter hoch. Ein beängstigender Anblick. Wir bewegten uns langsam zu ihrer brennenden Flanke hinüber und konnten die Schreie der Männer hören, die über die Seite gesprungen waren. Sie waren in einem absolut schrecklichen Zustand. Sie schwammen zur ‚Bluebell' und bliesen in die Signalpfeifen ihrer Schwimmwesten."

Die Begleitschiffe fuhren vor und zurück durch den Geleitzug, ständig auf der Suche nach einem Ziel, das sie ihrerseits angreifen konnten. Einer der Unteroffiziere der „Bluebell", James Keachie, räumt ein: „Es war chaotisch. Ich erinnere mich, wie hilflos ich mich fühlte, als wir sahen, wie diese Schiffe versanken. Was blieb zu tun? Schiffe wurden an den verschiedensten Positionen des Konvois versenkt, und wir hasteten herum, versuchten, die U-Boote zu finden, doch das ASDIC war nutzlos."

Als sich der Kampf bis in den frühen Morgen ausdehnte, war klar, dass der Angriff von mehreren U-Booten auf der Wasseroberfläche geführt worden war. „Leith“ überraschte ein Boot und schaffte es auch, einen ASDIC-Kontakt herzustellen, als es tauchte, doch der Kontakt brachte nichts. Bei ihrer Jagd nach Zielen setzten die Begleitschiffe Leuchtgeschosse ein, um die See zu erhellen, doch wie Kretschmer beobachtete, war dies ziemlich zwecklos. „Wir wussten nicht, welchen Bereich wir beleuchten sollten, und außerdem waren U-Boote sowieso aus der Entfernung nur schwer zu erkennen, sie hatten einfach freie Bahn“, erinnert sich Keachie.

Selbst wenn die „Bluebell“ Glück gehabt hätte, und auf den Feind gestoßen wäre, hätten sie nicht viel mehr tun können als ihn anzubrüllen. Die neuen Korvetten waren nicht schneller als die aufgetauchten U-Boote. Es hätte demnach eines glücklichen Schusses aus dem antiquierten Geschütz bedurft. Keachie war der Geschützoffizier der „Bluebell“: „Nachts hatte man keine Reichweite und man konnte das Geschütz nicht weit genug senken, um Wirkung zu erzielen.“

Die Frustration an Bord der Begleitschiffe wurde noch dadurch vergrößert, dass sie sich selbst als Ziele anboten. „Man war sehr bemüht, auf die Stufen nach oben und ins Freie zu kommen“, so Keachie. „Ja, ich muss zugeben, dass ich während der Angriffe Angst hatte. Aber man wurde auch fatalistisch. Ich glaube, dass ich dennoch nie wirklich daran dachte zu sterben.“

Im Laufe der Nacht blies die „Bluebell“ die Jagd nach Zielen ab und begann die Suche nach Überlebenden des Konvois – ein gefährliches Unterfangen. Das Schiff kam fast zum Halt, wenn die Überlebenden an Bord geholt wurden und wurde so zu einem verführerischen Ziel. Es war unmöglich festzustellen, wo Schiffe untergegangen waren und von welchem die Überlebenden stammten. Dennoch schaffte es die „Bluebell“, sie zu finden. Don Kirton half, die Überlebenden aus dem Wasser zu fischen: „Man konnte die roten Lichter an den Schwimmwesten im Wasser sehen. Wir warfen Kletternetze über die Seite. Zwei der Burschen halfen ihnen an Bord, wo ihnen weiter geholfen wurde. Vielen von ihnen war furchtbar übel von dem Öl, das sie verschluckt hatten. Einige waren vollkommen nackt.“ Die „Bluebell“ war bald voll von durchnässten und verfrorenen Seeleuten: Matrosen aus Indien, Jamaikaner, Franzosen, Norweger und Schweden. Jeder Quadratzentimeter des Decks war belegt, jede verfügbare Decke und jedes Kleidungsstück vergeben.

In der Morgendämmerung war das Wolfsrudel verschwunden. Das letzte Opfer fiel dem Geschützfeuer von U-123 zum Opfer. Der Überfall hatte schonungslos demonstriert, wie exzessiv die aufgetauchten U-Boote operieren konnten. Es gab in der Nacht Momente, wo für sie die größte Gefahr von einem anderen U-Boot ausging. Im Chaos des Kampfes hätte ein Torpedo durchaus ein Schiff verfehlen und das nächste Boot treffen können. Genug hatten jedoch ihr beabsichtigtes Ziel gefunden: 18 Schiffe waren versenkt oder schwer beschädigt worden – insgesamt 80.000 Tonnen. Das Rudel hatte zu einem furchtbaren Schlag ausgeholt.

Im Rettungsboot der „Beatus" hatte Frank Holding die ganze Nacht die entfernten Explosionen gehört. War da am nächsten Morgen, so fragte er sich, überhaupt noch etwas übrig vom Konvoi SC 7? Sein Rettungsboot jedenfalls schwamm, und das war schon etwas. Doch ansonsten erwies sich das Boot als Enttäuschung. Es war nicht gut ausgerüstet. „Eigentlich hätte da eine gewisse Menge Alkohol, ein Kompass, ein Schleppanker vorhanden sein sollen. Doch dies war ein Trampschiff, und niemand hatte sich darum gekümmert", erinnert sich Holding. Wann würde die Rettung kommen? Holding: „Es war Tag, die See begann, rau zu werden, doch dann rief uns jemand über ein Megaphon etwas zu. ‚Ich kann nicht stoppen, ein U-Boot ist in der Nähe. Ich habe Netze an der Seite. Wenn ich längsseits komme, müsst ihr springen und an Bord klettern.' Das taten sie. Es stellte sich heraus, dass es die ‚Bluebell' war. Wir waren die Letzten, die sie heraus holte."

Die Überlebenden, die sich auf den Decks der „Bluebell" befanden, zählten nun mehr als 200. Ungefähr das Dreifache der Schiffsbesatzung. Es gab keinen Konvoi mehr, dem man sich anschließen musste, und kein anderes Schiff, mit dem man die menschliche Fracht hätte teilen können. „Bluebell" war noch anderthalb unangenehme Tage vom Heimathafen entfernt. Und um die Dinge noch schwieriger zu machen, verschlechterte sich das Wetter. Die Überlebenden waren die endlosen Bewegungen der Korvette nicht gewöhnt und litten schwer unter Seekrankheit. Ihre Qualen endeten am Abend des 20., als die „Bluebell" am Gourock Pier auf dem Clyde fest machte. Frank Holding erinnert sich:

„Sie brachten uns in einen Saal und begannen mit einem Anwesenheitsappell – Überlebende von diesem Schiff, vom nächsten und so weiter. Und dann kamen sie zur ‚Creekirk'. Ich ging nach vorne und fragte, ob sich jemand gemeldet hatte und sie sagten, ‚nein, sie sind alle mit dem Schiff untergegangen'. Da wusste ich, dass zwei meiner Freunde und Nachbarn tot waren. Eddie und Billy, ich wusste es.

Sie setzten mich in einen Zug und ich traf gegen 11 Uhr in Liverpool ein. Es gab einen Luftangriff, und als ich das Haus meiner Eltern erreichte, waren die Fenster verschwunden. Irgendjemand sagte ‚suchen Sie nach Ihrer Mutter? Sie ist unter der Kirche.' Sie hatten dort einen Schutzraum für die Leute aus der Gegend. Ich ging dorthin, umarmte meine Mutter und brach zusammen. Ich konnte ihr erst am nächsten Tag von Billy und Eddy erzählen. ‚Was immer Du auch tust, Mutter, erzähl es nicht ihren Angehörigen. Lass es, bis das Telegramm kommt.' Meine Mutter wusste nun, dass sie nicht zurück kommen würden. Ihre Mutter hatte jedoch keine Ahnung, wo sie waren, doch ungefähr 14 Tage später bekamen sie das Telgramm vom Kriegsministerium, in dem stand, dass sie auf See geblieben waren."

Innerhalb einer Woche fand Holding ein neues Schiff. In den Docks von Liverpool lagen viele Schiffe für einen erfahrenen Seemann, der sich wieder auf den Atlantik wagen wollte. Dieses Mal war er allerdings vorsichtig und heuerte auf einem Truppentransporter an, der mit 16 Knoten schneller und zudem besser bewaffnet als die „Beatus" war. Außerdem gab es einen vernünftigen Begleitschutz. Seeleute der Handelsmarine waren außerdem verpflichtet, wieder zur See zu fahren, und schließlich benötigte Holding auch die Heuer. Mit dem Untergang der „Beatus" im Atlantik war auch seine Heuer beendet. Die Zeit im Rettungsboot war unbezahlte Zeit. In seinen Arbeitsunterlagen hieß es lediglich, dass er „auf See entlassen" worden war. Für Holding war dies alles nun kein Abenteuer mehr. Auf seinem neuen Schiff prägte er sich vom ersten Tag an den Weg zu den Rettungsbooten ein, sollte es nachts von einem Torpedo getroffen werden.

Nachdem die Überlebenden von Bord der „Bluebell" gegangen waren, kehrte das Schiff zu den Albert Docks in Liverpool zurück. Tage des Vergessens standen nun für die Mannschaft auf dem Programm. Ein Bier oder zwei im Roebuck, dann zum Tanzen in die Grafton Ball Rooms. Man musste nichts bezahlen, allein der Name „Bluebell“ reichte, um eingelassen zu werden. Der Kapitän hatte Leutnant Keachie veranlasst, an die Admiralität zu schreiben: „Ich habe erfahren, dass man, wenn man Überlebende aufnimmt, ungefähr fünf Schillinge pro Tag für sie bekommt.“ Also stellte ich den Antrag für 200 Überlebende, und wir bekamen einen Scheck, den wir in den Offiziersfonds steckten. Wir mussten danach keinen Drink mehr selbst bezahlen, so viel hatten wir eingenommen.“

Für die Admiralität hatten sich die Begleitschiffe nicht gelohnt. Der Schutz für den langsamen Konvoi SC 7 war jämmerlich unzureichend gewesen. Es gab schlichtweg zu wenige britische Schiffe – aber das war nur ein Teil des Problems. Noch bevor „Bluebell“ die ersten Überlebenden an Land gebracht hatte, hatten die von Dönitz geleiteten Wölfe aufs Neue zugeschlagen. Dieses Mal war der Geleitzug von einer kleinen Flotte begleitet worden. Der Konvoi HX 79 aus dem kanadischen Hafen Halifax war schneller und größer: 49 Handelsschiffe und 12 Begleitschiffe. Ein holländisches U-Boot fuhr im Zentrum, um zusätzlichen Schutz zu gewähren.

Es war der „Bulle von Scapa“, Günther Prien in U-47, der den Geleitzug sichtete. Er hatte Lorient zu spät verlassen, um über SC 7 herfallen zu können, und sein Boot verfügte noch immer über die volle Ladung von 14 Torpedos. Nach dem Empfang von Priens Bericht lenkte Dönitz vier der Boote, die am Angriff auf SC 7 beteiligt waren, zu U-47, um ein neues Rudel zu bilden. Gerade 17 Stunden nachdem sie ihr letztes Opfer vom Konvoi SC 7 auf den Meeresgrund geschickt hatten, griffen „die Wölfe“ wieder an und versenkten zwölf Schiffe.[5] Die Nacht war wieder von einem hellen Mond erleuchtet, und wiederum entdeckten die Begleitschiffe kein einziges U-Boot auf der Wasseroberfläche. Der „herausragende“ Begleitschutz des Konvois erwies sich erneut als völlig unzureichend. Es war die gleiche Geschichte: keinerlei Anstrengungen wurden zur koordinierten Verteidigung des Geleitzugs unternommen, und niemand erwartete nachts und gleich in einem Rudel U-Boote auf dem Wasser.

Nicht einmal nach dem desaströsen viertägigen Angriff auf die Konvois SC 7 und HX 79 begriff die Admiralität das vollständige Ausmaß der Herausforderung. Die Anti-U-Boot-Kriegsführung fand „keine überzeugenden Beweise“ dafür, dass U-Boote innerhalb des Konvois angriffen. Man erkannte jedoch, dass etwas gegen die nächtliche Bedrohung durch Boote auf der Wasseroberfläche unternommen werden musste. „Den Schiffen müssen Mittel zur Verfügung gestellt werden, um den sich nähernden Feind nicht nur mit dem bloßen Auge zu erkennen und zu lokalisieren.“[6] Radar war die Antwort – das befand sich aber noch im Entwicklungsstadium. Einige Zerstörer waren bereits mit primitiven Anlagen ausgerüstet, und die ersten Ergebnisse waren ermutigend. Ein Luftradar wurde für die Flugzeuge des Küstenkommandos entwickelt, das sich aber noch bei der nächtlichen Jagd auf U-Boote bewähren musste. Gleichzeitig arbeitete man an einem Erkennungssystem für Schiffe, um die große Menge an Funksprüchen, die die U-Boote an ihre Zentrale richteten, auswerten zu können. Ein Netzwerk von Küstenstationen hatte bereits wertvolle Dienste bei der Lokalisierung von Booten in Küstennähe geleistet.

In der Zwischenzeit war die Admiralität gezwungen, die furchtbaren Kosten ihrer Nachtblindheit zu bilanzieren. Die Verluste für Oktober standen bei 442.985 Tonnen, davon 352.407 Tonnen durch U-Boot-Angriffe. 63 Schiffe, darunter ein Drittel allein beim Angriff auf SC 7. Der Verlust der Schiffe war schlimm genug, weil sie einen wichtigen Teil der Handelsmarine darstellten, doch mit ihnen verschwanden Tausende Tonnen an Nahrungsmitteln, Holz, Stahl und Erz – wichtiger Nachschub für Großbritanniens Kriegsanstrengungen. Und dann gab es natürlich auch die menschlichen Verluste, die Trauer über die auf See verlorenen Männer. Ein Schleier der Geheimhaltung wurde über weite Teile dieses Elends geworfen. Die Überlebenden wurden angehalten, nicht über ihre Qualen zu sprechen, und Journalisten, die auf eine Geschichte aus waren, wurde schlicht gesagt, „was wollt ihr? Wird doch alles von der Zensur gestrichen.“[7]

Es gab allerdings Orte, wo es unmöglich war, den hohen Preis zu verheimlichen. Die während der – für die U-Boote – „glücklichen Zeiten“ versenkten Schiffe verschwanden fast alle vor der nordwestlichen Küste Irlands. Und hier schwemmten die Gezeiten des Atlantiks das Treibgut der Konvois an die Strände. Im Herbst 1940 lebte Bill Coffey, ein harter, 21-jähriger Sanitäter der irischen Armee, nur einen Steinwurf von der Felsenküste entfernt. Er erinnert sich:

„Der erste Junge, den wir fanden, lag draußen auf den Felsen. Er trug ein Hemd und hatte eine Wunde in der Stirn, ungefähr so groß wie ein Penny. Wir hatten ein halbes Dutzend Soldaten bei uns. Ein großer, starker Kerl stieg ungefähr 70 Meter nach unten, schlang ein Seil um den Körper, und wir zogen ihn nach oben. Wir brachten ihn dann in Dorothy's Hotel."

Bis dahin war der Krieg für Coffey eine entfernte Angelegenheit gewesen. „Ich war schockiert. Alle waren traurig. Es war etwas, das bis dahin nicht geschehen war." Es sollten noch mehr Körper angetrieben werden. Coffey erinnert sich vor allen an einen:

„Er war schlimm verwest. Er lag unten, an einem steilen Abhang, und wir mussten dahin klettern. Um ihn auf die Bahre legen zu können, versuchten wir, aus ihm ein handliches Paket zu machen. Wir versuchten seine Beine anzuheben, und als wir an ihnen zogen, platzte sein Magen auf – es hat entsetzlich gestunken. Ich musste mich übergeben. Der Gestank hielt sich danach monatelang in unseren Nasen."

In Deutschland hingegen herrschte allenthalben Freude. „Ein kolossaler Erfolg", schrieb Dönitz in sein Kriegstagebuch. „Die Einsätze rechtfertigen die Prinzipien, nach denen die U-Boot-Taktik und Ausbildung seit 1935 entwickelt worden sind, das heißt, dass U-Boote in Rudeln die Konvois angreifen sollten."[8] Die Kapellen in den Docks spielten lauter denn je, die U-Boote kehrten mit immer höheren versenkten Tonnagen zurück, und Dönitz verteilte immer mehr Orden. Tausende Meter Film wurden von den aus Berlin angereisten Kameraleuten gedreht. Der gemeinsame Erfolg bei den Konvois SC 7 und HX 79 wurde als die „Nacht der langen Messer" gefeiert.

Dönitz schrieb den Booten in seiner eigenen Analyse fast ein Drittel mehr Schiffe zu als tatsächlich versenkt worden waren, was aber nichts daran änderte, dass es ein außerordentlich erfolgreicher Monat gewesen war. Für Dönitz war der wichtigste Erfolgsmaßstab der so genannte effektive U-Boot-Quotient: die durchschnittliche Tonnage, die pro Tag und U-Boot versenkt wurde. Im Juni lag die Quote bei 541 Tonnen und stieg bis Oktober auf 920. Niemals wieder sollte sie so hoch sein.

Im Schnitt befanden sich jeweils sechs Boote mit ungefähr 300 Männern im Einsatz gegen die britischen Nachschublinien. „Ausschlaggebend aber“, schrieb Dönitz später, „wird immer das Können der Kommandanten sein.“[9] Dies war der Höhepunkt für das Freikorps Dönitz, jene kleine Gruppe von Männern, die er noch persönlich vor dem Krieg ausgebildet hatte. Sie gehörten nun zu den am meisten gefeierten Helden des Reiches, und die deutsche Öffentlichkeit gierte förmlich nach Nachrichten von den „grauen Wölfen“, vor allem von Prien, Schepke und dem „Tonnagekönig“ Kretschmer. In den sechs Monaten zwischen Mitte Mai und dem 2. Dezember 1940 versenkten die U-Boote fast 300 Schiffe mit mehr als 1,6 Millionen Tonnen. Das meiste davon ging auf das Konto von 18 Kommandeuren, fünf von ihnen schafften gar ein Drittel der Gesamttonnage.[10]

„Draußen im Atlantik hatten die wenigen deutschen U-Boote den entscheidenden Kampf gegen England zu kämpfen“, schrieb Dönitz später.[11] Der bemerkenswerte Einsatz war allerdings weit von den 300 Booten entfernt, die er für notwendig hielt, um den Sieg auf See sicher zu stellen. Die Moral war gut, doch auf den wenigen Männern lag eine gewaltige Last. Die geringe Produktion von gerade mal sechs neuen Booten pro Monat sollte sich 1941 dramatisch erhöhen. Jetzt war es an der Zeit, Großbritanniens Schwäche auszunutzen, doch Hitlers Prioritäten lagen nun auf dem geplanten Angriff auf die Sowjetunion und der Unterstützung seines italienischen Alliierten in Nordafrika und Griechenland.

Gerade eine Woche nach seinem Angriff auf SC 7 war Kretschmer wieder auf Feindfahrt. Die Jagd verlief weiterhin erfolgreich. U-99 versenkte zwei große Handelskreuzer, die 18.000 Tonnen schwere „Laurentic“ und die 11.300 Tonnen messende „Patroclus“. Dies brachte sein Konto auf 32 versenkte Schiffe mit insgesamt 182.032 Tonnen und bestätigte seinen Status als führender U-Boot-Kommandant. Der Führer wollte Kretschmer persönlich treffen und ihn auszeichnen. Beim Mittagessen in der Reichskanzlei fragte Hitler seinen Gast, wie er den U-Booten helfen könne. Mit der für ihn typischen direkten Art antwortete Kretschmer: „Gebt uns Luftaufklärung, um die Konvois zu finden, und vor allem Boote, mehr Boote.“[12]

KAPITEL FÜNF

TÖDLICHE GEFAHR

Der Schatten der Verluste auf dem Atlantik hing tief über der Admiralität und allen, die dieses Wissen im Winter 1940/41 teilten. „Man versteht den Taucher tief unter der Wasseroberfläche, der Minute für Minute von seinem Luftrohr abhängt“, schrieb Churchill nach dem Krieg. „Was würde er fühlen, wenn er einen größer werdenden Schwarm von Haien sehen würde, die nach ihm bissen? Vor allem, wenn es keine Möglichkeit für ihn gäbe, an die Oberfläche gezogen zu werden!“[1] Wie sehr, fragte Churchill seine Berater, konnte die „U-Boot-Gefahr“ unsere Importe und Schifffahrt bedrohen? „Könnte der Punkt erreicht werden, an dem unser Leben zerstört würde?“[2]

Ein ständiger Strom von Fragen floss zwischen Downing Street 10 und Whitehall und ergoss sich dort auf den Schreibtisch von Professor Frederick Lindemann. „Der Prof“ war einer von Churchills wichtigsten Beratern in den Kriegsjahren. Als Leiter der statistischen Abteilung des Premierministers war es seine wichtigste Aufgabe, die Entwicklung der Kriegswirtschaft zu überwachen.

Jeden Freitag wurde ein Paket mit Tabellen und Aufzeichnungen für den Premierminister vorbereitet, der es dann in seinen offiziellen Landsitz Chequers mitnahm. Lindemann gehörte oft zu den Wochenendgästen. Die Themen betrafen versenkte und gebaute Schiffe, die benötigten Arbeitskräfte, Waffen- sowie Nahrungsproduktion und natürlich die aktuellen Importziffern.

Einer der für die Zusammenstellung Verantwortlichen war der glänzende junge Akademiker Donald MacDougall. „Wissen ist Macht“, wurde ihm am ersten Tag gesagt. Der Premierminister wollte gut informiert sein. Churchill verbrachte Stunden mit dem Studium der wöchentlichen Berichte. Im Winter 1940/41 war es ein ernüchterndes Ritual geworden.[3] MacDougall: „Es gab da einen Index, in dem ich die importieren Nahrungsmittel und Rohstoffe in Tonnen berechnete, und der erreichte ziemlich schnell einen gefährlichen Punkt, an dem wir fällig waren."

Die Tabellen machten deutlich, dass sich die Importe vor dem Krieg ohne Rohöl auf rund 60 Millionen Tonnen beliefen. Ende 1940 waren sie auf 45,4 Millionen und im darauf folgenden Jahr auf gerade 30,5 Millionen Tonnen gefallen.[4] „Wie gerne", schrieb Churchill später, „hätte ich eine echte Invasion gegen diese gesichtslose, grenzenlose Gefahr eingetauscht, die sich in Tabellen, Kurven und Statistiken ausdrückte." Diese „kalten Zeichnungen von Linien auf Tabellen" drohten die „potenzielle Erdrosselung" an. MacDougall: „Es gab das Risiko, dass wir einen derart dramatischen Rückgang bei unseren Importen erleiden würden, dass wir unsere Lebensmittelverteilung auf ein unmöglich niedriges Niveau beschränken mussten, was die Moral hätte sehr stark schwächen können. Weitere Verringerungen hätten auch die Fähigkeit des Landes beeinträchtigt, den Krieg weiter zu führen. Wir wären nicht in der Lage gewesen, Kriegsmaterial zu produzieren oder unsere militärischen Einsätze in Übersee fort zu führen. Es war die ganze Zeit beängstigend."

Die Importe hatten in den sechs Monaten nach dem Fall Frankreichs zu sinken begonnen. Die Angst vor dem Feind war mindestens so wichtig wie die Verluste, die er verursachte. Mit dem Geleitzugsystem verbrachten die Schiffe mehr Zeit auf See. Es dauerte, bis die Konvois zusammen gestellt waren, und dann bestimmte der Langsamste die Geschwindigkeit. Die Häfen waren stets überlastet, wenn so viele Schiffe auf einmal einliefen. Am 21. Januar 1941 erhielt Churchill einen Bericht seiner Statistikabteilung, in dem ausgeführt wurde, dass diese Verzögerung „die durchschnittliche Hin- und Rückfahrt im Vergleich zu früher um das Anderthalbfache verlängerte."[5] Eine Einsparung von 15 Tagen hätte dem Land zusätzliche fünf Millionen Tonnen Importe bringen können.[6]

Das Chaos in den Häfen wurde noch durch den „Blitz" der Luftwaffe verschärft. Der Londoner Hafen, in dem vor dem Krieg ein Viertel aller britischen Importe abgewickelt wurde, war auf unbestimmte Zeit geschlossen. Und je mehr der Verkehr auf dem Mersey und dem Clyde zunahm, desto mehr Angriffe flog die Luftwaffe dort. Einem Angriff auf Liverpool in der Nacht vom 28. auf den 29. November folgten drei weitere in der Woche vor Weihnachten und weitere an Neujahr. Vom Deck der HMS „Walker" beobachtete John Adams den Angriff der Bomber auf die Stadt: „Ein Regen von gefrorenem Lammfleisch ging auf uns nieder, als das Schiff vor uns im Gladstone Dock in die Luft flog. Das ganze Fleisch aus Neuseeland flog durch die Luft. Einige Matrosen versuchten sogar, etwas mit nach Hause zu nehmen.“ Adams erlebte auch einige bizarre Szenen: „Ich erinnere mich, wie ein Lagerhaus außerhalb der Docks brannte. Der geschmolzene Speck lief die Gosse herunter, und einige Frauen kamen mit ihren Töpfen und versuchten das Fett aufzufangen.“

Im nahe gelegenen Albert Dock war die Mannschaft der „Bluebell“ damit beschäftigt, Brandbomben zu löschen, die auf dem Deck aufgeschlagen waren. Don Kirton war an Land, als der Angriff begann: „Als ich zur ‚Bluebell’ zurückkehrte, konnte ich nicht an Bord, weil drei Bomben auf der Gangway lagen.“ Freilich war für Kirton das Geräusch der Alarmsirenen nicht gänzlich unwillkommen. Er machte damals seiner Freundin unter den wachsamen Augen ihrer Mutter den Hof. „Sobald die Sirenen heulten, rannte diese um das Haus, packte alle möglichen Sachen und flüchtete in den Schutzraum. Das war es. Punkt. Sie ließ die Tür einfach offen. Ich lachte darüber, und es war für mich sehr angenehm, meine zukünftige Frau etwas besser kennenzulernen.“

Leutnant James Keachie von der „Bluebell“ war zusammen mit anderen Mannschaftsmitgliedern an Land geschickt worden, um der Bürgerwehr zu helfen. „Man gab uns Eimer mit Sand, und wenn eine Brandbombe gefallen war, versuchten wir sie zu löschen.“ Das erschien ziemlich sinnlos, denn in den Docks und der Stadtmitte waren die Feuer außer Kontrolle geraten. Die Luftwaffe griff Liverpool an acht Nächten hintereinander im Mai 1941 an, tötete dabei fast 4000 Menschen und verletzte weitere 4000. 10.000 Häuser wurden zerstört und mehr als 184.000 beschädigt.[7] Das Überleben und der Sieg hingen von mehr ab als dem Kampf auf See. Die wahre Schlacht fand in den Docks des Landes statt ebenso wie in den Werften, Fabriken und Läden. Bei der Angriffsserie wurden bis auf zwölf alle 130 der Tiefsee-Liegeplätze im Hafen beschädigt worden.

Die schlechten Daten, die das spartanische Büro der Statistikabteilung erreichten, bedeuteten, dass im Jahr 1940 fast vier Millionen Tonnen Schifffahrtskapazität verloren gegangen waren. Britische und kanadische Werften waren nicht in der Lage, diese Verlustrate auszugleichen. Ihre Aufgabe wurde überdies durch die vielen auf Reparaturen wartenden Schiffe erschwert. Mehr als 15 Prozent der britischen Handelsflotte, ungefähr 2,5 Millionen Tonnen, konnten im Februar 1941 nicht eingesetzt werden.[8] Die Übernahme von Schiffen aus Ländern, die von den Nazis besetzt waren, wie Norwegen oder die Niederlande, erleichterte die Situation, konnte aber nicht darüber hinweg täuschen, dass etwas geschehen musste.

In einem Kraftakt, mit dem wieder Ordnung in die Häfen an der Westküste gebracht werden sollte, ernannte die Regierung neue regionale Hafendirektoren mit großzügigen Vollmachten über die örtlichen Ressourcen und Arbeitskräfte. 40.000 Männer wurden in die Häfen und Werften entsandt, um den Rückstau abzuarbeiten. Eine Propagandakampagne sollte die Arbeiter in den Docks und den Werften von der lebenswichtigen Bedeutung ihrer Arbeit überzeugen. Gleichzeitig unternahm man Anstrengungen, die kleinere Handelsflotte effektiver einzusetzen. Professor Lindemann und sein Team drängten darauf, die Mengen an Eisenerz, Tiernahrung, Holz, Papier und Früchten, die über den Atlantik kamen, deutlich zu verringern. MacDougall erklärt:

> „Wir unterbanden den Hausbau während des Krieges fast vollständig. Dadurch sparten wir eine gewaltige Menge Holz. Wir begannen, den Import von Massengütern wie Eisenerz zu ersetzen. Vor dem Krieg importierten wir viel Eisenerz und machten Stahl daraus. Der Eisenanteil an diesem Stahl lag bei gerade 50 Prozent. Wenn man also die Eisenerzimporte durch Stahlimporte ersetzte, sparte man ungefähr 50 Prozent des Laderaums."

Langfristig konnten nur die Vereinigten Staaten die benötigten Kapazitäten sicher stellen. Churchill war erfreut, als die Amerikaner Franklin D. Roosevelt am 4. November 1940 zu einer dritten Amtszeit als Präsident wählten. Roosevelt hatte sich bereits als Freund der Demokratie erwiesen. Woche für Woche wurden in Liverpool Kisten mit der Aufschrift „From the USA" entladen.

Dennoch verlangte das Überleben und die Fähigkeit, gegen Deutschland zurückzuschlagen, mehr von allem, aber Ende 1940 konnte Großbritannien dies nicht mehr bezahlen. Roosevelt war bereit, die Grenzen der amerikanischen Neutralität noch einmal weiter zu ziehen. „Wenn Großbritannien fallen sollte, dann würden wir in Amerika alle im Angesicht einer steten Bedrohung leben", erklärte er am 29. Dezember der Nation. „Wir müssen Waffen und Schiffe mit aller Energie und allen Ressourcen produzieren, die wir besitzen. Wir müssen das große Waffenlager der Demokratie sein." Großbritannien konnte die notwendigen Werkzeuge für die Vollendung seiner Aufgabe geliehen bekommen. „Lend-Lease" verhieß eine hellere Zukunft. „Der Präsident ist entschlossen, dass wir den Krieg gemeinsam gewinnen", erklärte Roosevelts persönlicher Gesandter Churchill Anfang 1941. Darauf ruhten Großbritanniens Hoffnungen.

Doch die Aussicht auf amerikanische Marmelade war für eine Bevölkerung im zweiten Kriegsjahr nur ein geringer Trost. Das Land fühlte sich belagert. Fast jeder Aspekt des täglichen Lebens unterlag neuen Regeln und Einschränkungen. Das Bezugsscheinheft mit seinen kleinen, bunten Marken war der Schlüssel zum Überleben geworden. Damit entstanden auch die Schlangen vor den Lebensmittelgeschäften.

> „Ich glaube wir rechneten damit. Ich erinnere mich, wie meine Mutter sagte, ‚lass' deine Seife nicht zu lange abtropfen, denn ich weiß noch aus dem Ersten Weltkrieg, Kriegsseife war schwierig zu bekommen'", erinnert sich Marguerite Patton. Bei Kriegsausbruch arbeitete die 23-Jährige in einem großen Stromversorgungsunternehmen als Hauswirtschaftlerin – sie hatte Erfahrung, die vom Ernährungsministerium gerne genutzt wurde.
> „Uns war allen klar, dass wir angemessen versorgt werden würden, doch ich glaube, dass einige Menschen über die Mengen erschrocken waren. Wir lernten alle schnell die Schwierigkeiten kennen, mit einem Stück Fleisch für ein oder zwei Pence pro Person und Woche auszukommen. Wenn ich zwei Lammkoteletts hatte, war das meine Ration für eine Woche. Meine Mutter lebte allein, weil mein Bruder auf See war und ich in Lincolnshire lebte. Daher war es für sie härter. Wenn man in einer großen Familie lebte, funktionierte die Rationierung irgendwie besser. Einige nahmen Zucker in den Tee, andere nicht, und so kam man besser zurecht."

Es begann im Januar 1940 mit Speck, Butter und Zucker. Sechs Monate später folgten Tee und Margarine. 1941 war so gut wie nichts der Rationierung entkommen – und die zugeteilten Mengen wurden ständig kleiner. Ein Ei wurde eine seltene und begehrte Ware. Vor dem Krieg importierte Großbritannien rund 22 Millionen Tonnen Lebensmittel, darunter mehr als die Hälfte seines Fleischbedarfs, 87 Prozent des Getreides und 85 Prozent des benötigten Zuckers. Im November 1940 lagen die Lebensmittelimporte bei weniger als zwölf Millionen Tonnen im Jahr.[9] Parallel zum Rückgang der Importe stieg die eigene Produktion, um den Verlust auszugleichen. Bäume wurden gefällt und Weiden in Äcker verwandelt. 1941 wurden mehr als vier Millionen Hektar zusätzlich als landwirtschaftliche Fläche genutzt.[10]

Die Bevölkerung wurde angehalten, ihren eigenen Teil beizutragen und Gemüse anzubauen. „Umgraben für den Sieg" verschonte weder Gärten, Golfplätze, Parks noch Sportflächen an Schulen. Am Ende war nichts mehr heilig. „Ich glaube der Anbau von Nahrungsmitteln war ein guter Schub für die Moral. Man fühlte, dass man einen Beitrag leistete", erinnert sich Marguerite Patton. Doch der Anbau von Gemüse bedeutete nicht, dass man auch wusste, wie man es zubereiten sollte. Marguerite Patton: „Ich wurde eines Tages mit einem Wissenschaftler in eine Schulkantine geschickt. Ich werde nie den Kohl vergessen, den wir dort untersuchen sollten. Der hatte nicht mehr die geringste Spur von Vitamin C. Es war der graueste, schlimmste, matschigste Kohl, den man sich vorstellen konnte. Das griffen wir natürlich mit großen Einsatz auf: Lernt Gemüse richtig zu kochen."

Das Ernährungsministerium begann eine Werbekampagne, die sich an die Hausfrau – sozusagen die Infanterie an der „Küchenfront" – richtete. Die Parolen waren einfach. „Vermeidet Vergeudung", „Spart Mehl" oder „Esst mehr Kartoffeln". Das war nicht nur gesund, sondern auch eine patriotische Pflicht: „Erinnert euch, spart Mehl, damit spart ihr Schiffe." Das Ministerium richtete Lebensmittelberatungsstellen im ganzen Land ein, in denen motivierte, dezent gekleidete, aber klar und deutlich formulierende Hauswirtschaftler Dienst taten. Mit einem kleinen Kocher ausgerüstet, gingen diese Berater ins Land und verbreiteten das Wort des Ministeriums. Marguerite Patton war eine leitende Lebensmittelberaterin in Cambridge:

„Ich meldete mich an einem Freitag in Cambridge zum Dienst und die Leiterin meinte: ‚Nun Marguerite, ich möchte Dich hier am Montag früh adrett aufgemacht sehen, weil Du einen guten Auftakt für Deinen Stand haben solltest.'

Jung und dumm wie ich war fragte ich nur: ‚Stand? Was für einen Stand meinen Sie?'

‚Nun, Sie werden auf dem Markt einen Auftritt haben.'

‚Oh', sagte ich, ‚ich habe noch nie einen solchen Auftritt gehabt'.

‚Nein? Nun – dann ist dies Ihre Chance, damit zu beginnen.'"

Ich hatte eine große Platte mit Karotten, Rüben und Pastinaken – eben jene Dinge, die an Stelle von Orangen, Zitronen und Grapefruit Vitamin C lieferten. ‚Und vergessen sie nicht, den Leuten über Orangensaft und Dorschleberöl zu erzählen.' Denn das war die überaus wichtige Frage, die den Zuhörern zuerst nahe gebracht werden musste: „Bekommen sie all die Sachen, die ihnen zustehen?"

Puddings waren wichtig. Nach einer Mahlzeit mit einer mikroskopisch kleinen Menge Fleisch und viel Gemüse verlangte man nach mehr. Daher empfahl das Ministerium Puddings. Wir wurden mit Rezepten überschwemmt.

Eine wichtige Lektion, die ich lernen musste, war, wenn immer möglich, in einem Rezept eine gewisse Menge Mehl durch Kartoffelbrei oder geriebene Kartoffel zu ersetzen. Der meiste Weizen kam nämlich über den Atlantik aus Kanada.

Kartoffeln waren so wichtig, dass ein Cartoon-Charakter geschaffen wurde. Potato Pete, eine große Kartoffel mit Augen, Nase und Mund. Ein lustiger kleiner Mann mit einem Hut auf dem Kopf. Die Idee dahinter war, dass Kinder eine gewisse Affinität zu Potato Pete aufbauen sollten, doch in Wahrheit war es ein sehr ernstes Anliegen. Der Slogan war ‚Kartoffeln nehmen keinen Platz in Schiffen weg' und wir mussten uns immer bemühen, der Öffentlichkeit diese Botschaft in Form vernünftiger Rezepte zu vermitteln.

Ich sagte meistens: ‚Nun, natürlich wissen Sie (sie wussten es wahrscheinlich nicht), dass man in Österreich diese schönen Kuchen mit Kartoffelmehl backt'. Das war eine gute Brücke, um die Leute zu

> erreichen. Wenn die Leute es dann nachmachten, fanden sie heraus, dass es gut war.“

Das Ernährungsministerium hatte einige hundert Vorschläge auf Lager, wie man selten gewordene Lebensmittel durch etwas Verfügbares ersetzen konnte. Marguerite Patton:

> „Falsche Austernsuppe. Darüber muss ich immer lachen. Es klingt, als ob die gesamte britische Bevölkerung vor dem Krieg Austern gegessen hätte. Viele Leute hatten niemals Austern gegessen, aber Erdartischocken, ein Wurzelgemüse, das aufgeschnitten wie Austern aussieht, die in einer Suppe schwimmen. Wenn die Öffentlichkeit in diesen langen Jahren der Rationierung nicht so erfinderisch gewesen wäre, hätten wir nie überlebt.“

Die Einfälle der Nahrungswissenschaftler waren kaum vorstellbar. Donald MacDougall erinnert er sich, wie er einmal gebeten wurde, „nachgemachtes Fleisch“ zu probieren, das man an Churchill geschickt hatte: „Bei einem Abendessen wurde uns dieses Fleisch serviert, das aus Gras hergestellt worden war. Durch irgendeinen chemischen Vorgang war es zu einer Art künstlichem Fleisch geworden. Es hätte, glaube ich, eine riesige Menge Tierfutter eingespart. Man musste viel verfüttern, um ein Pfund Fleisch zu erhalten. Doch leider schmeckte es einfach furchtbar.“

Es gab einen schwarzen Markt für Lebensmittel, und das Ministerium hatte seine eigenen Detektive. Doch die meisten Menschen teilten die Ansicht, dass „wir gemeinsam da durch müssen“. Und es half auch, dass trotz allem der Humor nicht gänzlich verloren ging. Das Ernährungsministerium brachte in die graue Nüchternheit der Küchenfront gelegentlich etwas Farbe. Der Vortrag eines Ernährungsberaters war einfach unterhaltend, eben mal etwas anderes am Abend. Marguerite Patton:

> „Da stand ich und erläuterte die Vorteile von Trockenei. Eine Menge der Dinge, die ich buk, brachte die Leute immer mal wieder zum Lachen. Was ist eine falsche Gans? Es ist Wurstfleisch, das man um

irgendeine Füllung wickelte, für die ich die Zutaten hatte. In einigen etwas dubiosen Wohngegenden hielt ich meine Vorträge unter Polizeischutz und lockte dennoch rabiate junge Leute an mein Tablett mit Kuchen. Die Polizisten ließen sie einen Kuchen nehmen und schoben sie dann wieder durch die Tür."

Der Premierminister erkannte, dass die Lebensmittelversorgung eine zentrale Rolle in der Sicherung des Kampfeswillen spielte. Professor Lindemann und sein Stab wurden oftmals gebeten, die vorgeschlagenen Kürzungen der Rationen zu beurteilen. Die Frage lautete dabei immer: „Ist das absolut notwendig?" „Churchill war dies sehr wichtig", erinnert sich MacDougall. „Er hatte in Downing Street 10 ein Tablett mit der wöchentlichen Ration Käse, Butter, Fleisch und so weiter, die er amerikanischen Besuchern zeigte."

Diese enorme Anstrengung an der Heimatfront machte die Aufgabe für den Feind um so schwieriger. Die Deutschen, so meinte MacDougall, könnten sich nicht vorstellen, wie erfolgreich Großbritannien die Importe zu reduzieren und seine eigene Produktion zu steigern vermochte. Doch während die Schlacht zu Hause immerhin verloren werden konnte, so konnte sie auf See nur gewonnen werden. Die Schifffahrt, schrieb Churchill später, „war zugleich der Würgegriff, aber auch das einzige Fundament unserer Strategie." Und es war die Krise auf See, die ihn im Winter 1940/41 beschäftigte.

In der Weihnachtszeit brachten Stürme auf dem Atlantik eine Erleichterung, doch die Anschläge auf Großbritanniens Nachschublinien wurden im neuen Jahr mit unverminderter Kraft weiter geführt, dieses Mal mit großen Kriegsschiffen. Die Schlachtkreuzer „Scharnhorst" und „Gneisenau" liefen am 23. Januar 1941 in Kiel aus um sich im Atlantik mit dem kleinen Schlachtschiff „Admiral Scheer" und dem schweren Kreuzer „Admiral Hippler" zu vereinen. In den nächsten beiden Monaten versenkten die „Scharnhorst" und die „Gneisenau" 22 Schiffe mit rund 115.000 Tonnen. Allein 16 davon in zwei Tagen. Dies sollte sich als die erfolgreichste Zeit für die kleine deutsche Flotte erweisen. 86.000 Tonnen fielen den deutschen Kriegsschiffen im Februar und noch einmal 119.000 Tonnen im März zum Opfer. Das entsprach ungefähr der Hälfte der Tonnage, die von den U-Booten in diesen beiden Monaten versenkt worden war – ein kurzer, wirkungsvoller Auftritt, der sich aber nicht wiederholen sollte.

Die Unterbrechung des Konvoiverkehrs durch die deutsche Kriegsmarine war ziemlich kritisch. So gut wie alle verfügbaren Schiffe der Royal Navy waren zum Schutz der Geleitzüge eingesetzt. Doch Schläge wie diese erfolgen selten allein. Am 10. Februar erreichte die Admiralität die Nachricht, dass der Gibraltar-Geleitzug HG 53 von Flugzeugen und U-Booten angegriffen worden war. Die Funksprüche eines Kontaktbootes hatten fünf Langstreckenbomber vom Typ Focke-Wulf Condor über den Geleitzug gelenkt, wobei fünf Schiffe versenkt wurden. Am folgenden Tag versenkte ein deutsches U-Boot ein weiteres Schiff, und, um die Dinge noch schlimmer zu machen, die in die Gegend geschickte „Admiral Hippler" noch einmal sieben weitere.

Konnten die Perspektiven noch schlechter werden? Der Premierminister glaubte nicht. In den frühen Stunden des 26. Februar wurde Churchills Privatsekretär John Colville über „ein weiteres ernsthaftes Desaster" eines Geleitzuges informiert. Er entschloss sich, die Nachrichten bis zum Morgen zurückzuhalten, doch Churchill hatte einen „siebten Sinn" für Ärger. „Gegen drei Uhr fragte er mich rund heraus, ob es noch weitere Nachrichten von der Admiralität gebe, die ich ihm mitzuteilen hätte", schrieb Colville in sein Tagebuch. „Er wurde sehr nachdenklich. ‚Es ist sehr bedrückend', sagte ich schwach. ‚Bedrückend?', antwortete er, ‚es ist schrecklich. Wenn es so weiter geht, wird es unser Ende sein.'"[11]

Die schlechten Nachrichten von der Admiralität folgten dem Premier, wo immer er sich aufhielt. Ihm wurde in Chequers am 1. März von einem weiteren Luft- und U-Boot-Angriff berichtet. Der australische Premierminister, Robert Menzies, fand ihn „in tief gedrückter Stimmung". Churchill schrieb damals, dass „die tödlichen Gefahren für unsere Nachschublinien an meinen Gedärmen nagen".

Der „Aktionstag" wurde ausgerufen. „Wir müssen dies über alles andere stellen", erklärte Churchill dem First Sea Lord Admiral Sir Dudley Pound. „Ich werde die ‚Atlantikschlacht' ausrufen." Die Entscheidung, offiziell eine Schlacht auszurufen, die bereits längst im Gange war, hatte die Absicht, erklärte Churchill, alle Köpfe und alle Abteilungen auf den U-Boot-Krieg zu konzentrieren. Ein „Atlantikschlacht-Komitee" wurde gebildet, das sich wöchentlich mit Churchill als Vorsitzendem treffen sollte. Er erläuterte seine Ziele in einer persönlichen Anweisung am 6.März 1941: „Wir müssen die Offensive gegen das U-Boot und die Focke-Wulf vortragen, wo immer wir können. Das U-Boot muss gejagt, es muss in der Werft oder dem Dock bombardiert werden."

Sein Ton spiegelt die verzweifelte Notwendigkeit wider, die militärischen Anstrengungen Großbritanniens in dieser Hinsicht zu verbessern. In den sechs Monaten zwischen dem 1.September 1940 und dem 1. März 1941 waren gerade mal drei U-Boote versenkt worden – eine gefährlich ungenügende Bilanz. Die deutsche U-Boot-Produktion glich diese Verluste mit Leichtigkeit aus. Besondere Bedeutung wurde nun auf die Luftunterstützung der Küstenkommandos gelegt. Weitere neun Staffeln wurden den bereits existierenden 23 hinzugefügt. Alle sollten so schnell wie möglich mit Radar ausgerüstet werden.

Die Direktive formulierte wieder den Bedarf an Zerstörern, betonte die Bedeutung von verbessertem Schutz der Häfen gegen Luftangriffe und verlangte nach weiteren Mitteln, um den Rückstau beschädigter Schiffe an den Werften aufzulösen. Eigentlich bekannte Themen, doch das persönliche Engagement des Premierministers sicherte ihnen nun größtmögliche Priorität. „Es ist die Atlantikschlacht", erklärte Churchill dem Land, „die an erster Stelle bei jenen steht, die die Verantwortung dafür übernommen haben, den Sieg zu sichern."

Großbritannien hatte viele Monate gegen die Flut des Krieges gekämpft und „den echten Nullpunkt" seines Glücks auf See erlebt, wie ein Kommandant später feststellte.[12] Aber es ist eine jener merkwürdigen Ironien der Geschichte, dass, als der Premierminister die „Atlantikschlacht" ausrief, sich das Schicksal bereits zu wenden begann.

KAPITEL SECHS

DAS ENDE DER WÖLFE

Das neue Jahr begann schlecht für die U-Boot-Waffe. Gerade vier Schiffe befanden sich am 1. Januar 1941 im Einsatzgebiet, zwei von ihnen waren für die Wetterbeobachtung eingesetzt. Der Atlantik schien ohne Unterlass zu wüten. Eine Sturmfront nach der anderen rollte nach Osten und wühlte den Ozean auf. Die Mannschaften wurden in ihren Booten auf der Wasseroberfläche hin und her geworfen, und wenn sie tauchten, waren sie blind. Konvois waren schwer zu finden und noch schwerer anzugreifen. Mehr als ein Boot sah sich zu dem Funkspruch „Einsatz wegen Wetterbedingungen abgebrochen" gezwungen. Die Schlacht schien eine Pause einzulegen. Reparaturen mussten an den Booten vorgenommen, neue Besatzungsmitglieder ausgebildet werden. Einige Kommandanten waren dem Beispiel von Dönitz gefolgt und hatten eine Auszeit genommen.

Es gab zahlreiche Ferienangebote. Jeder wollte Prien, Kretschmer und Schepke einladen und verwöhnen. „Sie waren für uns Jungs die Helden", blickt Anton Plenk zurück. Plenk kann sich noch an den Stolz erinnern, als einer dieser Helden seine Familie besuchte. „Welcher Junge wäre nicht stolz gewesen, einen berühmten U-Boot-Mann wie Korvettenkapitän Schepke zu treffen, ihn bei sich zu Hause zu haben und ihn von Morgen bis Abend erleben zu dürfen."

Das hübsche bayerische Ruhpolding durfte im Februar 1941 die Gastgeberrolle für Schepke, seine Frau, die Mannschaft und einen Kameramann aus dem Propagandaministerium spielen. Die Besatzung war von der NSDAP-Ortsgruppe eingeladen worden, um sich auf den Skipisten zu entspannen. Das schlechte Wetter, das die Einsätze im Atlantik beeinträchtigte, hatte den Bergen rund um Ruhpolding viel Schnee gebracht. Der 20-jährige Schepke war der Liebling der Gesellschaft. Der bekannteste U-Boot-Mann war Prien, Kretschmer der erfolgreichste, doch Schepke sah gut aus und war auch im Umgang sehr angenehm. Blond, helle Augen und elegant in seiner blauen U-

Boot-Uniform, war er ein gern gesehener Redner bei Parteiversammlungen. Plenk erinnert sich an die Fotositzungen auf der Piste: „Sie waren alle absolute Anfänger. Sie konnten nicht Skifahren und versuchten, so lange wie möglich auf den Brettern zu bleiben. Sie fielen hin, stiegen wieder auf und fuhren weiter. Sie waren absolut furchtlose Kerle, die den Hügel herunter rasten." Die Dorfbewohner wollten der Mannschaft unvergessliche Ferien bereiten. „Es gab Heimatabende im Kurhaus, wie es bei besonderen Anlässen Tradition ist in Ruhpolding mit Schuhplattler und Musik. Sie hatten viel Spaß."

Fotos zeigen, wie die Mannschaftsmitglieder mit den Mädchen des Dorfes tanzen, Bier trinken und lachen. Schepke und seine Leute machten sich viele Freunde in Ruhpolding. Am Ende der Ferien lud Schepke Plenks Vater ein, U-100 zu besuchen. „Er durfte die erste Erprobungsfahrt nach den Wartungsarbeiten mitmachen. Ich erinnere mich, wie Vater uns erzählte, dass er nach der Fahrt die Luke des Kommandoturms öffnen durfte und sich dabei so viel Druck aufgebaut hatte, dass als erstes sein Hut durch die Luke flog."

Schepke und seine Mannschaft hatten wie Prien und Kretschmer zehn Wochen an Land verbracht. In dieser Zeit waren die Erfolge der U-Boote deutlich zurück gegangen. In den ersten beiden Januarwochen waren lediglich zwei Schiffe im Nordatlantik versenkt worden. Neben dem Wetter war dafür auch die rückläufige Zahl der zur Verfügung stehenden U-Boote verantwortlich. Volkmar König, Offiziersanwärter auf Kretschmers U-99, erinnert sich:

> „Ich musste ins Gebäude des U-Boot-Kommandos in Lorient gehen, wo eine Atlantikkarte hing, auf der nur ein oder zwei U-Boote markiert waren.
>
> ‚Wo sind die anderen', fragte ich, und der Unteroffizier vom Dienst fragte, ‚was meinen Sie?'
>
> ‚All die anderen U-Boote. Das sind ja nur zwei.'
>
> ‚Komm' hör auf', sagt er.
>
> Ich dachte, da wären wesentlich mehr Boote draußen, doch sie waren nicht da."

Die Zahl der U-Boote an der Front fiel im Februar 1941 auf ein Rekordtief. Die Aussichten für das Frühjahr waren allerdings besser. Neue Boote wurden gebaut, und zum ersten Mal konnte sich Dönitz auf eine merklich vergrößerte Flotte freuen. Bis dahin musste sich das U-Boot-Kommando lediglich auf eine Handvoll erfahrener Mannschaften verlassen. Es gab aber auch erfreuliche Nachrichten: Für eine kurze Zeit wurde die Kondorgruppe der Luftwaffe (KG-40) unter die Kontrolle von Dönitz gestellt. „Ein großer Schritt nach vorne", schrieb er in sein Kriegstagebuch.

Günter Prien ging am 20. Februar mit U-47 wieder auf Feindfahrt. Kretschmers U-99 folgte zwei Tage später. Dönitz hatte versucht, beiden Kommandanten ein Kommando an Land schmackhaft zu machen, doch die beiden wollten ihre Mannschaften nicht verlassen. Es gab neue Gesichter an Bord der beiden Boote. Erfahrene Mannschaftsmitglieder waren auf neue Boote und an die Offiziersschule versetzt worden.

„Was können Sie?", fragte Kretschmer einen seiner neuen Offiziersanwärter. „Nichts", antwortete der Mann.

Wenigstens einer der Neuen war dem Kommandanten und der U-99-Mannschaft wohl bekannt. Hans-Jochen von Knebel Doeberitz diente wieder unter Kretschmer. Nach sechs Monaten im Stab hatte von Knebel seine Rückkehr an die Front organisiert, nachdem er einen Nachfolger für seinen Posten als Adjutant gefunden hatte. Obwohl Dönitz wenig begeistert war, ihn zu verlieren, imponierte ihm seine Zielstrebigkeit und er stimmte schließlich zu. Sie hatten gute Zeiten miteinander verbracht. Von Knebel erinnert sich an die Ungezwungenheit bei den Gesprächen mit Dönitz und die Tatsache, dass er frei über die ablehnende Haltung seiner Familie gegenüber den Nazis sprechen konnte. Dönitz überhörte zwar die Äußerungen seines Adjutanten, doch von Knebel fühlte, dass die Zeit gekommen war, eine andere Aufgabe zu übernehmen: „Wenn ich zu Hause war, hörte ich die ständige Kritik meines Vaters am Nationalsozialismus, und ich fühlte, dass Dönitz damit irgendwann Probleme haben würde und man dann in die politische Seite der Dinge hinein gezogen würde. Früher oder später würde es einen Konflikt über politische Fragen geben. Und außerdem wollten wir natürlich alle an die Front. Ich bestand gegenüber Dönitz immer darauf, dass ich zur See gehen wollte."

Am Tag des Abschieds gab es in Lorient die übliche Feier. König: „Wir waren von einem Heeresregiment, das in der Nähe von Lorient stationiert war, sozusagen adoptiert worden. Der Dirigent der Regimentskapelle hatte einen ‚Kretschmer-Marsch' komponiert, und die Musik wurde nun für Kretschmer gespielt. Die Mannschaft stand an Deck, die Musik spielte, und ein Kameramann filmte alles. Als Dank gab ihnen Kretschmer einen Rettungsring von einem Schiff, das U-99 versenkt hatte."

Prien war ebenfalls im Einsatz. Am 25. Februar sichtete er einen Geleitzug, der in Richtung USA unterwegs war, und versenkte drei Schiffe. Seine Funksprüche führten die Flugzeuge der Gruppe KG-40 zum Konvoi, die weitere sieben zerstörten.[1] Am 6. März hatten fünf Boote, darunter U-47 und U-99, eine Patrouillengruppe westlich von Rockall gebildet. Wieder fand U-47 ein Ziel, den auslaufenden Konvoi OB 293. An jenem Abend trafen sich U-47 und U-99 im Atlantik und tauschten sich über Megaphon aus. Der Plan bestand darin, dass alle Boote in der Nacht aufgetaucht angreifen sollten.

Als Erster war Kretschmer erfolgreich, der den 6568 Tonnen schweren Frachter „Athelbeach" versenkte. Schnell wurde allerdings klar, dass OB 293 keine leichte Beute war. Zwei der vier Begleitschiffe, die „Wolverine" und die „Verity", waren mit einem neuen elektronischen Auge ausgerüstet, das auch in der dunkelsten Nacht sehen konnte – Radar. Die drei U-Boote, die dem Konvoi am nächsten gekommen waren, wurden immer wieder entdeckt, gejagt und zum Tauchen gezwungen. Die ASDIC-Verfolgung war erbarmungslos. U-70 wurde mit Wasserbomben an die Oberfläche gezwungen, wo dem Kommandanten und 24 seiner Männer gerade genügend Zeit blieb, ins Wasser zu springen, bevor es sank. Irgendwann in dieser Nacht verschwand auch U-47. Niemand weiß genau, was mit Prien geschehen war. Zunächst wurde der „Wolverine" die Versenkung von Deutschlands berühmtestem U-Boot-Kommandanten zugeschrieben, doch neuere Forschungen sehen dies anders und machen für den Untergang von U-47 einen unbekannten Grund verantwortlich.

Die hartnäckige Verteidigung von OB 293 hatte also zur Abwehr eines „Wolfsrudels" geführt, in dem die beiden besten U-Boot-Kommandanten Deutschlands vertreten waren. Einer von ihnen musste sogar noch als vermisst gelten. Im Geleitzug waren dagegen nur zwei Schiffe verloren gegangen. Eine beeindruckende Leistung der Begleitschiffe angesichts eines Angriffs durch die gefürchteten „Wolfsrudel".

Die Tatsache, dass weder U-47 noch U-99 auf Funksprüche reagierten, verursachte im U-Boot-Hauptquartier allergrößte Befürchtungen. Man konnte sich einfach nicht vorstellen, dass Priens Boot versenkt worden war. Stabsoffiziere vermuteten daher eher eine defekte Funkanlage. Dönitz versuchte noch am 11. März, als U-110, eine neues und größeres Boot, unter dem Kommando von Fritz-Julius Lemp von Deutschland aus auslief, Prien zu erreichen. In seinem Funkraum hörte Heinz Wilde die verzweifelten Funksprüche aus dem Hauptquartier. „Priens Boot wurde einige Male am Tag aufgefordert, sich zu melden. Wir entschlüsselten die Sprüche. Für uns war klar, dass er untergegangen war.“ Lemp hatte einige Männer von U-30 auf sein neues Boot geholt. Doch es gab viele Besatzungsmitglieder, wie der 20-jährige Wilde, die ihre erste Fahrt unternahmen. Der Verlust von Prien, so Wilde, war eine ernüchternde Konfrontation mit den Realitäten des U-Boot-Kriegs. „Wir fühlten uns alle niedergeschlagen. Während unserer Übungen in der Ostsee schien noch alles wie ein Spiel. Nun war klar, dass es hier um Leben und Tod ging und nicht um Ehre oder was auch immer.“

Direkt hinter Lemp lief Schepke in U-100 aus. Die beiden sollten Kretschmer und den Rest des Rudels im Süden vor Island treffen. Lemp sichtete den nächsten Konvoi. Kurz nach Mitternacht, am 16. März, setzte er einen Bericht an das U-Boot-Kommando ab und begann dann mit dem Angriff. Sein Ziel war der nach Großbritannien fahrende, schnelle Geleitzug HX 112, der von der neu formierten Begleitschutzgruppe 5 unter dem Kommando von Kapitän Donald Macintyre geschützt wurde. Lemp versenkte einen 6200 Tonnen großen Tanker, der in einem Feuerball explodierte. Macintyre beobachtete dies von seinem neuen Schiff „Walker“. „Ich hatte noch nie ein solches fürchterliches Desaster bei Nacht beobachtet, und auf der Brücke der ‚Walker‘ verstummten wir alle vor lauter Schrecken“, schrieb er später.[2] Die Begleitschiffe fanden und verfolgten Lemp, der nun gezwungen war, tief zu tauchen, um den Wasserbomben auszuweichen. Er schaffte es aber dennoch, dem Konvoi zu folgen, und am folgenden Abend brachten seine Berichte U-37, U-99 und U-100 in die Nähe des Geleitzuges.

Bald wurde deutlich, dass der Geleitzug außerordentlich stark verteidigt wurde. Die Begleitschutzgruppe 5 bestand aus zwei Korvetten und fünf Zerstörern, von denen die HMS „Vanoc“ mit Radar ausgerüstet war. Dies war die Jungfernfahrt der Gruppe, doch ihr Kommandant Donald Macintyre war ein erfahrener Mann und hatte seine Qualitäten bereits bei anderen Geleitzügen unter Beweis gestellt. Noch bevor die Boote angreifen konnten, wurde U-100 am Rande des Geleitzuges entdeckt und verfolgt. Während die Begleitschiffe Schepke jagten, gelang es Kretschmer, sich in das Zentrum des Konvois zu schleichen. „Wir tauchten vorher und kamen im Inneren wieder nach oben“, erinnert sich von Knebel. „Wir schossen auf einen Dampfer nach dem anderen und trafen fünf Schiffe. Sie brannten alle, weil sie noch voller Treibstoff waren.“

Kretschmers Angriff versenkte eine Schiffstonnage von ungefähr 34.000 Tonnen. „Ich zermarterte mir das Hirn, wie man diese Zerstörungen verhindern konnte“, schrieb Macintyre später. „Unsere einzige Hoffnung war, das verräterische weiße Kielwasser des U-Boots zu finden, es zu jagen, es zum Tauchen zu zwingen, um so dem ASDIC eine Chance zu geben und dann unsere Wasserbomben einzusetzen.“ Volkmar König, Offiziersanwärter auf U-99: „Ich bat auf die Brücke kommen zu dürfen, um die brennenden Schiffe sehen zu können, weil dies für einen Marinemann, der Schiffe versenken sollte, ein wunderbarer Anblick war. Dann verließen wir den Geleitzug, weil wir alle Torpedos verbraucht hatten und nahmen auf dem offenen Atlantik Kurs auf Lorient. Die Stimmung war gut auf dem Boot, weil wir so erfolgreich gewesen waren, Kaffee wurde gekocht und es gab, glaube ich, Rühreier.“

Kretschmer war in jener Nacht als Einziger erfolgreich gewesen. Die anderen Boote hatten den Begleitschutz nicht überwinden können. Schepke in U-100 versuchte es zwar immer wieder, wurde aber ständig zum Tauchen gezwungen. Gegen halb Eins in der Nacht des 17. März nahm die „Walker“ einen ASDIC-Kontakt auf und startete einen langen, erbarmungslosen Angriff. Die „Vanoc“ beteiligte sich ebenfalls an der Jagd. Die Wasserbomben beschädigten U-100 stark, alle Instrumente fielen aus, und das Boot begann auf den Meeresboden zu sinken. Schepke hatte keine andere Wahl als aufzutauchen.

Seine Position wurde sofort vom Radar der „Vanoc“ entdeckt, die sich nun dem Boot in hoher Geschwindigkeit näherte, um es zu rammen. Die verzweifelten Versuche, die Dieselmotoren an Bord von U-100 zu starten waren vergeblich, so dass es allein auf die Elektromotoren angewiesen war. Der Zerstörer traf das Boot direkt am Kommandoturm. Der Aufprall ließ Schepke gegen das Periskop prallen und schickte sein Boot endgültig auf den Meeresboden. Nur sechs Männer der Besatzung wurden gerettet.

In der Zwischenzeit hatte Kretschmers U-99 Abstand zum Konvoi gewonnen und Kurs auf Lorient genommen. Bevor er aber endgültig einen südlichen Kurs Richtung Frankreich nehmen konnte, musste er um den Geleitzug HX 112 herum fahren. König:

> „Wir kamen genau an die Position, wo die beiden Zerstörer U-100 angegriffen hatten. Man stelle sich vor: das passiert im riesigen Atlantik – das ist wie die berühmte Nadel im Heuhaufen. Die Wache auf der Brücke war nicht so aufmerksam, wie sie hätte sein sollen. Plötzlich bemerkte der Wachoffizier den Zerstörer in unmittelbarer Nähe und schrie Alarm, was gegen alle Anweisungen war. Wir tauchten, und der Wachoffizier bekam im Kontrollraum einen gehörigen Anschiss vom Kommandanten."

„Petersen (der Zweite Offizier von U-99) hatte Wache. Gottseidank war mir das nicht passiert. Kretschmer warf ihm das später immer vor", erinnert sich von Knebel.

Niemand hatte U-99 auf der Wasseroberfläche bemerkt, doch unter Wasser wurde es vom ASDIC der „Walker" entdeckt. Macintyre warf sechs gut gezielte Wasserbomben. König erinnert sich an das donnernde Geräusch der Explosionen:

> „Alle Instrumente waren zerstört. Es gab kein Licht mehr. Nur noch kleine Taschenlampen. Es gab nur noch ein Tiefenmesser im Bugraum, der Erste Wachoffizier (von Knebel) stand daneben und rief die Tiefenmeter. Das Boot sank immer mehr ab. Alle zehn Meter gab er die Tiefe durch. Alle konnten ihn hören. Es war absolut ruhig. Wir tauchten auf diese unglaubliche Tiefe, und ich sagte mir ‚das war es dann wohl. Noch eine Sekunde, und es gibt einen gewaltigen Krach, und wir werden wie in einer leeren Konservendose zusammen gepresst.' Ich erinnere mich, wie sich der Unteroffizier im Kontrollraum, der für die Luftventile der Tauchtanks zuständig war, sich mit blassem Gesicht umdrehte und dem Kommandanten sagte, ‚das Boot kommt nicht'. Es sank immer tiefer ab trotz der Pressluft, die in die Tauch-

tanks ging. Und der Kommandeur sagte, ‚komm', gib' ihm Luft, gib' ihm Luft'. Er war absolut kaltblütig und ruhig."

Das U-Boot sank auf rund 230 Meter bevor ausreichend Luft in die Tanks gepresst werden konnte, um den Tauchvorgang zu beenden. Macintyre hatte beigedreht und bereitete einen zweiten Angriff vor, als er von der „Vanoc" verständigt wurde, dass das Boot aufgetaucht war. Die Geschützmannschaften auf der „Walker" und „Vanoc" schossen auf U-99, doch mit geringer Wirkung. Kretschmer hatte überlegt, bis zuletzt zu kämpfen, doch sein Geschütz war von den Wasserbomben zerstört worden. König: „Unser Kommandant bat schließlich um die Signallampe und dann gab es einen Austausch von Mitteilungen: ‚Bitte meine Männer verschonen. Boot ist manövrierunfähig.'

Der britische Kapitän antwortete, ‚Don't scuttle the boat.'

Dann gab es noch ein zweites Signal von Kretschmer. ‚Was bedeutet das?', fragte er. ‚Versenken Sie nicht das Boot!', antworteten die Briten wiederum – sie wollten unser Boot haben."

Bevor er das Boot verließ, setzte Kretschmer noch einen verzweifelten Funkspruch an das U-Boot-Kommando ab: „Wasserbomben. Zwei Zerstörer. 53.000 Tonnen. Boot versenkt. Heil Hitler. Kretschmer." Danach sprangen der Kommandant und die Mannschaft ins Meer. König: „Wir schwammen und ich wurde bald müde. Bei diesen Wassertemperaturen wird man schnell müde und man schläft ein. Das ist der erste Schritt zu Deinem Ende. Doch dann wurde ich von einem Suchscheinwerfer geweckt, und ich befand mich in der Nähe des Zerstörers."

Bis auf drei Männer holte die „Walker" alle Mann der Besatzung von U-99 aus dem Wasser. Das Boot allerdings war verloren. Kretschmer und seine Männer teilten sich nun die Messe mit den geretteten Seeleuten des Geleitzuges HX 112 – ein frostiges Zusammentreffen. Es war schließlich U-99 gewesen, das die „Jersey City" im Geleitzug der „Walker" im Sommer zuvor versenkt hatte. Dass ausgerechnet die „Walker" nun Rache genommen hatte, war irgendwie ausgleichende Gerechtigkeit.

Die Begleitschutzgruppe 5 fuhr nun einem begeisterten Empfang in Liverpool entgegen. Kretschmer und seine Männer verließen das Schiff und sahen einer sechsjährigen Gefangenschaft entgegen. König: „Die Army musste uns mit aufgesetzten Bajonetten gegen die Schaulustigen schützen, die versuchten, Steine auf uns zu werfen. Liverpool wurde damals schwer bombardiert, und außerdem hatten viele Menschen Angehörige auf See verloren. Sie waren wütend auf die deutschen U-Boot-Männer." Damals war König noch zuversichtlich, dass die Zeit in Gefangenschaft nicht lange dauern würde: „Wir sagten uns, ‚bald kommt die Invasion, und es wird nur ein paar Wochen dauern, bis sie uns hier raus holen.'" Der britische Vernehmungsbeamte, der mit der Mannschaft sprach, berichtete, dass die beiden Offiziersanwärter des Bootes „typische Nazis" seien, beobachtete aber bei Kretschmer eine deutliche Kriegsmüdigkeit und bei von Knebel eine klare Ablehnung „vieler Nazimethoden und der führenden Persönlichkeiten."

Im Funkraum von U-110 verfolgte Wilde die zunehmend verzweifelte Suche des Hauptquartiers: „Schepke und Kretschmer wurden um die Durchgabe ihrer Positionen gebeten, doch wie bei Prien gab es keine Antwort. Der Kommandant und die älteren Mannschaftsmitglieder wussten, dass wir nie mehr etwas von ihnen hören würden. Die Frage war nur: versenkt oder gefangen? Doch wahrscheinlich waren sie versenkt worden." Die ersten Nachrichten über das fatale Ende dieser Feindfahrt erreichten das U-Boot-Kommando über U-37, das Kretschmers letzte Mitteilung aufgefangen hatte. Es war ein harter Schlag, um so mehr, weil es nun auch keine Hoffnung mehr für Prien gab.

Dönitz hatte es nicht eilig, die Nachricht zu verbreiten. Volkmar Königs Mutter saß mit stolz geschwellter Brust in einem deutschen Kino und sah einen Bericht der Wochenschau über das Boot ihres Sohnes, der drei Wochen zuvor in Lorient entstanden war. Sie vermutete, dass er sich wie auch die restliche Mannschaft wieder in Lorient befand. Doch da war König bereits Kriegsgefangener.

Es waren die Briten, die schließlich die Nachricht verbreiteten. Churchill hielt sie für so wichtig, dass er eine persönliche Mitteilung im Unterhaus für angemessen hielt. Dönitz war nun gezwungen, den Bericht zu bestätigen. Der deutschen Öffentlichkeit wurden nun Kretschmers und Schepkes Schicksale mitgeteilt, doch Hitler wollte den Deutschen den Verlust von Prien vorerst nicht zumuten, so dass diese Nachricht noch zurück gehalten wurde.

Dönitz schrieb später, dass der Verlust seiner drei erfolgreichsten Männer für ihn und seinen Stab „ein besonders schwerer Schlag“ gewesen sei. Kretschmer, Prien und Schepke hatten insgesamt 600.000 Tonnen gegnerischer Schiffe versenkt. Kretschmers Bilanz von 43 Schiffen mit insgesamt 238.327 Tonnen sollte während des Krieges nicht mehr erreicht werden. Diese drei Kommandeure hatten den Kern der Vorkriegselite gebildet, und vor allem der Verlust von Prien war ein persönlicher Schicksalsschlag: „Er stand mit besonders nahe“, schrieb Dönitz später. „Prien war ein ganzer Mann, charakter- und temperamentvoll, voller Lebenskraft und –freude und voller Hingabe an seinen Beruf.“[3] Für die Bewertung der Größe eines Mannes war bei Dönitz eben die Intensität seiner Hingabe an die U-Boot-Waffe entscheidend.

Nirgendwo in Deutschland wurde der Verlust von Schepke und seinen Männern mehr betrauert als in Ruhpolding, wo sie ihre letzten Ferien verbracht hatten. Anton Plenk: „Ich kann mich genau an die Nachricht erinnern, dass Schepke mit seiner Mannschaft verloren war. Die Leute waren sehr traurig.“ Für den Neunjährigen war es unvorstellbar, dass der Held, den er noch vor wenigen Wochen erlebt hatte, nun für immer gegangen war. Schepke hatte Antons älterem Bruder Horst ein Modell von U-100 geschenkt. „Wir unternahmen Tauchversuche und spielten alles durch, was Schepke getan hatte. Das war ein Magnet für alle anderen Kinder in der Nachbarschaft. Oft waren 15 bis 20 Kinder im Haus. Wir spielten lange Zeit damit. Es erinnerte uns an den großen U-Boot-Kapitän.“

Ende März kehrte U-110 nach einer enttäuschenden Feindfahrt in den Hafen von Lorient zurück. Es gab keine bestätigten Erfolge, und außerdem war das Deckgeschütz beschädigt, weil die Mannschaft versucht hatte, damit zu feuern, ohne die Wasserabdichtung abzunehmen. Um die Dinge für Lemps verletzten Stolz noch schlimmer zu machen, hatte das U-Boot-Kommando alle Landurlaube gestrichen. Die Mannschaft von U-110 hatte alle Funksprüche an die verschwundenen drei Kommandeure abgehört. Die Nachricht über den Verlust von Prien war aber noch nicht veröffentlicht worden. Wilde: „Uns wurde befohlen, diese Informationen geheim zu halten und mit niemandem darüber zu reden. Weder in unseren Quartieren noch mit den Mannschaften der anderen Boote, die in Lorient stationiert waren, oder in den Briefen in die Heimat. Als vorbeugende Maßnahme wurde der Urlaub gestrichen, der der Hälfte der

Mannschaft üblicher Weise gewährt wurde. Die Geheimhaltung hatte höchste Priorität.“ Die Besatzung wurde auf eine „U-Boot-Weide“ an der französischen Atlantikküste verlegt. In der Zwischenzeit wurde das Geschütz repariert.

Die Versuche, die Nachricht über Priens Tod zu unterdrücken, ließen wilde Geschichten entstehen. Diese wurden noch durch britische Propagandasendungen verstärkt, die fragten, „wo ist Prien?“ Die britische Admiralität hatte von den U-99-Gefangenen erfahren, dass Prien vermisst wurde und diese Information weiter gegeben. Obwohl es streng verboten war, hörte Helmut Witte, Erster Wachoffizier an Bord von U-107, diese britischen Radiosendungen: „Sie versuchten, die deutschen Helden in ein anderes Licht zu rücken, indem sie sagten, sie seien auf irgendeine unnatürliche Art, aus politischen Gründen oder was auch immer ums Leben gekommen. Von Prien wurde behauptet, er sei nicht gefallen, sondern wegen Bemerkungen gegen die Nazis ins KZ Dachau gebracht worden.“

Die Sorge in der U-Boot-Waffe war so groß, dass Witte nach München fuhr, um sicher zu gehen, dass diese Behauptung falsch war. Witte:

> „Ich traf mich mit dem Lagerkommandanten in Dachau, und er versprach mir, dass Prien niemals in sein Lager eingewiesen worden sei, dass er jetzt nicht da sei und auch niemals da sein werde. Ich konnte mich zwei Tage lang im Lager umsehen und alles ansehen, was ich wollte. Prien fand ich nicht.“

Am 23. Mai schließlich wurde die deutsche Öffentlichkeit in einer Presseerklärung des U-Boot-Kommandos informiert: „Der Held von Scapa Flow hat seine letzte Feindfahrt unternommen. Wir alle betrauern und grüßen ihn und seine Männer stolz... Sie sind für uns das Symbol für unseren harten und unerschütterlichen Siegeswillen gegen England geworden.“ In den Wochen, die zwischen dem Verlust von Prien und der Benachrichtigung der Öffentlichkeit vergangenen waren, wurden weitere sechs deutsche U-Boote im Nordatlantik versenkt.

Es waren schwere Zeiten für die U-Boot-Waffe angebrochen. Konvois waren nicht leicht zu entdecken, und diejenigen, die man sichtete, waren besser geschützt. Außerdem konnte man die wachsende Bedrohung durch die britischen Flugzeuge nicht ignorieren. Und überhaupt wurde von zu wenigen U-Booten zu viel verlangt. Für allein operierende Boote wurde es schwieriger, in Geleitzüge einzudringen, doch es gab schlicht nicht genügend Boote, um große Rudelattacken durchzuführen. Dönitz wurde zu seinem ersten strategischen Rückzug gezwungen. Alle U-Boote wurden aus den nordwestlichen Seegebieten abgezogen und weiter in den Atlantik verlegt. Ein neues Einsatzgebiet wurde westlich von Island geschaffen, wo die Abwehrmaßnahmen des Feindes, so hoffte man wenigstens, schwächer waren. Für einige Historiker ist dies der Beginn jenes langsamen aber unaufhörlichen Drucks, der die U-Boote schließlich zwang, den Nordatlantik ganz zu verlassen.

Dass die Moral der U-Boot-Waffe durch die Ereignisse im Februar und März 1941 schwer gelitten hatte, bemerkte ein neues Mannschaftsmitglied an Bord von U-110. Georg Högel hatte fast drei Jahre als Funker an Bord von Lemps U-30 gedient und sich als fähig und vertrauenswürdig erwiesen. Es war Högel, der das Kriegstagebuch des Kommandeurs nach der Versenkung der „Athenia" umgeschrieben hatte. Er hatte die erste Feindfahrt im neuen Boot verpasst, schloss sich aber am 9. April aufs Neue Lemp an. Högel:

> „Er war ein erfahrener U-Boot-Mann und Kommandant, und man versuchte immer, mit Männern zu fahren, die man kannte und denen man vertrauen konnte. Das war wichtig. Aber als ich an Bord kam, merkte ich sofort, das etwas nicht stimmte. Ich erfuhr schnell, dass Lemp zu der Patrouille gehört hatte, bei der Kretschmer, Schepke und Prien verschwunden waren. Wir kannten sie alle. Die Stimmung war ganz und gar nicht gut."

Mitte April war U-110 wieder zum Auslaufen bereit. Für diese Feindfahrt hatte Lemp sich bereit erklärt, einen „PK" oder Propaganda-Kriegsberichterstatter mit an Bord zu nehmen, den 23-jährigen Helmut Ecke. Lemp konnte sich eines positiven Berichts sicher sein, denn es war Eckes Aufgabe, das Positive hervorzuheben. Er hatte das Propagandaministerium bereits mit einigen Berichten über den Frühling am Kanal, in dem der Krieg kaum erwähnt wurde, beeindruckt. Ecke: „Natürlich sollte alles eine positive Färbung haben. Zwar sagte mir niemand, wie ich schreiben sollte, aber es war klar, was man von mir erwartete. Der Bericht sollte die Atmosphäre beschreiben – nichts Technisches. Davon hatte ich auch gar keine Ahnung – ich hatte gar keine U-Boot-Ausbildung.“

Lemp verließ am 15. April Lorient mit Kurs auf das neue Einsatzgebiet westlich von Island. Die ersten Berichte ließen eine gute Beute erwarten. Der langsame Geleitzug SC 26 wurde in der ersten Aprilwoche gesichtet und von acht U-Booten angegriffen. Die Hälfte der 22 Schiffe dieses Konvois wurde versenkt. Auf See vergaßen die Männer die schlechte Stimmung, und Ecke wurde davon angesteckt: „Die Männer an Bord waren sich ihres Sieges ziemlich sicher. Was konnte uns schon passieren? Mir passiert nie etwas! Sie hatten scheinbar keine Angst.“ Alle hatten Vertrauen in „Fritz“. Ecke war ebenfalls beeindruckt. Der Kommandant schien viel Jovialität auszustrahlen. „Wenn ich Lemp charakterisieren müsste, würde ich sagen, dass er bedingungslos für sein Land einstand. Er hat die Nazis vielleicht nicht besonders geschätzt, doch er war im Krieg und konnte nichts anderes tun.“

Der Propagandamann musste einige Tage warten, bis er seinen ersten Einsatz erleben durfte. Am 24. April kreuzte U-110 ungefähr 300 Seemeilen vor der irischen Westküste. Lemp griff auf der Wasseroberfläche an. Die folgenden Ereignisse hinterließen bei Ecke einen unauslöschlichen Eindruck.

> „Ich beobachtete, wie der eingeschlagene Torpedo mit einer 200 Meter hohen Flamme explodierte – in dieser Flamme befanden sich menschliche Körper und Schiffsteile, die herum gewirbelt wurden und in den Atlantik fielen. Dann war es totenstill. Lemp fuhr ein wenig näher. Das getroffene Schiff war schnell gesunken, doch wir hörten Rufe: ‚Hitler help, Hitler help'.
>
> Und dann geschah etwas Schlimmes. Neben mir stand der Zweite Offizier von U-110, und er brüllte in die Dunkelheit: ‚Warum fahrt ihr Schweine auch für England?'
>
> Ich war zutiefst erschrocken, gab ihm einen Stoß und sagte: ‚Diese Leute tun doch nur ihre Pflicht genau wie Sie. Was erwarten Sie?'
>
> Lemp fand inmitten der Wrackteile Überlebende. Es gab Holzplanken, auch ein kleines Rettungsboot, und die Leute schrien immer noch ‚Hitler help'. Lemp nahm einen Mann an Bord. 'Ich bot ihm eine Ziga-

Erich Topps U-552 – das berühmte „Rote-Teufel-Boot“ – verlässt St. Nazaire zu einer Feindfahrt. Mit 34 versenkten Schiffen und 185.434 Tonnen war er der fünft erfolgreichste U-Boot-Kommandant des Krieges.

Oben: Der Bug-Torpedoraum eines Bootes vom Typ IXB. Neben den Geschossen verstauten die Männer dort ihren Proviant und andere Dinge. Außerdem waren hier noch mindestens 20 Mann untergebracht.

Rechts: Obwohl die Mannschaften übten, wie man im Notfall ein U-Boot verlassen sollte, waren die Überlebenschancen minimal.

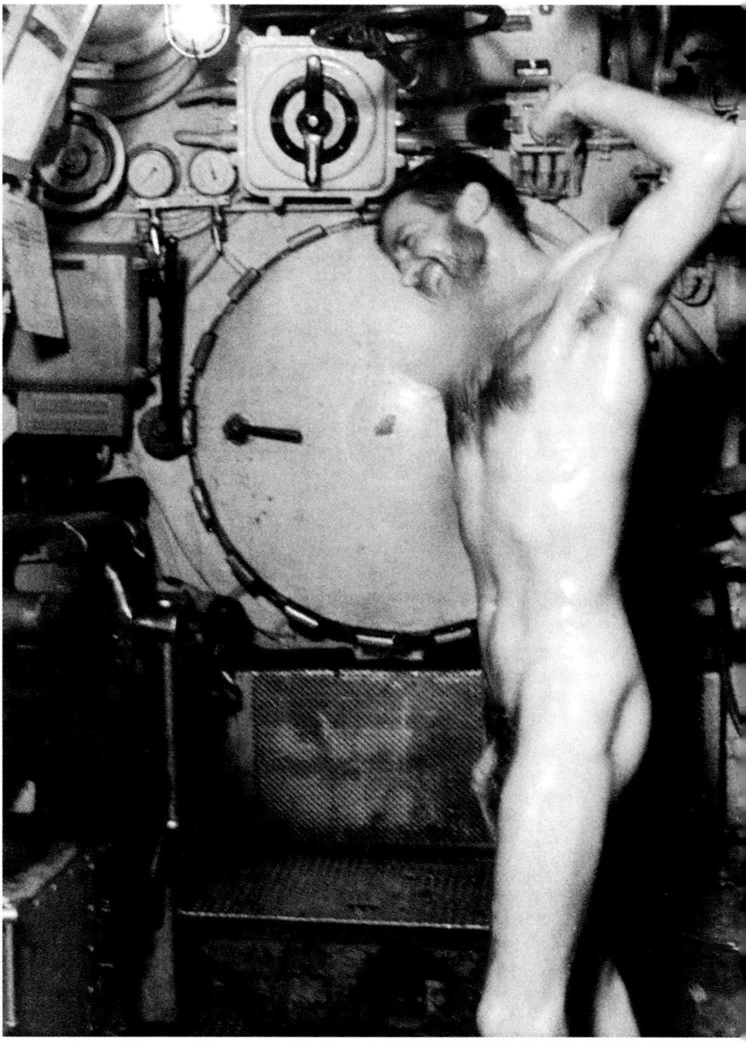

Oben: U-Boot-Männer mussten mit einem Minimum an persönlicher Hygiene leben. Niemand rasierte sich und nur hin und wieder gab es die Möglichkeit einer Salzwasserdusche.

Links: Erich Topp am Periskop von U-552. Dieses Foto wurde als Vorlage für eine Briefmarke genommen.

Rechts: Unterhaltungsprogramm während einer Kampfpause an Bord von U-123, das sich auf dem Weg in westafrikanische Gewässer im Sommer 1941 befand.

Unten: Die Besatzung von U-103 im Frühling 1942 auf dem Weg in amerikanische Gewässer. Die Männer mussten auf engstem Raum zwei Monate verbringen.

Links: Erich Topp nach dem Ende einer erfolgreichen Feindfahrt.

Unten: Die Kommandanten von U-46 und U-552, Engelbert Endraß (links) und Erich Topp, feiern mit ihren Freundinnen im Pariser Nachtclub Scheherazade, einem beliebten Treffpunkt der U-Boot-Offiziere.

Rechts: Fritz-Julius Lemps U-30 nähert sich dem britischen Frachter „Fannad Head" am Morgen des 14. September 1939. Zwar wurde das U-Boot von Flugzeugen des Trägers „Ark Royal" angegriffen, was den Frachter aber nicht retten konnte.

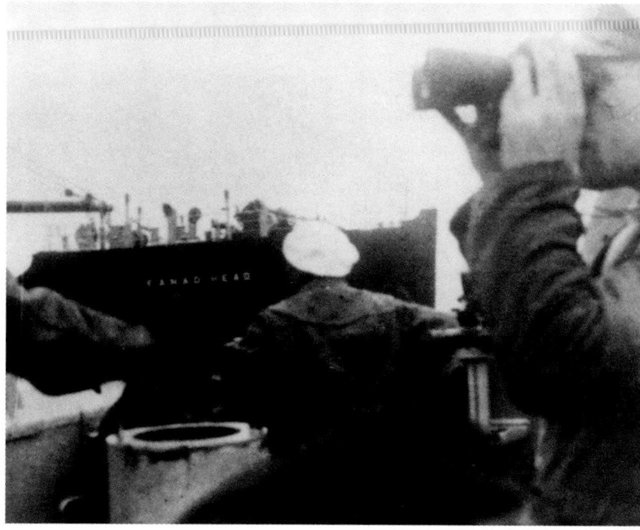

Unten: Der „Tonnage-König" Otto Kretschmer im Jahre 1940. Als Kommandant von U-23 und U-99 versenkte er 238.327 Tonnen. Im Vordergrund rechts sitzt Erich Topp.

Oben links: Der Kommandant von U-30, Fritz-Julius Lemp, empfängt im Sommer 1940 aus den Händen von Karl Dönitz das Ritterkreuz.

Unten: Besatzungsmitglieder von U-132 beschriften Wimpel mit den Tonnagen der Schiffe, die ihr Boot im Juli 1942 im St.-Lorenz-Strom versenkt hat.

Oben: Ritterkreuzträger Jürgen Oesten auf der Brücke seines U-Boots.

Der Kommandant von U-123, Reinhard Hardegen, und seine Offiziere 1941 bei der Einfahrt nach Lorient. Im Sommer 1942 löste Horst von Schroeter (rechts) Hardegen als Kommandant ab.

> rette an, und der Seemann paffte während er vor Kälte schlotterte. Er war barfuß. Man fragte ihn: ‚Wo kommen Sie her?' Wir fanden heraus, dass das Schiff aus Freetown in Sierra Leone gekommen war. Ich weiß nicht, was sie an Bord hatten. Lemp wusste allerdings, was er versenkt hatte und wie die Tonnage war. Dann ging ich nach unten ins Boot. Ich hatte einen kleinen Schrank, wo ich eine Stange Zigaretten verstaut hatte, und gab sie dem Seemann. Lemp sagte, ‚wir können keine Schiffbrüchigen an Bord nehmen – wir haben keinen Platz.' Der Matrose bestieg schließlich wieder sein Rettungsboot. Sie waren mit einen gewaltigem Schrecken davon gekommen, hatten aber ihr Leben gerettet, doch wie sie die Nacht und die Zeit danach überlebten, weiß ich nicht."

So viel zum Thema Kameradschaft auf See und zum Respekt gegenüber dem Feind – der Wachoffizier teilte diese edlen Gefühle offensichtlich nicht. Für die Mannschaft von U-110 war die Versenkung der „Henri Mory" ein seltener Erfolg gewesen – der einzige in einer dreiwöchigen Jagd. Während die Brückenwache den Horizont nach einer Rauchfahne absuchte, warteten Wilde und Högel im Funkraum auf einen Funkspruch vom U-Boot-Kommando in Kernével. Vielleicht hatte ein anderes Boot mehr Glück gehabt. Doch obwohl es Berichte über Geleitzüge gab, war keiner davon nahe genug für U-110.

In jenen Zeiten war die Funkverbindung nach Kernével überlebenswichtig. Von dort aus wurden die U-Boot-Einsätze gesteuert, wurden die einzelnen Boote zu Rudeln zusammen gestellt, wenn ein Konvoi entdeckt worden war. Die Funksprüche wurden natürlich verschlüsselt abgesetzt. U-110 verfügte über eine eigene Enigma-Verschlüsselungsmaschine, die auf den ersten Blick wie eine ganz normale Schreibmaschine wirkte. Doch im Gehäuse befanden sich drei Zahnrad-Rotoren mit den Buchstaben des Alphabets. Die Zahnräder drehten sich, wenn die Tasten gedrückt wurden, und das entschlüsselte Wort leuchtete auf einer Glasplatte über der Maschine auf.

Bevor ein Funkspruch allerdings entziffert werden konnte, musste der Enigma-Mann wissen, welche der drei von den acht ihm zur Verfügung stehenden Zahnrad-Rotoren er wählen und in welcher Reihenfolge sie in die Maschine eingesetzt werden sollten. Diese Anordnung veränderte sich alle drei Tage. Es gab daneben auch „äußere Einstellungen". Die Sicherheit der

Enigma-Maschine hing vor allem von der Schalttafel vor der Maschine ab, und deren Konfiguration veränderte sich täglich. Die Entschlüsselungstabellen für diese Einstellungen galten jeweils nur für einen Monat. Eine weitere Einstellung gestattete das Senden von Mitteilungen „nur für Offiziere“. Es war ein komplexes und zugleich geniales System, auf das die Kriegsmarine ihr ganzes Vertrauen stützte.[4] Wilde:

> „Wie sicher war die Verschlüsselung? Wir lernten die Maschinen zum ersten Mal auf der Funkschule in Flensburg kennen, wo wir ausgebildet wurden, und man sagte uns, dass die Chance, sie zu knacken, bei eins zu einer Trillion lag. Heute würde man sagen, dass die Chancen so hoch lagen wie der Gewinn des Jackpots in der Lotterie. Doch immerhin – der Jackpot existiert.“

Es war eine entschlüsselte Mitteilung des U-Boot-Kommandos, die am 7. Mai 1941 die wochenlange Untätigkeit von U-110 beendete. Lemp war endlich in einer Position, um dem nach Kanada fahrenden Geleitzug OB 318 aufzulauern. Der Aufmarsch der U-Boote im westlichen Seegebiet war von der britischen Admiralität entdeckt worden. Drei neu formierte Begleitgruppen waren nach Island verlegt worden, um den Konvois Schutz auf dem Atlantik zu bieten. Die neun Kriegsschiffe der Gruppe 3 waren um OB 318 herum postiert. Dies war ein hervorragender Schutzschild. Lemp hatte den ersten Kontakt mit dem Konvoi am 8. Mai. Wilde erinnert sich an die darauf folgende Diskussion:

> „Die Offiziere unterhielten sich. Ich konnte dem Gespräch folgen, weil sich der Funkraum gegenüber dem Quartier des Kommandanten befand. Diese Gespräche verliefen ganz offen, weil der Kommandant keine Geheimnisse an Bord hatte. Die Frage war: Angriff auf der Wasseroberfläche – das wäre nur in der Nacht möglich gewesen und man hätte weiter nach Westen fahren müssen -, oder sich dem Konvoi noch stärker zu nähern – wir waren ihm ja schon sehr nahe – und bei Tag anzugreifen. Kommandant Lemp entschied sich für den Angriff bei Tag, weil er nicht weiter nach Westen fahren und riskieren wollte, ohne Treibstoff zu stranden. Der leitende Ingenieur war nicht einverstanden.“

Lemps Entscheidung wurde dem einzigen anderen U-Boot, das in der Nähe war, U-201 unter dem Kommando von Adi Schnee, mitgeteilt. Kurz vor der Morgendämmerung am 9. Mai trafen sich beide Boote, und die Kommandeure sprachen den Angriff über Megaphon ab. Man einigte sich, dass Lemp um 12 Uhr und Schnee eine halbe Stunde später angreifen würde. Dann tauchten beide U-Boote ab und näherten sich langsam dem Geleitzug. Lemp hoffte, dass er durch die Verzögerung des Angriffs bis 12 Uhr mittags den Konvoi ohne sein Schutzschild erwischen würde. Um so größer war seine Überraschung, als er die Begleitgruppe 3 an ihrer Position vorfand. Wilde: „Das Risiko war uns allen bewusst. Ein Unterwasserangriff auf Periskoptiefe ist immer ein Geschenk für eine aufmerksame Wache an Bord eines Zerstörers. Doch wir konnten keine unmittelbare Gefahr für uns feststellen. Zwar hörten wir die Schrauben des Geleitzuges und der Zerstörer, aber kein ASDIC."

Lemp entschied sich zum Angriff. Vier Torpedos wurden auf vier Schiffe des Konvois abgefeuert, von denen zwei ihr Ziel fanden. Georg Högel, der im Funkraum Dienst tat, erinnert sich:

> „Ich verfolgte die Torpedos mit den Hydrophonen, bis sie in ihre Ziele einschlugen. Wir drehten das Boot, um die Hecktorpedos abzuschießen, doch da bemerkte ich, dass wir vom ASDIC gejagt wurden.
>
> Ich sagte zu meinem Kumpel, ‚Fritz, hör' mal, sie haben uns. Wir werden geortet.'
>
> Er sagte, ‚nein, nein. Wenn man mit den Hydrophonen über 180 Grad schwenkt, wechselt man von einem Gebiet ins nächste und hört seltsame Geräusche. Das ist eines davon.'
>
> Ich war mir sicher. ‚Nein, Fritz. Ich habe eine Kennung aus einer festen Richtung und bekomme dieses typische Geräusch.'"

Wilde vernahm ebenfalls das bedrohliche „Ping, Ping" gegen den U-Boot-Rumpf:

> „Der Kommandeur befahl einen Alarmtauchgang. Wir konnten die Schrauben des Zerstörers hören, als er mit voller Geschwindigkeit über uns fuhr, die Wasserbomben abwarf und dann wieder langsamer wurde.

Der Kommandant veränderte die Richtung und ging auf große Tiefe. Ich glaube, die Wasserbomben explodierten über uns. Sie schüttelten das Boot gewaltig durch, richteten aber keinen Schaden an.

Wir versuchten dann, dem ASDIC durch ständige Richtungs- und Tiefenänderungen zu entkommen. Doch immer wieder hörten wir den Zerstörer, der uns verfolgte, wie er stoppte, eine Kennung aufnahm und dann wieder volle Geschwindigkeit aufnahm. In diesem Moment wussten wir, dass weitere Wasserbomben folgen würden. Es war eine ununterbrochene Abfolge von Stoppen, Beschleunigen und dann der Explosion von Wasserbomben.

Die Letzten verursachten größere Schäden am Boot. Wir hatten einen Wasser- und Dieseleinbruch – die Ventile waren beschädigt. Der Tiefenmesser, den genauesten den wir hatten, zerbrach. Die anderen arbeiteten nicht mehr. Der Leitende Ingenieur fragte nach Schäden an Bug und Heck. Die Männer berichteten, dass die Elektromotoren ausgefallen waren.

Lemp gab den Befehl zum Auftauchen, und der Leitende Ingenieur gab diesen Befehl weiter an die Zentrale. Doch die Männer sagten, dass auch die Auftauchventile beschädigt seien, und es ein Problem gab. Der Leitende Ingenieur sah nun selbst nach, und irgend etwas muss doch noch funktioniert haben, denn plötzlich waren wir auf der Wasseroberfläche. Das Boot schaukelte auf der See."

Die Geschwindigkeit, mit der das U-Boot schließlich aufgetaucht war, hatte uns alle überrascht. Lemp eilte die Leiter nach oben und öffnete die Luke des Kommandoturms. Tageslicht und frische Luft strömten in das Boot und damit die Hoffnung auf Rettung. Propagandajournalist Helmut Ecke: „Ich höre noch immer Korvettenkapitän Lemp. Als er die Luke öffnete, rief er nach unten: ‚Uhlandstraße, letzter Halt, alle aussteigen.' Und es war wirklich unser letzter Halt." Der Anblick, der sich Lemp bot, war erschreckend. Drei britische Kriegsschiffe näherten sich dem Boot, und zwei waren offensichtlich entschlossen, es zu rammen. Heinz Wilde: „Der Kommandeur brüllte: „Wir sind eingekreist! Alle Mann vom Boot." In diesem Augenblick hörten wir oben Schüsse. Wir zogen unsere Schwimmwesten und unseren Tauchretter (eine Schwimmweste mit Atemgerät) an und standen im Kommandoturm, um nach draußen zu kommen. Lemp rief immer wieder, ‚kommt, kommt, kommt!' Der Erste sprang über Bord, dann der Zweite. Weitere Schüsse fielen. Lemp brüllte: ‚Wartet bis es eine Feuerpause gibt.' Dann sprangen wieder zwei oder drei Mann, wenn das Feuer nachließ."

Ecke wurde auf der Brücke vom Sperrfeuer der britischen Kriegsschiffe erwischt: „Sie eröffneten das Feuer auf uns mit Leuchtspurmunition. Es war fast wie eine Neujahrsparty um 2 Uhr am Nachmittag. Ein Mannschaftsmitglied vor mir wagte einen Sprung ins Wasser und während seines Sprungs vom Kommandoturm verlor er seinen halben Kopf. Nur noch ein Teil des Ohrs blieb übrig. Er war genau in der Mitte seines Kopfes getroffen worden. Ein Schuss ging durch den Turm, und plötzlich lag ein Metallstück zu meinen Füßen. Da sprang ich dann einfach mit den Füßen zuerst."

Lemp wusste, dass es nun seine Pflicht war, dafür zu sorgen, dass U-110 nicht in die Hände des Feindes fiel. Vor allem musste die Enigma-Maschine und das Verschlüsselungsmaterial entweder mit dem Boot untergehen oder aber in einem Sack dem Meer anvertraut werden. Lemp hatte den Eindruck, dass U-110 mit dem Heck zuerst versank, doch um die Dinge zu beschleunigen, befahl er dem Leitenden Ingenieur, die Ballasttanks zu fluten. Högel war zu diesem Zeitpunkt noch an Bord:

> „Lemp stand über der Luke und blickte in den Kontrollraum. Mein Kamerad, der Funkoffizier war, und ich riefen nach oben: ‚Was sollen wir mit den geheimen Sachen machen?'
>
> Er rief: ‚Lasst alles da. Lasst alles da. Kommt raus, kommt raus!'
>
> Am Ende muss man dem vertrauen, was der Kommandant sagt, und daher machten wir uns auf, das Boot zu verlassen. Keine Frage, das Boot würde bald sinken. Ich ging auf den Kommandoturm, wo ich mich an einen kleinen Gedichtband erinnerte, den mir eine Freundin an meinem Geburtstag geschenkt hatte. Ich hatte viele Stunden damit verbracht, ihn mit Kalligrafie zu verschönern und hing an ihm. Ich ging noch einmal nach unten und fand ihn. Ich öffnete mein Hemd und legte ihn dort auf meine Brust. Dann machte ich, dass ich herauskam."

Ein anderer Funker, Heinz Wilde, verließ das Boot als Letzter:

„Ich suchte überall im Funkraum nach meinem Tauchretter. Er lag unter dem Tisch, an dem wir die Funksprüche empfingen. Ich zog ihn an und sah mich um. Das Boot war leer.

Der Kommandeur rief von oben: ‚Ist da noch jemand?'

Ich rief zurück: ‚Ja, ich bin noch hier. Ich komme jetzt.'

Das Feuer hatte aufgehört. Ich kletterte durch den Turm auf die Brücke.

Der Kommandant stand noch immer da und rief: ‚Verschwinde schnell vom Boot. Es sinkt gleich.'

Ich sagte: ‚Kommandant, wir haben noch die Geheim-Unterlagen da unten.'

Er antwortete: ‚Lass alles da, Wilde, das Boot sinkt sowieso.'

Dann sprang ich ins Wasser. Meine Augen waren weit offen, und ich sah das schöne, klare Atlantikwasser. Wie beim Tauchlehrgang öffnete ich die Sauerstoffflasche und der Atemsack füllte sich.

Ich blickte mich um. Hinter mir befand sich das U-Boot. Vor mir entdeckte ich einige Mannschaftsmitglieder, und ich schwamm zu ihnen. Irgend jemand begann plötzlich ein Lied zu singen, das die Funker häufig über die Lautsprecheranlage gespielt hatten: ‚Im Leben geht alles vorüber'. Es war reiner Trotz, wie ich es heute sehe – wir waren schließlich im Wasser und von Kriegsschiffen eingekreist.

In der Tat begriffen wir erst nach einer Weile, dass unsere Situation verzweifelt war und nicht den geringsten Anlass zum Singen bot. Dann sahen wir, wie ein Zerstörer abdrehte. Einige versuchten dorthin zu schwimmen. Der größte Teil meiner Gruppe blieb aber zusammen, so dass wir gesichtet werden konnten, weil das die einzige Überlebenschance war.

In der Zwischenzeit dachte ich, ‚das war es dann wohl. Was tue ich hier im Nordatlantik? Das Wasser ist eiskalt. Die Überlebenschance minimal. Ich kann nicht ewig weiter schwimmen. Wahrscheinlich werde ich erfrieren und wegen des Tauchretters als Leiche auf dem Atlantik schwimmen.' Dann dachte ich: ‚Du musst so lange wie möglich dran bleiben. Vielleicht gibt es doch eine Chance. Vielleicht wirst du gerettet. Du musst dran bleiben. Und du kannst immer noch am Ende die Luft aus dem Tauchretter lassen.' Ich wollte nicht so einfach aufgeben."

Georg Högel: „Dann drehte eine Korvette bei und kam auf uns zu. Sie warfen ein Tau am Bug herunter, und ich hörte irgend jemand neben mir prusten. Er hatte offensichtlich ziemlich viel Wasser geschluckt. Es war der Mann von der Propagandakompanie, der einen schönen Artikel über unsere Feindfahrt hätte schreiben sollen." Die Korvette war die HMS „Aubrietia", deren Wasserbomben U-110 auf die Wasseroberfläche gezwungen hatten. Eifrige Hände halfen den Überlebenden nun an Deck. Sie hatten eine kalte Stunde im Nordatlantik verbracht, und nicht jeder hatte es geschafft. Einige starben an ihren Wunden, andere an Unterkühlung. Wilde: „Sie wollten mich auf die Füße stellen, doch ich konnte nicht stehen. Ich hatte noch kein Gefühl in meinen Beinen. Sie zogen mich an diesem kalten Maitag vor Grönland nackt aus, packten mich in eine Decke und massierten mich, bis ich warm war. Sie hatten offensichtlich einige Erfahrungen mit den Überlebenden der Konvois, die wir angegriffen hatten. Dann bekam ich eine Tasse Tee. Bis heute erinnere mich an den Geschmack dieses Tees."

Vom Deck der „Aubrietia" konnte Wilde deutlich sehen, dass U-110 noch immer schwamm. „Das Heck hing leicht unter Wasser, und ich hatte den Eindruck, dass ein Ruderboot längsseits des U-Boots lag. Ich wurde dann nach unten in eine Messe gebracht, wo sich außer den Offizieren der Rest der Mannschaft befand." Lemp war offensichtlich nicht unter den Überlebenden. Der Letzte, der ihn gesehen hatte, war der Erste Offizier von U-110 gewesen. Er berichtete, dass sie eine Zeitlang gemeinsam im Wasser gewesen seien. Lemp hätte dann gesehen, dass das Boot immer noch schwamm und sei noch einmal zurück gekehrt – zweifellos, um es zu versenken. Einige meinten, dass er, als er bemerkte, dass dies unmöglich war, den Selbstmord gewählt hätte. Sicher ist, dass neben Lemp noch 14 Besatzungsmitglieder ums Leben gekommen waren. Zwei weitere starben an Bord der „Aubrietia". 32 Mann hatten überlebt.

Helmut Ecke erinnert sich:

„Ich hatte nicht damit gerechnet, dass uns die Briten retten würden, weil wir bereits Schiffe im Konvoi versenkt hatten. Ich hatte Wasser und wahrscheinlich auch ein wenig Öl geschluckt und fühlte mich schlecht. Ich kletterte wieder an Deck, so dass ich mich nicht in dem Raum übergeben musste, wo sich die anderen Gefangenen befanden. Und dann kam es zu einer sehr bizarren Szene, als ich die letzte Stufe hinauf stolperte und mich übergab. Die Tür eines Waschraums in der Nähe war offen. Dort stand ein englischer Leutnant und rasierte sich. Plötzlich begann er ‚Deutschland, Deutschland über alles' zu mir herüber zu pfeifen. Er fand das sehr, sehr lustig."

Für die Mannschaftsmitglieder von U-110 begannen nun sechs lange und trübselige Jahre der Gefangenschaft, die sie anfangs in Großbritannien und dann in Kanada verbringen sollten. Britische Nachrichtendienstoffiziere verhörten sie penibelst, um herauszufinden, wieviel sie über das Schicksal ihres Bootes wussten. Es wurde bald deutlich, dass sich niemand der Mannschaft sicher war, was tatsächlich geschehen war. Niemand wollte die Möglichkeit ins Auge fassen, dass U-110 dem Feind in die Hände gefallen war.

Ironischer Weise besuchten Offiziere der deutschen Kriegsmarine und hochrangige Mitglieder der NSDAP in Berlin gerade die Premiere des Propagandafilms „U-Boote Westwärts", in dem die selbstlose Opferbereitschaft der U-Boot-Männer glorifiziert wurde[5], als die Mannschaft von U-110 ihre erste Nacht in Gefangenschaft an Bord der „Aubrietia" verbrachte. Der Film war mit dem Segen von Dönitz, der selbst mitwirkte, an Bord von U-123 entstanden. In der letzten Szene rief er der Filmbesatzung des Bootes mit seiner starken, aber überraschend hohen Stimme zu: „Kampf, Opfer und Sieg. Der Kampf geht weiter." Als sich der Vorhang schloss, brach das Publikum in frenetischen Beifall aus.

Lemps Opferbereitschaft und Heldenhaftigkeit blieben jedoch in Erinnerung. Er war der dritte Ritterkreuzträger, der auf See geblieben war. Weitere 30 Jahre sollten vergehen, bis Dönitz seinen Anteil an jenem Unglück erfuhr, das nun über die U-Boot-Waffe herein brechen sollte.

KAPITEL SIEBEN

GEHEIMDIENSTE

Der erste Instinkt jener Männer, die sahen, wie U-110 auftauchte, war, nun den Rest zu erledigen. Die Zerstörer „Bulldog" und „Broadway" näherten sich dem Boot und feuerten aus allen Rohren, entschlossen zu töten. Doch gerade als die „Bulldog" das Boot seinem endgültigen Schicksal zuführen wollte, erkannte ihr Kapitän und Anführer der Schutzflotte 3, Joe Baker-Cresswell, eine lohnendere Aufgabe. Er wandte sich an einen jungen Leutnant und bellte ihn an: „Holen sie ein Enterkommando und holen sie alles, was sie kriegen können aus dem Boot heraus." Der Offizier, der mit dieser gefährlichen Aufgabe betraut wurde, war der 20-jährige David Balme: „Das Team wurde zusammen gestellt, ein Mann aus jeder Abteilung – ein Funker, Heizer für die Technik, ein Elektriker und so weiter. Der Maat der Geschütztruppe gab jedem von uns einen Revolver – hoch gefährlich für uns Seeleute, einen geladenen Revolver bei sich zu haben... Und dann hieß es nur noch ‚in die Boote'."

Balme hatte, ganz der Familientradition entsprechend, eine klassische Marineausbildung genossen: Royal Naval College in Dartmouth, dann Dienst als Offiziersanwärter. In den ersten Monaten des Krieges hatte er viel von der Wirkung der deutschen U-Boote-Waffe miterlebt. Unauslöschlich war ihm der Anblick der Versenkung des Flugzeugträgers „Courageous". Balmes Schiff, die „Ivanhoe", war eines der beiden Begleitschiffe gewesen, und es fiel ihm schwer, den Gedanken zu unterdrücken, dass man einen Teil der Verantwortung für den Tod von 500 Männern mit trug.

Während sich das Beiboot der „Bulldog" U-110 näherte, machte sich Balme Gedanken, wie schwer das Boot beschädigt sein könnte. Würde es mit der Entermannschaft an Bord versinken? Die Mannschaft des U-Boots war davon ausgegangen, dass es untergehen würde. Die meisten von ihnen waren einfach in den Atlantik gesprungen. In Balmes Erinnerung schlingerte das Boot in der schweren See: „U-Boote haben eine runde Hülle, und das Wasser lief über das Deck. Es war offensichtlich beschädigt und hing ein wenig im Wasser. Daher war es ziemlich glatt. Ich musste über dieses nasse Deck mit einem Revolver in der Hand laufen. Als ich den Kommandoturm erreicht hatte, steckte ich ihn in mein Halfter und stieg über eine Leiter auf den Turm. Er war leer." Balme fand die Einstiegsluke geschlossen: „Ich konnte kaum glauben, dass sie dieses Boot gerade verlassen hatten. Ich öffnete die erste Luke. Zwei Leitern führten in das Innere des U-Boots. Es schien niemand mehr an Bord zu sein, und daher ging ich zur nächsten Luke. Das war ziemlich Angst einflößend, denn ich war sicher, dass da unten jemand sein musste, der versuchte, das Boot zu versenken. Ich fühlte mich einem großen Risiko ausgesetzt und hatte furchtbare Angst." Doch das U-Boot machte einen verlassenen Eindruck. Ein alarmierendes pfeifendes Geräusch klang, als würde Pressluft aus einem Tank entweichen, und Balme erinnert sich, wie die Wellen des Atlantiks gegen die Hülle schlugen. „Die Hauptbeleuchtung war ausgefallen, so dass es nur noch die blaue Notbeleuchtung gab. Sehr unheimlich. Es sah unten ziemlich trocken aus, so dass ich in den Bug ging. Immer noch niemand. Ich drehte um und ging ins Heck. Auch da niemand. Dann rief ich meinem Enterkommando zu, nach unten zu kommen."

Sie machten sich daran, das Boot auszuräumen. Balme: „Ich hatte einen Funker in meiner Mannschaft, und der ging sofort in den Funkraum. Er kam zurück und sagte: ‚Da ist etwas sehr Interessantes, das sie sich ansehen sollten.' Also ging ich mit ihm, und da war diese Art Schreibmaschine. Wir drückten ein paar Tasten und es leuchtete seltsam auf." Das war die Enigma-Maschine. Außerdem fand Balme Verschlüsselungstabellen, Funkbücher, Navigationskarten und Karten, auf denen die deutschen Minenfelder verzeichnet waren. Ein echter Schatz an geheimdienstlichem Material.

Das Enterkommando arbeitete schnell. Die Enigma und die Dokumente wurden von Hand zu Hand auf das U-Boot-Deck gebracht, neben dem das Beiboot der „Broadway" wartete. Balme und seine Männer verbrachten sechs Stunden an Bord von U-110 – so lange, dass es Baker-Cresswell für angebracht hielt, den Männern eine Sandwich-Lieferung zukommen zu lassen. Balme aß seines am Tisch des Kommandeurs, umgeben von Lemps persönlichen Dingen: seinem Ritterkreuz, seiner weißen Mütze, Briefen und Fotografien.

Es gab einen Moment des Schreckens, als das Boot durch in der Nähe gezündete Wasserbomben erschüttert wurde. Die Begleitflotte meinte, ein weiteres U-Boot entdeckt zu haben und hatte angegriffen. Balme: „Ich machte mir Sorgen, weil unsere eigenen Schiffe während wir hier unten waren ungefähr eine halbe Meile entfernt Wasserbomben warfen und Vibrationen auslösten. Hätte die U-Boot-Mannschaft an die Ventile Sprengsätze gelegt, hätten die nun leicht hochgehen können."

Die Beute aus U-110 füllte zwei Kisten: eine funktionierende Enigma-Maschine, ein Buch für die Offiziersmitteilungen – die doppelt verschlüsselten Mitteilungen, die ausschließlich für Offiziere bestimmt waren -, das Codebuch des U-Boots und jede Menge wertvolle Karten und technische Bücher.[1] Der zunächst unternommene Versuch, das Boot nach Island zu schleppen, scheiterte. Am Morgen des 10. Mai versank es in den Fluten des Atlantiks. Im Endeffekt half jedoch sein Verlust, die „Operation Primrose", wie der Einsatz genannt wurde, geheim zu halten.

Wenige Tage danach befanden sich die Kisten in einem viktorianischen Landhaus in Buckinghamshire. Das war die Heimat der Ver- und Entschlüsselungsschule der Regierung. Der Platz war so geheim und wichtig, dass er nicht einmal mit seinem korrekten Namen, Bletchley Park, bezeichnet werden durfte. Offiziell war er als „Station X" bekannt. Hier hatte die Regierung ausgezeichnete Wissenschaftler versammelt und ihnen den Auftrag gegeben, die Codes des Feindes zu entschlüsseln. Die deutschen Enigma-Verschlüsselungen waren die wichtigste, und wie sich zeigen sollte, auch schwierigste Aufgabe.

Bald verlangte der Bletchley-Einsatz die Verteilung der Entschlüsselungsexperten in die umliegenden Gebäude: Nummer acht und vier für Marine-Codes, Nummer sechs und drei für das Heer und die Luftwaffe. Im Sommer 1941 arbeiteten hier 1200 Männer und Frauen.[2] Die ersten Erfolge beim Heer und der Luftwaffe konnten bei der Marine nicht wiederholt werden. Es war klar, dass etwas benötigt wurde, um den Decodierexperten einen ersten Hinweis zu geben.

Wichtiges Verschlüsselungsmaterial war zunächst auf dem bewaffneten Trawler „Krebs“ im Februar 1941 erbeutet worden – genug um den Briten zu erlauben, Teile des Funkverkehrs im Februar und April verfolgen zu können. Das Wetterschiff „München“ lieferte noch mehr Unterlagen, doch nun konnten mit Hilfe der beiden Kisten der „Operation Primrose“ weitere Erkenntnislücken geschlossen werden. Jetzt gab es ausreichend Material für das Verständnis der Enigma-Maschine auf See. Die wichtigste Verschlüsselung der U-Boote, „Hydra“, ließ sich im Allgemeinen innerhalb von 24 Stunden dechiffrieren, auch wenn die monatlichen Tabellen wechselten.[3]

Als der First Sea Lord Dudley Pound von der Beute erfuhr, schickte er der „Bulldog“ einen Funkspruch: „Herzlichen Glückwunsch. Die Blüten ihrer Blume sind von seltener Schönheit.“ Die an dem Einsatz beteiligten Männer wurden von König George VI. im Buckingham Palace mit Orden ausgezeichnet. Balme bekam ein Distinguished Service Cross. „Vielleicht das wichtigste Ereignis während des gesamten Seekrieges“, äußerte der König gegenüber einem der Anwesenden.

Von Mitte Mai an gingen die entschlüsselten Nachrichten in ständigem Fluss über die Fernschreiber der Admiralität. Die Ergebnisse der Arbeit in Bletchley Park wurden als „Ultra“ oder „Special Intelligence“ klassifiziert, und der Zugang zu den geheimen Mitteilungen auf einen kleinen Kreis von Leuten beschränkt, von denen viele in einem nüchternen Betonblock, der so genannten Citadel, arbeiteten. Hier war die Heimat des „Royal Navy's Operational Intelligence Centre“ (OIC), wo die Meldungen über die Positionen und die wahrscheinlichen Bewegungen der feindlichen Kriegsschiffe und U-Boote zusammen liefen und beurteilt wurden. In seinem Zentrum befand sich der U-Boot-Raum, ein fensterloses Zimmer, das meistens mit Zigarettenrauch gefüllt war.

Direktor des U-Boot-Raums war der 38-jährige Reserveoffizier Commander Rodger Winn. Im zivilen Leben als Anwalt tätig, war Winn eine auffallende und zugleich ungewöhnliche Persönlichkeit im OIC. Wegen einer Kinderlähmung in seiner Kindheit hatte er einen gebeugten Rücken und einen hinkenden Gang. Winn zeigte bald seine unerreichten Fähigkeiten, die Absichten des U-Boot-Kommandos zu deuten. Neben den Karten und technischen Zeichnungen hatte er ein großes, gerahmtes Porträt von Dönitz aufhängen lassen.[4] Darauf hatte er bestanden, denn der „Tracking Room“ sollte die Entscheidungen, die Dönitz in seinem Lagebeurteilungsraum in Kernével in der Bretagne traf, nachvollziehen können.

Die Aufgabe der kleinen Mannschaft bestand darin, alle verfügbaren Nachrichten zu sammeln und die bestmögliche Vermutung darüber anzustellen, welche Konvoirouten angegriffen werden würden. „Special Intelligence“ war ein Gottesgeschenk. Winn konnte nicht nur die Meldungen der Boote auf See lesen, ihm waren gleichzeitig auch die Anweisungen aus dem Hauptquartier bestens bekannt. Es war von nun an möglich, die Positionen der U-Boote auf dem Atlantik mit beachtlicher Präzision zu verfolgen.

Während die so genannte Special Intelligence Winns wichtigste Quelle darstellte, so bot sie dennoch nur einen teilweisen Einblick in die Pläne des Feindes. Um diese Lücken zu füllen, konnte der „Tracking Room“ auf 15 weitere Quellen zurück greifen.[5] Die an der Küste postierten Abhörstationen lieferten die abgefangenen Meldungen zur Entschlüsselung nach Bletchley, wo man so die Positionen der U-Boote und der Schiffe, die sie geschickt hatten, ausmachen konnte. Da man mit der Entschlüsselung keine Probleme mehr hatte, waren diese Meldungen im Allgemeinen von hoher Aktualität. Die Analyse des Funkverkehrs selbst – die Stärke der Signale, ihre Länge, die Zeit und die Zahl der U-Boote, an die diese Funksprüche gingen – boten wichtigen Aufschluss. Neben dieser „Signal Intelligence“ gab es zudem noch traditionelle Quellen.

Im Sommer 1941 hatte die Royal Navy zahlreiche U-Boot-Männer aus dem Atlantik gefischt, und sie alle hatten eine Geschichte zu erzählen. Die Verantwortung dafür, dass sie dies auch taten, lag bei den Verhöroffizieren der „Naval Intelligence Division 1“. Leutnant Colin McFadyean war einer der erfahrenen Offiziere, der für diese Abteilung arbeitete: „Im Großen und Ganzen waren die Gefangenen einigermaßen willig. Nie haben wir ihnen mit Exekution oder irgend etwas anderem gedroht. Der psychologische Trick bestand darin, sie vernünftig und freundlich zu behandeln.“

McFadyean war nach zwei Jahren auf See in die NID1 eingetreten. Sein Talent war von Ian Fleming entdeckt worden. Es gab Überlegungen, ihn nach Bletchley zu versetzen, doch das scheiterte an Sicherheitsüberlegungen, weil seine Frau aus Deutschland geflohen war. Doch sein hervorragendes Deutsch, seine schnelle Auffassungsgabe und eine geniale Ader machten ihn zu einer idealen Besetzung für die freundliche Art der Nachrichtenbeschaffung, mit der sich die Männer des NID1 beschäftigten. Die meisten Verhöre fanden im darauf spezialisierten Zentrum in Buckinghamshire statt (Combined Services Detailed Interrogation Centre), das von allen drei Waffengattungen betrieben wurde. McFadyean über seine Arbeit beim CSDIC:

> „Die Gefangenen waren in ziemlich anständigen, sauberen Räumen untergebracht. Was sie nicht wussten, und woran die meisten wohl gar nicht dachten, war, dass in den Lampen an der Decke ein Mikrofon versteckt war. Und zwar in allen Räumen.
>
> Wir riefen sie in das Verhörzimmer. Das war ein nüchterner Raum mit einem Tisch, einigen Stühlen und uns mit unseren Papieren. Manchmal waren die Fragen reine Formalität – sie waren nicht von großem Interesse für uns. Doch wenn es viel versprechend aussah, machte man weiter. Man fragte nach Frau und Kindern, wo sie waren und ähnliche Dinge, ob sie aus einer Marinefamilie kamen – alles nur Smalltalk, um ein Gespräch in Gang zu bringen.
>
> Tatsächlich wussten wir mehr über die U-Boote als die Überlebenden – gleichgültig ob Offizier oder nicht -, dank der Informationen aus dem Tracking Room. Sie wussten aber auch eine Menge, und gaben es an uns weiter. Wir unterhielten uns regelmäßig mit Winn, und er sagte uns, was er noch wissen wollte.

Wenn wir mit der Befragung fertig waren, ging der Gefangene zurück in seinen Raum, und wenn er dort auf einen anderen traf, wollte der mitunter wissen, ‚was fragen die denn?' Und der Gefangene antwortete meistens, ‚dies und das, aber was sie wirklich wissen wollten, war das oder jenes, aber das habe ich ihnen nicht gesagt.' Dies hörten wir über das Mikrofon und nahmen es auf. Ziemlich häufig erhielten wir die von uns gewünschten Informationen, indem wir nach der Befragung einfach mithörten. Bei der nächsten Befragung konnte man dann den Faden wieder aufnehmen – aber es gab keine Notwendigkeit zu offenbaren, dass wir sie abhörten."

Wenn sich Gefangene als besonders resistent erwiesen, konnte man noch auf die Dienste eines Lockvogels zurückgreifen – meistens ein deutscher

Flüchtling, aber manchmal auch ein unzufriedener U-Boot-Mann. McFadyean: „Wir führten den Gefangenen und den Lockvogel zusammen, der als U-Boot-Mann angezogen war und manchmal ein gebrochenes Bein vortäuschen musste. Ihm war gesagt worden, was wir wissen wollten – und wieder kamen die Informationen über das Mikrofon in der Decke." Es gab aber auch durchaus weniger konventionelle Befragungen. McFadyean lud einen U-Boot-Kommandanten einmal zu einem Abendessen in Soho ein und besuchte dann mit ihm zusammen den First Sea Lord. Einige Gefangene wurden auch draußen in der Umgebung rund um das CSDIC-Zentrum befragt. „Ich kam dann für gewöhnlich mit einer Mütze voller wunderbarer Pilze nach Hause zurück, die von den deutschen Gefangenen gesammelt worden waren."

Diese entspannte Atmosphäre brachte wertvolle Ergebnisse. NID1 war in der Lage, Informationen über die Zahl der einsetzbaren U-Boote und den Stand des Bauprogramms, technische Details wie die maximale Tauchtiefe der Typen VII und IX und später die ersten Andeutungen über die Entwicklung von U-Boot-Tankern, die Boote auf weit reichenden Einsätzen unterstützen sollten, zu sammeln. Einige Themen waren allerdings tabu. Die Gefangenen durften nicht über die Enigma befragt werden, um den ständigen Nachrichtenfluss, der dem OIC bereits zur Verfügung stand, nicht zu gefährden.

Früher oder später landeten alle wichtigen Informationen auf Winns Schreibtisch, der so ein außerordentlich detailliertes Bild der U-Boot-Waffe entwerfen konnte: die aktuellen Positionen, die Geschwindigkeit, Größe und Reichweite der Boote, die Ausbildung und die Kampferfahrung der Kommandeure. Im Sommer 1941 bestand die größte Sorge allerdings darin, einen Weg zu finden, diese Informationen entsprechend einzusetzen. Das galt vor allem für die neuen Einblicke, die man dank Ultra gewonnen hatte. Freilich durfte man den Feind nicht darauf aufmerksam machen. Dies, das wurde bald deutlich, war eine ernste Herausforderung.

Fast alle U-Boot-Einsätze wurden Ende Mai beendet, als der Stolz der deutschen Kriegsmarine, die „Bismarck", in den Atlantik auslief. Dieses herausragende Schlachtschiff stellte für die Konvoirouten eine neuartige Bedrohung dar. Es gab wenig auf dem Wasser, was ihr ebenbürtig war. Als Churchill von ihrem Durchbruch erfuhr, befahl er: „Versenkt die ‚Bismarck'." Das wurde auch erreicht, doch erst nachdem ihre 15-Zoll-Geschütze den Schlachtkreuzer „Hood“ auf den Meeresboden geschickt hatten. Die „Bismarck“ wurde gestellt und am 27. Mai 1941 von den Geschützen und Torpedos der „Home Fleet“ versenkt. Mit ihr ertranken mehr als 2000 Männer. Diese Episode zeigte, wie gering die Bedrohung durch deutsche Kriegsschiffe war. Nur die U-Boote konnten die Briten auf See besiegen. Der Geheimdienst spielte beim Ende der „Bismarck“ nur eine kleine Rolle, doch er war für den darauf folgenden Einsatz von entscheidender Bedeutung.

Die Enigma-Entschlüsselungen ließen erwarten, dass die Versorgungsschiffe der „Bismarck“ nach deren Versenkung nun die U-Boote unterstützen würden. So konnten sie deren Reichweite und Aufenthaltsdauer in den Einsatzgebieten vergrößern. Indem man nun das Versorgungsnetzwerk der Kriegsmarine angriff, würde man die Dönitz zur Verfügung stehenden Möglichkeiten deutlich beschneiden. Die kleine deutsche Tankerflotte war im ganzen Atlantik verstreut, doch die genauen Positionen der einzelnen Schiffe wurden bald durch die Funksprüche, die sie an ihre „Kundschaft“ absetzten, offenbar. „Special Intelligence“ konnte die Royal Navy mit fast allen Informationen, die für einen Einsatz notwendig waren, versorgen.

Das erste Opfer war der 10.000 Tonnen große Tanker „Belchen“, der am 3. Juni vor Grönland von den Kreuzern „Aurora“ und „Kenya“ versenkt wurde. Innerhalb von nur 14 Tagen zerschlug die Royal Navy fast das gesamte deutsche Versorgungsnetzwerk auf See – neun im Nord- und Südatlantik positionierte Tanker.[6] Die Begeisterung im OIC war entsprechend groß. Doch war dies auch ein gefährliches Geschäft, denn es war unvermeidlich, dass sich die Kriegsmarine fragte, wie es der Royal Navy denn möglich gewesen war, innerhalb weniger Tage fast alle Schiffe der Versorgungsflotte zu versenken. Die betroffenen Offiziere der Royal Navy stellten sich die gleiche Frage.

Der Schlüssel für einen wirkungsvollen aber vorsichtigeren Gebrauch der geheimen Informationen war die Wand im „Tracking Room“, auf der Winn alle vermuteten und tatsächlichen U-Boot-Positionen markierte. Diese Daten konnten mit den geschätzten Positionen aller Handelsschiffe im Atlantik abgeglichen werden. Konvois, die Gefahr liefen, einer U-Boot-Patrouille zu begegnen, konnten mit Hilfe der Ultra-Informationen auf einen anderen Kurs gelenkt werden. Es gab keinen nennenswerten Anstieg an versenkten U-Booten, weil es in erster Linie darum ging, die sichere und pünktliche Ankunft der Geleitzüge zu ermöglichen. Bald verließ kein Geleitzug britische Häfen, ohne dass dessen Route mit den U-Boot-Positionen im „Tracking Room" verglichen wurde. Diese wertvollen Informationen wurden in den Einsatzraum des neuen gemeinsamen Hauptquartiers geschickt, das eigens für die Leitung der Atlantikschlacht gebildet worden war. Churchill hatte der Admiralität befohlen, ein Hauptquartier für den Seeabschnitt westlich von Großbritannien zu bilden. Als Sitz war ein unauffälliges Gebäude in der Nähe des Liverpooler Hafens gewählt worden – Derby House. Im Dezember 1941 war darunter ein riesiger Betonbunker entstanden, in dem sich ein Labyrinth aus Gängen, Schaltzentralen und Fernschreibräumen befand. Im Zentrum des Bunkers befand sich der riesige Einsatzraum mit einer Atlantikkarte, auf der die Positionen aller Geleitzüge, Begleitflotten, Luftpatrouillen und U-Boote markiert waren. Ein Team des „Women's Royal Naval Service" (WRNS) aktualisierte die Karte Tag und Nacht. Gemessen an den Möglichkeiten heutiger elektronischer Hilfsmittel war dies eine harmlose Methode, aber sie funktionierte.

Von seinem Büro über dem Einsatzraum aus konnte sich der neue Kommandeur für den Seeabschnitt westlich von Großbritannien, Admiral Sir Peter Noble, jederzeit über den Stand der Atlantikschlacht überzeugen. Die Ernennung dieses beliebten Offiziers hob die Moral und die Effizienz der Begleitflotten der Royal Navy drastisch. Es war Noble gewesen, der die Begleitschiffe systematisch in Gruppen eingeteilt und ausgebildet hatte, um gemeinsam zu arbeiten. Im Einsatzraum arbeiteten die Offiziere des Küstenkommandos Seite an Seite mit den Marineoffizieren. Der verantwortliche Offizier hatte sein Büro direkt neben Noble.

Das erfolgreiche Umleiten der Geleitzüge hing vor allem von der Geschwindigkeit ab, mit der das Hauptquartier auf die Annahmen der Admiralität reagieren konnte – der regelmäßigen Aktualisierung der U-Boot-Positionen aus dem „Tracking Room". Ein weißes U-Boot-Symbol bezeichnete eine vermutete, ein schwarzes eine bestätigte Position. Im Juni 1941 waren die meisten Symbole schwarz.

Der Wert dieser Vermutungen zeigte sich Ende Juni, als das Hauptquartier für den westlichen Seeabschnitt vor einer deutschen U-Boot-Gruppe gewarnt wurde, die den nach Großbritannien fahrenden Geleitzug HX 133 angreifen wollte. Noble konnte ihn mit Begleitschiffen von einem auslaufenden

Konvoi verstärken und schaffte so ein aus zehn Schiffen bestehendes Schutzschild. Der Konvoi sollte während der gesamten Fahrt beschützt werden.

Die U-Boote sichteten HX 133 in der Nacht des 26. Juni. In den folgenden drei Tagen griffen 14 Boote an und versenkten sechs Schiffe. Dabei gingen allerdings zwei U-Boote verloren. Für Dönitz eine vollkommen inakzeptable Erfolgsquote.

Bemerkenswerter Weise war HX 133 der einzige Richtung Osten fahrende Geleitzug, der im Juni im Nordatlantik angegriffen wurde. Winns Vermutungen versetzten das Hauptquartier für den westlichen Seeabschnitt in die Lage, die Geleitzüge um die U-Boote herum zu dirigieren. Ungefähr 380 mit wichtigem Kriegsmaterial beladene Schiffe konnten so das Meer unbelästigt überqueren. Eine Quote von 99 Prozent. Das Land hatte Grund zu feiern.

Dass es Probleme gab, wurde dem U-Boot-Kommando bald deutlich. Die Erfolge waren dramatisch zurückgegangen. Trotz eines Mangels an einsetzbaren Booten war die Jagdausbeute in der ersten Jahreshälfte 1941 mit insgesamt 363 versenkten Schiffen oder 1,5 Millionen Tonnen gut gewesen. Im Juni versenkte die U-Boot-Flotte 310.143 Tonnen in allen Einsatzgebieten. Im darauf folgenden Monat waren es nur noch 94.209 Tonnen. Ungefähr 400 Handelsschiffe sollten im Juli den Atlantik überqueren – keines wurde von einem U-Boot versenkt.

Was die Lage noch verwirrender machte, war die Tatsache, dass dies mit einer bedeutenden Vergrößerung der U-Boot-Flotte einher ging. Dönitz hatte bereits im Frühjahr die Sicherheit des Funkverkehrs angezweifelt – lange bevor der Fluss an Geheimdienstinformationen zu einer wahren Flut angeschwollen war. Am 18. April 1941 schrieb er in sein Kriegstagebuch, dass er den bestimmten Eindruck habe, dass „britischer Schiffsverkehr um unsere Angriffsformationen herum gelenkt wird, weil der Feind ihre Positionen von einer unbekannten Quelle erfahren hat... Jedes Sicherheitsleck muss unter allen Umständen geschlossen werden."

Dönitz wurde von den ständigen Versicherungen der Kriegsmarine-Experten beruhigt, dass alles in Ordnung sei. Auch die meisten seiner Kommandanten akzeptierten die Sicherheit der Enigma-Codes ohne jeden Zweifel. Ein bekannter deutscher Wissenschaftler hat behauptet, dass die britischen Aufklärungserfolge in der zweiten Hälfte des Jahres 1941 mindestens zwei

Millionen Tonnen alliierter Schifffahrt gerettet hätten. Während der U-Boot-Stab also nichts von diesem Rückschlag erfuhr, gab es im Sommer 1941 ganz offensichtliche Probleme.

Die sehnlichst erwartete Zunahme der Zahl einsetzbarer Frontboote war im U-Boot-Kommando ein Grund zum Feiern. Dönitz konnte im April 1941 ungefähr deren 30 in Dienst stellen. Innerhalb von drei Monaten hatte sich diese Zahl verdoppelt. Doch diese Ausweitung hatte auch ihren Preis. Erfahrene Offiziere und Mannschaften waren auf die neuen Boote versetzt worden, um dort ihre Erfahrungen weiter zu geben. Doch solche qualifizierten Kräfte waren dünn gesät. Die neuen Besatzungen hatten in aller Eile ein Ausbildungsprogramm durchlaufen, das sie nur wenig auf einen Kampfeinsatz vorbereitete. Hans-Ferdinand Maßmann übernahm im Dezember 1940 das Kommando auf U-137, nachdem er bei sechs Feindfahrten als Wachoffizier gedient hatte. Er erinnert sich: „Ich wurde Kommandeur, ohne dass ich irgendeine Ausbildung oder Praxis für Unterwasserangriffe hatte. Ich hatte keine andere Wahl als mir selbst einen Dampfer zu organisieren, was ich irgendwie auch schaffte. Wir benutzten ihn dann einen oder zwei Tage als Ziel in der Ostsee. Zweifellos war die Qualität der Ausbildung nicht mehr ausreichend.“

Ein Ereignis beschreibt diesen Zustand besonders deutlich. Im August wurde die junge, seekranke Mannschaft von U-570 entdeckt und mit Wasserbomben einer Hudson des Küstenkommandos angegriffen. Das Bordbuch des Piloten beschreibt die Vorkommnisse:

> „Das U-Boot tauchte auf mit einem leicht nach unten zeigenden Bug. Zehn oder zwölf gelbe Rettungswesten tragende Mannschaftsmitglieder kamen aus dem Kommandoturm. Wir flogen einen Angriff auf sie mit Front- und Rumpf-MG. Die U-Boot-Mannschaft rannte zurück in den Kommandoturm; wird setzten den Angriff fort, wobei unsere MGs rund 2000 Schuss abfeuerten. Eine weiße Fahne wurde daraufhin aus dem Kommandoturm geschwenkt, und auf dem Deck zeigten sie ein großes weißes Laken.“ [7]

War es etwa möglich, dass sich die Mannschaft eines U-Boots einem Flugzeug ergeben hatte? Dies war die erste Feindfahrt von U-570 gewesen. Nur vier Mannschaftsmitglieder hatten Kampferfahrung. Die Wasserbomben der Hudson waren in der Nähe des Bootes explodiert und hatten die Mannschaft in blinde Panik versetzt. Obwohl der Angriff nur einen minimalen Schaden verursacht hatte, gab der Kommandant den Befehl, das Boot aufzugeben. Es wurde nicht versucht, dem Flugzeug oder dem zur Bergung entsandten Trawler Widerstand zu leisten. Allerdings besaß die Mannschaft noch so viel Geistesgegenwart, die Enigma-Maschine und das Chiffriermaterial über Bord zu werfen, doch die Royal Navy hatte das Boot. Es wurde später als seiner Majestät U-Boot „Graph“ in Dienst gestellt.

Als die Nachricht vom Verlust des Bootes das U-Boot-Kommando erreichte, fragten sich einige ältere Unteroffiziere: „Warum hielt man diesen Kommandanten für eine Feindfahrt geeignet?“ Die erfahrenen Mannschaften wussten genau, dass Erfolg und Überleben von den Fähigkeiten ihrer Kommandanten abhingen. In der ersten Hälfte des Jahres 1941 hatten viele anerkannte U-Boot-Kommandanten ihre Boote verlassen und Aufgaben an Land übernommen. Für die Mannschaften, die sie zurück ließen, war dies ein eher beunruhigender Umstand. U-123, ein großes Boot vom Typ IX-B, hatte während der „glücklichen Zeiten“ viele Erfolge erlebt, und war zu einem gewissen Ruhm in dem Film „U-Boote Westwärts“ gekommen. Die Mannschaft hatte einige gefährliche Situationen durchlebt, vertraute aber ihrem Kommandeur Karl-Heinz Möhle, sie sicher in die Heimat zurückzubringen. Der leitende Mechaniker im Kontrollraum, Richard Amstein hatte von Anfang an unter Möhle gedient: „Er war vorsichtig. Wenn es eine Gefahr für seine Mannschaft oder sein Boot gab, unternahm er alles Erdenkliche, um ihr aus dem Weg zu gehen, ohne allerdings zu vergessen, worum es ging. Übervorsichtig war er nicht. Wir versenkten natürlich auch Schiffe unter Möhle.“

Diese erfolgreiche Partnerschaft endete im Mai 1941, als das Kommando auf einen unbekannten 28-Jährigen überging, der als Marinepilot ausgebildet worden war. Obwohl ein eher zurückhaltender Neuzugang der U-Boot-Waffe, hatte Reinhard Hardegen dennoch seinen Offizieren jene Eigenschaften gezeigt, die Erfolg verhießen. Hardegen erinnerte ein wenig an seinen Oberkommandeur: eine große, schlanke und ziemlich listig dreinblickende Erscheinung, ruhelos und zielgerichtet. Er hatte zunächst als Offizier auf U-124 gedient und als Kommandant auf einer Feindfahrt auf einem kleinen Boot vom Typ II, bevor ihm Dönitz das Kommando von U-123 übertrug. Hardegen erinnert sich: „Es war absolut keine leichte Aufgabe, ein erfolgreiches Boot zu übernehmen, dessen Kommandant mit dem Ritterkreuz ausgezeichnet worden war. Für die Mannschaft war ich ein Neuling, der außerdem auch noch von der Luftwaffe kam. Und die Marineleute nahmen uns Piloten nicht sonderlich ernst, weil sie glaubten, wir würden die Marine nicht richtig verstehen. Ich musste mich also erst einmal durchsetzen."

Der 22-jährige Wachoffizier Horst von Schroeter hatte nur auf einer Feindfahrt unter Möhle gedient, bevor der neue Mann an Bord kam: „Die Mannschaft war ziemlich von sich überzeugt. Sie wollte wissen, was dieser neue Kommandant zu leisten imstande war." Bevor er seinen Dienst auf U-123 antrat, hatte von Schroeter auf dem Schlachtkreuzer „Scharnhorst" erste Kampferfahrungen gemacht. Auch er war ein Außenseiter, doch die Mannschaft akzeptierte ihn. Sich dem neuen Kommandanten anzupassen, fiel allerdings wesentlich schwerer. Amstein: „Man konnte nicht sagen, dass Möhle sehr kameradschaftlich war, aber er hatte auch keine ‚Ich-bin-der-Chef-und-ihr-seid-nichts'-Attitüde. Hardegen ging kaum auf seine Männer zu. Wenn er etwas nicht mochte, und dies jemandem anzulasten war, wurde der Betreffende sofort angebrüllt. Ich habe das am eigenen Leib erfahren."

Hardegen gibt zu, dass „mit mir sicher nicht sehr leicht umzugehen war. Aber ich verlangte von den Männern nicht mehr als ich mir selbst zumutete. Ich versuchte, immer korrekt zu sein. Zum Beispiel gab es bei mir keinen Alkohol an Bord. Man durfte auch keinen haben, doch es gab Kommandanten, die Bierkisten an Bord nahmen, was ich noch immer für nicht korrekt halte. Wenn Leute Bier getrunken haben, und es kommt ein Alarm, dann kommt es auf jede Zehntelsekunde an. Wenn einer einen Fehler macht, kann der das ganze Boot gefährden."

Alleine mit Erfolgen würde er sich, so dachte Hardegen, bei seiner Mannschaft profilieren. Er hatte Glück. Seine erste Feindfahrt führte ihn in ruhige Gewässer. Im Mai, als die meisten Boote im Nordatlantik nach Beute suchten, gelang einer Hand voll größeren Booten eine reiche Ernte im Süden. Hardegens U-123 lief am 15. Juni aus Lorient mit Kurs Westafrika aus. Nach fünf Tagen hatte er bereits sein erstes Ziel gefunden. Er benötigte drei Torpedos und mehrere Runden Geschützfeuer, um den Frachter zu versenken. Erst dann entdeckte er, dass es sich um ein neutrales portugiesisches Schiff gehandelt hatte. Einige Tage später griff U-123 den Geleitzug SL 76 an, der Sierra Leone verlassen hatte, und versenkte drei alliierte Frachter. Einmal wurde das U-Boot entdeckt und mit Wasserbomben zum längeren Abtauchen gezwungen. Dieses Vorkommnis reichte einigen erfahrenen Mannschaftsmitgliedern aus, um zu dem Schluss zu gelangen, dass ihr neuer Kommandeur bereit war, kein Risiko zu scheuen. „Hardegen hatte ‚Halsschmerzen'", so Richard Amstein. „Er wollte das Ritterkreuz. Er hatte bereits alle anderen Orden auf seiner Brust, doch er wollte einen um seinen Hals. Und den bekam man nur, wenn man alles riskierte." Hardegen weist das von sich. Mit einer Frau und zwei Kindern in Deutschland war er wie alle anderen Männer darauf bedacht, wieder zurückzukehren. „Es gab den einen oder anderen Unteroffizier, der es vorgezogen hätte, wenn ich hin und wieder ein Schiff ausgelassen hätte", erinnert er sich.

Vor der afrikanischen Küste war jedenfalls die britische Luftaufklärung unregelmäßig und der Schutz der Geleitzüge weniger gut organisiert als auf den Hauptschifffahrtsrouten zwischen Nordamerika und Großbritannien.

Die Atmosphäre war so entspannt, dass der neue Kommandant an Bord von U-123 Spiele organisierte. Amstein erinnert sich:

> „Hardegen sagte, ‚lasst uns einen schönen Tag verbringen'. Eine Wache musste natürlich unten im Boot blieben, doch wir hatten eine ambulante Dusche an Deck aufgebaut. Das Wasser war sehr heiß. Wir zogen unsere Sachen aus – alle waren nackt. Ich erinnere mich, wie wir einen Hai fingen. Wir steckten ein ranziges Stück Fleisch an einen Haken und kurze Zeit später hing ein Hai daran. Wir hatten Spaß. Einmal kam Hardegen mit einem Schokoladenpudding und zwei Männer mit verbundenen Augen mussten sich gegenseitig füttern. Das sah richtig lustig aus."

Dass es so ruhig war und man auf dem U-Boot-Deck Sackhüpfen veranstalten konnte, war kein Zufall. Es war geradezu ungewöhnlich ruhig. Die Jagd war schlecht, dabei hätten diese Gewässer eine reiche Beute an Schiffen bieten sollen. Wo waren die Geleitzüge?

Wieder einmal lag die Antwort im Tracking Room der Royal Navy, wo die Fahrt von U-123 genau verfolgt wurde. Nach Winns Anweisungen wurden die gefährdeten Konvois umgeleitet. Tatsächlich wurde der Funkverkehr zwischen U-123 und Kernével von den Mitgliedern des „Ultra"-Kreises mit großer Aufmerksamkeit verfolgt. Darunter befand sich auch der Premierminister, der Geheimnisse über alles liebte – und dieses ganz besonders. In den täglich an Downing Street 10 übermittelten dechiffrierten Nachrichten konnte Churchill am 28. Juni Hardegens Bericht an Dönitz[8] über seinen erfolgreichen Angriff auf den Konvoi SL 76 vom voran gegangenen Tag lesen. Ein weiterer aufgefangener Bericht von U-123 offenbarte, dass man in einem Hafen auf den Kanaren von einem anderen Schiff betankt worden war.

Die entschlüsselten Funksprüche und die von Winn und seinen Kollegen beigefügten Erläuterungen ergaben im Sommer 1941 ein außerordentlich genaues Bild der U-Boot-Waffe und ihres Oberkommandierenden. Am 24. Juni vernahm eine britische Abhörstation eine Botschaft von Dönitz an seine U-Boote, in der es hieß: „Auf sie! Greift sie an! Versenkt sie!" Die Marineabteilung in Bletchley Park interpretierte diese Worte von Dönitz dahingehend, dass „sein Interesse in dem Spiel sehr persönlicher Art ist. Es erzeugt in ihm Begeisterung wie sie in einem Fußballstadion herrscht. Ermunternde Ausrufe sind häufig, aber nur selten erregt er sich derart. Diese besondere Mischung aus der Attitüde eines Seebären und gewisser Hysterie hat ihre Ursache darin, dass er ziemlich magere Zeiten durchlebt, was ihn, wie einige Funksprüche zeigen, ziemlich reizbar gemacht hat." Der Geheimdienst der Marine kannte den Feind genau. Es war der Mann Dönitz.

Hardegens Feindfahrt lief langsam ins Leere. Als U-123 den Treffpunkt der Sierra-Leone-Konvois in Freetown erreicht hatte, war bereits so gut wie jeder Schiffsverkehr aus der Region verschwunden. Nur noch ein weiterer Frachter wurde versenkt, was das Ergebnis auf kümmerliche vier Schiffe in 76 Tagen brachte. Natürlich machte dafür niemand an Bord die Enigma-Maschine verantwortlich. Und dann erlebte Hardegen auch noch jene andere Herausforderung, mit der die U-Boote im Sommer 1941 konfrontiert wurden. „Vor Freetown sichteten wir einlaufende Schiffe, die wir versenken wollten. Doch dann wurde es Nacht, und plötzlich waren sie hell erleuchtet und alle hatten die amerikanische Flagge an der Seite. Sie waren neutral, und wir konnten nichts machen."

„Man hatte schon das Gefühl, dass die Amerikaner viele Dinge taten, die mit Neutralität nicht zu vereinbaren waren", erinnert sich von Schroeter. Hardegen war nicht der erste Kommandant, der eine gewisse Frustration erlebte. Ein U-Boot hatte gerade einen Monat zuvor einen amerikanischen Frachter vor der westafrikanischen Küste entgegen aller gegenteiligen Anweisungen Hitlers versenkt. Ein Funkspruch des U-Boot-Kommandos erinnerte U-123 und alle anderen Boote in der Region noch einmal deutlich daran, dass Kontakt mit amerikanischen Schiffen „unter allen Umständen" zu vermeiden sei. Der Grund für diese uncharakteristische Zurückhaltung wurde bald deutlich.

Alle Augen in Berlin blickten seit Monaten in Richtung Osten. Am 22. Juni 1941 hatte die Wehrmacht mit dem großen „Kreuzzug" gegen die Sowjetunion begonnen. „Unternehmen Barbarossa" sollte, so erklärte Hitler seinen Generalen, das „Tausendjährige Reich" zementieren und Lebensraum im Osten schaffen. Nichts durfte dieser wichtigsten aller Aufgaben im Wege stehen. Die Atlantikschlacht sollte unvermindert weiter gehen, aber ohne Amerika darin zu verwickeln.

Hitlers Politik wurde am 21. Juni, einen Tag vor dem Überfall auf die Sowjetunion, erklärt, und Dönitz musste folgenden Funkspruch an seine U-Boot-Flotte schicken: „Der Führer hat befohlen, dass während der folgenden Wochen jegliche Konfrontation mit den USA zu vermeiden ist. Nur klar erkennbare feindliche Kreuzer, Schlachtschiffe und Flugzeugträger dürfen angegriffen werden. Sollten verdunkelte Kriegsschiffe gesichtet werden, so ist das kein Beweis, dass sie feindlich sind."[9] Dies waren in der Tat schlechte Nachrichten, denn sie schränkten die Möglichkeiten der U-Boote deutlich ein, ihre wichtigsten Ziele, die Begleitschiffe der Konvois, anzugreifen. Nachts war es so gut wie unmöglich, zu erkennen, ob es sich bei einem verdunkelten Zerstörer um ein amerikanisches oder britisches Kriegsschiff handelte. Eine, so sollte Dönitz später schreiben, in der Kriegsgeschichte einmalige Situation.

Natürlich waren die Vereinigten Staaten durch die Briten stets bestens über die deutschen Absichten informiert. Im Sommer 1941 hatte London begonnen, die von den Geheimdiensten gesammelten Informationen auch Washington zugänglich zu machen. Das Ziel dieser Politik ließ sich folgendermaßen charakterisieren: „Hitler will unbedingt einen Krieg mit Amerika vermeiden, daher kann Amerika seinen Handlungsspielraum erweitern.“ Die war eine ebenso schwierige wie heikle Position, denn viele Zeitgenossen in den USA lehnten engere transatlantische Verbindungen ab. Peter Smithers, der damals für den Marinegeheimdienst in Washington arbeitete, erinnert sich: „Es wäre sehr gefährlich gewesen, wenn irgend jemand in der britischen Botschaft den Eindruck vermittelt hätte, dass wir deshalb da waren. Wir alle wussten dies natürlich. Wir hofften daher, dass die Amerikaner in den Krieg eintreten würden. Wenn sie das täten, wäre der Krieg gewonnen.“ Smithers war in die USA geschickt worden, um den Austausch von Geheiminformationen zu koordinieren. „Wir gaben ihnen alles weiter, was wir eben noch vertreten konnten. Da waren natürlich gewisse Risiken wie unser Code- und Verschlüsselungsmaterial – doch im Großen und Ganzen bekamen sie von uns eine ganze Menge.“ Den Briten war indes klar, dass sie ein ziemliches Risiko eingingen. Smithers war vor allem darüber irritiert, wie nachlässig die Sicherheitsvorkehrungen der US-Marine waren:

> „Auf meiner Reise in die USA, um dort meinen Job beim Geheimdienst anzutreten, war ich zusammen mit Captain Earl Mills unterwegs, Chef des Schiffsbauamtes. Er hatte die Pläne unseres neuesten Schlachtschiffs, der ‚Prince of Wales', bei sich, die er in einem kleinen Beutel im Flugzeug trug. Das Flugzeug landete in Lissabon, wo wir in den Clipper umstiegen.
>
> Wir kamen spät in der Nacht in Lissabon an. Alle Hotels waren belegt. Schließlich fanden wir einen freundlichen Portier, der uns sagte: ‚Nun, meine Herren, sie brauchen ein Bett, und ich glaube, wenn sie zu dieser Adresse gehen, werden sie wenigstens schlafen können.'
>
> Also gingen wir dorthin. Uns öffnete eine gut aussehende Frau, die uns einen Raum zeigte, den wir uns teilen konnten. Das Badezimmer befand sich am Ende des Ganges. Der Captain ging, um ein Bad zu nehmen, und als er zurück kam, meinte er: ‚Leutnant, hier gibt es verdammt viele hübsche Damen, die nur sehr wenig an haben.'
>
> Wir befanden uns also mit den Plänen des neuesten britischen Schlachtschiffs in einem Bordell. Earl steckte sie unter sein Kopfkis-

sen und schlief ein. So war das damals beim amerikanischen Marinegeheimdienst. Alles ziemlich merkwürdig."

Auch wenn die Briten insgesamt eher zurückhaltend waren, ihre Geheimnisse zu teilen, so gab es doch einen Austausch. Das amerikanische Marineministerium konnte Smithers mit wertvollen Informationen über entschlüsselte japanische Codes versorgen. Die ersten Verbindungen, die man für den Fall eines amerikanischen Kriegseintritts benötigte, wurden langsam geschmiedet.

Die amerikanische Besetzung von Island im Juli 1941 zeigte Freund und Feind, dass dieser Schritt nicht mehr lange auf sich warten ließ. Die Briten hatten Schiffe und Flugzeuge in Island stationiert, um ihren Konvoischutz über den Atlantik auszuweiten. Die große amerikanische Präsenz befreite die Briten von der Pflicht, diese Stützpunkte zu sichern. Dies war allein deshalb willkommen, weil britische Truppen dringend im Mittelmeer und Nordafrika benötigt wurden.

Beim Eintreffen der amerikanischen Luftwaffe und Marine wurde vereinbart, dass die Amerikaner die Verantwortung für den Schutz der Geleitzüge zwischen Kanada und Island übernahmen – ein Schachzug, der die U-Boote noch mehr in potenzielle Konfrontation mit den Vereinigten Staaten brachte. Diese weitere Provokation wurde von Raeder und Dönitz mit Besorgnis zur Kenntnis genommen, kam sie doch nahezu einer Kriegserklärung gleich. Hitler war jedoch anderer Meinung. Die U-Boote befanden sich nun in einer unmöglichen Zwickmühle. Im September 1941 begannen die Schiffe einer – zumindest offiziell – neutralen Nation, die Nachschubwege zu schützen, die Großbritannien für den Krieg gegen Deutschland benötigte – und die U-Boote durften nichts dagegen unternehmen.

Die Amerikaner rasselten im September mit dem Säbel, als die USS „Greer" U-652 mit Wasserbomben angriff. Obwohl die amerikanische Marine nur dann attackieren durfte, wenn sie selbst angegriffen worden war, verfolgte die „Greer" das U-Boot mindestens sechs Stunden lang. Unter Druck feuerte U-652 einen Torpedo, bevor die Flucht gelang. In einem seiner „Kamingespräche" mit der Nation klagte Präsident Roosevelt das U-Boot ziemlich unaufrichtig der unprovozierten Piraterie an. Sein Ton war hart und kompromisslos: „Wenn man eine Klapperschlange sieht, wartet man nicht, bis sie zugebissen hat, bevor man sie zertritt. Diese Nazi-U-Boote und Piraten sind die Klapperschlangen des Atlantiks... Amerikanische Kriegsschiffe und Flugzeuge werden nicht länger warten, bis U-Boote der Achsenmächte unter oder auf dem Wasser ihren tödlichen ersten Schlag führen."

Dies klang sehr deutlich nach Krieg. Raeder und Dönitz flogen in Hitlers Hauptquartier Wolfsschanze in Ostpreußen, um für die Aufhebung der Beschränkungen für die U-Boote zu plädieren. Wiederum war Hitler unbeeindruckt. Nichts durfte geschehen, um den Sieg im Osten zu gefährden, erklärte er seinen Admirälen. Dönitz hatte bereits den Befehl erhalten, einige U-Boote aus dem Nordatlantik in arktische Gewässer zu verlegen, um dort die Geleitzüge anzugreifen, die Kriegsmaterial von Großbritannien in die Sowjetunion transportierten. Zusätzlich wurde die Atlantikflotte durch die Verlegung von Booten ins Mittelmeer geschwächt, wo sie die deutschen Kriegsanstrengungen in Nordafrika unterstützen sollten. Die ohnehin schwierige Aufgabe, Atlantik-Geleitzüge zu finden, war nun noch schwerer geworden, weil die Zahl der Boote, die Dönitz einsetzen konnte, zu schwinden begann. Dies war eine bittere Pille für den Mann, der glaubte, dass der Krieg im Westen nur im Atlantik gewonnen werden konnte.

Es gab aber auch bemerkenswerte Erfolge. Am 11. September sichteten sechs Boote der Gruppe „Markgraf" den langsamen Konvoi SC 42 im Osten vor Grönland. Innerhalb der folgenden fünf Tage versenkte die Gruppe 19 Schiffe. Nur drei Tage später griffen U-74 und Erich Topps U-552 den Konvoi SC 44 an. Die beiden U-Boote versenkten zusammen sieben Schiffe. Beide Angriffe zeigten, dass, wenn ein Geleitzug von einer Gruppe gesichtet wurde, immer noch Schiffe versenkt werden konnten. Trotz der insgesamt schlechten „Jagdsaison" in diesem Sommer, kamen einige erfahrene Kommandanten dennoch zum Ziel. Topp versenkte genügend Schiffe, um sich das Ritterkreuz zu verdienen. Doch die Ausbeute war im Ganzen betrachtet enttäuschend. Im August und September kehrte fast die Hälfte der in den Atlantik geschickten Boote nach wochenlanger Feindfahrt unverrichteter Dinge zurück.

Ende Oktober waren die großen Hoffnungen, mit denen die U-Boot-Flotte das Jahr begonnen hatte, verflogen. In jenem Herbst hatte Dönitz seine Rudel im westlichen Nordatlantik konzentriert, wo die Geleitzüge von amerikanischen Kriegsschiffen beschützt wurden. In der Nacht des 16. Oktober wurde der amerikanische Zerstörer USS „Kearney“ bei einem schweren Angriff auf den langsamen Konvoi SC 48 von einem Torpedo getroffen. Das Schiff konnte zwar gerettet werden, aber elf Besatzungsmitglieder kamen dabei ums Leben. „Wir haben versucht, Schusswechsel zu vermeiden“, erklärte Roosevelt der amerikanischen Öffentlichkeit, „aber dennoch haben sie begonnen.“ Die Sachlage wurde nur wenige Tage später völlig eindeutig. In den frühen Stunden des 31. Oktober sichtete U-552 den schnellen ostwärts fahrenden Geleitzug HX 156, der von fünf amerikanischen Zerstörern begleitet wurde. Durch das Periskop war es im Zwielicht des frühen Morgens nicht auszumachen, welche Flagge die Begleitschiffe trugen. Doch ausgestattet mit dem Instinkt eines aggressiven und erfahrenen Jägers, entschloss sich Topp, einen Zerstörer am Rande des Konvois anzugreifen.

Sein Ziel war die USS „Reuben James“. Ein Torpedo traf das Schiff backbords und riss es in zwei Teile. Der vordere Teil explodierte und jagte eine Wolke aus Flammen, Stahl und menschlichen Körpern in die Luft. Das Heck blieb noch fünf Minuten über Wasser, während sich der Treibstoff aus den zerrissenen Tanks in das Meer ergoss und die Überlebenden mit einem schwarzen Ölfilm überzog. Auf dem Wasser konnten die Männer die Schreie ihrer im Wrack gefangenen Kameraden hören. Als die Überreste des Zerstörers in den Fluten versanken, explodierten die Wasserbomben und töteten viele der im Wasser ums Überleben Kämpfenden. Von den 160 Mann der Besatzung wurden lediglich 45 gerettet. Es war das erste während des Krieges versenkte amerikanische Schlachtschiff. Der Verlust war ein tiefer Schock für die amerikanische Öffentlichkeit und Politik.

Topp hatte die Explosion und das Sinken des Schiffs beobachtet, doch erfuhr er erst nach dem Krieg, was er angerichtet hatte. „Ich hörte erst später davon, und es bedrückte mich Nächte lang. Ich konnte die Katastrophe einfach nicht aus meinem Kopf bekommen.“ Dabei hatte Topp, als er die „Reuben James“ torpedierte, bereits eine Schiffstonnage von 100.000 Tonnen versenkt.

Wieder war gegen den Befehl Hitlers gehandelt worden, doch Topp fand einen erstaunlich entspannten Dönitz vor. Er erinnert sich: „Ich berichtete jedes Detail, und Dönitz meinte nur, ‚alles in Ordnung. Sie haben korrekt gehandelt.'" Hitlers Anordnung, die den Angriff auf verdunkelte Kriegsschiffe verbot, blieb nur noch einige Wochen lang in Kraft.

Der amerikanische Historiker Clay Blair schätzt, dass in den letzten Monaten des Jahres 1941 ungefähr 3700 Handelsschiffe die Nachschublinien des Atlantiks befuhren, von denen lediglich 54 von U-Booten versenkt wurden.[10] Eine schwache Ausbeute. Dönitz machte dafür die Verlegung der Boote ins Mittelmeer und die arktischen Gewässer verantwortlich – Entscheidungen, die er mit Nachdruck abgelehnt hatte. Dies war in den letzten Monaten des Jahres gewiss auch ein Faktor, doch die Wurzel allen Übels war bereits früher gelegt worden. Unerfahrene Kommandanten, das ständige Fehlen von Luftunterstützung und die steigende amerikanische Präsenz forderten ihren Tribut. Vor allem aber war die Arbeit des Geheimdienstes und der Nutzen, den die Admiralität daraus zog, für diese Wendung des Schicksals verantwortlich. „Der Zufall scheint immer auf der Seite des Feindes zu sein", schrieb Dönitz in sein Kriegstagebuch. Der Stab in Kernével hatte im Juni geschätzt, dass man für den „tödlichen Schlag" gegen Großbritannien jeden Monat rund 800.000 Tonnen versenken musste. Der monatliche Durchschnitt für das Jahr lag bei nicht einmal einem Viertel davon.

Der letzte Konvoiangriff des Jahres 1941 machte die zunehmenden Schwierigkeiten der U-Boote überdeutlich. Dönitz hatte von deutschen Spionen in Spanien erfahren, dass in den letzten beiden Wochen des Jahres ein Konvoi Gibraltar verlassen sollte. Es blieb Zeit genug, die Gruppe „Seeräuber" an dessen Route zu verlegen. Was die Spione nicht erfahren hatten, war, dass HG 76 von 17 Kriegsschiffen, darunter der Geleitzugträger „Audacity", begleitet wurde. Dieses umgebaute Handelsschiff sollte mit seinen Flugzeugen den Konvoi aus der Luft schützen, nachdem er die Reichweite der landgestützten Flugzeuge des Küstenkommandos verlassen hatte. Die Begleitschiffe standen unter dem Kommando des ebenso harten wie entschlossenen und im Kampf gegen U-Boote erfahrenen Spezialisten Commander F. J. („Johnny") Walker.

Die Fahrt begann gut für die Briten. Der Funkspruch von Dönitz, in dem er der Gruppe „Seeräuber" befahl, HG 76 bis zum 17. Dezember zu orten und anzugreifen, wurde in Bletchley Park entschlüsselt und der Konvoi zur Aufbietung all seiner Kräfte aufgefordert. In der Nacht des 15. Dezember wurde U-127 auf dem Wasser entdeckt. Der Kontakt wurde hergestellt, als das Boot tauchte. Der australische Zerstörer „Nestor“ führte einen kurzen und präzisen Angriff durch, und danach konnte man in der Tiefe ein dumpfes Rumoren vernehmen. Am Morgen des 17. entdeckte ein Flugzeug der „Audacity“ ein anderes Boot der Gruppe, U-131, ungefähr 20 Minuten vor dem Geleitzug. Weil man auf einige Begleitschiffe verzichten konnte, machte sich Johnny Walker mit seiner „Stork“ und vier anderen Schiffen nun auf U-Boot-Jagd. Seine Belohnung war eine zweite fette Beute in nur zwei Tagen. Am Tag darauf erledigte Walkers Gruppe ein weiteres Boot: U-434 war an die Wasseroberfläche gezwungen worden und die Besatzung, nachdem sie die Sprengsätze zum Versenken gelegt hatte, ins Wasser gesprungen.

Der Verlust dieser drei Boote, die jeweils von einem Neuling kommandiert worden waren, stellte Dönitz vor ein Dilemma: aufhören oder mit dem Angriff weiter fort fahren? Die Flugzeuge der „Audacity“ stellten eine ständige Gefahr für die Boote der verfolgenden Gruppe dar, die immer wieder tauchen oder abdrehen mussten. „Das Versenken des Flugzeugträgers ist von besonderer Bedeutung, nicht nur in diesem Fall, sondern auch bei allen zukünftigen Konvoieinsätzen“, folgerte Dönitz. Der Angriff verlangte allerdings nach älteren, geschulteren Kräften. Dönitz beschloss, drei seiner erfahrensten Kommandanten in Marsch zu setzen, um HG 76 abzufangen, darunter den Ritterkreuzträger Engelbert Endraß.

Die anderen Gruppenmitglieder verzeichneten indes ihren ersten Erfolg, bevor die drei den Konvoi erreichten. In den frühen Stunden des 19. Dezember traf und versenkte einer der Torpedos von U-574 den Zerstörer „Stanley“. Die Rache folgte auf dem Fuße. Walker beschrieb in seinem Bericht an die Admiralität, was danach geschah:

> „Das U-Boot schien ständig backbords im Wendekreis der ‚Stork‘ zu drehen. Ich strahlte es mit Leuchtbomben an und feuerte mit den Vier-Zoll-Geschützen bis sie keinen ausreichenden Druck mehr hatten... Maschinengewehrfeuer folgte, als sie gezwungen waren aufzutauchen, doch das beste Feuer kam von meinem ersten Leutnant mit einem Lewis-Geschütz, der den Kommandoturm in eine Leichenhalle verwandelte. Dann schaffte ich es, das Boot kurz vor dem Komman-

doturm zu rammen und es umzudrehen. So hing es einige Sekunden lang, bevor das Heck absackte. Dann wurde es von zehn Wasserbomben begrüßt. Ich erfuhr später, dass ein Boche, der im Wasser seine Arme hoch hielt und ‚Kamarad' (sic!) rief, die Ladung des Wasserbombenwerfers in sein Gesicht bekam."

Die verbliebenen Boote der Gruppe „Seeräuber" setzten die Verfolgung fort, wurden aber immer wieder von den Flugzeugen der „Audacity" unter Wasser gezwungen. Die Jagdgruppe wurde am Nachmittag des 21. Dezember von Dönitz' Entlastungskräften erreicht, und in jener Nacht entdeckten die neuen Boote die „Audacity" am Rand des Geleitzuges und versenkten sie. Es war der Erfolg, auf den Dönitz gehofft hatte, doch was für ein Preis war gezahlt worden. Walkers Schiffe rieben das verfolgende Rudel auf, und irgendwann in dieser Nacht ging auch Endraß' U-567 verloren.

Ein fatales Ende für ein furchtbares Jahr der deutschen Kriegsmarine. Fünf versenkte Boote waren bis dahin der größte Verlust bei einem einzelnen Einsatz gewesen. Und der Tod von Endraß war ein besonders harter Schlag. Der ehemalige Erste Offizier von U-47 war beim erfolgreichen Angriff gegen die „Royal Oak" an Priens Seite gewesen und hatte als Kommandant 25 Schiffe mit rund 138.000 Tonnen versenkt. Wiederum hielt Dönitz die schlimme Nachricht zurück, doch Erich Topp erfuhr vom Tod seines Freundes auf See: „Wir verfolgten die Kommunikation der anderen Boote, und als Endraß sich nicht mehr meldete, schloss ich daraus, dass er ums Leben gekommen war." Topp und Endraß verband eine besondere Freundschaft. Ihre Kameraden nannten sie auch Kastor und Pollux, die unzertrennlichen U-Boot-Zwillinge. Sie waren gemeinsam ausgebildet worden, teilten sich eine Villa und feierten gemeinsam ihre Erfolge und ihr Überleben. Topp: „Als er zu seinem letzten Einsatz auslief, stand ich auf der Pier und winkte, wie ich es immer getan hatte. Ich hatte den Eindruck, dass er voller böser Vorahnungen war." Die beiden Männer hatten ihre Erfolge und ihr Überleben stets zusammen mit ihren Freundinnen im Pariser Restaurant Scheherazade gefeiert. Topp ging dorthin, um seines Freundes zu gedenken: „Die Mannschaft wusste, dass mich sein Tod sehr getroffen hatte. Es war bereits spät in der Nacht, und die Gäste waren schon gegangen. Es gab nur noch diesen kleinen Kreis unserer Freunde. Die Leute im Scheherazade veranstalteten ein Erinnerungsessen für Endraß."

Der Angriff auf HG 76 schien den Höhepunkt von drei Monaten voller Fehlschläge zu markieren. Einige Mitglieder von Dönitz' Stab begannen nun den Sinn des Konvoi-Krieges im Nordatlantik zu hinterfragen. Dönitz wies die pessimistischen Einschätzungen zurück, vertraute aber seinem Kriegstagebuch am 23. Dezember 1941 an, dass „die Chancen für Verluste größer sind als die Aussichten auf Erfolge." An Weihnachten war der Seekrieg unterbrochen. Kein U-Boot befand sich irgendwo im Nordatlantik im Einsatz.

In der britischen Admiralität breitete sich wachsender Optimismus aus, dass sich die Dinge gewendet hatten. In den ersten beiden Jahren und vier Monaten des Krieges hatten die U-Boote 1124 britische und neutrale Schiffe mit 5,3 Millionen Tonnen versenkt. Insgesamt war eine Schifffahrtstonnage von neun Millionen Tonnen verloren gegangen, was einem beachtlichen Anteil der gesamten britischen Handelsmarine entsprach. Die Importe waren von 60 auf 30,5 Millionen Tonnen gefallen, doch Ende 1941 gab es Grund zur Hoffnung, dass die britischen Kräfte dem Übel ein Ende bereitet hatten. Im Tracking Room hielt Roger Winn fest: „Es gibt noch keine Anzeichen für erneute Angriffe im Nordatlantik auf einem Niveau, dass sich mit dem Ausmaß der abgelaufenen Kampagne vergleichen ließe, und das wichtigste Ziel scheint wenigstens zeitweise nicht mehr in der Zerstörung der Handelsschifffahrt zu bestehen."

An der Schwelle zum neuen Jahr wusste Großbritannien, dass es sich auf die industrielle und militärische Stärke eines neuen Alliierten verlassen konnte. Der endgültige Sieg im Atlantik schien sicher.

HMS „Starling“ wirft während der „Operation Pflaster“ im Winter 1944 Wasserbomben auf ein U-Boot. Die „Starling“ wurde von dem erfolgreichsten U-Boot-Jäger der Royal Navy, „Johnny“ Walker, kommandiert.

Rechts: Ein Signalgast der HMS „Vanoc“ nimmt im November 1942 Verbindung mit einem amerikanischen Zerstörer auf. Obwohl die Vereinigten Staaten offiziell neutral waren, boten sie den Geleitzügen im Atlantik dennoch aktiven Schutz.

Unten: Ein verängstigter indischer Matrose wird im November 1940 von der Mannschaft eines britischen Zerstörers gerettet.

Oben: Captain „Johnny“ Walker dirigiert die Schiffe seiner Gruppe von der Brücke der „Starling“ aus.

Unten: Der Einsatzraum im Derby House in Liverpool im Sommer 1941.

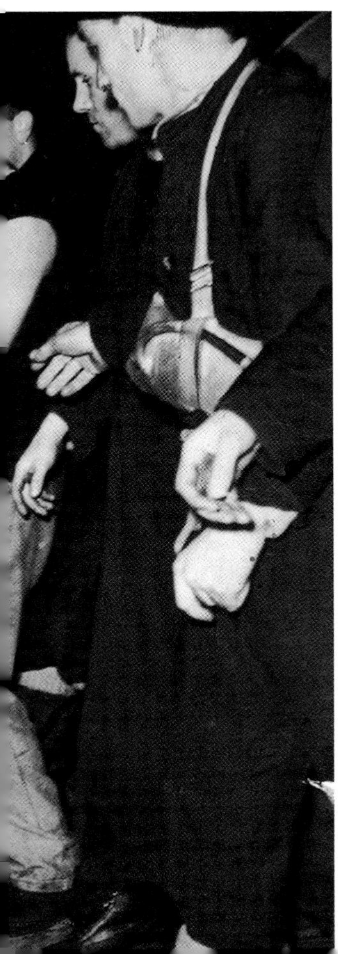

TELEFUNKEN

Links: Ein Funker in einem U-Boot empfängt einen Funkspruch, der später von der Enigma-Maschine mit vier Rotoren entschlüsselt wird.

Oben: Seeleute der HMS „Bulldog“, angeführt von Leutnant David Balme, nähern sich am 9. Mai 1941 U-110, wo sie eine Enigma-Maschine bergen, bevor das Boot versank.

Unten: Churchill und Roosevelt trafen sich zum ersten Mal im August 1941. An dem Gespräch nahm auch Admiral Ernest King (Zweiter von links) teil, der sich 1942 weigerte, ein Geleitzugsystem in amerikanischen Gewässern aufzubauen.

Oben: Ein Geleitzug versammelt sich an der amerikanischen Ostküste für die Fahrt nach Großbritannien.

Rechts: Ein amerikanischer Zerstörer im Sommer 1941 in stürmischer See vor der Küste Islands. Die amerikanischen Kriegsschiffe begleiteten die Geleitzüge bis Island – danach übernahmen britische Schiffe den Schutz.

Oben: Der 7541 Tonnen große Tanker „R.P. Resor“ brennt vor der amerikanischen Küste, nachdem er von U-578 am 27. Februar 1942 torpediert worden war. Nur drei Männer der 50 Mann zählenden Besatzung überlebten den Angriff.

Horst von Schroeter (oben, ganz links) richtet am 25. Januar 1942 das Feuer auf den britischen Frachter „Culebra“. U-123 befand sich auf der Rückkehr von einer Feindfahrt in amerikanischen Gewässern.

KAPITEL ACHT

PAUKENSCHLAG

Zwar hatten die U-Boote das deutsche Reich an den Rand eines Krieges mit den Vereinigten Staaten gebracht, doch dann waren es die Sturzkampfbomber eines weit entfernten Alliierten, die den Ausschlag gaben. Am Sonntag, den 7. Dezember 1941, griffen die Japaner die amerikanische Pazifikflotte in Pearl Harbor an. Die Bomber trafen bei ihren Angriffswellen auf so gut wie keinen Widerstand, versenkten vier Schlachtschiffe und beschädigten den Rest der Flotte. Hitler war vollkommen überrascht – Japan hatte es nicht für notwendig erachtet, den wichtigsten Alliierten zu informieren. Der Angriff hätte kaum zu einem ungünstigeren Zeitpunkt geschehen können. Der deutsche Vormarsch in der Sowjetunion war vor Moskau zum Stillstand gekommen, und dann erreichten ihn auch noch die Nachrichten über eine Gegenoffensive. Obwohl die Kräfte des Reiches offensichtlich auf Äußerste beansprucht waren, beschloss Hitler, seine Verpflichtungen gegenüber Japan zu erfüllen. Am 11. Dezember erklärte daher Deutschland den Vereinigten Staaten den Krieg.

Dönitz war darüber hoch erfreut. Seiner Ansicht nach hatten die Amerikaner bereits seit einigen Monaten gegen seine U-Boote Krieg geführt, und nun gab es endlich die Gelegenheit, zurück zu schlagen. Drei Monate zuvor hatte er Hitler bereits seine Pläne für einen Angriff auf die Schifffahrt vor der US-Küste erklärt. Es würde einige Zeit vergehen, bis ein funktionierendes Geleitzugsystem entlang der amerikanischen Ostküste aufgebaut wäre. In der Zwischenzeit erwartete er ein gutes Jagdrevier in diesen „noch jungfräulichen Gewässern“. Das U-Boot, so erklärte er Hitler, könnte einen plötzlichen, schweren Schlag austeilen. Der Krieg würde mit einem „Paukenschlag“ beginnen. Nach den deutlichen Verlusten im Herbst gab es hier wieder eine Chance auf Erfolg.

Dönitz hatte gehofft, eine bedeutende Streitmacht aufbieten zu können, doch im Dezember war der größte Teil seiner Flotte damit beschäftigt, die deutschen und italienischen Kriegsanstrengungen im Mittelmeer zu unterstützen. Von den 91 einsatzbereiten Booten standen gerade sechs für die neuen Aufgaben bereit. Eines davon war U-123 unter dem Kommando von Reinhard Hardegen, der sich erinnert: „Ich befand mich mit meiner Frau auf einer Vortragsreise in Italien, als ich erfuhr, dass die Japaner Pearl Harbor angegriffen hatten. Ich sagte direkt, ‚da ist eine Chance für mich', weil ich wusste, dass ich ein U-Boot mit einer Treibstoffkapazität für die Fahrt nach Amerika und wieder zurück hatte."

Einige Männer der U-Boot-Waffe hatten große Bedenken angesichts eines Krieges gegen die Vereinigten Staaten, doch Hardegen gehörte nicht zu ihnen. Während seiner Feindfahrt nach Afrika hatte er ein Schiff nach dem anderen mit dem Sternenbanner an der Seite gesehen, das Nachschub nach Großbritannien brachte. So weit es ihn betraf, war das Verwirrspiel um die amerikanische Neutralität vorüber. Jetzt gab es noch eine Rechnung zu begleichen.

Hardegen kehrte sofort nach Lorient zurück, um die Vorbereitungen von U-123 zu überwachen. Am 19. Dezember wurde er ins U-Boot-Kommando zu Dönitz einbestellt:[1] „Vor jeder Feindfahrt wurden wir nach Kernével gerufen, wo wir unsere letzten Anweisungen entgegen nahmen." Hardegen und seiner Mannschaft wurde nur wenig über ihren Auftrag mitgeteilt. „Wir bekamen einen Umschlag, den wir erst nach einem ganz bestimmten Funkspruch öffnen durften. Uns wurde lediglich gesagt, das U-Boot auf eine lange Fahrt vorzubereiten und so viel Treibstoff und Proviant wie möglich an Bord zu nehmen."

Im Dezember 1941 war der erste Betonbunker in Lorient einsatzbereit. U-123 wurde in Keroman I vorbereitet. Der zweite Wachoffizier Horst von Schroeter wusste lediglich, dass Vorräte für eine lange Fahrt benötigt wurden: „Die Woche vor unserer Abreise war ziemlich hektisch. Wir mussten Proviant an Bord nehmen und wie immer jede freie Ecke nutzen, um ihn unterzubringen. Dann gab es noch die Munition für die Geschütze und so viel Treibstoff wie möglich. Außerdem hatten wir noch 15 Torpedos. Dann gab es noch letzte Tests, um sicher zu gehen, dass alles wasserdicht war." Zusätzlich benötigte man noch Raum für einen Reporter vom Propagandaministerium.

Hardegen wählte den 23. Dezember zum Auslaufen. „Ich sagte mir, dass ich nicht am Weihnachtstag auslaufen sollte, wenn die Männer sich irgendwo aus Heimweh betrunken hatten. Ich wollte am Tag zuvor auslaufen, so dass wir Weihnachten friedlich an Bord feiern konnten." Viele Menschen waren gekommen, um das Boot zu verabschieden. U-123 war ein Lorient-Veteran. Soldaten eines Heeresbatallions in der Nähe schenkten der Mannschaft einen Weihnachtsbaum und einen Kuchen. Nach den üblichen Rufen, Tränen und Reden machte U-123 die Leinen los und fuhr begleitet vom unvermeidlichen Lied „Wir fahren gegen Engeland" den Scorff hinunter.

Am folgenden Tag fand an Bord eine bescheidene Weihnachtsfeier statt. Hardegen: „Ich ging auf 50 Meter Tiefe, weil es dort friedlich war, und wir feierten ein Weihnachtsfest wie in meiner Kindheit – eine christliche Weihnachtsfeier. Ich las die Weihnachtsgeschichte, wir sangen Lieder, ich las aus den Propheten, und wir feierten angemessen." Ironischer Weise dominiert ausgerechnet ein Bild Adolf Hitlers die bei diesem Weihnachtsfest gemachten Fotos. Die friedliche Zeit verging schnell an Bord von U-123. Der Zentrale-Maat Richard Amstein spielte auf dem Akkordeon, Geschenke aus der Heimat wurden verteilt und ein Glas schwacher Punsch getrunken, doch dann tauchte das Boot auf und nahm seine Reise westwärts wieder auf. Hinter der Biskaya wurde Funkkontakt mit Kernével aufgenommen und nach dem entsprechenden Befehl der Umschlag geöffnet.

Dönitz hatte beschlossen, die Boote in einer ersten Welle zwischen dem St.-Lorenz-Strom und Cape Hatteras an der Küste von North Carolina einzusetzen. Die flachen Gewässer waren zwar nicht ideal, aber es gab viel Schiffsverkehr und es gab allen Grund anzunehmen, dass die Verteidigungsmaßnahmen schwach waren. Überraschung war alles. Der Paukenschlag sollte von sechs Booten auf einmal ausgeführt werden. Die Kommandanten sollten ihre Positionen einnehmen und Dönitz' letzten Einsatzbefehl abwarten. Hardegen: „Mein Einsatzgebiet lag vor New York. Ich durfte keinen Angriff fahren, bevor ich dort eintraf, um unsere Position nicht zu verraten. Die Ausnahme war, wenn ich auf ein 10.000-Tonnen-Schiff stoßen sollte. Das durfte ich angreifen." Um höchst mögliche Sicherheit zu gewährleisten, hatte das U-Boot-Kommando beschlossen, keine Karten von der amerikanischen Küste auszugeben. Hardegen: „Es gab überall Spione. Sie hatten alle möglichen

Stellen infiltriert, und deshalb war diese Maßnahme sehr sorgfältig überlegt. Wir hatten nur große Seekarten. Ich hatte noch einen Knaur-Taschenatlas und auf einer Seite des Atlas befand sich eine Karte von New York. Das war alles, was ich hatte." New York war dem Kommandanten nicht gänzlich unbekannt. Hardegen hatte die Stadt im Jahre 1933 als Kadett besucht und vom Empire State Building auf die nächtliche Skyline geblickt.

Die Nachricht, dass U-123 Richtung Amerika unterwegs war, wurde der Mannschaft über Lautsprecher mitgeteilt. Richard Amstein: „Einige wenige in der Mannschaft fragten sich, ob wir von dort auch wieder zurückkommen würden, doch die meisten waren begeistert."

Um den Schlag zu verstärken, hatte Dönitz beschlossen, zwölf mittelgroße Boote vom Typ VII in kanadische Gewässer zu schicken. Diese Boote verfügten über einen Treibstoffvorrat, der es ihnen gestattete, maximal zehn Tage im Einsatzgebiet zu bleiben – weniger allerdings, wenn sie die Ziele intensiver jagen mussten. Erich Topps U-552 war unterwegs in warme, südliche Gewässer, als ihn der Befehl erreichte, in Richtung Neufundland beizudrehen.

In der „Zitadelle" der britischen Admiralität registrierte man über Enigma-Entschlüsselungen bald erste Anzeichen für den westlichen Kurs dieser Boote. Am 12. Januar bestand kein Zweifel mehr. Rodger Winn konnte eine deutliche Konzentration vor der amerikanischen Küste von New York bis Cape Race melden. „Zwei Gruppen haben sich bisher formiert. Eines von sechs Booten befindet sich bereits vor Cape Race und St. John's in Position, und ein zweites von fünf Booten nähert sich offensichtlich der amerikanischen Küste zwischen New York und Portland. Wir wissen, dass diese fünf U-Boote ihre Angriffsgebiete am 13. Januar erreicht haben werden."[2] Es ist sicher, dass diese Warnung an den Stab des amerikanischen Oberkommandierenden der amerikanischen Marine, Admiral Ernest J. King, weiter gereicht wurde, doch nichts geschah. Admiral King hatte andere Probleme, vor allem im Pazifik. Die US-Navy hatte sich noch nicht von Pearl Harbor erholt, die Japaner rollten wie eine nicht zu stoppende Flutwelle durch Südostasien, und ihre U-Boote feierten die ersten Erfolge. Außerdem begannen die Vereinigten Staaten den Krieg mit einer akuten Knappheit an Begleitschiffen. 50 der ältesten Zerstörer waren 1940 an die Briten gegangen, und von den rund 170 verbliebenen befanden sich 90 im Einsatzgebiet Pazifik.

Doch trotz dieser Schwierigkeiten bleibt der Vorwurf an King, dass die Amerikaner an der Ostküste erschreckend schlecht vorbereitet waren. Im Dezember warnte der für diesen Bereich zuständige Admiral seinen Oberbefehlshaber King, dass, sollten „feindliche U-Boote vor dieser Küste operieren, dieses Kommando keine Kräfte zur Verfügung hat, um angemessene Einsätze gegen sie durchzuführen, weder offensiv noch defensiv.“[3] Vor allen Dingen wurde kein Versuch unternommen, die küstennahe Schifffahrt in Konvois zusammenzufassen. King wird von seinen Kritikern vor allem deshalb angegriffen, weil er offensichtlich nichts aus den britischen Erfahrungen gelernt hatte: Selbst ein schwach beschützter Konvoi ist immer noch besser als überhaupt kein Geleitzug.

Dieser verbissene Navy-Veteran, so wird vermutet, war schlicht unwillig, sich irgend etwas von „einer Horde Tommys“ sagen zu lassen. Peter Smithers, damals bei der britischen Botschaft, erinnert sich:

> „Admiral King war ein typischer gutmütig-derber alter Seemann. Es gab eine Menge raue Seiten an ihm. Er war ein großartiger Profi und außerordentlich stark der amerikanischen Marine verbunden. Ich glaube, dass er im Hinterkopf dachte, ‚da sind die Briten. Ihre Marine hat ungeheuer viel Kampferfahrung und ist ziemlich gut, aber die amerikanische Marine sollte sich niemandem verpflichtet fühlen.‘ Ich glaube, irgendwie hatte er einen Komplex. Man musste ihn mit einiger Sorgfalt und großem Geschick behandeln.“

Dönitz hatte zwar auf günstige Bedingungen vor der amerikanischen Küste gehofft, hätte sich wahrscheinlich aber nicht vorzustellen gewagt, wie günstig sie tatsächlich sein würden. Der Fortschritt in Richtung Westen wurden vom U-Boot-Kommando penibel überwacht. Am 2. Januar beschloss Dönitz, seine eigenen Befehle zu missachten und genehmigte U-123, nach einem griechischen Frachter zu suchen, der mit gebrochenem Ruder 200 Meilen östlich von Neufundland trieb. Hardegen: „Der Nebel war dick wie Erbsensuppe, als wir dort eintrafen. Überraschend konnten wir plötzlich die schattenhaften Umrisse eines Schiffes sehen. Ich konnte zwei Schlepper erkennen, die gerade dabei waren, die Taue zu übernehmen. Ich konnte aber nicht wirklich schießen – wir waren zu nahe. Dann lichtete sich der Nebel, und ich entdeckte zwei Zerstörer. Ich drehte sofort bei, und der Nebel schloss sich wieder. Sie konnten mich nicht sehen."

Der Funkspruch von Dönitz war in Bletchley abgefangen, entschlüsselt und dann an den Tracking Room weiter gereicht worden. Die beiden kanadischen Zerstörer warteten auf ihn. „Ich sagte mir, wenn ich diesen Frachter und vielleicht noch einen Zerstörer versenke, ist da immer noch der Zweite. Das Wasser ist flach, ich kann nicht entkommen, also ist die Chance groß, dass mein Boot versenkt wird. Mein Auftrag lautet, nach New York zu kommen, und daher ließ ich das Schiff in Ruhe, obwohl ich mich dabei nicht wohl fühlte."

Die U-Boot-Falle schnappte nicht zu, doch U-123 war um 300 Meilen vom Kurs abgewichen und hatte dabei viel Treibstoff verschwendet.

Hardegen hatte mehr Glück, als er am 12. auf den britischen Frachter „Cyclops" traf. Auch wenn er ziemlich weit außerhalb seines Einsatzgebietes fuhr, war dieses 9100-Tonnen-Ziel für ihn eine zu große Versuchung. Die beiden Torpedos, die die „Cyclops" versenkten, waren der erste Schlag auf Dönitz' Pauke. Bis auf zwei Mann erreichte die 180 Mann starke Crew die Rettungsboote, doch 85 Männer erfroren schließlich in der kalten See.

Am Abend des 14. Dezember befanden sich alle „Paukenschlag-Boote" auf ihren Positionen. Hardegen kreuzte vor der Küste von Long Island, wo er sein zweites Opfer fand: den 9600 Tonnen großen, in Deutschland gebauten Tanker „Norness". Später in der Nacht wagte sich Hardegen mit seinem Boot in die Außenbereiche der Bucht von New York. Von Schroeter: „Es war, als ob man sich ins Niemandsland vor tastete. Hardegen wagte sich wahrscheinlich weiter vor als die meisten anderen Kommandanten. Wir sahen die Autos auf den Straßen, und ich konnte sogar die Wälder riechen."

Hardegen:

> „Sie waren einfach nicht vorbereitet. Ich dachte, ich würde eine verdunkelte Küste vorfinden – schließlich war Krieg. Ich fand eine hell erleuchtete Küste. Auf Coney Island drehten sich das große Riesenrad und die Karussells. Ich konnte alles erkennen. Die Schiffe waren mit Positionslichtern unterwegs. Alle Feuerschiffe, Sandy Hook und Ambrose waren erleuchtet. Für mich war das unverständlich.

Nur unser Turm war zu sehen, doch welcher Fischer würde schon einen deutschen U-Boot-Turm erkennen? Ich sah Lotsenboote, Schlepper und Fischerboote. Sie müssen gedacht haben, wir wären eine Art Motorboot. Ich hatte die vorderen Tanks geflutet, weil das Gewässer so flach war, so dass wir, sollten wir auf Grund laufen, die Tanks anblasen konnten und wieder frei waren. Wir passierten die Küste von Long Island, und im Hintergrund war der Himmel hell. Man konnte den Glanz von New York in den Wolken sehen."

Einige Tage später heulten die Luftschutzsirenen und rannten die New Yorker in die U-Bahn-Schächte. Die Übung mag geholfen haben, das Kriegsbewusstsein zu steigern, war ansonsten aber völlig sinnlos. Natürlich bestand keinerlei Gefahr von Luftangriffen auf New York, aber 50 Kilometer vor der Küste lag der Feind auf der Lauer. Niemand hatte die Öffentlichkeit auf diese Gefahr vorbereitet. Hardegen verbrachte dort eine Woche und konnte sich die Ziele nach Belieben aussuchen.

Die Beute war vor allem vor Cape Hatteras in North Carolina sehr üppig. Hier befanden sich die wichtigen Schifffahrtslinien ganz in der Nähe tiefer Gewässer – ein ideales Revier für U-Boote. Die Nacht des 19. Januar 1942, erinnert sich von Schroeter, war für die Mannschaft von U-123 besonders denkwürdig:

„Vor uns lagen ständig 20 Schiffe. Wir wussten das, weil sie hell erleuchtet waren. Nachdem wir ein Schiff versenkt hatten, verloschen die Lichter auf den anderen Schiffen für kurze Zeit, doch dann gingen sie wieder an, weil sie sich ohne Beleuchtung nicht wohl fühlten.

In jener Nacht konnten wir uns die Ziele aussuchen. Wir trafen auf einen Tanker. Wir sahen seine Umrisse vom Heck aus, und wir dachten, dass es sich um einen kleinen Küstentanker mit vielleicht 2000 Tonnen handelte. Hardegen meinte, ‚der ist keinen Torpedo wert, den nehmen wir mit dem Geschütz'. Daher feuerten wir also ich weiß nicht wie viele Schüsse auf den Tanker, der dann auch zu brennen anfing. Als wir näher kamen, merkten wir, dass er groß war, über 8000 Tonnen. Es war das letzte Schiff in dieser Nacht. Am Ende versenkten wir ihn mit einem Torpedo. In dieser Nacht versenkten wir drei Schiffe, es war nur die Frage, welches das leichteste Ziel ist."

Unten im Boot hörte die Mannschaft den dumpfen Einschlag der Torpedos und das Auseinanderbrechen der Schiffe, nachdem die Schotts kollabiert waren. Richard Amstein: „Viele der Männer brüllten ‚hurra – getroffen', doch ich tat das nie, weil sich da Menschen auf dem versenkten Schiff befanden. Und die waren nun im Wasser. Darüber dachte ich nach. Die anderen riefen, ‚wir haben noch eins versenkt'. Also – ich habe das nie genossen." „Natürlich freuten wir uns über den Erfolg, den wir gehabt hatten. Das war schließlich unsere Aufgabe", sagt Horst von Schroeter. „Es gab Fälle, dass ein großes Feuer auf einem Tanker ausbrach. Das war dann ein bitteres Gefühl – der Gedanke, dass die Menschen ins Wasser und damit direkt in die Flammen sprangen."

Die verzweifelten Hilferufe dieser Handelsschiffe verhallten zumeist unbeantwortet, lieferten aber U-123 wichtige Informationen. Von Schroeter: „Sie funkten SOS samt ihrem Namen. Unser Funker saß unten, hörte auf dem 600-Meter-Band, der Frequenz der Handelsschifffahrt, mit, so dass wir die Namen der von uns versenkten Schiffe kannten."

Den einzigen Schlagabtausch mit einem potenziellen Opfer hatte U-123 mit einem norwegischen Walfänger namens „Kosmos II". „Der Walfänger war fast genauso schnell wie wir, griff uns an und wollte uns rammen", erinnert sich von Schroeter. „Da war ein Kapitän mit Kriegserfahrung auf der Brücke, der wusste, was er tat. Er kam uns nahe, vielleicht auf 500 Meter. Er hatte sein Geschütz am Heck, und unseres war am Bug, so dass wir uns gegenseitig nichts tun konnten. Indem wir alle Leistung, die wir hatten, einsetzten, schafften wir es, ein wenig vor ihn zu kommen. Die ganze Zeit funkte er, ‚verfolge ein U-Boot'. Doch am Ende erkannte er, dass er uns nicht einholen konnte."

Ungefähr zwei Stunden, nachdem die „Kosmos II" ihren ersten Funkspruch abgesetzt hatte, erschien ein Marineflugzeug. U-123 tauchte ab, und das Flugzeug gab auf. „Das war alles, was wir an U-Boot-Abwehr während unserer ganzen Feindfahrt erlebten", erinnert sich von Schroeter.

Der amerikanischen Öffentlichkeit wurde eine ganz andere Geschichte erzählt. Wenigstens die Marinepropaganda bewies ihre Fähigkeiten. Hardegen: „Wir hörten die amerikanischen Radiosendungen und erfuhren: ‚Wir haben ein U-Boot versenkt.' Wir sind angeblich drei Mal versenkt worden. Jedes Mal, wenn wir ein Schiff versenkten, wurden auch wir versenkt. Die Amerikaner brauchten das offensichtlich als Trost – wenigstens die Idee, dass sie etwas unternommen hatten. Aber es war nicht wahr."

Bis Ende Januar hatten fünf der sechs „Paukenschlag-Boote" 23 Schiffe mit insgesamt 150.000 Tonnen versenkt. Hardegens Anteil belief sich auf neun Schiffe oder 50.766 Tonnen. Seine beiden letzten Opfer holte er sich auf der Heimfahrt. Eines der Schiffe, der 3000 Tonnen große britische Frachter „Culebra", war allerdings zum Kampf bereit. Von Schroeter: „Wir befanden uns östlich von Bermuda. Hardegen blickte vorsichtig durch das Periskop. Die See war einigermaßen ruhig, so dass man an einen Geschützangriff denken konnte. Sie fuhr an uns vorbei, und wir tauchten auf. Die Geschützmannschaft kam an Deck, die Munition wurde ausgehändigt, und wir begannen zu feuern."

Hardegen: „Sie begannen vom Heck aus, unser Feuer zu beantworten. Wir wurden ein paar Mal getroffen, doch nichts durchschlug den Rumpf. Ich fühlte mich natürlich etwas unwohl, als sie zu feuern begannen. Zuerst zielten sie zu kurz und dann schossen sie über das Boot – wir hatten Glück. Von Schroeter musste mit seinem Geschütz auf ihres zielen, um es auszuschalten, was uns auch gelang. Die Mannschaft ging in die Boote. Dann konnten wir das Schiff versenken."

Hardegen näherte sich den Rettungsbooten, gab den Überlebenden Nahrungsmittel, Trinkwasser und einen Kurs nach Bermuda, bevor er seine Heimfahrt fortsetzte. Dönitz war erfreut: Die Feindfahrt von U-123 war ein vollkommener Erfolg. Er schickte einen seiner markigen, aber durchaus herzlichen Funksprüche an das Boot: „An den Paukenschläger Hardegen. Bravo! Sehr gut gepaukt."

Die kleineren Boote vom Typ VII waren in den kanadischen Gewässern ebenfalls erfolgreich, aber unter schwierigeren Bedingungen. Der Kommandeur von U-552, Erich Topp, erinnert sich: „Wir kamen in diese eisigen Gewässer und einigen Männern der Mannschaft erfroren die Füße und Gliedmaßen. Wir waren nicht warm genug gekleidet. Die Leute standen auf der Brücke mit Eiszapfen an ihren Mützen. Alles war vereist. Das Wasser, das über Deck schwappte, fror sofort. Die Temperatur lag bei minus zehn Grad.

Die Balance des Bootes war gefährdet, so dass wir alle zwei Stunden tauchen mussten, um das Eis abzutauen. Es war eine harte Zeit."

Um die Dinge noch unangenehmer zu machen, wurden die U-Boote in diesen eisigen Gewässern von Torpedoversagern geplagt. Topp gelang es lediglich, drei Schiffe zu versenken – eine „lächerliche Zahl". Insgesamt versenkten die zwölf Boote vom Typ VII 18 Schiffe.

Dennoch war Dönitz mit diesen ersten Angriffen entlang der amerikanischen Küste zufrieden. Das Propagandaministerium war dankbar für die Gelegenheit, nach so vielen enttäuschenden Monaten endlich wieder über U-Boot-Erfolge berichten zu können. Die deutsche Öffentlichkeit erfuhr von Hardegens Ausflug nach New York, und ein Foto von Manhattan, das angeblich vom Kommandoturm seines Bootes gemacht worden war, erschien in deutschen Zeitungen lange bevor Hardegen in den Hafen zurück gekehrt war.

Als U-123 Lorient erreichte, war von Schroeter ganz verlegen angesichts der Größe des Empfangskomitees. „Ein Boot mit Propagandaleuten kam heraus, um uns zu filmen. Ich mochte diesen Zirkus nicht besonders, weil es für uns fast eine Zielübung gewesen war – es gab keine Verteidigung, die Schiffe fuhren nicht einmal Zickzack." Hardegen: „Die U-Boot-Kommandanten, die sich zufällig im Hafen aufhielten, waren alle gekommen, und auch die „Blitz-Mädchen" kamen mit Blumensträußen. Und dann kam Dönitz an Bord, um mir das Ritterkreuz umzuhängen. Das war natürlich das Besondere an der Angelegenheit."

Nachdem er Hardegens Bericht gehört hatte, schloss Dönitz, dass solche „Bedingungen wie in Friedenszeiten" noch eine Weile leichte Erfolge ermöglichen würden. Maximale Anstrengungen mussten also in den Angriff auf die amerikanische Atlantikküste gelegt werden. Die Boote wurden bis in die Karibik und den Golf von Mexiko geschickt. Dönitz hatte das Ziel, wie er in seinem Kriegstagebuch beschreibt, schlicht mehr Schiffe zu versenken als von den Alliierten gebaut werden konnten: „Die Schifffahrt der Feindmächte bildet ein großes Ganzes. Es ist also in dieser Beziehung gleichgültig, wo ein Schiff versenkt wird, es muß doch letzten Endes durch einen Neubau ersetzt werden. Auf lange Sicht liegt die Entscheidung im Wettrennen zwischen Versenkungen und Neubau." [4]

Das Ausgreifen der U-Boote in Richtung Westen sorgte bei der britischen

Admiralität für Bestürzung. Das Versagen der amerikanischen Marine, ein Konvoisystem aufzubauen, hauchte der eigentlich fast schon toten U-Boot-Waffe neues Leben ein. Rodger Winns wöchentliche Berichte waren eine grausame Lektüre:

> „Die Zahl der U-Boote im Atlantik hat jetzt die Rekordzahl von 53 erreicht... Einen großen Anteil der versenkten Schiffe machen Tanker mit einer beachtlichen Ladekapazität aus. Die im Januar verlorene Tonnage wird sich zu einer bedrohlichen Zahl addieren... keine effektiven Gegenmaßnahmen sind eingesetzt worden....[5]

Die „bedrohliche Zahl“ für Januar kam auf 106 Schiffe mit rund 420.000 Tonnen, wobei der größte Teil den U-Booten in US-Hoheitsgewässern zum Opfer gefallen war. Doch es sollten noch schlechtere Nachrichten folgen.

In der ersten Februarwoche war Winn gezwungen einzugestehen, dass der Tracking Room nicht mehr länger „zuverlässig die gegenwärtigen und zukünftigen Bewegungen der U-Boote vorhersagen konnte.“ Der Informationsfluss der „Special Intelligence“ war ausgetrocknet. Überdies war niemand in Bletchley Park optimistisch, dass er wieder hergestellt werden konnte. Die ersten Anzeichen, dass eine Veränderung der Enigma-Codes vorbereitet wurde, hatte man bereits vier Monate zuvor bemerkt. Im September 1941 fing Bletchley erste Testsendungen mit einer neuen Enigma-Maschine ab, die über einen zusätzlichen vierten Rotor verfügte. Sie war für das Atlantiknetz gedacht. Die Verschlüsselung „Hydra“, die für Funksprüche zwischen den U-Booten und dem Hauptquartier eingesetzt wurde, sollte von der neuen Verschlüsselung „Triton“ abgelöst werden.

Man hatte Dönitz zwar immer wieder versichert, dass es keinen Beweis dafür gab, dass seine Codes geknackt worden seien. Doch dafür hatte es einfach zu viele „Zufälle“ gegeben. Die Alarmglocken schrillten, als ein britisches U-Boot drei deutsche Boote angriff, die zu einem Treffpunkt an den Kapverdischen Inseln befohlen worden waren. „Ein britisches U-Boot taucht nicht in einem so verlassenen Teil des Ozeans auf“, schrieb Dönitz in sein Kriegstagebuch. „Entweder ist unsere Verschlüsselung geknackt, oder es gibt ein Leck.“ Dem folgte die Versenkung von zwei Versorgungsbooten im Südatlantik. Wieder nur „Zufälle"?[6] Die Admiralität war unvorsichtig geworden. Was Dönitz anging, war dies der endgültige Beweis, dass ein Wechsel der Codes unumgänglich war.

Bald breitete sich ein regelrechter U-Boot-Blackout über der Hütte 8 in Bletchley Park aus. Der neue Schlüsselcode für das Atlantiknetz widersetzte sich während der nächsten Monate allen Anstrengungen der besten Experten. Diese bedeutendste Quelle von „Ultra" versiegte ausgerechnet zu einem Zeitpunkt, als die Amerikaner sie am dringendsten benötigten.

Bemüht, das sich abzeichnende Desaster an der amerikanischen Ostküste zu verhindern, bot die britische Admiralität an, zehn Korvetten und 24 Anti-U-Boot-Trawler auszuleihen. Gleichzeitig kabelte der First Sea Lord, Admiral Pound, seinem amerikanischen Gegenüber die dringende Aufforderung, schnell ein küstennahes Konvoisystem einzuführen. Das werde, so Kings spitze Antwort, „ständig überlegt". Immerhin wurde das Angebot zusätzlicher Begleitschiffe freundlich angenommen.

Eines dieser Schiffe war der Veteran „St Loman" unter dem Kommando von Oberleutnant Colin Warwick. Seitdem er im Frühjahr 1940 an Bord des Anti-U-Boot-Trawlers gekommen war, hatte er sich den Ruf eines harten und durch und durch fähigen Offiziers erworben. Das Schiff trug stolz zwei Sterne am Schornstein für zwei versenkte U-Boote. Die „St Loman" sollte „unverzüglich" von Greenock nach New York auslaufen: „Wir bunkerten die Kohle", erinnert sich Warwick, „doch es war Samstagnachmittag, und die Läden machten erst am Montagmorgen wieder auf. Wir waren ohne Frischfleisch und Gemüse, doch wir liefen dennoch am Sonntagmorgen aus. Es gab eben nur Zwieback und Trockenfleisch. Also schlimmer Fraß bis in die USA."

Die „St Loman" wurde ganz direkt mit den Auswirkungen der U-Boote-Aktivitäten konfrontiert. Sie war noch anderthalb Tage vor Neufundland, als die Wache ein großes Handelsschiff entdeckte, das scheinbar in Schwierigkeiten war. Was sie fanden, war der Shell-Tanker „Diala", dem ein Torpedo den Bug vor dem ersten wasserdichten Schott weggerissen hatte. Bemerkenswerter Weise war die „Diala" bereits am 15. Januar von einem der ersten U-Boote vor der amerikanischen Küste angegriffen worden. Seit fast einem Monat trieb sie auf dem Atlantik – als 8000 Tonnen schweres Treibgut. Warwick: „Wir gingen längsseits und schafften es, alle gefrorenen Hähnchen aus den Kühlschränken der Offiziere zu bergen, was uns bei unseren schmalen Rationen half. Wir nahmen sie in Schlepp und schickten einen Funkspruch nach St. John's, dass sie einen Schlepper schicken sollten."

Die „St Loman" traf Anfang Februar in New York ein. Die Sicherheitsvorkehrungen waren noch immer unzureichend. Warwick:

> „Als wir nach New York kamen, sahen wir einen Zerstörer. Wir richteten unsere Aldislampe auf ihn, doch er nahm keine Notiz von uns. Wir kamen ein wenig näher. Da waren einige kleine Patrouillenboote und wir gaben ihnen Signal. Niemand antwortete. Wir fuhren weiter in die Bucht von New York, doch niemand schien das kleine britische Schiff zur Kenntnis zu nehmen.
>
> Dann kam schließlich von Staten Island ein Leuchtsignal: ‚Kommt hierhin.'
>
> Da sagten wir uns: ‚Endlich hat uns jemand bemerkt.' Und wir fuhren ein.
>
> Ein amerikanischer Offizier kam mit Befehlen für uns, und ich berichtete ihm von unserer Einfahrt in den Hafen von New York. Ich sagte: ‚Es war sehr seltsam, weil niemand irgendeine Notiz von uns nahm.'
>
> Am nächsten Tag meldete ich mich beim Stützpunktkommandeur, der ziemlich aufgeregt darüber war. Er sagte: ‚Sehen sie, die sollen auf Patrouille sein, um einfahrende Schiffe zu melden. Tun Sie mir einen Gefallen. Wenn Sie das nächste Mal da draußen sind und sie Ihnen nicht antworten, schießen Sie sie ab. Ich meine das ernst, schießen Sie sie ab.'
>
> Ich antwortete nur, ‚Ja, Sir, wird gemacht.'
>
> Ein paar Nächte später waren wir draußen und eines der Patrouillenboote schlief offensichtlich wieder. Wir signalisiertem ihm mit der Aldislampe und erhielten keine Antwort. Ein weiteres Signal, keine Antwort. Dann feuerten wir eine Leuchtkugel mit dem Achtzöller, was einen ziemlichen Knall machte. Da wachten alle auf und fuhren volle Kraft voraus in Richtung Jersey-Küste."

Anstatt als Konvoi-Begleitschiff eingesetzt zu werden, wie es Warwick erwartet hatte, wurde die „St Loman" mit der Aufgabe betraut, U-Boote „zu jagen und zu zerstören“ – stundenlange und ergebnislose Einsätze auf offener See. Die Royal Navy hatte diese Taktik in den ersten Monaten des Krieges ebenfalls ohne zählbare Ergebnisse eingesetzt. Die Sinnlosigkeit dieser Einsätze, das erklärte die britische Admiralität ihren amerikanischen Alliierten, war „eine der härtesten Lektionen, die wir lernen mussten“. Es entsprach zwar dem Instinkt eines jeden Marineoffiziers, den Feind zu suchen und zu zerstören, doch 30 Monate Krieg hatten gelehrt, dass es besser war, am Rand des Konvois auf die U-Boote zu warten.

Bei einer seiner ersten Suchfahrten wurde Warwick befohlen, die Bojen der Fischer entlang der Küste von Long Island zu überprüfen.

> „Mir wurde gesagt, dass man vermutete, dass irgend jemand Nachschub für die U-Boote unter den Bojen platzierte. Meine Mannschaft – immerhin die Crew eines Fischtrawlers – und ich wussten genau, was sich unter den Bojen befand. Wir hatten sie aber noch nicht nach oben geholt, weil man uns das übel genommen hätte. Doch als wir das nächste Mal ausliefen, sagte ich, dass wir nun die Genehmigung dafür hätten.
>
> So hoben wir sie aus dem Wasser. Hummernetze befanden sich darunter. Wir nahmen also die Hummer heraus, legten die Köder wieder hinein und warfen die Bojen wieder über Bord. Da lagen nun mehr als 100 Hummer an Deck. Ich meldete, dass sich dort ganz sicher kein Nachschub für U-Boote befand.“

Die Zahlen für den Februar 1942 waren Besorgnis erregend. 154 Schiffe mit insgesamt 680.000 Tonnen waren versenkt worden, die meisten davon im westlichen Atlantik. Churchill besprach die Angelegenheit mit Roosevelt, der ihm versicherte, dass alle Schiffe mit einer Länge von mehr als 25 Metern requiriert würden, und dass es bald „eine ziemlich gute Küstenpatrouille“ geben würde. Das war allerdings längst nicht so beruhigend wie es klang. Zwar war der Bau von 60 neuen Anti-U-Boot-Schiffen angeordnet, doch bis diese fertig gestellt waren, bestand das Rückgrat der „Küstenpatrouille“ aus einer bunten Mischung von Fischerbooten, Yachten und Motorbooten, auf denen begeisterte Amateure Dienst taten. Die „Coastal Picket Patrol“ genannte Flotte ging als „Hooligan Navy“ in die Geschichte ein. Jakob Isbrandtsen, Angestellter einer New Yorker Reederei, hatte sich für den Dienst in dieser Flotte gemeldet: „Ich kannte einige Leute, die schon dabei waren, und die sagten mir, dass die Einsätze in Ordnung waren und die Regierung gut bezahlte – das klang einfach riesig." Isbrandsten und seine Mannschaftskollegen an Bord der Yacht „Edlu" waren fast noch Jugendliche, die zumeist aus Mittelklassefamilien stammten. „Der Sohn des Vorstandsvorsitzenden der Connecticut General Life Insurance, ein gewisser Wilde, war mit an Bord. George Hart war der Sohn eines großen New Yorker Elektroinstallateurs, und der Sohn des Managers des New Yorker Hotel war ebenfalls mit an Bord."

Isbrandtsen übernahm als Bootsmann zweiter Klasse das Kommando auf der „Edlu II". Sein Einsatzgebiet lag vor der Küste Long Islands. Er erinnert sich: „Wir sollten da bleiben, und das U-Boot unter Wasser halten. Dahinter steckte die Idee, dass, wenn man den Ozean mit genügend Booten wie unserem pflasterte, die U-Boote weiter draußen blieben." Es fällt schwer zu sagen, was Isbrandtsen und seine Mannschaft getan hätten, wären sie tatsächlich auf ein U-Boot gestoßen:

> „Bei unserer Fahrt mit der ‚Edlu' besaßen wir nur einen 38er-Revolver, später bekamen wir ein Springfield-Gewehr und ein Lewis-Maschinengewehr, ein Luft gekühltes Ding, das man entweder auf einem Dreibein postierte oder wie ein Gangster im Arm hielt. Später gab man uns eine Wasserbombe, die ungefähr so groß war wie eine Farbdose und einen Zeitzünder besaß. Wir sollten sie bei Bedarf werfen."

Yachten, die so leichtsinnig waren, diese Bombe zu einzusetzen, blieb oftmals nichts anderes übrig, als den nächsten Hafen für Notreparaturen anzulaufen. Dennoch nahm die Mannschaft der „Edlu" ihren Auftrag ernst und entdeckte einmal sogar mit dem primitiven Echolot etwas, das wie ein U-Boot wirkte. Isbrandtsen: „Wir hatten diesen Kontakt und meldeten ihn. Zwei Tage später tauchte ein Zerstörer auf. ‚Wo ist es?', wurden wir gefragt. Uns blieb nichts anderes übrig als zu melden, dass es sich längst verzogen hatte."

Die U-Boote erlebten zum zweiten Mal so etwas wie glückliche Zeiten. Die Jagd erwies sich als so gut, dass man im U-Boot-Kommando alles daran setzte, jedes verfügbare Boot an die amerikanische Küste zu verlegen. Das waren allerdings weniger Einheiten als Dönitz gehofft hatte. Seine wiederholten Bemühungen, Berlin davon zu überzeugen, die U-Boot-Flotte im Atlantik zu konzentrieren, anstatt sie auf die verschiedenen Kriegsschauplätze zu verteilen, fruchteten nichts. Glücklicherweise schaffte man es aber, so viel wie möglich aus den kleineren Booten vom Typ VII herauszuholen, was nicht zuletzt an der Begeisterung der Mannschaften lag, die sich auf die „große amerikanische Truthahnjagd" freuten. Dönitz schrieb später: „Die Besatzungen schritten in ihrem Streben, auch im amerikanischen Seeraum kämpfen zu können, zur Selbsthilfe. Teile der Trink- und Waschwasserstellen wurden von ihnen mit Brennstoff aufgefüllt. Die U-Bootmänner verzichteten aus freien Stücken auf jegliche Bequemlichkeit und packten ihre Boote bis an die Grenze des Zulässigen voll. Die Kojen waren für Wochen mit Proviantkisten belegt. Es gab oft im Bug- und Heckraum zunächst kaum eine Sitzgelegenheit."[7] Im März sollten 20 Boote vom Typ VII und sechs größere vom Typ IX in amerikanische Gewässer auslaufen.

Als erstes der größeren Boote machte sich U-123 unter dem Kommando des neuen Ritterkreuzträgers Reinhard Hardegen auf den Weg. „Als ich nach Amerika unterwegs war, hatte ich das Glück, einen Funkspruch von Dönitz zu empfangen, der mir alle Freiheiten gab. Ich glaube, dass ich damals irgendwie der Liebling von Dönitz war, weil ich bei der Operation Paukenschlag so erfolgreich gewesen war. Es gab also keine Vorgaben, ich hatte freie Hand und beschloss in Cape Hatteras anzufangen, wo ich beim ersten Mal aufgehört hatte."

Hardegen: „Ich war sehr überrascht, als ich dort ankam, weil die Amerikaner begonnen hatten, eine Abwehr aufzubauen. Einige Schiffe fuhren ohne Licht, und die Küste war nur bei den Badeorten erleuchtet. Es gab auch eine erstaunlich große Zahl von kleinen Aufklärungsluftschiffen, die auch Bomben an Bord hatten. Wenn ein Schiff versenkt worden war, tauchten relativ schnell Flugzeuge auf. Sie waren ein wenig aufgewacht."

Als U-123 die Vereinigten Staaten erreichte, hatte es bereits die beiden ersten Schiffe versenkt. Am Abend des 26. März traf das Boot auf sein drittes Opfer, ein enttäuschend kleiner Frachter von vielleicht 3000 Tonnen. Hardegen erinnert sich:

„Ich schoss einen Torpedo ab, und das Schiff schien ein wenig tiefer im Wasser zu liegen. Die Mannschaft ging von Bord, und ich konnte sehen, dass es qualmte, aber es schien nicht zu sinken. Nachdem die Besatzung in den Rettungsbooten war und sich entfernt hatte, befahl ich mit dem Deckgeschütz weiter zu machen. Als wir uns näherten, kam mir etwas sehr seltsam vor. Das Schiff schwamm noch und nahm eindeutig Kurs auf uns. Ich fragte mich, ‚wie ist das möglich? Sie sind doch alle vom Schiff runter.' Dann öffneten sich plötzlich die Luken und sie begannen auf uns zu feuern und warfen Wasserbomben.

Ich drehte mit voller Kraft auf beiden Maschinen ab, was sich als glückliche Maßnahme erwies, denn unsere Diesel entwickelten so viel Qualm, dass sie uns nicht mehr sehen konnten. Dennoch wurden wir einige Male getroffen. Offiziersanwärter Holzer fiel neben mich – sein Bein war schwer getroffen worden und hing in Fetzen herunter. Wir hatten Glück, dass die Druckhülle nicht beschädigt war – nur die Aufbauten. Ich weiß nicht, wie oft wir getroffen wurden. Holzer starb – er war so schwer verletzt, dass eine Amputation nicht möglich war. Ich hatte keinen Arzt an Bord und konnte ihm daher nur Morphium geben, um seine Leiden zu lindern.

Wir näherten uns dem Schiff wieder unter Wasser und schossen einen Torpedo in den Maschinenraum. Als das Schiff sank, sah ich wie Fässer, Holz und Korken aus ihm heraus kamen. Es war eine U-Boot-Falle. Es war mit dem ganzen Zeug beladen, um ein Versenken so schwierig wie möglich zu machen."

Hardegen war von einem der beiden amerikanischen „Q-Schiffe" angegriffen worden. Die USS „Atik" war als Handelsschiff getarnt worden, um U-Boote zu einem Angriff über Wasser zu verlocken. Das war allerdings ihr erster und letzter Kontakt mit einem U-Boot. Kein Besatzungsmitglied überlebte.

Anfang April waren die Gewässer um Cape Hatteras voller U-Boote. Unter der Vielzahl neuer mittelgroßer Boote befand sich auch U-552 unter dem Kommando von Erich Topp. Es war seine erste Feindfahrt vor den Vereinigten Staaten, und er wollte möglichst viel erreichen. Sechs Schiffe in sieben Tagen, darunter vier große Tanker, fielen seinem Ehrgeiz zum Opfer. Die

Boote vom Typ VII wurden vom ersten U-Boot-Tanker, der so genannten „Milchkuh“, unterstützt. Dabei handelte es sich um ein großes Versorgungsboot, beladen mit 700 Tonnen Treibstoff, Lebensmitteln und Torpedos – genug, um zwölf mittelgroße Boote längere Zeit in so weit entfernten Gewässern wie der Karibik einsetzen zu können.

Allfällige Auftankmanöver waren jedoch nicht ohne Risiko. Obwohl sich die Treffpunkte weit von den Küsten entfernt befanden, dümpelten der Tanker und die zu versorgenden Boote währenddessen fast bewegungslos auf dem Meer. In dieser Zeit waren beide faktisch schutzlos gegen Angriffe aus der Luft, doch der neue Enigma-Code stellte sicher, dass dies höchstens mal ein Zufallstreffer sein konnte. Im Frühjahr 1942 war die Existenz der „Milchkühe“ ein deutsches Geheimnis.

Rodger Winn hatte keinen Zweifel, dass Dönitz seine mittelgroßen Boote irgendwie auftanken ließ. Doch wie? Er erkannte nicht, dass sich unter den Aufklärungsunterlagen, die den „Tracking Room“ täglich erreichten, auch ein Bild des ersten U-Boot-Tankers befand, wie er in einem Hafen vor Anker liegt. Doch wegen des „Ultra“-Blackouts gab es keine entsprechenden Hinweise und man identifizierte das Boot als Minenleger. Eine Zeitlang vermutete der Marinegeheimdienst, dass die U-Boote von Tankern vor der mexikanischen Küste versorgt würden. Geheimdienstmann Peter Smithers in Washington wurde mit Nachforschungen beauftragt, doch er fand keine Beweise. Hätte die „Special Intelligence“ noch funktioniert, hätten alle Zweifel ausgeräumt werden können. Man wäre auch in der Lage gewesen, die Amerikaner zu warnen, wo der Schwerpunkt der jeweiligen U-Boot-Angriffe liegen würde.

Aber wie die Dinge lagen, war es Dönitz gelungen, durch einen ständigen Wechsel der Angriffsziele von Nova Scotia bis in die Karibik die Verteidigungskräfte bis an den Rand ihres Zusammenbruchs zu beanspruchen.

Die Zahlen für den März 1942 waren in der Tat Besorgnis erregend: Die britische Admiralität errechnete, dass die Verluste an allen Kriegsschauplätzen bei 273 Schiffen, entsprechend rund 834.000 Tonnen, lagen. Der Löwenanteil war in amerikanischen Gewässern versenkt worden. Mehr als ein Drittel der vor der Ostküste versenkten Schiffe waren Tanker – ein alarmierend hoher Anteil. Die Lage erschien dem Premierminister äußerst kritisch, und er verlangt vom amerikanischen Präsidenten ein „drastisches Einschreiten". In seiner Antwort gestand Roosevelt persönlich ein, dass die amerikanische Marine „nachlässig auf den U-Boot-Krieg vorbereitet war".

Es war eine frustrierende Zeit. Schiffe wurden in Geleitzügen sicher über den Atlantik gebracht, um dann vor der amerikanischen Küste versenkt zu werden. In seinem wöchentlichen Bericht zum 30. März notierte Winn: „Es gibt einige Anzeichen..., dass die Deutschen die Anti-U-Boot-Maßnahmen auf der anderen Seite des Atlantiks eher geringschätzig zur Kenntnis nehmen und die einzige ernsthafte Beschränkung für ihre U-Boot-Einsätze in der Zahl der Torpedos an Bord sehen."[8] Im April wurden Anstrengungen unternommen, die Schiffe auf dem Weg von einem sicheren Ankerplatz zum nächsten zu begleiten, doch das war längst kein vernünftiges Geleitzugsystem. Noch immer strahlte die Ostküste nachts, wie es Hardegen bemerkt hatte, hell erleuchtet und ließ so die Silhouetten der Schiffe hervor treten. Schiffe wurden versenkt und Seeleute ertranken, schrieb der offizielle US-Historiker später, damit die Leute an Land ihrem normalen Leben nachgehen konnten.

Die Lichter an der Küste förderten die Angstgefühle von Männern wie Frank Trubisz, der diese Gewässer befuhr. „Es war", so erinnert er sich, „wie in einer Schießbude. Man war ständig angespannt." Trubisz hatte sich ein Jahr zuvor im Alter von 22 Jahren der amerikanischen Handelsmarine angeschlossen. Die Freiheit und das ungezwungene Leben dort hatten den New Yorker angezogen. „Ich mag es nicht, wenn mir zu viele Typen sagen, was ich tun soll. Auf einem Handelsschiff gab es nicht dieses ‚Yes Sir, No Sir.'"

Trubisz erfuhr von den Schiffsverlusten vor der Küste von einem Mitglied der US-Küstenwache, als er die Schule der Handelsmarine in Florida besuchte. „Sie hielten das ziemlich unter der Decke. Sie erzählten den Leuten, dass es entlang der gesamten Atlantikküste Schutz aus der Luft gab, und dass man alles beobachtete – doch in Wahrheit war da so gut wie nichts, das war alles nur Blödsinn."

Obwohl er von den Verlusten wusste, war Trubisz bereit, auf einem Tanker, der 8000 Tonnen großen „Esso Baton Rouge", anzuheuern. Die Heuer war einfach zu gut. Trubisz: „Sie konnten nicht genügend Kerle auf die Tanker bekommen. Einer sagte mir: ‚Zur Hölle, ich gehe lieber zur Army – das ist sicherer. Stell dir nur mal vor, wie du auf 120.000 bis 140.000 Barrel hochoktanigem Benzin sitzt. Darüber sollte man mal nachdenken!'" Es half

Trubisz, dass er von seinem besten Freund, Billy Scheich, auf die „Baton Rouge“ begleitet wurde.

Ihre erste Fahrt ging von New York nach Baytown, Texas, wo sie 90.000 Barrel Öl laden sollten. Trubisz konnte die Kabine nicht mit seinem Freund teilen, weil Scheich auf der anderen Seite des Schiffs für die Crew im Maschinenraum eingeteilt worden war. In der Nacht des 7. April befand sich die „Esso Baton Rouge“ auf halbem Weg Richtung Heimat vor der Küste Georgias in der Nähe der Insel St. Simons. Trubisz: „In dieser Nacht stand ich an Deck, als Billy kam. Er wusste, dass ich einen Job im Maschinenraum haben wollte, doch in dieser Nacht sagte er: ‚Frank, bleib’, wo Du bist. Bei unserer nächsten Fahrt verlasse ich den Maschinenraum und fahre mit Dir auf Deck.’ Billy ging nach unten und übernahm die 12-Uhr-Wache. Er war für 12 bis 4 eingeteilt. Ich für 4 bis 8. Ich ging nach unten, um zu schlafen, doch es war heißer als in der Hölle, und so nahm ich meine Schwimmweste und legte mich vollkommen bekleidet aufs Deck. Ich muss dann eingeschlafen sein.“ Kurz nach Mitternacht, als Billy Scheich seine Wache begann, wurde der Schatten der „Esso Baton Rouge“ vom Ausguck auf der Brücke von U-123 entdeckt. Hardegen bereitete den Angriff vor.

Frank Trubisz sah nichts von dem sich nähernden U-Boot: „Ich wachte auf dem Deck auf. Es war kalt und feucht, und ich überlegte, ob ich nicht doch nach unten gehen sollte. Dann plötzlich machte es ‚wumm’. Ich weiß nicht, wie hoch ich in die Luft flog – die Explosion war fast genau unter mir. Es haute mich einfach um. Als ich wieder zu mir kam, tat mir die ganze rechte Seite weh. Hat jemand schon mal von schneller Bekehrung gehört? Das erste, was mir über die Lippen kam, war ein ‚Lieber Gott, bitte hilf mir.’ Ich rannte zu den Treppen Richtung Steg und werde wohl nie erfahren, wie ich es geschafft habe, dabei nicht in das riesige Loch zu fallen, das der Torpedo gerissen hatte. Später erzählten sie mir, es sei so groß gewesen, dass drei Schulbusse hätten durch fahren können. Das Wasser lief in dieses Nichts, das einmal der Maschinenraum gewesen war. Es lief so schnell, dass das Schiff bereits Schlagseite bekam, und ich bergauf laufen musste.“ Die Wache auf U-123 konnte beobachten, dass die „Esso Baton Rouge“ mit dem Heck voran unterging. Das Schiff konnte allerdings nicht sehr tief sinken. Das Wasser unter seinem Kiel hatte eine Tiefe von weniger als 15 Metern. Von Schroeter: „Der Torpedo traf den Maschinenraum – in einem Tanker ist dies im Allgemeinen eine tödliche Wunde. Er ist groß, und weil er im Heck liegt, zieht er das Schiff nach unten."

Trubisz gelang es, sich in eins der Rettungsboote zu flüchten, doch musste er erkennen, dass sein bester Freund tot war. „Sie hatten absolut keine Chance in diesem höllischen Maschinenraum. Sie wurden alle getötet." Die Nachricht, dass Scheich vermisst und wahrscheinlich tot war, erreichte seine Familie in Jacksonville zwei Tage später. Die Scheichs standen sich alle sehr nahe. „Mein Vater starb, als ich zehn Jahre alt war, und so waren wir eine dreiköpfige Familie", erinnert sich Billys jüngerer Bruder Louis. „Billy war so eine Art Familienclown."

Die Scheichs lebten in einem alten Holzhaus in unmittelbarer Nähe von einem der schönsten Strände Floridas. Louis: „An jenem Abend saßen wir einfach so herum und redeten über Billy, als kurz nach zehn Uhr der ganze Himmel auf einmal erstrahlte – wie bei einem Blitz. Wir fragten uns, was das gewesen sein konnte. Ich rannte an den Strand und sah dort ein brennendes Schiff."

Das Schiff war der 8000-Tonnen-Tanker „Gulfamerica" auf seiner Jungfernfahrt. Scheich konnte nicht wissen, dass der Tanker gerade von jenem U-Boot angegriffen worden war, das für den Tod seines Bruders zwei Tage zuvor verantwortlich war. Hardegen hatte U-123 auf der Suche nach weiterer Beute in den Süden geführt. Er hatte die „Gulfamerica" mit einem Torpedo getroffen, wollte aber ganz sicher sein: „Sie brannte gewaltig, so dass, wie ich glaubte, kein weiterer Torpedo notwendig war, und ich sie deshalb mit der Artillerie endgültig versenken wollte. Sie lag aber so nahe an der Küste, dass ich sie nicht vom Meer aus beschießen konnte, weil ich nicht riskieren wollte, möglicherweise unschuldige Menschen zu treffen. Ich musste mir also etwas anderes einfallen lassen. Ich musste zwischen Küste und Schiff kommen und dann Richtung Meer schießen. Das war sehr riskant. Wir hatten Seewind, der uns an Land blies, und das auf dem Wasser brennende Öl wurde in unsere Richtung geschwemmt."

Eine Menschenmenge hatte sich am Strand versammelt. „Allen Badegästen hatten wir so auf Kosten Roosevelts eine eindrucksvolle Sondervorstellung gegeben", schreibt Hardegen in sein Kriegstagebuch.[9] An jenem Abend gab es eine große Tanzveranstaltung auf der Pier, doch die Explosion hatte die Nachtschwärmer an den Strand getrieben. Scheich stand unter ihnen: „Im Licht der Flammen konnte man die Umrisse des U-Boots erkennen. Als nächstes sah ich die Leuchtspurmunition, mit der sie auf das Schiff schossen. Ich dachte nur, ‚warum tut er das?' das Schiff brennt doch, die Mannschaft ist hilflos und sie versuchen ganz offensichtlich vom Schiff runter zu kommen." Wir hatten dieses Gefühl der Hilflosigkeit, als der Tanker da draußen brannte und mit Maschinengewehren beschossen wurde. Und wir konnten nichts tun. Ich war sehr zornig. Er war ein blutrünstiger Nazi. Das war mein erster Gedanke. Warum tat er das?"

Von den 48 Männern auf der „Gulfamerica" wurden später 29 gerettet. Es gibt keine Anzeichen dafür, dass Hardegen auf Überlebende gefeuert hat. Er wollte vielmehr ganz sicher gehen. Das Schiff sank auf weniger als 20 Meter Tiefe. Eine Bergung lohnte sich allerdings nicht mehr.

Diese Mal entkam U-123 jedoch nicht unbemerkt. Ein Flugzeug entdeckte das Boot, als es sich in tiefere Gewässer absetzte, und seine Position wurde an einen in der Nähe befindlichen Zerstörer weiter gegeben. „Alarm" wurde ausgelöst, und U-123 ging in einen tiefen Alarmtauchgang. Mit einem heftigen Ruck schlug es auf dem Meeresboden auf. Der Zerstörer näherte sich und warf seine Wasserbomben. Von Schroeter: „Die Maschinen fielen aus, es zischte überall, Wasser drang ein, die Lichter gingen aus. Wir waren in einer wirklich schwierigen Situation. Wir lagen auf dem Meeresboden in 22 Meter Tiefe und konnten nichts unternehmen."

Der Zerstörer kehrte zurück. Hardegen war kurz davor, den Befehl zum Verlassen des Bootes zu geben. Die Mannschaft versammelte sich schon mit Schwimmwesten und Sauerstoffflaschen. In dieser Tiefe bestand noch die Chance, dass sie es lebend schaffen konnten. Hardegen: „Der Kommandant muss im Gegensatz zu anderen Schiffen als Erster raus, weil derjenige, der als Erster das Boot verlässt, meistens sein Leben verliert. Wenn eine Wasserbombe geworfen wird, stirbt er sofort mit einer geplatzten Lunge. Dann bleibt der leitende Ingenieur und organisiert die Flucht der Mannschaft. Er verlässt das Schiff als Letzter. Doch als ich da stand, bereit, den Befehl zu geben, fühlte ich Wasser meinen Rücken herunter laufen. Das war genug –

ich beschloss zu warten. Ich hörte den Zerstörer kommen. Er kam immer wieder, aber er schmiss keine Wasserbomben. Ich weiß nicht warum."

Hardegen konnte nicht wissen, dass der Zerstörer Öl und Teile der Deckaufbauten auf dem Wasser treibend gesichtet hatte. Er glaubte, die Aufgabe sei erledigt. Viele Stunden harter Arbeit an den Dieselmotoren waren nötig, bis sich das U-Boot auf die Heimfahrt machen konnte. Über dieses knappe Entkommen schrieb Hardegen in seinem Kriegstagebuch: „Daß der Feind nicht auf die Mütze des Kommandanten als Beweis (für seinen Treffer) wartete, ist geradezu unfasslich... Es zeigt, wie unerfahren die Abwehr ist."[10]

Louis Scheich besuchte den Strand von Jacksonville bei Tagesanbruch. Es gab keinerlei Spuren mehr von dem Schiff, doch der Strand war von dickem, schwarzem Teer überzogen. Diejenigen, die das Ende der „Gulfamerica" beobachtet hatten, sollten es nie vergessen: „Danach mussten wir Verdunklungsblenden montieren. Kontrolleure patrouillierten in den Straßen. Wir mussten die Hälfte der Autoscheinwerfer schwarz bemalen. Auf dem alten Atlantic Boulevard, damals die einzige Straße zum Strand, standen Wachen, die in den Bus einstiegen und uns kontrollierten. Die Dinge hatten sich verändert." Ende April waren Gemeinden an der ganzen Ostküste auf brutale Art mit dem Krieg konfrontiert worden.

Auf der Heimfahrt bereitete die Mannschaft von U-123 zehn „Tonnenwimpel" vor, die bei der Einfahrt nach Lorient am Periskop gehisst werden sollten. In einem blumigen Gedicht übermittelte Hardegen seine Erfolge an Dönitz.[11]

Hardegen hatte insgesamt zehn Schiffe mit insgesamt 57.150 Tonnen versenkt – eine beeindruckende Leistung. Er war für seine Risikobereitschaft, sich mit dem großen U-Boot nahe an die Küste zu wagen, belohnt worden. Bevor das angeschlagene Boot die Heimat erreichte, erfuhr die Mannschaft, dass Hitler ihrem Kommandanten das Eichenlaub zum Ritterkreuz verliehen hatte.

Frank Trubisz hat dem U-Boot-Kommandanten, der die „Esso Baton Rouge" versenkte, niemals vergeben: „Ich habe sehr bittere Gefühle. Tut mir leid, aber so ist es. Obwohl er nur seinen Auftrag ausgeführt hat. Niemand soll mir erzählen, sie wären keine Nazis gewesen. Weil, wenn du kein Nazi warst, was hattest du hier zu suchen? Was haben sie meinem Leben angetan

– und ich gehöre noch zu den Glücklichen. Ich rede von meinen Nerven. Einige der anderen sind noch schlechter dran als ich. Vor allem die mit Verbrennungen. Doch auch ich habe noch immer Alpträume.“

Im Mai stand das Gerüst eines Geleitzugsystems für die Gewässer an der Ostküste. Während die leitenden amerikanischen Marineoffiziere eher widerwillig von den britischen Erfahrungen lernen wollten, gab es auf dem Wasser keine vergleichbare Ablehnung. Der Kapitän der „St Loman“, Colin Warwick, erinnert sich:

> „Ich nahm den ersten Konvoi von New York nach Norfolk, Virginia. Mit dabei war der Kapitän eines brandneuen amerikanischen Zerstörers. Ich ging zu ihm und erklärte ihm, dass er als Kapitän der amerikanischen Marine den Geleitzug kommandieren sollte.
>
> Er lehnte das ab und meinte, dass wir schließlich zwei Jahre Erfahrung hätten, uns mit dem Geschäft auskannten und dass sie schnell lernen würden. Er stellte sich unter meinen Befehl.
>
> Ich berichtete dies unserem Verbindungsoffizier, einem Kommandanten im Ruhestand, und frage ihn, ob er bereit gewesen wäre, sich unter den Befehl eines ausländischen Marineleutnants zu stellen.
>
> ‚Nein’, sagte er, ‚ich hätte das nicht getan.’
>
> Ich sagte, ‚Nein, Sie hätten sich wahrscheinlich irgendwie herausgeredet.’ Aber die Amerikaner haben damit keine Probleme, und sie werden schnell lernen.“

Das sollte sich bald bewahrheiten. Im April drehten sich die Räder der amerikanischen Industrie auf Hochtouren. Mit dem Programm „60 Schiffe in 60 Tagen“ sollten alle Versäumnisse bei den Anti-U-Boot-Schiffen ausgeglichen werden. Eine Ausbildungsstätte für die U-Boot-Jagd wurde in Florida eröffnet, um dort Rekruten mit den Geheimnissen von ASDIC vertraut zu machen. Und auch der erste Gegenschlag war bereits gelungen. In den frühen Stunden des 14. April überraschte der Zerstörer USS „Roper“ U-85 über Wasser. Sperrfeuer zwang die Besatzung, das Boot zu verlassen. Die „Roper“ beobachtete, wie U-85 mit dem Heck voran versank. Es war der erste Abschuss eines U-Boots in amerikanischen Gewässern.

Bedauerlicherweise lagen die Nerven an Bord des US-Zerstörers blank, und die „Roper“ warf noch elf Wasserbomben über das sinkende U-Boot, die alle Überlebenden im Wasser töteten. Ein solcher Erfolg war allerdings auch ein Grund zum Feiern. Und er bot vielleicht noch viel größere Chancen: Das U-Boot lag in einer Tiefe von nur etwas mehr als 30 Metern. Lebenswichtige geheime Dinge hätten den Alliierten helfen und den „Ultra“-Blackout beenden können. In den folgenden drei Wochen unternahmen amerikanische Taucher deshalb mehrere Versuche, in das Boot einzudringen, doch es lag so unglücklich auf dem Meeresboden, dass alle Anstrengungen scheiterten.

Sobald das Geleitzugsystem eingeführt worden war, begannen sich die Verluste an der Ostküste zu verringern. Eine Genugtuung für die britische Admiralität, die dies seit vielen Monaten gefordert hatte. Dennoch blieben die Verluste auf einem stattlichen Niveau. Im Mai und Juni verlegte Dönitz den Schwerpunkt seiner Angriffe in den Golf von Mexiko und die Karibik. Der Höhepunkt kam im Juni, als die monatlichen Verluste 834.196 Tonnen oder 173 Schiffe erreicht hatten. 144 Schiffe davon waren von U-Booten versenkt worden.

Die Briten waren vor allem wegen der großen Zahl der versenkten Tanker besorgt. 129 allein in den ersten fünf Monaten des Jahres.[12] Anfang Mai sagten die britischen Verantwortlichen eine ernste Ölknappheit mit einer Fehlmenge von zwei Millionen Tonnen zum Ende des Jahres voraus. Die Vereinigten Staaten glichen diese Verluste aus, doch in Washington und London war die Stimmung trotz alledem strapaziert. Die Briten machten dafür in erster Linie ihren amerikanischen Alliierten verantwortlich. Unterstützung kam vom amerikanischen Generalstabschef George Marshall, der am 19. Juni an Admiral King schrieb: „Die durch U-Boote verursachten Verluste vor unserer Atlantikküste und in der Karibik gefährden unsere gesamten Kriegsanstrengungen.“

Churchill überbrachte Präsident Roosevelt die gleiche Botschaft nur wenige Tage später bei der Argonaut-Konferenz in Washington. Die britische Delegation war mit Rodger Winns Prognose über die Größe und Entwicklung der U-Boot-Flotte bewaffnet. Zwischen 15 und 25 U-Boote wurden nach seinen Schätzungen jeden Monat fertig gestellt, was seiner Auffassung nach bedeutete, dass die Flotte am Ende des Jahres mindestens 400 Boote umfassen würde. Und gerade mal sechs Boote waren in sechseinhalb Monaten versenkt worden. Winn war zudem überzeugt, dass die U-Boot-Flotte bald wieder gegen die Geleitzugrouten auf dem Atlantik eingesetzt werden würde. Ein Herumführen der Konvois um die größeren Suchgruppen der U-Boote würde schwierig werden. Ohne „Special Intelligence" fast unmöglich.

Am 11. Mai hatte ein speziell dafür formiertes U-Boot-Rudel den Konvoi ONS 92 auf dem Atlantik entdeckt und sieben Schiffe versenkt.[13] Die Royal Navy bemängelte die Leistung der amerikanischen und kanadischen Begleitschiffe und meinte, der Geleitzug habe schlicht Glück gehabt, ohne weitere Schäden davon gekommen zu sein. Dabei hatte der Erfolg dieser Attacke seine Ursache in einer katastrophalen Sicherheitslücke in der britischen Admiralität: Ihre Codes waren vom deutschen Marinegeheimdienst, dem so genannten B-Dienst, entschlüsselt worden.

Im Mai verfügte der B-Dienst über hervorragende Informationen über die Routen und Auslaufdaten der Nordatlantik-Konvois. Die entscheidende Quelle war der Schlüsselcode 3 der Admiralität, der von allen britischen, kanadischen und amerikanischen Kräften benutzt wurde. Es war ein traditioneller Buchschlüssel, der sich von den deutschen Entschlüsselungsexperten wesentlich leichter knacken ließ als umgekehrt Enigma von den britischen Kollegen. Der B-Dienst hatte nun Zugang zu 80 Prozent des alliierten Funkverkehrs, der mit dieser Verschlüsselung gesendet wurde.

Es war nicht das erste Mal, dass sich die Verschlüsselungen der Admiralität als verwundbar erwiesen hatten. Der B-Dienst hatte die Bewegungen der britischen Marine seit 1935 immer wieder verfolgen können. Der Zugang zu Marineschlüssel 3 beeinflusste das Gleichgewicht der Geheimdienste nun jedoch genau zu dem Zeitpunkt, als der Krieg in die entscheidende Phase trat. Ein geheimer Bericht über britische Codesicherheit, der vom Marinegeheimdienst nach dem Krieg zusammen gestellt wurde, kommt zu dem Schluss, dass „uns dies nicht nur viele Männer und Schiffe, sondern fast auch den Sieg gekostet hätte."[14] Kein Zweifel, der B-Dienst versorgte Dönitz zuverlässig mit dem, was er als „pünktliche und genaue Informationen" bezeichnete.

Der erfolgreiche Angriff auf ONS 92 war erst wenige Tage her, als Dönitz Hitler am 14. Mai in dessen Hauptquartier Wolfsschanze besuchte. Hier wiederholte er seine Einschätzung, dass die gesamte Schifffahrt der feindlichen Mächte als Einheit anzusehen sei. Mit jedem versenkten Tanker verlören die Alliierten nicht nur ein Schiff und das Öl, sie erlitten auch einen Schlag gegen ihren Schiffsbau und die Kriegsproduktion. Die U-Boot-Waffe kämpfe gegen „die Wurzel allen Übels". Das von den Alliierten verkündete Schiffsbauprogramm läge bei 8,2 Millionen Tonnen bis zum Ende des Jahres. Diese Zahl, so Dönitz zu Hitler, sei „wahrscheinlich Propaganda". Um dagegen zu halten, müssten die Achsenmächte 700.000 Tonnen pro Monat versenken, was er für ein „keinesfalls hoffnungsloses" Unterfangen hielt. Bald würden die U-Boote den intensiven Konvoi-Krieg im Nordatlantik wieder aufnehmen, doch diese Aufgabe würde nun mit einer größeren Flotte und der Leitung durch den B-Dienst leichter werden. Alles in Allem erschien die Perspektive „viel versprechend".

Reinhard Hardegen und Erich Topp gehörten in jenem Frühjahr ebenfalls zu Hitlers Gästen in der Wolfsschanze. Er wollte die beiden Helden der „zweiten glücklichen Zeit" persönlich mit dem Eichenlaub zum Ritterkreuz auszeichnen. Bevor Hardegen abreiste, empfing er noch einen gut gemeinten Rat von Dönitz: „Er sagte zu mir, wenn Sie zum Führer-Hauptquarier kommen, müssen sie durch zwei Sicherheitszonen, und wenn Sie die erste verlassen haben, verlassen sie den Boden des ehrlichen Soldatentums und treten auf den glatten Boden der Politik. Rutschen sie nicht darauf aus."

Nach der Auszeichnung wurden Hardegen und Topp zum Abendessen mit Hitler eingeladen:

> „Ich saß zu Hitlers Rechten und Topp zu seiner Linken. Ich war ein wenig verärgert, weil Hitler Milchreis mit Äpfeln und Zimt bekam, was ich durchaus bevorzugt hätte. Wir bekamen jede Menge Fleisch. Doch davon hatten wir genug auf dem U-Boot.
>
> Ich war überrascht, wie gut informiert Hitler über die U-Boot-Waffe war. Er bereitete sich immer vor, und das war seine Stärke. Wenn die Männer kamen, um mit dem Eichenlaub ausgezeichnet zu werden, war er immer sorgsam bedacht, dass sie die richtige Botschaft weiter gaben, nachdem sie gegangen waren. Wenn sie zurückkehrten, wurden sie immer gefragt: ‚Was hat der Führer gesagt?' Und jeder sagte: ‚Er ist so gut informiert, er weiß so viel. Es ist wunderbar.' Und genau das passierte.

> Er ließ ganz bewusst einige Sätze einfließen, die irgendwie in Deinem Gedächtnis haften blieben, und von denen er unterschwellig wollte, dass man sie weiter gab. Damals bemerkte ich das nicht, und als junger Korvettenkapitän war ich, das muss ich gestehen, irgendwie von einem Mann fasziniert, der alles wusste.“

Hardegen, keinesfalls in Ehrfurcht erstarrt, nutzte die Gelegenheit, um sich nachdrücklich für die U-Boot-Waffe einzusetzen:

> „Ich sagte, ‚Mein Führer, Sie blicken ständig nach Osten und stehen mit dem Rücken zum Meer, dabei ist dieser Krieg ein Seekrieg. Er wird auf See entschieden, dort gewonnen oder verloren, und nicht an Land. Wenn Sie mit dem Rücken zum Meer stehen und nur auf Land blicken, dann funktioniert das nicht.’ Die Admirale und Generale, die mir gegenüber saßen, waren wirklich erstaunt und blickten mich peinlich berührt an.
>
> Als Hitler aufstand und nach draußen ging, sagten alle ‚Gottseidank’, weil sie nun ihre Zigaretten oder Zigarren anzünden durften. Das durfte man nicht in Hitlers Gegenwart, weil er Nichtraucher war. Dann gingen wir in den anderen Raum und feierten mit Sekt. Die älteren Offiziere sagten mir, ich sei ziemlich impertinent gewesen. Ich fragte, warum, der Führer muss die Wahrheit erfahren. Ich muss sagen, was ich denke. Er fragte mich, und ich musste es ihm sagen.“

Es scheint, dass sich Hitler einiges, was dieser junge Besucher gesagt hatte, zu Herzen nahm. Er war derart von den Erfolgen seiner U-Boot-Kommandanten in dieser „zweiten glücklichen Zeit“ beeindruckt, dass er angeblich vorhergesagt haben soll, dass das U-Boot am Ende „den Ausgang des Krieges entscheiden“ könne.

KAPITEL NEUN

DIE SARDINENBÜCHSE

Im Sommer 1942 glaubte Karl Dönitz, über eine U-Boot-Flotte zu verfügen, die groß genug war, um den entscheidenden Schlag gegen die Alliierten im Atlantik zu führen. Der Ausblick war in der Tat viel versprechend: Ungefähr 330 Boote befanden sich im Juli im Dienst, darunter fast 140 Frontboote, und die Flotte wuchs zudem Monat für Monat um ein gutes Dutzend. Nach den Atem beraubenden Erfolgen in den amerikanischen Gewässern war das Selbstvertrauen der Mannschaften kaum zu überbieten. Dönitz hielt die Zeit reif für eine Rückkehr zum Geleitzugkrieg. Die Boote waren zwar in amerikanischen, afrikanischen und arktischen Gewässern eingesetzt worden, doch Dönitz war der festen Überzeugung, dass die endgültige Entscheidung ausschließlich im Nordatlantik fallen würde. Die am meisten befahrenen Konvoirouten führten hier durch. Sie waren aus britischer Sicht noch immer die wichtigsten Verbindungen in Richtung Westen, schließlich sollten über sie auch Soldaten und Waffen für den Angriff auf das von Deutschland besetzte Europa transportiert werden. Dönitz war nun in der Lage, eine ständige Präsenz seiner U-Boote im nordatlantischen Einsatzgebiet aufrecht zu halten. Größere Gruppen konnten entlang der Konvoirouten eingesetzt werden, und ihre Suche nach Zielen war dank der ständigen Informationen des B-Dienstes leichter geworden.

Dass diese neue Kampagne allerdings schwierig und hart umkämpft sein würde, wurde von den ersten Schüssen an deutlich. Im Juni war ein U-Boot-Rudel gebildet worden, um einen von Gibraltar nach Großbritannien fahrenden Geleitzug anzugreifen. Fast sechs Monate waren seit dem letzten Angriff auf dieser Route vergangen. Beim Kampf um HG 76 waren seinerzeit zudem fünf Boote versenkt worden, darunter U-567, das vom Eichenlaubträger Engelbert Endraß kommandiert wurde. Es gab also noch eine alte Rechnung zu begleichen. Konnte es einen besseren Ort geben, um zu zeigen, dass die U-Boot-Waffe fest entschlossen war, den Konvoikrieg zu gewinnen? Unter den neun Booten der Gruppe „Endraß" befand sich U-552, der „Rote Teufel", kommandiert von Erich Topp. Das Ziel der Gruppe war HG 84: 23 Handelsschiffe, die von gerade einmal vier Begleitschiffen aus der Gruppe von Kapitän „Johnny" Walker geschützt wurden. Es waren Walkers Schiffe gewesen, die Endraß versenkt hatten. Dieses Mal war das Schutzschild so klein, dass die U-Boote einen klaren Vorteil zu haben schienen.

U-552 entdeckte den Geleitzug als erstes Boot. Topp machte sich auf die Jagd und gab ein Leitsignal für die anderen Boote. Die Verfolgung erwies sich als schwierig, weil bald deutlich wurde, dass die kleine Begleitflotte außerordentlich aktiv war. Topp schaffte es dennoch, den Kontakt aufrecht zu halten. „Im Juni sind die Tage lang", schrieb er in seinen Erinnerungen. „Vor Mitternacht kamen wir nicht zum Angriff... Wo die See von dem Bug der Schiffe und Boote von ihren Schrauben aufgewühlt wurde, leuchtete das Wasser in silbrig-goldenen Kaskaden und Bahnen – Meeresleuchten. Wir konnten in 3000 Meter Entfernung kaum die Silhouetten der Schiffe erkennen, aber um so besser die Spur des Kielwassers. Unser Boot zog ebenfalls eine leuchtende Spur."[1] Topp brachte sich aber dennoch in eine Angriffsposition:

> „Vier Torpedos aus vier Bugrohren auf vier Ziele, Drehen des Bootes um 180 Grad für den fünften Torpedo aus dem Heckrohr. Drei Minuten Laufzeit sind endlos, wenn man auf die möglichen Treffer wartet und wenn man von einer Korvette gejagt wird, die kurz nach dem Angriff aus den Bugrohren, als das Boot beim Drehen zum Schuss aus dem Heckrohr die breite Silhouette zeigen musste, auf uns mit Höchstfahrt zudrehte... Ich hatte bereits die Brückenwache nach unten geschickt, das Boot war klar zum Alarmtauchen. Es war mir klar, dass, wenn ich jetzt zum Tauchen gezwungen wurde, das Boot eine schwere Wasserbombenverfolgung erleiden würde... Es klingt beinahe unglaublich,...als der Kontakt bei etwa 500 Meter abriss, glaubte der Operator, dass das Ziel getaucht war. Eine Wasserbombenverfolgung hatten wir noch nie in sicheren Abstand erlebt."[2]

Topp konnte beidrehen und seine Torpedorohre neu laden, doch den anderen Booten erging es schlechter. Ein Boot war stark beschädigt und der Rest in die Flucht geschlagen worden. Nur U-552 gelang es, den Schutzschild zu überwinden. Topp näherte sich wieder dem Geleitzug, feuerte eine Salve von fünf Torpedos, von denen zwei ihr Ziel fanden, so dass er insgesamt fünf Schiffe versenkt hatte. Später in der Nacht durchlitt U-552 einen schweren Wasserbombenangriff, bei dem ein Treibstoff-Tank leck schlug. Das Boot zog nun eine verräterische Ölspur hinter sich her. Für Dönitz war dies eine enttäuschende Rückkehr von der Feindfahrt. Nur einem von neun Booten war ein erfolgreicher Angriff auf einen Geleitzug gelungen, der von gerade vier Schiffen beschützt wurde.

Nicht viel anders verlief Topps nächster Einsatz. Im Juli bildete der „Rote Teufel“ zusammen mit neun anderen Booten eine Linie zwischen Island und Grönland, wo sich die Konvois außerhalb der Reichweite alliierter Flugzeuge bewegten. Doch in einem Monat gelang es der Gruppe „Wolf“, gerade mal drei Schiffe zu versenken, die zudem alle auf Topps Konto gingen. Am 3. August verfügte Topp nur noch über einen Torpedo, hing aber dennoch in der Hoffnung auf einen letzten Abschuss an diesem Geleitzug. Den atlantischen Nebel nutzend, machte er seinen letzten Torpedo abschussbereit. Was danach geschah, beschreibt er in seinen Erinnerungen:

> „Ich hatte mich nach einem Blick auf die Seekarte hingelegt, der Leitende Ingenieur sich nach pausenlosem Einsatz auf ein stilles Örtchen abgemeldet – da, ein Schrei auf der Brücke: Alarm! Die Alarmklingel schrillt auf. Schlaftrunken springe ich hoch, in die Zentrale. Die Brückenwache fällt mir aus der Turmluke entgegen, einer über den anderen... der leitende Ingenieur hastet heran, springt an eines der Ventile. Ich sehe in das entsetzte Gesicht des Obersteuermannes der als Letzter den Niedergang von der Brücke herunterfällt. ‚Zerstörer' schreit er.“[3]

Die kanadische Korvette „Sackville“ tauchte plötzlich 50 Meter vor dem Boot aus dem Nebel auf – entschlossen, U-552 zu rammen. Ihr Bug verfehlte es nur um fünf Meter. Während das U-Boot verzweifelt versuchte, abzutauchen, setzte die Korvette alles ein, was sie hatte. „Zwei Geschosse trafen ausgerechnet die roten Teufel auf dem Kontrollturm", erinnert sich Topp. Schon während des Abtauchens nahm die „Sackville" wieder Kontakt auf und verfolgte U-552 mit Wasserbomben. Später berichtete sie, dass man ein Boot mit zwei Teufeln auf dem Kommandoturm versenkt hätte. Doch Topp war noch sehr lebendig, wenn auch ziemlich angeschlagen: „Unsere Funkanlage war defekt, so dass wir keine Funksprüche an das Hauptquartier senden konnten. Wir hatten noch zehn bis zwölf Tage bis St. Nazaire. In der Zwischenzeit erreichte die Behauptung der ‚Sackville', dass man uns versenkt hätte, unsere Familien. Sie waren natürlich am Boden zerstört. Als wir dann in St. Nazaire einliefen, hatten wir einen tollen Empfang. Meine Familie erfuhr aus dem Radio, dass wir von den Toten wieder auferstanden seien."

Für alle Mitglieder der Gruppe „Wolf" war es ein durchwachsener Einsatz gewesen. Ein Boot war versenkt und drei beschädigt worden. Und die Begleitschiffe hatten die U-Boote selbst im dichten Nebel entdeckt. Dafür konnte es nur eine Erklärung geben: Die alliierten Begleitschiffe mussten nun über Radar verfügen.

Warum Dönitz und sein Stab bis zum Sommer 1942 benötigten, um zu diesem Schluss zu kommen, ist ein Mysterium. Die Alliierten hatten ihre Schiffe bereits seit zwei Jahren mit Radar ausgerüstet. Es hatte bereits bei der Versenkung von Schepkes U-100 im März 1941 eine Rolle gespielt. Dennoch schrieb Dönitz am 5. Juli 1942 in sein Kriegstagebuch, „dass es noch keine abschließende Beweise für feindliche Überwasser-Ortung gibt. Dass Boote gesichtet und vertrieben wurden, lag in vielen Fällen an mangelnder Vorsicht der unerfahrenen Mannschaften..."[4] Doch die Beweise konnten schlüssiger nicht sein. Niemand hätte gewagt, Topp und seine Mannschaft als „unerfahren" zu bezeichnen.

Es entwickelte sich auch ein schleichendes Bewusstsein, dass U-Boote immer dann angegriffen wurden, nachdem sie Sicht- oder Positionsfunksprüche gesendet hatten. Einige der erfahrensten Kommandeure waren überzeugt, dass die alliierten Begleitschiffe über irgendein Funkpeilgerät verfügten. Der Kommandanten von U-94 schrieb in jenem Sommer in sein Kriegstagebuch:

> „9. Juni 1942: 16.45 bis 17.15 übermittle Leitsignale. Kurz darauf wird Korvette mit direktem Kurs auf uns gesichtet. Sie kann uns nicht

mit irgendwelchen visuellen Mitteln geortet haben. Bei zwei früheren Gelegenheiten näherten sich mir feindliche Begleitschiffe, nachdem ich Funksignale gegeben habe...
12. Juni: 02.45. Konvoi direkt vor uns. Übermittle Sichtungsmeldung und Leitsignal. 03.20 eine Korvette und ein Zerstörer halten Kurs direkt auf mich. Ich beende Funkverkehr und 15 Minuten später drehen die Schiffe ab und kehren zum Konvoi zurück. Ich vermute kein Radar, denn ich hätte das bei der Verfolgung und den Angriffen in den vergangenen Tagen entdeckt...“[5]

Wenn solche Vermutungen also zutreffen sollten, dann war das in der Tat Besorgnis erregend, denn die Gruppentaktik verlangte nach regem Funkverkehr zwischen den U-Booten und dem Hauptquartier. Zu diesem „ständigen Geschwätz“, wie es ein älterer britischer Marineoffizier später einmal nannte, gab es keine Alternative. Dönitz und sein Stab sahen nur widerwillig ein, dass sie gleich zwei Mal irregeführt worden waren. Sie waren zwar bereit, die Existenz von Radar zu akzeptieren, fanden aber keine abschließenden Beweise dafür, dass die Begleitschiffe auch noch mit Funkpeilgeräten ausgerüstet waren. Tatsächlich hatten die Alliierten bereits im Sommer zuvor begonnen, die Schiffe mit so genannten Huff-Duff-Apparaturen zur Funkpeilung auszurüsten – eine Neuerung von unschätzbarem Wert. Eine Peilung konnte von einem Funksignal eines U-Bootes genommen und ein Schiff mit der Verfolgung betraut werden. Die Alarmglocken hätten im U-Boot-Kommando eigentlich laut schrillen müssen, als Boote in einiger Entfernung von den Geleitzügen und außerhalb der Radarreichweite angegriffen wurden. Es gab auch viele entsprechende Warnungen von erfahrenen U-Boot-Männern wie Jürgen Oesten, dem ehemaligen Kommandanten von U-61 und U-106: „Es war ziemlich offensichtlich, dass der Zerstörer die Peilung von unseren Kurzwellenmitteilungen nehmen konnte. Doch als wir zum Stab kamen und davon berichteten, lachten die nur und erklärten, ‚das ist unmöglich. Das kann nur mit einem ausgefeilten Antennensystem an Land geleistet werden. Das geht von einem Schiff aus nicht.‘“

Doch in jenem Sommer gab es für das U-Boot-Kommando noch andere unangenehme Überraschungen. Die Biskaya war wie ein 400 Meilen breiter Trichter, den die U-Boote auf dem Weg zu und von ihren Einsätzen passieren mussten. Die Alliierten waren darauf aus, diese Passage so schwer wie möglich zu machen. Im Frühjahr 1942 musste das U-Boot-Kommando eine erstaunliche Zunahme der Tagesangriffe zur Kenntnis nehmen. Flugzeuge tauchten ohne jede Warnung am Himmel auf. Wie hatten sie es geschafft, die U-Boote zu orten und sich ihnen unbemerkt zu nähern? Diese Frage wurde noch in jenem Sommer zweifelsfrei geklärt.

In der Nacht des 13. Juli befand sich U-159 nach einem außerordentlich erfolgreichen Einsatz in der Karibik auf der Heimfahrt. Sein Kommandant war der 27-jährige Helmut Witte, der seine „Lehrzeit" als Wachoffizier bei Günther Hessler, dem Schwiegersohn von Dönitz, an Bord von U-107 verbracht hatte. Um einen Zusammenstoß mit alliierten Flugzeugen zu vermeiden, kreuzte er die Biskaya, wie es allgemein üblich war, in der Nacht:

> „In jener Nacht fuhren wir mit voller Kraft, als wir plötzlich vom riesigen Scheinwerfer eines Flugzeugs erfasst wurden, das sich uns im rechten Winkel näherte. Das Luftabwehrgeschütz wurde besetzt, und wir feuerten auf das Cockpit. Ich machte eine scharfe Drehung, als er seine drei Wasserbomben direkt neben dem Boot abwarf – sie waren verdammt nahe. Wir sahen, wie er abdrehte und tauchten dann. Im Boot herrschte totales Chaos: Der Funkraum war im Quartier des Kapitäns und das Kapitänsquartier im Funkraum. Wir wussten nicht, was geschehen war. Was wir mit Sicherheit sagen konnten, war, dass uns ein Flugzeug zum ersten Mal in der Nacht angegriffen hatte und direkt auf uns zu gekommen war. Wir erfuhren später, dass in jener Nacht zwei Boote zerstört worden waren. Wir mussten fast die Hälfte der Batterien überbrücken – sie waren fast alle zerbrochen -, um wenigstens eine Notbeleuchtung zu haben."

Nun war der Beweis erbracht, dass auch die alliierten Flugzeuge über Radar verfügten. Der kleine, dunkle Schatten eines U-Boots war in der Nacht so gut wie unsichtbar, dennoch hatte ein Flugzeug des Küstenkommandos U-159 gefunden und fast versenkt. Das Zusammenwirken von Radar und den so genannten „Light"-Scheinwerfern, mit denen die Flugzeuge nun ausgerüstet wurden, bedrohte die Grundlage der von Dönitz entwickelten Strategie. „Das Flugzeug war plötzlich ein sehr gefährlicher Gegner geworden", schrieb er später. „Unsere gesamte Kriegsführung... würde in stark luftüberwachten Gebieten nicht mehr möglich sein. Gelang es den beiden Seemächten, alle Seegebiete, z.B. den ganzen Atlantik mit Flugzeugen dauernd zu überwachen, so mussten die Beweglichkeiten der U-Boote und ihre gemeinsamen Angriffe über Wasser zum Erliegen kommen."[6]

Wenn Dönitz diese Bedrohung als „plötzlich" beschreibt, so ist das höchst irreführend. Er brauchte viel Zeit, um zu akzeptieren, welche Rolle Flugzeuge in einem Seekrieg spielen würden, und zudem noch zu realisieren, dass sie über Radar verfügten. Die Briten hatten bereits in den ersten Kriegsmonaten begonnen, ihre Flugzeuge mit Radar auszurüsten. Und die Radartechnologie war auch den Deutschen keineswegs unbekannt. Die Wissenschaftler im Reich hatten bedeutende Fortschritte bei der Entwicklung ihrer eigenen Anlagen gemacht. Bereits 1938 hatte ein U-Boot-Kommandant versucht, mit Dönitz über die mögliche Bedrohung durch Radar zu diskutieren, wurde aber nicht zur Kenntnis genommen.[7] Am Vorabend des Krieges verwarf das Hauptquartier eine Version für den Einsatz in U-Booten, weil man es für zu sperrig und unzuverlässig hielt.[8]

Dönitz war derart über den Lauf der Ereignisse besorgt, dass er um eine Gelegenheit bat, sich über den Rundfunk an die deutsche Öffentlichkeit zu wenden. Sechs Monate lang hatte man ausschließlich Erfolgsmeldungen vernommen, jetzt mussten die Deutschen auf die neuen Bedingungen im Krieg gegen die Geleitzüge vorbereitet werden. Dönitz überließ das Reden im Allgemeinen seinen jungen Assen. Die Öffentlichkeit wollte Geschichten von wagemutigen Aktionen, von versenkten Schiffen und ausgetricksten britischen Zerstörern hören. Doch am 27. Juli 1942 sprach der Admiral persönlich von schwierigen Zeiten, die vor den Männern lagen. Die leichten Erfolge der vergangenen Monate waren nicht mehr möglich, die Abwehr des Feindes stärker, und die Öffentlichkeit musste auf größere Verluste vorbereitet werden.[9]

Im Mai hatte Dönitz Hitler versichert, dass die U-Boot-Waffe „Vertrauen in ihre Ausrüstung und Glauben an ihre Kampffähigkeit" hätte. Doch die Entdeckung der technischen Fortschritte bei den Alliierten nur wenige Wochen später erschütterte dieses Vertrauen. Hinzu kam ein Versagen der Führung. Dönitz und sein Stab hatten es versäumt, auf die ersten warnenden Anzeichen zu reagieren. Die Bedrohung durch kombinierte Flotten- und Luftunterstützung war bereits Ende 1941 beim Angriff auf HG 76 demonstriert worden, doch daraus wurden keinerlei Konsequenzen gezogen. Die Angriffe gegen die Geleitzüge wurden mit den gleichen Booten und der gleichen Taktik weiter geführt.

Es ist durchaus überraschend, dass ein so effektiver und seiner Sache so sehr verschriebener Offizier wie Dönitz ein Hauptquartier leitete, das derart planlos und willkürlich agierte. Bis zum Frühjahr 1942 befand sich das U-Boot-Hauptquartier im Schloss Kernével, dem Haus eines Sardinenhändlers am Rande von Lorient, das wegen seiner Größe im Volksmund „Sardinenbüchse" genannt wurde. Von hier aus lenkten Dönitz und ein halbes Dutzend Stabsoffiziere die Atlantikschlacht.

Einer der sechs Offiziere war sein Schwiegersohn Günther Hessler. Wie er waren viele dieser Offiziere ehemalige Kommandanten, die, bevor sie ihre Posten an Land übernahmen, hoch dekoriert an der Front gedient hatten. Doch die Begabung, Schiffe versenken zu können, war in Kernével nur von begrenztem Nutzen. Der Stab war von Dönitz seinen Methoden entsprechend ausgebildet worden und voller Begeisterung. Ihre Stärken waren seine Stärken. Sie waren gut, wenn es darum ging, kühne Entscheidungen für Einsätze zu treffen, aber schwach im Erkennen neuer Wendungen im Kriegsgeschehen. Und es widerstrebte ihnen, sein Urteil in Frage zu stellen.

Helmut Witte stieß erst später im Krieg zum Stab und erinnert sich, wie schroff Dönitz mit denjenigen umsprang, die nicht seiner Meinung waren: „Er hatte einen sehr klaren, rauen Führungsstil. Kurz und bündig. Er beschränkte sich stets auf die wichtigsten Punkte. Er konnte sehr sarkastisch, mitunter aber auch humorig sein." Debatten wurden angeregt, aber Dönitz bestimmte unweigerlich deren Ergebnis.[10]

Nach dem Krieg machten Dönitz und sein Stab die schlechten Ratschläge der „Experten in Berlin" dafür verantwortlich, dass man mit den technischen Fortschritten der Alliierten nicht Schritt halten konnte. Doch seine Entscheidung, mit einem minimalen Stab zu arbeiten, bedeutete für jedes Mitglied eine kaum zu bewältigende Belastung. Im Sommer 1942 gab es unter dem Druck der alltäglichen Kriegführung keine Zeit mehr, die Qualität der Geheimdienstnachrichten und technischen Berichte zu beurteilen. Ein Mitglied des sechsköpfigen Stabs erinnerte sich, dass er mehr als einmal vor Müdigkeit in sein Kopfkissen heulte. Ironischer Weise war die Größe des Stabs ursprünglich einmal aus Sicherheitsgründen reduziert worden, obwohl zu jener Zeit der wahre Spion die Enigma-Maschine in den eigenen Reihen war.

Es fällt schwer, sich des Eindrucks zu erwehren, dass die Arbeits- und Funktionsweise des Hauptquartiers von etwas geprägt war, was ein Historiker einmal als „inspirierte Improvisation“ bezeichnet hat. Hans-Jochen von Knebel Doeberitz, der 1940 als Adjutant bei Dönitz diente, erinnert sich, wie er Stunden im Hauptquartier damit verbrachte, Befehle auf der Schreibmaschine zu tippen: „Ich war nur ein Zweifinger-Schreiber“, gesteht er. Nachdem die Befehle geschrieben waren, wurden sie überprüft und dann mit wasserlöslicher Tinte, die verhindern sollte, dass sie beim Untergang eines Bootes in feindliche Hände fallen konnten, auf eine Matritze geschrieben. „Es war ein Witz, wie primitiv das Ganze war. Während sechs Monaten hängte ich die Befehle in meiner kleinen Stube zum Trocknen auf. So war das – wir taten die Dinge, so gut wir eben konnten.“

Dass dabei Fehler gemacht wurden, verwundert kaum. Ein besonders gefährlicher betraf einen Peilungsempfänger, der in der Lage war, Radarsignale zu orten. Nachdem fest stand, dass die alliierten Flugzeuge Radar einsetzten, begann man sofort damit, die U-Boote mit diesem Empfänger auszurüsten. Glücklicherweise benötigte man hierfür keine aufwändige Entwicklungsarbeit – das bereits existierende französische System „Metox“ konnte Signale aus einer Entfernung von 30 Meilen empfangen, was den Booten ausreichend Zeit zum Tauchen gab.

Im August 1942 hatte Horst von Schroeter Hardegen auf U-123 abgelöst. Mit 23 Jahren war er einer der jüngsten Kommandanten eines Frontbootes. Er erinnert sich, dass „Metox“ unhandlich und schwierig zu handhaben war:

> „Das war ein hölzerner Rahmen mit einer kreuzförmigen Antenne. Wir nannten es ‚Biskaya-Kreuz‘. Ein Kabel führte durch die Turmluke ins Boot zu einem Empfänger im Funkraum. Wenn es etwas entdeckte, läutete ein Alarm, und alles musste so schnell wie möglich nach unten ins Boot geschafft werden.
>
> Als wir einmal von einem Einsatz kommend die Biskaya unter Wasser durchquerten, kam aus dem Funkraum plötzlich der Schrei

‚entdeckt'. Das konnte nicht stimmen, weil das unter Wasser unmöglich war, doch es zeigte uns, dass das Kabel gebrochen war. Und wenn die beiden Enden aneinander stießen, konnte man im Empfänger ein Geräusch hören, als ob Dich irgendwo Radar suchte. So primitiv war der Detektor, doch im Allgemeinen funktionierte er."

Eine Zeit lang bot „Metox" den U-Booten eine gewisse Sicherheit gegen Überraschungsangriffe aus der Luft. Daher ist es um so erstaunlicher, dass Dönitz das System ein Jahr später wieder aufgab. Diese Entscheidung wurde getroffen, nachdem ein gefangen genommener britischer Pilot den deutschen Vernehmungsoffizieren seine Geschichte aufgetischt hatte. Alliierte Flugzeuge, so berichtete er, setzten kaum noch ihr Radar ein, weil sie in der Lage seien, anhand der „Metox-Strahlung" Boote bis zu einer Entfernung von 90 Meilen zu orten. Das war nichts als eine geschickte Täuschung und machte die U-Boote eine Zeitlang wieder verwundbar für Überraschungsangriffe.[11] Für Dönitz war die „Metox-Strahlung" eine mögliche Erklärung für die „bis jetzt mysteriösen und unerklärlichen Phänomene", die offensichtlich die U-Boot-Waffe heimsuchten, „wie die Umfahrungen der U-Boot-Stellungen und unsere Verluste auf offener See".

Diese Episode zeigt, wie wenig die „Berliner Experten" von den alliierten Radarfortschritten wussten. Die wissenschaftliche und technische Entwicklung im Reich litt unter der primitiven Spießbürgerlichkeit der Nazis. Auch die fähigsten Köpfe mussten an der Front ihren Dienst für das Vaterland leisten, selbst wenn ihre Talente an anderer Stelle besser hätten eingesetzt werden können.

Dass es gefährlich war, zu viel Vertrauen in die Spezialisten der Kriegsmarine zu setzen, zeigte sich exemplarisch an der „Torpedo-Krise". Nach drei Kriegsjahren hatten die U-Boote ihre wichtigste Waffe noch immer nicht vollständig im Griff. Zahllose alliierte Schiffe entkamen ihrem Schicksal, weil fehlerhafte Torpedos von den Rümpfen wirkungslos abprallten oder unter ihnen her liefen. Im Frühjahr 1940 wurde die Situation derart prekär, dass Dönitz wegen der häufigen Defekte seine U-Boote aus dem Norwegen-Einsatz abziehen musste. Nachforschungen brachten eine ganze Reihe von Defekten zutage. Einer betraf den Zündmechanismus, ein weiterer die Neigung der Torpedos, zu tief abzusinken. In der Torpedo-Inspektion der Marine rollten Köpfe und Verbesserungen wurden vorgenommen. Doch die reichten nicht aus – die Probleme blieben. Sie wurden erst zum Ende des Jahres 1942 gelöst. Bis dahin waren die Torpedos im Allgemeinen nicht zuverlässiger als die im Ersten Weltkrieg eingesetzten.

Dönitz und sein Stab können nicht für die Inkompetenz der Torpedo-Ingenieure verantwortlich gemacht werden, doch sie tragen eine Mitverantwortung dafür, dass sich über drei Jahre an der Situation nichts Wesentliches änderte. Es war unvermeidlich, dass die Entscheidung, das U-Boot-Oberkommando an der Front in Frankreich einzurichten, seinen Stab von den Debatten über technische und strategische Entwicklungen in Berlin weit gehend ausschloss. Im September 1942 schrieb Dönitz an Großadmiral Raeder und beklagte sich, dass er „aus reinem Zufall von bestimmten Waffenentwicklungen erfahren hatte, die von lebenswichtiger Bedeutung für den U-Boot-Krieg sein könnten". Es war schlicht unglaublich, solche Angelegenheiten dem „reinen Zufall" zu überlassen, wenn, wie Dönitz überzeugt war, „der Kriegsausgang davon abhängt, die neuesten technischen Entwicklungen anzuwenden, um den U-Booten zu helfen, der ständig wachsenden Bedrohung durch feindliche Anti-U-Boot-Geräte zu begegnen". Dies zeigte Dönitz aber schließlich „den Mangel an Koordination zwischen den operativen Interessen und den experimentellen Institutionen". Es gab durchaus unabhängige Wissenschaftler und Ingenieure, die Dönitz mit technischer Unterstützung hätten helfen können, doch Zivilisten waren im U-Boot-Kommando nicht gerne gesehen.

Das Ergebnis all dessen war ein riesiges technisches und informatives Defizit im Führungszentrum der U-Boot-Einsätze. Dönitz war ein brillanter Frontkommandant, der seine Männer zu großen Opfern motivieren konnte. Seine Zielstrebigkeit und sein Urteilsvermögen wurden von Hitler bewundert. Doch im Sommer 1942 trieb ihn die Kriegsentwicklung in ein gefährliches Fahrwasser.

In bemerkenswertem Gegensatz zur „Sardinenbüchse" und der kleinen Mannschaft, die dort agierte, verwendeten die Alliierten riesige technische und operationelle Ressourcen auf das Aufspüren und Zerstören der U-Boote. Die Stäbe, die in der Admiralität in London und dem Liverpooler Hauptquartier den westlichen Seeabschnitt bearbeiteten, hatten ihr Gegenüber auf der anderen

Seite des Atlantiks in der US-Navy und der Königlichen Kanadischen Marine. Dort waren mehrere Tausend Männer und Frauen mit dem Sammeln von Nachrichten, technischer Entwicklung und Ausbildung beschäftigt. In Großbritannien kümmerte sich Premier Winston Churchill – der stark seinem Berater Professor Frederick Lindemann vertraute – darum, dass das Netz der Admiralität so weit gespannt war, dass alle, die helfen konnten, dies auch taten. Die Rolle der Zivilisten in Bletchley Park ist zeithistorisch gut dokumentiert. Weniger bekannt ist dagegen die wichtige Arbeit, die von Zivilisten innerhalb der Admiralität und des Küstenkommandos der Air Force geleistet wurde. Die Entwicklung von Radaranlagen, die nachts den schwarzen Schatten einer U-Boot-Hülle im Atlantik orten konnten, zeigt deren Erfolg.

Ein großer Teil der Entwicklungsarbeiten war bereits vor Kriegsausbruch geleistet worden. Einer der mit dieser Aufgabe betrauten Männer war der junge Wissenschaftler Robert Hanbury Brown. Das Luftfahrtministerium hatte ihn 1936 angesprochen, als Brown noch am College war. Er wurde gebeten, sich einem Forschungsteam um Dr. Edward Bowen anzuschließen. „Ich hörte von der Radartechnik schon einen Tag nachdem ich zur Gruppe gestoßen war", erinnert er sich. „Ich glaube, wir waren damals sieben und das einzige Team auf der Welt, das an einem Radar für Flugzeuge arbeitete." Ende 1939 war die Bowen-Gruppe in einem zugigen Hangar der RAF Maintenance Unit 32 in Südwales untergebracht. Wenn man bedenkt, dass diese Arbeit von allerhöchster Bedeutung für die Kriegführung war, dann waren die Bedingungen äußerst primitiv. Während des Winters 1939/1940 landeten dort ständig Flugzeuge, um mit den ASV-Mk1-Radar ausgerüstet zu werden. Parallel dazu hatten bereits die Entwicklungen für eine verbesserte Version (MkII) begonnen.[12] Damals erhielt Bowen einen ungewöhnlichen Anruf. Einer der wichtigsten Offiziere der Marine, Vizeadmiral Sir James Somerville, hatte die Gruppe in ihrem abgelegenen Hangar ausfindig gemacht. Hanbury Brown erinnert sich:

„Gott weiß, wie er uns entdeckt hat, doch er schaffte es. Bowen kam zu uns und sagte, ‚Admiral Somerville will von uns wissen, ob wir ein U-Boot orten können, getrimmt oder nicht getrimmt.'

Ich fragte, ‚was bedeutet das?'

Bowen antwortete, ‚nun – ich bin da nicht sicher. Er gibt uns ein

U-Boot, und wir müssen die Arbeit in einer Woche erledigt haben.'

Wir hatten einige Versuche mit Pfählen in den Norfolks Broads unternommen, von denen wir dachten, dass sie wie U-Boot-Periskope aussähen, aber wir hatten damit nichts erreicht. Bowen glaubte, wir könnten ein U-Boot, von dem nun der Kommandoturm über das Wasser ragte, aus drei bis vier Meilen orten. Aber er glaubte nicht, dass wir fähig wären, das U-Boot von vorne zu orten, sondern nur von der Seite.

Ich rüstete eine Lockheed Hudson mit einem ASV Mk1 aus, flog nach Gosport und ging auf den Solent, um dort unser U-Boot zu treffen. Wir erreichten Reichweiten von dreieinhalb bis vier Meilen, wie wir vorhergesagt hatten. Ich verbrachte ungefähr fünf Tage damit, um dieses U-Boot im Solent herum zu fliegen und Messungen durchzuführen."

Zum ersten Mal war damit ein U-Boot von einem Flugzeug mittels Radar geortet worden. In ihren Bericht an die Admiralität kamen Bowen und Hanbury Brown zu dem Schluss, dass es mit Hilfe stärkerer Richtantennen möglich sein dürfte, die Reichweite sogar auf 10 oder 12 Meilen auszudehnen. Das waren gute Nachrichten. Der Gegensatz zum Oberkommando der U-Boot-Waffe in Frankreich hätte größer nicht sein können: Einer der ranghöchsten Admirale hatte in einem kargen Hangar in Wales angerufen, um sich mit den zivilen Angestellten einer anderen Waffengattung zu unterhalten. Und nur eine Woche später konnten sich diese Angestellten fünf Tage lang eines der wenigen U-Boote seiner Majestät für ihre Versuche bedienen.

Vermutlich als Erste erkannten die Verantwortlichen des Küstenkommandos der Air Force den entscheidenden Beitrag dieser Zivilangestellten. Im September 1939 bestand das Kommando aus gerade 18 Geschwadern, die aus einer bunten Ansammlung von alten Flugzeugen zusammen gestellt waren und in erster Linie Aufklärungsaufgaben wahrnahmen. Im Sommer 1942 wurde die Einheit schnell der größte Feind der U-Boote und ein äußerst effektives Gegenmittel. Das Tempo dieser Entwicklung wird durch die gestiegene Zahl der erfolgreichen Angriffe auf U-Boote deutlich. In den zwölf Monaten zwischen April 1941 und März 1942 versenkten britische Flugzeuge lediglich fünf Boote. Zwischen April 1942 und März 1943 waren es fast 50.[13] Diese Entwicklung war zu einem großen Teil den Zivilisten beim Küstenkommando zu verdanken. Ihr Einfluss machte sich neben der Entwicklung so wichtiger Errungenschaften wie etwa dem Radar sogar noch im bis dahin den Militärs vorbehaltenen Bereich bemerkbar.

Im Sommer 1941 vertiefte sich ein Team von acht Wissenschaftlern und Mathematikern unter der Leitung des anerkannten Physikers Professor Patrick Blackett in alle Aspekte der Einsätze des Küstenkommandos. Das Ziel war eine Steigerung der Effizienz. Diese so genannte „Operational Research" wendete die Prinzipien wissenschaftlicher Analyse auf die Untersuchung militärischer Operationen an. Nichts blieb dem Team verborgen: Ziele, Taktik und Ausrüstung wurden jeweils genauestens unter die Lupe genommen.

Eine der ersten von „Operational Research" durchgeführten Untersuchungen betraf die Effektivität der Luftangriffe auf U-Boote. „Sie zeigte, dass die Piloten eher dazu neigten, den Erfolg ihrer Angriffe zu überschätzen", erinnert sich William Merton. Merton kam im Juli 1941 als 23-Jähriger zu dieser Abteilung, abgeworben von Blackett aus der Forschungsabteilung der Admiralität. Die erste Analyse machte deutlich, wie sich Merton erinnert, dass die von den Flugzeugen des Küstenkommandos abgeworfenen Bomben in einer zu großen Tiefe explodierten, um ein Boot ernsthaft zu gefährden. Weniger als ein Prozent der Angriffe führten zu einer Versenkung.[14] Es wurde klar, dass man einen größeren Abstand für die Abwürfe, flachere Tiefeneinstellungen und bessere Sprengstoffe benötigte. Vom Frühjahr 1942 an wurden die Flugzeuge mit neuen, Topex gefüllten Wasserbomben ausgerüstet, die eine um 30 Prozent höhere Sprengleistung versprachen. Zudem wurde deutlich, dass man etwas Präziseres als das menschliche Auge benötigte, und Blacketts Mannschaft begann umgehend mit der Entwicklung eines Bombenzielgeräts für Tiefflugeinsätze.

Dass alle Ecken des Küstenkommandos ausgeleuchtet wurden, verdeutlicht Mertons erste Aufgabe im Team:

> „Ich versuchte zu ermitteln, aus welcher Entfernung man ein Flugzeug mit dem bloßem Auge entdecken kann. Wir benutzten Flugzeuge mit einem schwarzen Boden – der Standardfarbe für die Bomber der damaligen Zeit – und im Vergleich dazu weiß lackierte Flugzeuge, und wir konnten zeigen, dass ein weiß lackiertes Flugzeug einem U-Boot

> näher kommen konnte als das schwarz lackierte, bevor es entdeckt wurde. Das war außerordentlich wichtig, denn sobald ein U-Boot ein Flugzeug sichtete, tauchte es und war dann nur noch für eine kurze Zeit verwundbar."

Merton illustrierte seinen Bericht an die oberste Leitung mit Bildern von Krähen und Möwen. Ein schwarzer Fleck war am grauen Atlantikhimmel sichtbarer als ein weißer. Blacketts Team standen gewöhnlich alle Türen offen, denn es hatte in Luftmarschall Sir Philipp Joubert de la Ferté einen starken Verbündeten. „Er war vollkommen davon überzeugt, dass unsere Arbeit einen Einfluss auf die Einsätze haben würde", erinnert sich Merton. „Erstaunlicherweise führte er uns durch die ganze Anlage, und wir konnten mit allen reden und überall hingehen."

Das informell auftretende Team mit seinen bebrillten Mitgliedern wirkte in der Kantine in Northwood, am Stadtrand von London, ebenfalls wie Krähen am Atlantikhimmel. Merton hatte vor dem Krieg in Oxford Physik studiert und war dann zu den Rechtswissenschaften übergewechselt: „Wir waren eine erstaunliche Mischung von Menschen", erinnert er sich. „Da war mein alter Tutor aus Oxford, der Mathematiker Henry Whitehead. Er arbeitete an der optimalen Größe von Geleitzügen und dem dafür notwendigen Schutzschild. Es gab einen Ernährungswissenschaftler – wer weiß, was er tat. Es gab einen Archäologen und später, als das Team größer wurde, zwei Chemiker. Ich glaube, die Air-Force-Leute betrachteten uns als fremdartige Tiere, aber sie waren äußerst freundlich. Wir aßen mit ihnen, tranken mit ihnen und wir verstanden uns extrem gut."

Draußen im Feld konnte es schon härter zugehen, wie Robert Hanbury Brown bei einem Besuch des Air-Force-Stützpunkts im schottischen Leuchars feststellte, wo er bei einem Geschwader die Montage und anschließenden Tests der Radargeräte überwachte:

> „Wir dachten, wir würden ihnen ein Gottesgeschenk für die Ortung machen, weil sie nun durch Dunst und Wolken und sogar im Dunkeln sehen konnten. Ich sagte zu dem angestrengt aussehenden Geschwaderkommandeur, ‚ich bringe ihnen Radar', und erwartete, dass er, ‚gut,

> hervorragend! Das muss ich mir ansehen', sagen würde.
>
> Doch er sagte nur: ‚Tut mir Leid, ich habe zu viel zu tun. Am besten gehen sie zu den Hangars und zeigen es dem Sergeant.'
>
> Ich fragte nur: ‚Könnten sie mir vielleicht sagen, warum?'
>
> Und er: „Ja, sehen sie die Papiere auf meinem Schreibtisch? Das sind Berichte von Brieftaubenflügen. Wir testen Tauben als Methode, Mitteilungen von unseren Flugzeugen aus zu schicken, und ich muss einen Bericht in doppelter Ausfertigung für jeden Taubenflug erstellen.'"

Dennoch war deutlich, dass Zivilisten Türen öffnen konnten, die Menschen in Uniform verschlossen blieben. Hanbury Brown: „Man muss mit allen zusammen arbeiten, und das schafft man nur, wenn man einen zivilen Anzug trägt. Man kann nicht so informell mit einem Air Vice Marshall reden, wenn man Pilot ist und umgekehrt. Es war diese Zusammenarbeit zwischen Wissenschaftlern und den Militärs, die bei der Verbreitung des Radars so wirkungsvoll war."

1942 gab die Admiralität Professor Blackett die gleichen Vollmachten wie beim Küstenkommando, um Waffen, Taktik und Strategie zu untersuchen. Sein Einfluss reichte bis in Downing Street 10, wo er einen Sitz in Churchills Anti-U-Boot-Ausschuss hatte. Seine erste Arbeit zeigte, dass zwischen der Zahl der versenkten Schiffe und der Anzahl der Schiffe in einem Geleitzug keinerlei Relation bestand. Indem man die Größe der Konvois verdoppelte, würde es möglich werden, die Verlustrate zu halbieren.[15] Mit einer geringeren Zahl von Geleitzügen, die man schützen musste, könnte man den Schutzschild doppelt so groß gestalten. Das stand den Ansichten der Admiralität entgegen, die 40 Schiffe in einem Konvoi als gut, 60 als gerade noch möglich und jedes Schiff mehr als geradezu gefährlich ansah. Blacketts Rat konnte man allerdings nicht leicht ignorieren, und am Ende des Krieges umfassten einige Geleitzüge bis zu 160 Schiffe.

Die Operational Research hinterließ auch bei den Waffen ihre Spuren. Eine Untersuchung der von Schiffen durchgeführten Angriffe auf U-Boote machte deutlich, dass man eine neue, nach vorne gerichtete Waffe benötigte. Um die bis dahin üblichen Wasserbomben werfen zu können, musste ein Schiff über dem U-Boot fahren, und genau dann ging das ASDIC-Echo verloren. Den Kontakt aufrecht zu erhalten, wenn die See von den Explosionen wider hallte, war so gut wie unmöglich. Einige wertvolle Minuten lang konnte das Boot unentdeckt manövrieren. Man hoffte, das man mit einer nach vorne gerichteten Waffe Angriffe durchführen könnte, ohne den Kontakt zu verlieren. Das Ergebnis dieser Forschung war „Hedgehog“ eine aus 24 „Stacheln“ bestehende Batterie von 65 Pfund wiegenden Bomben, die an Zapfen befestigt waren, und die 200 Meter vor das Schiff gefeuert werden konnten. Der „Hedgehog“ legte ein Muster von Sprengsätzen in einem Umkreis von 30 Metern ins Wasser, die bei Kontakt explodierten. Nur ein einziger Glückstreffer wurde also benötigt, um ein U-Boot zu versenken. Die ersten Schiffe wurden im Sommer 1942 mit dieser Waffe ausgerüstet. Gegen Ende des Jahres begann sie, ihren Wert zu zeigen.

Die Verbesserung der Waffen, die den Begleitschiffen zur Verfügung standen, war eine Sache – die Besatzungen zu ermutigen, sie auch intelligent einzusetzen, eine ganz andere. Doch auch in diesem Bereich zeigte die Navy Weitsicht. Die taktische Einheit für den westlichen Seeabschnitt (WATU) wurde Anfang 1942 in Liverpool eingerichtet. Ihre Aufgabe bestand darin, Taktiken für die Verteidigung der Geleitzüge zu entwickeln und dabei auf die Erfahrung der Männer auf See und die Arbeit der Operational Research der Admiralität zu bauen.

Im Zentrum dieser Operation stand „the Game“: ein zwölf Quadratmeter großes Stück Fußboden, auf dem ein virtueller Konvoi mit Modellschiffen nachgebildet wurde. Darum herum befanden sich einige Kabinen, in denen Kommandanten der Begleitschiffe mit einem oder zwei Offizieren und Karten saßen. „Damit konnte man den Kurs des Konvois abstecken, der dem auf dem Boden ähnelte“, erinnert sich John Guest. Der 32-jährige Korvettenkapitän wurde 1943 in den WATU-Stab versetzt, nachdem er mehr als zwei Jahre Dienst bei den Begleitschiffen der Geleitzüge getan hatte. Guest half, „the Game“ zu organisieren:

> „Man bekam die Zeit, Sicht und die Geschwindigkeit des Konvois mitgeteilt, und man konnte durch ein kleines Loch in der Kabine die Verteilung der Schiffe erkennen. Alle zwei bis vier Minuten gab es eine Bewegung – der Konvoi bewegte sich dabei nicht physisch, aber die Begleitschiffe und die feindlichen U-Boote schon. Die Offiziere in

den Kabinen bekamen eine Notiz, dass zum Beispiel irgendwo Kontakt mit einem U-Boot hergestellt worden war. Sie mussten dann eine Entscheidung treffen, die sie ebenfalls auf einer Notiz mitteilten."

Diese Bewegungen wurden dann auf dem Boden mit farbiger Kreide markiert. Wenn es „Nacht" wurde, konnten sich die Offiziere nur noch auf die schriftlichen Notizen verlassen, weil ihr Guckloch geschlossen wurde. Am Ende des Trainings wurden sie von Captain Gilbert Roberts, dem herausragenden Kopf der Einheit, informiert. Guest erlebte dabei durchaus peinliche Szenen. „Er fasste zusammen, was geschehen war, und sagte dann mitunter: ‚Das ist das Schiff von diesem oder jenem. Was macht er da eigentlich? Er reagiert nicht auf die Zeichen und bemerkt nicht, dass ein U-Boot neben ihm liegt.' Herbe Kritik. Es war ganz übel, wenn man hier Fehler machte. Und es war völlig egal, wen er vor sich hatte. Ohne zu zögern, sagte er einem Admiral seine Meinung, auch wenn er dann ‚Sir' vorweg schickte." Roberts wusste, dass der Preis für einen dummen Fehler auf See das Schiff und das Leben der Besatzung sein konnte.

Man musste nicht nur entlang der Umgebung des Konvois mit Radar und ASDIC patrouillieren, die Begleitschiffe mussten auch selbst aktiv sein. Sollten die meisten Begleitschiffe auf der Luvseite des Konvois stationiert sein? Die Erfahrung hatte gelehrt, dass die U-Boote häufig auf der dem Wind abgekehrten Seite angriffen. Auf der Windseite wurde die Gischt in die Gesichter der Wache auf der Brücke geworfen und so die Sicht deutlich eingeschränkt. Wie sollte man bei schlechtem Wetter suchen? Sollten die Begleitschiffe Überlebende aufnehmen, wenn der Konvoi kein eigenes Rettungsschiff hatte? Diese Fragen mussten vor einem Angriff geklärt sein, so dass die Begleitschiffe wussten, was man von ihnen erwartete. Um den Schiffen bei der Koordination ihrer Aktionen zu helfen, entwickelte Roberts eine ganze Reihe von Abwehrbewegungen, die er nach Obstsorten und Gemüsearten benannte, wie zum Beispiel „Pineapple" (Ananas) oder „Artichoke" (Artischocke). Beim Kommando „Pineapple" zum Beispiel sollten die Begleitschiffe Leuchtkugeln abfeuern, um so ein aufgetaucht angreifendes U-Boot zu erkennen. Guest: „Er war ein Meister darin. Zuerst dachten wir, dass alle Schiffe bei einem Angriff in der Nacht nach außen drehen und mit Volldampf dorthin fahren sollten. Das war ‚Pineapple'. Das war aber nicht immer zufrieden stellend, so dass es eine andere Anweisung gab, wenn U-Boote Schiffe innerhalb des Konvois angriffen – ‚Raspberry' (Himbeere). In diesem Fall drehten alle Begleitschiffe an das Ende des Konvois, in der Hoffnung, das U-Boot zu treffen, wenn es achtern wieder heraus kam."[16]

In den Worten eines hervorragenden Kommandanten eines Begleitschiffs, schaffte es Roberts, „eine gemeinsame Strategie für eine Konvoiverteidigung zu entwickeln, bei der der Teamgeist und die Initiative, die jede gut ausgebildete Gruppe auszeichnete, nicht fehlten". Rund 5000 alliierte Marineoffiziere – vom Admiral bis zum Leutnant – spielten irgendwann „The Game".

Dies alles summierte sich zu einer beachtlichen technischen und personellen Anstrengung der Alliierten, die erhebliche Erfolge zeitigen sollte. Der Gegensatz zur mehr oder weniger von Zufälligkeiten geprägten Arbeitsweise des deutschen U-Boot-Kommandos hätte nicht größer sein können. Nach dem Krieg verhörten britische Anti-U-Boot-Experten, darunter auch Captain Roberts, die Mitglieder von Dönitz' Stab. Sie registrierten erstaunt, wie gering die technische und Forschungsunterstützung dort gewesen war und kamen zu dem Schluss: „Wir trauten den U-Booten mehr zu, als wir es hätten tun sollen."[17]

Ein weiterer bedeutsamer Vorteil der Alliierten begann sich Mitte 1942 abzuzeichnen. Der bunte Haufen junger Offiziere, Yachtkapitäne und Fischer, die bei Kriegsbeginn zu Anti-U-Boot-Einheiten eingezogen worden waren, hatten nun drei Jahre Konvoibegleitung hinter sich gebracht und entsprechende Erfahrungen gesammelt. Der Direktor für Anti-U-Boot-Kriegsführung bei der britischen Admiralität notierte im Mai: „Unsere Anti-U-Boot-Schiffe haben ein wachsendes Vertrauen, das U-Boot zu schlagen." Der Sieg war sicher, er war nur noch eine Frage der Zeit.

Es waren allerdings die Handelsschiffe und weniger die Begleitschiffe, die die Wucht der U-Boot-Angriffe zu erleiden hatten, so dass die Zahl der in der Anti-U-Boot-Kriegsführung erfahrenen Männer ständig stieg. Der Marinegeheimdienst wusste, dass die U-Boot-Waffe jeden Monat wuchs, doch es war deutlich zu erkennen, dass die Ausbildung nicht mehr so gut war wie früher einmal. Der gefangen genommene Kommandant von U-353 klagte vor seinen britischen Verhöroffizieren, dass 80 Prozent seiner Mannschaft junge Rekruten seien. Dies klang ein wenig danach, die Schuld am Verlust des Bootes bei seiner ersten Feindfahrt auf andere zu schieben, doch es traf zweifellos zu, dass die U-Boot-Ausbilder mit dem rasanten Wachstum der Flotte zu kämpfen hatten. Stets wartete bereits das neue U-Boot in der Werft auf seinen neuen Kommandanten und die Mannschaft.

Im September 1942 begriff Dönitz, dass ihm die Zeit davon lief. Es gab durchaus Erfolge – zwischen Juli und September hatten italienische und deutsche Boote 300 Schiffe oder anderthalb Millionen Tonnen versenkt -, doch das entsprach nicht den Erfolgen, die eine geringere Anzahl von U-Booten in amerikanischen Hoheitsgewässern seinerzeit erzielt hatte. Da hatte es allerdings auch kaum Abwehrmaßnahmen gegeben. Mehr als die Hälfte der in jenem Sommer versenkten Schiffe lief in Geleitzügen. Glücklicherweise hatte Dönitz noch den B-Dienst mit seinen hervorragenden Informationen auf seiner Seite, so dass die U-Boote 21 der 63 im August und September fahrenden Konvois angreifen konnten. Doch die Verluste stiegen, wie Dönitz es vorhergesehen hatte. 29 U-Boote waren auf allen Kriegsschauplätzen während der ersten drei Monaten der neuen Einsätze gegen die Konvois versenkt worden.

Dass die deutschen U-Boot-Fahrer nunmehr einer schwierigeren Aufgabe gegenüber standen, begriffen auch die erfahrenen Männer wie Erich Topp, der in diesem Sommer seine letzte Feindfahrt beendet hatte. In seinen beiden Jahren auf See hatte er zunächst mit U-57 und dann mit U-552 insgesamt 34 Schiffe mit 185.434 Tonnen versenkt und war damit der fünft erfolgreichste U-Boot-Kommandant des Krieges.[18] Bevor er an Land ging, hatte er noch eine spezielle Bitte: „Ich bat Dönitz, meinen Nachfolger als Kommandant von U-552 nicht auf Feindfahrt in den Nordatlantik zu schicken, sondern ihn statt dessen in den Südatlantik zu entsenden, wo die Mannschaft eine größere Überlebenschance hatte." Topp wusste, dass er seine Männer den Händen eines unerfahrenen Mannes überließ, der mit den Bedingungen im Nordatlantik schwer hätte kämpfen müssen. Dönitz stimmte zu und schickte U-552 in den Süden. Topps Männer überlebten.

Dönitz war im Grunde ein optimistischer Mann, der stets zuerst das Positive sah, doch Ende August vertraute er seinem Kriegstagebuch an, dass vor allem die feindlichen Flugzeuge „den Einsatz der Boote immer schwieriger machten" und dieser sich teilweise gar nicht mehr lohnte. Die Verschlechterung der Situation könne, so hielt er fest, „zu unvertretbaren Verlusten, einem Rückgang unserer Erfolge und unserer Chancen auf einen Sieg im U-Boot-Krieg führen".

Er schlug diesen Ton auch im darauf folgenden Monat an, als er Hitler zusammen mit Großadmiral Raeder über die Atlantikschlacht informierte. Vor allem betonte er die Schwierigkeiten der Boote bei den Angriffen auf Konvois und die Bedrohung durch mit Radar ausgerüstete Flugzeuge. Um dieser Situation Herr zu werden, so sagte er dem Führer, benötigten die U-Boote ihre eigene Luftunterstützung, nicht nur um Geleitzüge zu orten, sondern um die alliierten Langstreckenbomber anzugreifen, die die Einsätze bedrohten. Und außerdem sollten sofort die Arbeiten an der Entwicklung eines echten Unterseeboots beginnen, das mit hoher Geschwindigkeit unter Wasser operieren und so die Begleitschiffe auf der Wasseroberfläche überholen konnte. Ohne entsprechende Programme in diesen Bereichen, so Dönitz, war die drohende Gefahr klar: Es würde die Zeit kommen, da die U-Boote von der alliierten Abwehr „zerquetscht und eliminiert" werden würden. Gerade vier Monate zuvor hatte Dönitz Hitler gegenüber noch sein Vertrauen in die Ausrüstung und die Fähigkeiten seiner Truppe bekräftigt. Diese neuen Forderungen waren nichts anderes als das Eingeständnis, dass die existierenden U-Boot-Typen veraltet waren.

Als genügten solche schlechten Nachrichten noch nicht, führte die neue Schätzung der amerikanischen Schiffsbaukapazitäten durch den deutschen Marinestab zu dem Schluss, dass jeden Monat 1,3 Millionen Tonnen versenkt werden mussten, wenn man irgendeine Chance haben wollte, den Tonnagekrieg zu gewinnen. Das entsprach ungefähr dem Doppelten der geschätzten Summe, die Raeder und Dönitz im Mai für möglich gehalten hatten, und übertraf die tatsächliche Quote um mehr als das Doppelte. Doch es gab keine bohrenden Fragen. Hitler war voller Lob über die Leistungen der U-Boote. Es war allerdings unmöglich, neue Flugzeuge zur Verfügung zu stellen, weil die deutsche Flugzeugindustrie vollkommen ausgelastet war, doch die Konstruktion eines schnelleren U-Boots mit hoher Geschwindigkeit unter Wasser unterstützte er nachdrücklich. Dieses Urteil war zweifellos von Dönitz' Behauptung beeinflusst, dass bereits erste Entwicklungsarbeiten ein Unterseeboot versprachen, das den Seekrieg verändern würde. Tatsächlich hatte sich das Projekt seit zehn Jahren kaum vorwärts bewegt, war vernachlässigt und schlecht finanziert worden.

Hitler hielt die amerikanischen Schiffsbauschätzungen für reine Propaganda. Er war zuversichtlich, sagte er seinen Admirälen, dass die monatliche Versenkungsquote der U-Boote die Neubauten der Feinde übertreffen würde. Selbst wenn es den Alliierten gelänge, mehr Schiffe zu bauen als die U-Boote versenkten, so benötigten sie immer noch Besatzungen für die neuen Schiffe. Es war daher nicht hilfreich, so Hitler, dass die Mannschaften der meisten getroffenen Schiffe noch Zeit hätten, in die Rettungsboote zu gehen und bald wieder auf neuen Schiffen Dienst täten. Dies war ein bekanntes Thema. Hitler hatte bereits neun Monate zuvor den Vorschlag gemacht, auf die Überlebenden der Handelsschiffe zu schießen. „Schüsse auf Rettungsboote" würden als Abschreckung dienen, hatte er argumentiert. Die Alliierten würden in Schwierigkeiten geraten, in ausreichendem Maß erfahrene Männer anzuwerben, die riskierten, von einem U-Boot versenkt zu werden. Seine Admiräle hatten es geschafft, ihn von diesem Kurs abzubringen, indem sie ihm einen wirkungsvolleren Torpedo versprachen, der größere Verluste auf den Schiffen selbst verursachte. Hitler war für eine gewisse Zeit beruhigt, doch die Idee war noch nicht vom Tisch.

Die letzte entscheidende Phase des Seekrieges sollte im „schwarzen Loch", jenen 700 Meilen Ozean zwischen Island und Grönland, außerhalb der alliierten Lufthoheit ausgetragen werden. Hier schienen die U-Boote im Vorteil zu sein. Von Oktober 1942 an war Dönitz in der Lage, mindestens zwei Gruppen in der rastlosen Jagd nach alliierten Geleitzügen aufzubieten. Er hielt die Atlantikschlacht für noch nicht entschieden, denn obwohl die technischen Entwicklungen der Alliierten den U-Booten an Wirkung genommen hatten, stieg die Anzahl der Boote und die Zahl der versenkten Schiffe blieb ebenfalls hoch; auch die Moral der Truppe war nach wie vor intakt. Doch der Sieg musste in den kommenden Monaten errungen werden, weil „die Probleme des U-Bootkrieges in der weiteren Zukunft mir – insgesamt gesehen – Sorgen machten".[19] Alles musste in eine letzte Anstrengung hinein gelegt werden, um die lebenswichtigen Konvoirouten zwischen den USA und den britischen Inseln zu zerstören. Zwar war es für alle an der Atlantikschlacht Beteiligten schwer vorstellbar, dass dieser Kampf noch härter und brutaler werden sollte, doch genau das sollte sich zeigen.

KAPITEL ZEHN

ÜBERLEBENDE

Bei aller Unmenschlichkeit gab es eine nicht zu widerlegende Logik in Hitlers Vorschlag, dass die U-Boote auf die Überlebenden im Wasser schießen sollten. Es war ein – allerdings reichlich perverses – Kompliment in Richtung der Männer in der Handelsmarine, die einen lebenswichtigen Beitrag für die alliierten Kriegsanstrengungen lieferten. Sie trugen keine Uniformen, waren offiziell Nichtkombattanten, doch es waren diese Männer, die vom ersten bis letzten Tag des Krieges unter den Angriffen der U-Boote litten. Ihre Moral ließ nie nach. Fast 10.000 Seeleute kamen 1942 allein auf britischen Schiffen ums Leben, doch es gab niemals einen Mangel an Männern, die bereit waren, diese gefährliche, unangenehme und zugleich schlecht bezahlte Aufgabe zu übernehmen.[1] Man benötigte schon eine gehörige Portion Mut. Diese Männer riskierten ihr Leben und waren machtlos, ihr eigenes Schicksal zu bestimmen. Einige verloren zwei oder drei Mal ihr Schiff nach einem Torpedoangriff und kehrten dennoch immer wieder auf See zurück. Sie waren in einer gemeinsamen Aufgabe vereint, die sie unabhängig von allen Risiken erledigen wollten, und im Sommer 1942 waren diese größer als jemals zuvor.

In den ersten Kriegsmonaten hatte Dönitz den Befehl 154 herausgegeben, in der seine Kommandanten angewiesen wurden: „Rettet niemanden. Kümmert euch nicht um die Rettungsboote der Schiffe... wir müssen in diesem Krieg hart sein." Diesen nüchternen, kompromisslosen Befehl ignorierten allerdings viele Kommandanten. Es war durchaus nicht ungewöhnlich, dass die Überlebenden eines versenkten Schiffes den Architekten ihres Untergangs kennen lernten. Am 4. August 1942 wurde der 8000 Tonnen große Frachter „Richmond Castle" im Atlantik torpediert und sank innerhalb von sieben Minuten. „Es war, als ob man über den Strand von Brighton spazierte – das Schiff hatte Schlagseite und man konnte einfach in die See gehen", erinnert sich John Lester, der damals als 17-jähriger Kadett auf dem Frachter diente. „Wir waren seit April an Bord. Nun war es Mitte August, und man hatte das Gefühl, als ob das eigene Haus verschwunden war." Die See war mit einem dicken Dieselfilm überzogen. „Das Öl trieb auf der Oberfläche wie ein Teppich. Man schluckte es, weil man sich einem Schockzustand befand und man nicht daran dachte, was man tat." Um das Ganze noch schlimmer zu machen trieben große Rinderkadaver, die aus den Luken des Schiffs geflogen waren, als es sank auf dem Wasser. „Hunderte von ihnen eingepackt in Fleischgaze wie beim Metzger."

Lester und einige seiner Gefährten kletterten in ein leeres Rettungsboot und standen sofort vor einer anderen Bedrohung:

> „Ich sah mich um, und ungefähr 30 Meter entfernt war dieses große U-Boot. Alle Maschinengewehre waren besetzt. Wir saßen und warteten, dass sie das Feuer eröffnen würden. Aber das geschah nicht. Stattdessen forderte der Kommandant ein anderes Rettungsboot auf, näher zu kommen. Er sprach gut Englisch und fragte, ob es Verwundete gäbe. Da war dieser furchtbar verbrannte Kerl im Boot des Zweiten Offiziers – seine Haut war weg. Der U-Boot-Kommandant sagte: ‚Wir können nichts tun.' Doch er gab uns einige Erste-Hilfe-Sets und große Dosen mit Brot und sagte: ‚Ihr seid 700 Meilen östlich von Neufundland, und wir werden eure Position wenn es dunkel ist, durchgeben. Viel Glück.' Dann fuhr er weiter."

Die Überlebenden der „Richmond Castle" waren vom Verhalten des Kommandanten beeindruckt, doch trotz aller Sympathien lagen noch neun harte Tage vor ihnen, bis sie endlich gerettet wurden.

„Wir führten Krieg gegen die Handelsschiffe, nicht gegen die Besatzungen, und das ist ein großer Unterschied," erinnert sich Reinhard Hardegen. Am Ende seiner ersten „Paukenschlag"-Fahrt nach Amerika im Februar 1942 versenkte sein U-123 den Tanker „Pan Norway". Einige Besatzungsmitglieder klammerten sich an Wrackteilen fest ohne große Hoffnung auf Rettung. Hardegen verfolgte ein neutrales Schiff, die Schweizer „Mount Etna" und zwang sie zur Rückkehr, um die Überlebenden an Bord zu nehmen. Im Allgemeinen vermutet man auf einem U-Boot nicht übermäßig viel Platz für Mitleid, doch Hardegen und andere bewiesen, dass dies nicht immer so war. Die Versenkung eines Schiffs wurde zwar gefeiert, doch es gab zugleich auch ein gewisses Mitgefühl für das Leid der Besatzungen. Die meisten U-Boot-Männer wären entsetzt gewesen, zu erfahren, dass ihr Führer plante, Überlebende im Wasser zu töten. Obwohl sein Befehl, niemanden zu retten noch immer Bestand hatte, war Dönitz bereit, die Akte der Menschlichkeit zu ignorieren, denn auf der anderen Seite gab es bei seinen Kommandanten kein Nachlassen im „Verfolgen, Angreifen und Versenken“. Im September 1942 veränderte allerdings ein Ereignis alles. Eine neue, härtere Anordnung wurde den U-Boot-Kommandanten übermittelt, die als „Laconia-Befehl“ bekannt wurde.

Vor dem Krieg befuhr der alte Cunard-Passagierliner „Laconia“ die Route zwischen Southampton und New York, doch 1939 wurde das Schiff als Truppentransporter in Dienst gestellt, und fast zwei Jahre lang, dominierten Khaki-Uniformen die Decks.[2] Die Kabinen waren heraus gerissen worden, um große Messen entstehen zu lassen, in denen die Soldaten ihre Hängematten aufhängen konnten. Dennoch atmete das Schiff noch etwas von seiner eleganten Vergangenheit – vor allem in den Unterkünften der Offiziere und der Zivilisten. Am Morgen des 12. September befand sich die „Laconia“ 900 Meilen südlich von Freetown und dampfte mit beachtlichen 16 Knoten Richtung Heimat.[3] An Bord befanden sich neben 1800 italienischen Kriegsgefangenen 900 alliierte Soldaten und Zivilisten, darunter 80 Frauen und Kinder. Auf der Fahrt in den Mittleren Osten waren die Decks mit britischen Soldaten gefüllt gewesen, und die „Laconia“ war von einer veritablen Kriegsflotte begleitet worden. Auf der Rückfahrt war sie ohne jeden Schutz.

Rund zwei Jahre waren vergangen, seitdem Frank Holding von einem Rettungsboot aus den Untergang seines Schiffs „Beatus“ beobachtet hatte. Nach dem Geleitzug SC 7 hatte er beschlossen, auf größeren, besser beschützen Schiffen zu arbeiten und war begeistert, als sich die Möglichkeit bot, auf der „Laconia“ als Küchenhilfe arbeiten zu können. Er war jetzt 21 Jahre alt, hatte drei Jahre Dienst auf Geleitzügen hinter sich, und war ein bedächtiger und aufmerksamer Seemann geworden. „Ich wusste, dass die U-Boote vor Freetown auf uns warteten, daher schlief ich immer vollständig angezogen. Bis dahin hatte ich mir mit meinem Kumpel Harry Randall jeden Abend einen Drink an der Bar gegönnt. Doch ich sagte ihm jetzt, dass ich nicht in die Bar kommen würde, weil wir uns der gefährlichen Zone näherten. Und ein paar Bier könnten da schon zuviel sein."

„Ah", meinte er, „das ist schon in Ordnung." „Nein", antwortete ich, „das reicht."

Janet Walker fuhr in einer der angenehmeren Kabinen zusammen mit ihrer fünfjährigen Tochter Doreen von Südafrika in die Heimat zurück. Ihr Mann, ein Soldat im Black Watch Regiment, war auf Kreta in deutsche Gefangenschaft geraten und befand sich nun hinter Stacheldraht in Deutschland. Doreen hatte das Schiff in Durban nur widerwillig betreten, hatte sich dann aber schnell mit dem kleinen Jungen Freddie Moore angefreundet. „Ihre Mutter befand sich in der gleichen Lage wie ich. Sie kehrte ebenfalls nach Schottland zurück. Ihr Mann war auch Soldat", erinnert sich Janet Walker. Die beiden Frauen teilten den Tisch beim Abendessen. „Wir unterhielten uns, doch niemals tauchte die Möglichkeit auf, dass irgendetwas passieren könnte. Wir hatten absolut keine Angst."

Am Morgen des 12. September wurde die „Laconia" von der Brückenwache auf Werner Hartensteins U-156 gesichtet. Ein 19.965 Tonnen großes Linienschiff, möglicherweise mit britischen Soldaten an Bord, war eine seltene Beute. Das U-Boot verfolgte das Schiff bis in die Nacht, und begann dann seinen Angriff auf der Wasseroberfläche. Janet Walker:

> „Es war gegen acht Uhr. Ich hatte beschlossen, früh zu Bett zu gehen und legte mein kleines Mädchen gerade ins Bett, als ich diesen furchtbaren Krach, danach noch einen weiteren hörte. Ich fühlte, wie sich das Schiff auf die Seite legte. Ich öffnete die Tür. Wasser kam den Korridor herunter und die Leute liefen hysterisch schreiend umher. Die Kinder trugen noch ihre Schlafanzüge und waren barfuß. Ich rannte zurück in meinen Raum und zog meinem kleinen Mädchen eine Schwimmweste an. Sie sagte kein Wort, obwohl sie gefühlt haben muss, dass etwas nicht stimmte. Ich schaffte es wieder aus der Kabine und stand verwirrt herum. Alle drückten, sodass es schwer war, auf den Füßen zu bleiben. Ein Mannschaftsmitglied sah mich mit Doreen in meinen Armen – er griff sie und forderte mich auf, ihm zu folgen."

Frank Holding war in seinem Achter-Quartier, als der erste Torpedo einschlug. „Ich hörte diesen Stoß. Es schüttelte das Schiff, und dann wollten die Leute um mich herum wissen, was das war. Ich wusste, was dieser Stoß bedeutete. Ich hatte das schon mal gehört. Ich wollte sie nicht in Panik versetzen und sagte ihnen, dass wir vielleicht mir einem anderen Schiff in der Dunkelheit kollidiert waren. Dann traf uns der andere Torpedo mit voller Wucht." Der zweite Torpedo hatte der „Laconia" einen tödlichen Schlag mittschiffs versetzt, und der Liner fiel in Dunkelheit. „Die italienischen Gefangenen weinten, weil sie unten fest gehalten waren. Sie waren alle in Panik und weinten. Es ist furchtbar, weinende Männer zu sehen," erinnert sich Holding.

„Das Schiff neigte sich zur Backbordseite, sodass die meisten Boote auf dieser Seite nicht ausgeschwenkt werden konnten" Holding weiter: „Ich ging herum und suchte einen Platz in einem Rettungsboote auf der Steuerbordseite, doch da waren zu viele andere Menschen. Da standen Frauen, und einige der Gefangenen rannten herum, versuchten in eines der Boote zu kommen und wurden wieder zurück gestoßen. Ich glaube unsere Jungs wollten selbst da rein. Ich fand keinen Platz."

Janet Walker:

> „Um uns herum brüllten die Menschen, doch ich war wie gelähmt. Da war ein Rettungsboot im Wasser, in dem noch Platz war. Der Seemann sagte mir, ich sollte über das Seefallreep herunter klettern.
>
> Ich klettere da nicht runter. Sie haben mein kleines Mädchen. Sie muss zuerst gehen.
>
> Er sagte, ‚Sie gehen als Erste und ich gebe sie Ihnen dann.'
>
> Als ich im Rettungsboot war, blickte ich nach oben, und er war nicht mehr da. Ich begann zu schreien. ‚Mein kleines Mädchen ist da oben. Sie bewegen das Boot nicht, bis ich sie habe.'
>
> Ich geriet in Panik und versuchte das Fallreep wieder nach oben zu klettern, doch dieser Airforce-Mann sagte, ‚machen Sie sich keine Sorgen. Ich steige nach oben und hole sie. Sie bleiben im Boot.' Als er zurück kam, sagte er: ‚Der Seemann hat wohl gedacht, das Boot hätte abgelegt und hat sie in ein anderes Boot gebracht. Machen Sie sich keine Sorgen – Sie werden sie am Morgen sehen.'"

Holding sah seine beste Chance auf der Backbordseite. „Es war eine mondhelle Nacht, und ich sah diese Taue, doch bevor ich sprang, konnte ich vor uns ein flaches Schiff ausmachen. Es war das U-Boot. Es hatte einen Scheinwerfer eingeschaltet und nahm Menschen auf. Dann sprang ich und rutschte das Tau herunter. Als ich unten ankam, war da ein Rettungsboot. Es war so gut wie voll – 40 Menschen befanden sich darin."

Die „Laconia" hatte genügend Boote und Flöße für die 2700 Menschen an Bord, doch es war unmöglich, sie alle zu Wasser zu lassen.[4] Als das Schiff zu sinken begann, mussten die an Bord gebliebenen springen. Holding:

> „Wir hörten die Italiener brüllen ‚Aiuto! Aiuto!'. Ich lernte später, dass dies auf Italienisch ‚Hilfe' bedeutete. Man sagte uns, alle Zigaretten auszumachen. Wenn sie die Glut sähen, würden sie alle zum Rettungsboot kommen und es überladen. Ein Kerl meinte sogar: ‚Wenn sich einer von denen an die Seite hängt, ruf mich. Ich gebe Dir eine Axt, damit du die Finger abhacken kannst.' Ich dachte nicht so. Es gab hier viele Haie – man konnte die Schreie hören. Am nächsten Tag blickten wir nach unten, und man konnte große Schatten, dunkle Schatten sehen, die unter uns kreuzten."

Hartenstein hörte die verzweifelten Schreie der Italiener ebenfalls. Von den Überlebenden, die er aus dem Wasser zog, erfuhr er, dass seine Torpedos in den Unterkünften der Kriegsgefangenen eingeschlagen waren.[5] Sein Angriff entsprach den Regeln des Kriegs. Allerdings war der Befehl von Dönitz klar: „Rettet niemanden!" Doch Hartenstein konnte nicht so viele Menschen ihrem grausamen Schicksal überlassen. Er benachrichtigte das U-Boot-Kommando über die Lage und Dönitz war einverstanden. Ein italienisches und ein deutsches U-Boot wurden in Marsch gesetzt, um bei dem Rettungseinsatz zu helfen.[6] In der Morgendämmerung wurde es möglich, zahlreiche Überlebende, die sich an Wrackteilen fest hielten, zu sichten – aber auch noch mehr Leichen. „Alles, was ich wollte, war mein kleines Mädchen zu sehen", erinnert sich Janet Walker. „Es lagen ungefähr 15 Rettungsboote um uns. Die Jungs in meinem Boot waren sehr gut und riefen ständig den anderen Booten zu. ‚Sie werden sie schon kriegen', sagten sie. ‚Es gibt noch viele andere Rettungsboote, Sie werden sie wahrscheinlich in einem anderen Boot finden.'"

Der für Frank Holdings Rettungsboot verantwortliche Offizier wollte in Richtung afrikanischen Küste fahren:

> „Er sagte, wir wären zwar ungefähr 900 Meilen entfernt, könnten es aber schaffen, wenn wir die Rationen, die wir hatten – Wasser, gemalzte Milchtabletten und Schokolade – einteilen würden. Wir hissten das Segel und wollten los, als das U-Boot kam und uns aufforderte, es wieder einzuholen. Der Kommandant (Werner Hartenstein) meinte, wir hätten keine Chance, es sei zu weit und wir sollten uns nicht aus der Gegend entfernen.
>
> Wir glaubten ihm nicht – er war ja schließlich ein Deutscher, der Lügen erzählte. Aber dann sagte er uns, falls jemand verwundet sei, würde er uns helfen. Ich hatte diese Verbrennungen von dem Tau, als ich ins Rettungsboot rutschte, und so ging ich an Bord, und sie verbanden meine Hände.
>
> Ich sagte zu einem von ihnen, ‚Cigarette?'. Dieser Deutsche holte einige Zigaretten und sagte, ‚Kamerad, gib die Deinen Kumpeln.' Ich dachte noch, das sind aber lustige Deutsche. Die sind ja gar nicht so, wie man es mir beigebracht hatte. Sie waren glänzend. Sie brachten uns zurück und fragten uns, ob wir noch Platz in unserem Boot hätten. Sie hatten all diese Italiener an Deck und fragten uns, ob wir vier oder fünf aufnehmen konnten."

Das Deck von U-156 war bald voll mit Überlebenden. Der Koch arbeitete hart, um so vielen wie möglich einen Teller Suppe geben zu können. Hartenstein war es gelungen, mehr als 20 Rettungsboote und zahlreiche kleine Flöße einzusammeln. Er hatte auch 400 verzweifelte Menschen aus dem Meer gefischt, von denen viele Haiattacken erlitten hatten. Es sollte noch zwei weitere Tage dauern, bis die von Dönitz entsandten U-Boote eintreffen würden.

Am Nachmittag des 15. September rief jemand in Janet Walkers Rettungsboot: „Ein Schiff! Ein Schiff!" „Wir lachten alle", erinnert sie sich. „Das war großartig. Ein Schiff war gekommen, um uns zu helfen." Doch als die dunkle

Hülle näher kam, erwies es sich als U-Boot. Es war das von Harro Schacht kommandierte U-507.[7] Er sagte: „Die Frauen und Kinder müssen in das U-Boot."

Einer der Männer sagte: „Sie gehen da nicht rein."

Doch er sagte: „Keine Sorge. Es wird ihnen nicht geschehen."

Trotz aller Ängste gingen die Frauen und Kinder an Bord. Janet erzählte Schacht von Doreen: „Er war sehr mitfühlend. Jedes Mal, wenn ein Rettungsboot gesichtet wurde, rief er mich auf den Kommandoturm, gab mir sein Fernglas, damit ich sehen konnte, ob sie sich in einem der Boote befand, bevor die Überlebenden an Bord kamen."

In U-507 fand Janet Walker Doreens Spielkamerad, den fünfjährigen Freddie Moore, der allein und sehr verängstigt war. „Ich sagte ihm, er würde bei mir bleiben. Die Deutschen räumten ihre Kojen für uns, und Freddie teilte die Koje mit mir. Über meinem Kopf befand sich ein Bild von Hitler."

Hartenstein hatte auf eigene Faust einen Funkspruch auf Englisch verfasst, in dem er seine Position angab und versprach: „Wenn irgendein Schiff den Schiffbrüchigen der ‚Laconia' hilft, werde ich es nicht angreifen." Die Mitteilung wurde von den Briten in Freetown empfangen, doch als Trick eingeordnet. Am Morgen des 16. September sichtete ein amerikanischer B-24-Liberator U-156 auf der Wasseroberfläche. Er berichtete, dass das U-Boot ein großes rotes Kreuz über den Kommandoturm gespannt hätte und anscheinend vier Rettungsboote im Schlepp hatte. Der Geschwaderkommandant wusste nichts vom Schicksal der „Laconia", und der Bomber bekam den Befehl „U-Boot versenken".[8] Eine Wasserbombe fiel inmitten der Rettungsboote und warf Überlebende ins Wasser. Eine andere beschädigte das U-Boot. Am darauf folgenden Tag griff der gleiche Bomber ein anderes an der Rettungsaktion beteiligten Boote an.

Holdings Rettungsboot war etwas abgetrieben, sodass er die Luftangriffe verpasste: „Sie fanden uns später und sagten, ‚Ihr müsst zusammen bleiben.' Wir mussten uns am U-Boot befestigen. Und dann sagte er uns: ‚Kappt die Taue, wenn ihr Flugzeuge hört, weil ich dann tauchen muss.'"

Janet Walker und Freddie Moore waren auf eines der Boote zurückgekehrt: „Die Deutschen versicherten mir, dass mein kleines Mädchen bestimmt im einem anderen Rettungsboot sei, weil es noch andere U-Boote gab, die Überlebende aufnahmen. Ich müsste nur warten und beten. Doreen wäre in Sicherheit."

Am 17. September näherten sich drei französische Vichy-Schiffe der Stelle des Untergangs. Holding erinnert sich: „Der Kommandant des U-Bootes sagte, dass er uns nun verlassen müsse und gab uns eine Dose Brot, Suppe und eine Flasche Wein. Er sagte uns, wir sollten warten. Wir hatten keine andere Wahl, als ihm zu glauben."

Die Deutschen hielten Wort und sechs Tage nach dem Untergang wurden sie von einem französischen Vichy-Schiff, dass auf Veranlassung des U-Boot-Kommandos entsandt worden war, gerettet. Auch Janet Walker wurde von den Franzosen gerettet. Sie suchte unter den Überlebenden nach Doreen und Freddie Moores Mutter, aber sie waren nicht an Bord. „Selbst nach meiner Rückkehr gab ich nicht auf. Ich dachte, sie sei vielleicht auf irgendeine Insel gekommen. Ich gab Geld für Wahrsager aus und hoffte, dass sie mir einen Tipp geben könnten." Nach einem Jahr der Suche sprach sie mit einem Überlebenden, der gesehen hatte wie ein junger Seemann mit einem kleinen Mädchen wie Doreen in ein Rettungsboot gestiegen war. Als das Rettungsboot aufs Wasser gebracht wurde, war es umgeschlagen, und alle waren in die See gestürzt.

Frank Holding hat die Erinnerung an die erste Nacht im Rettungsboot und die Schreie der im Wasser treibenden Menschen nie verlassen. „Eine Zeit lang war ich regelrecht verrückt. Und es packt mich noch immer hin und wieder."

Von den 2700 Menschen an Bord der „Laconia" ertranken 1600 bei dem Torpedoangriff. Ohne den Einsatz von Hartenstein und seinen Kollegen wären es noch mehr gewesen. Doch diese Anstrengungen erhielten von Dönitz einen strengen Tadel. Er meinte, dass drei seiner Kommandanten schlechtes Urteilsvermögen gezeigt hatten, als sie wegen ihrer humanitären Instinkte die Sicherheit ihrer Boote gefährdeten. Was die Sache noch schlimmer machte, war die Tatsache, dass man keinen Unterschied zwischen den italienischen Gefangenen und den britischen Feinden gemacht hatte. Nach dem Luftangriff auf U-156 geriet Dönitz unter starken Druck seines Stabes, die Rettungsaktion abzubrechen, doch er sagte ihnen: „Ich kann diese Leute nicht ins Wasser werfen. Ich werde weiter machen." Dennoch war die ganze Affäre für die U-Boot-Waffe eine wichtige Lektion. Einem Kommandanten sollte es nicht gestattet sein, allein zu entscheiden, ob er Überlebende rettet oder nicht, und die Sicherheit des U-Bootes durfte unter keinen Umständen gefährdet werden.

Die letzten Überlebenden wurden noch aus dem Wasser gezogen, als Dönitz neue härtere Befehle erließ: „Alle Versuche, die Besatzungen von versenkten Schiffen zu retten, enden hiermit.“ Niemandem durfte mehr in ein Rettungsboote geholfen werden, Seeleute blieben im Wasser, und unter keinen Umständen durften Nahrungsmittel oder Wasser an die Überlebenden verteilt werden. „Solche Aktivitäten sind ein Widerspruch gegen das erste Kriegsziel, nämlich die Zerstörung feindlicher Schiffe und ihrer Mannschaften.“

In welchem Maß der „Laconia-Befehl“ von Hitlers Ansicht, das Überlebende im Wasser erschossen werden sollten, beeinflusst worden war, ist reine Mutmaßung. Es war allerdings der zentrale Punkt der Anklage gegen Dönitz bei den Nürnberger Prozessen nach dem Krieg. Vor allem der britische Ankläger wollte beweisen, dass der Befehl nichts anderes als eine Aufforderung war, alliierte Seeleute zu ermorden. Man argumentierte, dass Dönitz dies impliziert habe, als er festgestellt hatte, dass die „Zerstörung“ von Mannschaften wie Schiffen „erstes Kriegsziel“ sei. Der ehemalige Kommandant von U-123, Karl-Heinz Möhle, sagte aus, dass er den „Laconia-Befehl“ als subtile Aufforderung zum Töten der Überlebenden interpretiert habe und neue Kommandanten entsprechend informierte. Niemand sonst trat aus der Reihe. Einige Historiker meinen, dass Dönitz bereit war, „im Interesse des Sieges alle Verhaltensregeln unter Seeleuten und moralische Verpflichtungen über Bord zu werfen.“[9] Die Richter von Nürnberg fanden sehr wenig glaubhafte Beweise für diese Annahme, und seitdem ist nichts Bedeutendes aufgetaucht, dass vermuten ließe, dass sie damit falsch lagen.

Es war Dönitz' erster Instinkt, keine Überlebenden zu retten. Die „Laconia-Affäre“ bestätigte ihn darin. „Seid hart“, wies Dönitz seine Kommandanten an. „Denkt an die Tatsache, dass der Feind bei seinen Bombenangriffen auf die deutschen Städte keine Rücksicht auf Frauen und Kinder nimmt.“ Dönitz hatte da durchaus einen Punkt. Die Alliierten bombardierten Städte im ganzen Reich und die Menschen, die dort lebten und arbeiteten. Der „Laconia-Befehl“ war eine Aufforderung, den Überlebenden nicht zu helfen. Er war keine Lizenz zum Töten. Er zeigte aber dennoch eine rücksichtslose Missachtung für das Leben der Hilflosen. Es bleibt allerdings festzustellen, dass die alliierten U-Boot-Kommandanten ebenso verfuhren.[10] Trotz aller isolierten Akte der Menschlichkeit, war die U-Boot-Kriegsführung brutal und kompromisslos. „Man konnte den Überlebenden nicht wirklich helfen“, erinnert sich der ehemalige Kommandant von U-61 und U-106, Jürgen Oesten. „Man hatte nicht den Platz. Es war einfach Pech, das war unser Gefühl damals.“ Ein Ereignis im Winter 1942 zeigte, wie grausam die Wirklichkeit sein konnte. Wieder war ein älterer Ozeanliner darin verwickelt – die „Ceramic“.

Der 18.700 Tonnen große Veteran aus dem Ersten Weltkrieg war 1939 wieder in Dienst gestellt worden, um Passagiere und Fracht über den Atlantik und bis nach Australien zu transportieren. Er besaß ein einmaliges Profil mit einem Schornstein und vier Masten, was ihn zum höchsten Schiff gemacht hatte, das unter der Sydney Harbour Bridge gefahren war.[11]

Am 23. November verließ die „Ceramic“ Liverpool zu einer Fahrt, die sie über Kapstadt nach Australien führen sollte. Unter den Passagieren war auch der 20-jährige Pionier Erich Munday. Es versprach, eine angenehme Fahrt zu werden. Auf dem Schiff befanden sich 656 Menschen – 278 Besatzungsmitglieder und 378 Passagiere, von denen 226 dem Militär zugerechnet wurden.[12]

Zunächst fuhr die „Ceramic“ Richtung Westen im Konvoi, war dann aber auf der Mitte des Atlantiks, als sie ihren Kurs Richtung Süden einschlug, auf sich allein gestellt. Gegen Mittag am 6. Dezember, sichtete die Brückenwache von U-515, kommandiert von Werner Henke, die Umrisse des Schiffs. Das U-Boot machte sich auf die Verfolgung und nahm seine Angriffsposition ein.

Munday hatte sich freiwillig zur Wache an einem der Luftabwehrgeschütze des Schiffs gemeldet. An jenem Abend endete seine Wache gegen 7.30 Uhr, und er ging auf ein Bier in die Bar. „Wir spielten Karten, und ich hatte einen Drink – einen Whisky und eine Flasche Bier. Ich nahm meine Karten auf und betrachtete sie gerade, als der erste Torpedo einschlug. Es war ein dumpfes Geräusch, ziemlich weit von unserem Standort entfernt, direkt vorne. Niemand glaubte es. Mein erster Gedanke war, ob das Schiff weiter fahren könne.“ Dem ersten Torpedo folgten zwei weitere. Dann erging der Befehl zu den Booten zu gehen und wenig später, das Schiff zu verlassen.

„Die Rettungsboote wurden zu Wasser gelassen, und die Leute bestiegen sie in geordneter Weise“, erinnert sich Munday. „Ich musste ein Tau runter rutschen, was mir die Haut von meinen beiden Händen schälte. Es waren ungefähr 50 Leute in meinen Boot – zwei oder drei Frauen und ein Kind. Der Rest waren zumeist Leute der Mannschaft und militärisches Personal.“

Alle Boote konnten sich rechtzeitig vom Schiff entfernen, bevor ein weiterer Torpedo dem Schiff den endgültigen Stoß versetzte. Die „Ceramic“ versank ungefähr 600 Meilen nordwestlich der Azoren. Es gab keine Schiffe in der Nähe, die eine Rettungsaktion hätten durchführen können. Munday erinnert sich an die ersten rauen Stunden. Das Rettungsboot wurde in der ständig bewegter werden See hin und her geworfen. „Viele der Menschen saßen einfach da. Ich hatte nichts dagegen, zu rudern. Ich war vielmehr froh, etwas zu tun zu haben.“ Am Morgen wurde der Wind schlimmer, und das Boot tanzte auf den Atlantikwellen. „Wir schöpften Wasser mit allem, was wir in die Hände bekommen konnten. Es gab einige, die offensichtlich die Hoffnung aufgegeben hatten, die einfach nichts taten. Sie hatten wohl beschlossen, dass wir nicht gerettet werden würden. Ich habe diesen Zustand nie erreicht.“ Munday war ein ehemaliger Sänger im Kirchenchor, der wusste wie man betete. Doch als der Wind sich zu einem Sturm entwickelt hatte, wurde klar, dass nur ein Wunder sie retten konnte. „Die Wellen kamen über die Seiten. Wir versuchten, das Boot im Wind zu halten, um so zu verhindern, dass es Schlagseite bekam, doch wir konnten das Wasser nicht schnell genug schöpfen. Ich war einer der ersten im Wasser, als es umschlug, und hatte große Schwierigkeiten, wieder an die Wasseroberfläche zu kommen, weil all die anderen auf mich fielen. Wir richteten das Rettungsboot wieder auf, und einige Männer gingen wieder hinein, doch es war hoffnungslos. Ich fand einige Holzstücke und hängte mich einfach an sie.“

Munday erinnert sich, wie er die anderen sah und hörte, doch da waren auch Leichen, die von den Schwimmwesten auf dem Wasser gehalten wurden. Selbst in dieser verzweifelten Situation hatte er Vertrauen, gerettet zu werden. „Ich sah etwas Großes, ungefähr 100 Meter im Wasser entfernt und schwamm dorthin. Ich konnte meinen Augen nicht glauben. Es war ein U-Boot.“ Dieses feindliche U-Boot wurde seine Hoffnung auf Rettung. „Zwei Mannschaftsmitglieder kamen an Deck und warfen Taue nach unten. Ich verpasste sie. Ein Kerl gab auf und ging wieder, doch der andere blieb, warf sein Tau noch einmal und ich griff zu.“

Munday war von U-515 aus dem Wasser gezogen worden. Es war Mittag, der 7. Dezember. Er war durchgefroren, nass und erschöpft, aber in Sicherheit. Seine Uniform hatte ihn gerettet. Ein Soldat konnte Informationen liefern. Der U-Boot-Kommandant Werner Henke hatte tatsächlich nach dem Kapitän der „Ceramic" gesucht.

Von der Brücke aus beobachtete Henke den Überlebenskampf der anderen im Wasser. Einmal wurde sogar ein Rettungsboot gegen das Boot geschleudert. In ihm saß eine Frau mit einem kleinen Kind. Er wusste, dass die meisten Überlebenden sterben würden. Einen zu retten wäre, wie er später erklärte, als ob man Gott spielen würde.[13]

Munday bekam zu essen und trockene Kleidung und durfte schlafen. Am folgenden Tag wurde er von Henke und einem seiner Offiziere verhört: „Sie wollten von mir wissen, ob es sich um einen Truppentransport gehandelt hatte, damit sie berichten konnte, sie hätten soundsovielte hundert Soldaten getötet." Es war schließlich wesentlich weniger heldenhaft, ein Schiff torpediert zu haben, dass nur wenige Militärs, Krankenschwestern und Zivilisten mit Kindern an Bord gehabt hatte. „Sie wollten das nicht hören. Daher fragten sie mich immer und immer wieder, wer an Bord gewesen war." Einer der Offiziere drohte, Munday über Bord zu werfen, wenn er ihnen nicht die korrekten Informationen geben würde. Doch Henke sah ein, dass es nicht mehr zu berichten gab.

Henke hatte vollkommen innerhalb der Kriegsregeln gehandelt, die von den Alliierten und den Achsenmächten akzeptiert wurden. Die „Ceramic" fuhr unter Kriegsbedingungen, war bewaffnet und verdunkelt und somit ein legitimes Ziel. Und die Überlebenden? Henke hatte schlicht den „Laconia-Befehl" befolgt. Ein Gefangener reichte, um ihm die notwendigen Informationen zu liefern. Munday war der einzige Überlebende der 656 Männer, Frauen und Kinder an Bord. „Ich weiß, es ist traurig, aber wenn sie ein halbes Dutzend Leute genommen hätten, würde man dann besser über sie denken?", fragt Munday. „Ich glaube, ich war einfach dankbar, dass sie mich rausgeholt hatten. Ich habe nie vergessen, dass ich sehr, sehr viel Glück hatte."

Die Mannschaft von U-515 ließ es dem Gefangenen gut gehen. Vier Tage nach der Versenkung feierte Munday seinen 21. Geburtstag mit einer Zigarette auf der Kommandobrücke des Bootes. „Eine der Jungs kam und sagte ‚Happy Birthday'. Munday war sich bewusst, dass er sehr viel Glück gehabt hatte, doch es dauerte noch viele Wochen, bis er erfuhr, dass er der einzige Überlebende war.

Der britischen Öffentlichkeit wurde nichts über das Schicksal der „Ceramic“ berichtet. Allerdings wurden die betroffenen Familien entsprechend benachrichtigt. Mundays Eltern erhielten ein Telegramm, dass ihr Sohn vermisst und vermutlich ertrunken sei. Es war Goebbels, der schließlich die Nachricht unter das Volk brachte. In der Nacht des 17. Februar wurden Mundays Eltern von einem Freund angerufen, der die deutsche Propagandasendung gehört hatte. Der Truppentransporter „Ceramic“ war versenkt worden und Pionier Eric Munday gerettet worden. Die britische Regierung bestätigte die Details zehn Monate nach der Versenkung.

Ungefähr ein Jahr später erlebte die Mannschaft von U-515 ähnliche Ängste und Verzweiflung wie die Menschen der „Ceramic“. Im April 1944 bombten amerikanische Kriegsschiffe das U-Boot auf die Wasseroberfläche. Henke und 43 seiner Männer wurden aus dem Atlantik gefischt. 16 Besatzungsmitglieder ertranken. Amerikanische Vernehmungsoffiziere drohten, ihn wegen der Versenkung der „Ceramic“ an die Briten zu überstellen, die ihn vor Gericht stellen würden. Henke sah keinen anderen Ausweg als Selbstmord. Es gab in Wahrheit keine Pläne, ihn anzuklagen, denn die Versenkung fiel ganz klar unter die allgemein akzeptierten Kriegsregeln. Er war nicht verpflichtet, den Überlebenden zu helfen. Henke hatte „korrekt“ gehandelt.

Während des Kriegs wurden viele Geschichten über alliierte Seeleute erzählt, die angeblich im Wasser beschossen worden waren, doch die alliierten Ermittler konnten nur einen derartigen Vorfall zweifelsfrei bestätigen. In der Nacht des 13. März 1944 versenkte der große U-Boot-Kreuzer U-852 unter dem Kommando von Heinz Eck einen einsamen griechischen Frachter südwestlich von Freetown. Weil er wusste, dass einige dieser großen, unbeholfenen Boote von alliierten Flugzeugen versenkt worden waren, wollte er alle Hinweise auf die Versenkung zerstören. Fünf Stunden lang belegte er die Rettungsflöße und Wrackteile der „Peleus“ mit Maschinengewehrfeuer. Eck waren die Leben der Seeleute, die sich daran über Wasser hielten, vollkommen gleichgültig. Doch drei überlebten, um gegen ihn aussagen zu können. Einige Wochen nach der Versenkung griffen alliierte Flugzeuge U-852 vor der somalischen Küste an. Eck fiel in britische Hände. Sein Vernehmungsoffizier, Korvettenkapitän Colin McFadyean, war

Oben und links: Flugzeuge des amerikanischen Flugzeugträgers „Bogue“ greifen das Versorgungs-U-Boot U-118 an, das am 12. Juni 1943 ein anderes Boot mit Nachschub versorgen wollte. Nur 16 Mann der Besatzung überlebten den Angriff. 43 Mann ertranken.

Unten: U-117 wurde am 7. August 1943 versenkt. Alle 62 Besatzungsmitglieder kamen ums Leben.

Rechts: Der einsame Überlebende eines von U-124 im Frühjahr 1941 versenkten Handelsschiffes wird seinem Schicksal überlassen. Die Boote hatten den strikten Befehl, keine Opfer zu retten.

Unten: Überlebende der „Laconia" auf dem Deck von U-507, einem der von Dönitz zu ihrer Rettung geschickten Boote. 1600 Männer, Frauen und Kinder verloren ihr Leben, als das Schiff im September 1942 torpediert wurde.

Oben: Die Überlebenden der im August 1942 torpedierten „Richmond Castle“ werden nach neun Tagen auf offener See von der Korvette HMS „Snowflake“ gerettet.

Unten: Kommandant und Besatzung von U-571 beobachten den letzten Moment eines von ihnen torpedierten Schiffs.

Links: Die USS „Spencer“ zwingt im April 1943 U-175 mit Wasserbomben an die Oberfläche. 41 der 54 Männer wurden gerettet.

Rechts: Ein erschöpfter U-Boot-Mann klettert auf ein alliiertes Schiff – und in die Gefangenschaft.

Unten: Männer der USS „Pilsbury“ nehmen U-505 in Schlepp. Das Boot war am 4. Juni 1944 an die Oberfläche gezwungen worden. Wichtige Enigma-Unterlagen konnten dabei gesichert werden.

Oben: Großadmiral Dönitz und Hitler reden über den Attentatsversuch vom 20. Juli 1944 mit dem „Duce“ Benito Mussolini. Dönitz appellierte an seine Männer, „jeden der mit den Verschwörern sympathisiert, zu vernichten“.

Rechts: Die Männer von U-249 gehen an Bord eines britischen Kriegsschiffs in Gefangenschaft.

Oben: Admiral Max Horton und sein Stab werden von einem deutschen Offizier über das Deck von U-553 geführt. Das Boot hatte im Mai 1945 vor Londonderry kapituliert.

Zwei beschädigte U-Boote in einem Hamburger Dock, das von einer britischen Bombe getroffen wurde. 1167 U-Boote wurden während des Krieges in Dienst gestellt, von denen 859 als Frontboote eingesetzt wurden. 648 Boote wurden versenkt, ein Drittel davon auf ihrer ersten Feindfahrt. Mehr als 30.000 Männer der U-Boot-Waffe gelten als vermisst.

von seiner Unerfahrenheit beeindruckt. Seiner Einschätzung nach war Eck in Panik geraten: „Wenn man etwas derart drastisches tut, das gegen alle Kriegsregeln verstößt, dann sollte man es richtig tun. Er schaffte nicht einmal das.“ In der zweiten Runde der Nürnberger Prozesse versuchte die Anklage zu beweisen, dass Eck auf Befehl Dönitz’ vor allem aber dem „Laconia-Befehl“ entsprechend handelte. Es gelang nicht, was McFadyean in diesem Fall nicht überraschte. In diesem Fall war das U-Boot-Kommando zwar schuldig, aber nur einer ernsten Fehleinschätzung: „Sie hätten niemals einen derart unerfahrenen Kommandanten auf diese Fahrt schicken dürfen. Er bezahlte dafür mit seinem Leben – Eck und zwei seiner Offiziere wurden nach dem Krieg hingerichtet.“

Im Zentrum des „Laconia-Befehls“, den Überlebenden nicht zu helfen, stand schlicht auch die Überzeugung, dass der Atlantik die Aufgabe schließlich erledigen würde. Die drei Seeleute, die den Versuch, die Überreste der „Peleus“ zu versenken überlebten, trieben 25 Tage auf dem Wasser, bevor sie gerettet wurden.[14]

Der Krieg nahm mehr als 32.000 Männern aus Großbritannien und dem Empire das Leben.[15] Rund 75.000[16] Seeleute, die auf britischen Handelsschiffen dienten, waren Opfer eines U-Boot-Angriffs. Die Zahl der direkt bei Torpedoangriffen ums Leben gekommenen Menschen entspricht nur einem kleinen Prozentsatz. Die meisten verloren ihr Leben in der See. Vor allem das Schicksal derjenigen, die einen Angriff auf ein einsames Schiff überlebten, ist unbekannt. Und auch diejenigen, die in einem Geleitzug fuhren, konnten nicht sicher sein, gerettet zu werden. Im Winter 1942 fanden die meisten Angriffe auf Geleitzüge in der Mitte des Atlantiks, viele hundert Meilen vom Festland entfernt, statt. Obwohl die so genannten Rettungsschiffe in den Konvois Beachtliches leisteten, war es unvermeidlich, dass Seeleute ertranken. Wenn man in den eiskalten Atlantik geschleudert wurde, hatte man nur geringe Hoffnungen auf Rettung. Von Ende 1942 bis Anfang 1943 verloren jeden Monat regelmäßig mehr als 600 Mann ihr Leben. Albert Becker, Kanonier bei der amerikanischen Marine, verlor in dieser Zeit sein Schiff. Seine bemerkenswerte Geschichte über das Überleben in einem offenen Boot ist nicht untypisch für die Qualen, die Tausende von Seeleuten erleiden mussten.

Es war Beckers erste Fahrt. Der in Iowa geborene und aufgewachsene 19-Jährige wählte die Navy, weil sie ein „sauberes Leben“ versprach und es weniger gefährlich als in einem „Fuchsloch“ auf dem Schlachtfeld war. Am 15. Dezember 1942 ging er an Bord des 5000 Tonnen großen Frachters „City of Flint“. Becker und seine 23 Marinekameraden waren für den Schutz des Schiffes verantwortlich, was nichts anderes bedeutete als die beiden fünf- und drei-Zollgeschütze zu besetzen. Der Rest war der Mannschaft des Frachters überlassen. Die „City of Flint“ sollte sich dem nach Gibraltar fahrenden Geleitzug UGS 4 anschließen, der Nachschub für die alliierten Truppen in Nordafrika transportierte. Die Ladeluken waren mit Benzin voll geladen – eine Fracht, die einige der erfahreneren Besatzungsmitglieder nervös machte.

Zunächst wurde der Konvoi von Winterstürmen durchgeschüttelt, die die Schiffe aus der Formation brachte und die Wachen verzweifeln ließen. Nach ungefähr zehn Tage war die „City of Flint“ gezwungen, den Konvoi zu verlassen. „Wir hatten eine Ladung Telefonmasten an Deck, und die begannen sich zu lösen. Wir verloren sie und sie bildeten eine Spur im Wasser hinter uns“, erinnert sich Becker. Das Schiff wurde angewiesen, sich wieder dem Geleitzug anzuschließen, sobald die Ladung gesichert war. Es war eine ungewisse Zeit, denn ein allein fahrendes Schiff war ein leichtes Ziel, doch am 25. Januar lief sie mit guter Geschwindigkeit zurück. Becker berichtet, was als nächstes geschah:

> „Es war kurz nach Sonnenuntergang. Das ist die gefährlichste Zeit, weil es schwer fällt, sich auf die Dunkelheit einzustellen. Alle Augen waren auf dem Wasser. Ich war auf dem Achterdeck mit dem Fünf-Zollgeschütz, und dort hörten wir den Torpedo. Die Kerle im Bug brüllten über die Telefone, und man konnte sein Kielwasser sehen, das Fluoreszieren auf dem Wasser. Das Schiff schlingerte, um ihm auszuweichen, doch es war zu langsam und der Torpedo traf.
>
> Es gab einen großen Knall. Wir waren genau da getroffen worden, wo wir das Benzin gelagert hatten. Bei der Explosion stand das ganze Schiff sofort in Flammen. Es war eine derart massive Explosion, dass sie die ganze Brücke wegriss. Es gab Feuer auf dem Wasser, das alles entzündete, und dann flogen die Telefonmasten in die Luft und dann wie Streichhölzer auf das Meer.“

Becker erinnert sich noch, dass die Maschinen das Schiff noch weiter schoben – vorbei an den Männern, die bereits im Wasser waren.

„Man konnte die Kumpel im Wasser brüllen hören. Man wusste, dass man an ihnen vorbei fuhr, doch man konnte nichts machen. Alles, was wir werfen konnten, warfen wir ins Wasser. Dann sprang ich.

Auf dem Wasser trieb viel Treibstoff. Man versuchte, davon weg zu kommen, um nicht verbrannt zu werden, doch es klebte an einem. Es wurde höllisch heiß, und man kämpfte, damit nicht das Gesicht oder die Kleidung verbrannten. Durch das Feuer konnte man sehen, dass nur die Telefonmasten im Wasser waren. Du kannst nicht lange im Wasser überleben, wenn man nicht irgendwo drauf klettern kann. Dann sah ich das Fallreep am Schiff und kletterte wieder an Deck. Achtern brannte lediglich das Benzin, das Schiff selbst hatte noch kein Feuer gefangen. Mein Kumpel Steve Kubik war noch an Deck, und wir beide beschlossen, dieses große Floß ins Wasser zu werfen.“

Von dem Rettungsfloß aus sah Becker, wie sich das Heck des Schiffes aus dem Wasser erhob und mit noch immer drehenden Schrauben und einem Zischen im Wasser verschwand.

„Dann sahen wir, wie sich uns ein Rettungsboot aus dem Qualm näherte. Sie hatten unser Floß gesichtet. Wollten wir mit ihnen fahren? Es waren nur neun Mann in dem Boot. Wir nahmen die Nahrungsmittel vom Floß und wechselten in das Boot, und dann kamen wir in dieses Maschinengewehrfeuer. Wir dachten, das U-Boot würde feuern. Es ging genau über unseren Kopf. Ich nehme an, sie wollten einen guten Job machen und alle erledigen. Wir sprangen aus unserem Boot ins Wasser und blieben dort, bis sich alles beruhigt hatte.“

Die „City of Flint“ war direkt in eine U-Boot-Linie gefahren. U-575 hatte sie versenkt. Der erste Torpedo hatte bereits ihr Schicksal besiegelt, doch um sie endgültig zu versenken, hatte das U-Boot das brennende Wrack mit seinem Geschütz beschossen. Becker und seine Kameraden dachten, dass Feuer sei auch nach dem Untergang fortgesetzt worden und dass sie das Ziel gewesen seien, doch in dem Rauch und der Dunkelheit war es schwer, sicher zu sein. Die Überlebenden sahen das U-Boot nicht, und es gibt keine Hinweise, dass das U-Boot die Überlebenden sah. Dennoch hatten die Schüsse des Bootes einen beachtlichen Einfluss auf das weitere Schicksal von Becker und seinen Kameraden. „Wir hatten zwei Ruder im Boot, und sie müssen knallrot gewesen sein, weil wir die ganze Nacht ruderten, um weg zu kommen. Das war wahrscheinlich unser Fehler, denn die anderen Rettungsboote blieben zusammen und wurden drei Tage später gerettet."

Am nächsten Morgen machten die Überlebenden Inventur. Das Boot maß ungefähr sechs Meter, das war ausreichend. Das Ruder war verschwunden, doch es gab einen Mast, Segeltuch und ein kleines Tau. Der Notfallproviant bestand aus rund 30 Dosen Pemmikan, Milchtabletten und rund 15 Gallonen Wasser. Pemmikan war ein Konzentrat aus Fleisch und Früchten, verpackt in einer Art Sardinenbüchse, das man nur in absoluten Notfällen empfehlen kann. Der beliebte amerikanische Überlebensratgeber „How to Abandon Ship", dessen erste Ausgabe im Juni 1942 erschien, erklärte den Seeleuten, dass es möglich sei, in einem offenen Boot ohne Nahrung 50 Tage lang zu überleben. Wasser war der Schlüssel zum Überleben und musste sorgsam eingeteilt werden.[17] Die Männer in Beckers Boot teilten die Nahrung und das Wasser für eine etwa dreiwöchige Fahrt ein. Sie waren sicher, dass sie in dieser Zeit gerettet sein würden: „Wenn man diese Pemmikan-Dose öffnete, kam die Nahrung in einem Stück raus. Für jeden Mann wurde dann ein Stück abgeschnitten. Dann bekam jeder zwei Milchtabletten und etwas Wasser in einem Behälter, der die Größe eines Geschosshülse hatte. Wir bekamen das zwei Mal am Tag, morgens und gegen Nachmittag. Und das waren unsere Rationen. Jeder nahm seinen Teil, wenn er ihm gegeben wurde, und niemand versuchte, mehr zu nehmen."

Die Männer waren in zwei Lager geteilt: Handels- und Kriegsmarine. „Wir wechselten mit einigen der Seeleute ein paar Worte. Sie mochten nicht, wie wir vorgingen, und wir wiederum schätzten ihre Einstellungen nicht. Sie saßen in dem einen Ende des Bootes und wir im anderen. Es gab sechs Navy-Leute und fünf von ihnen. Wir hatten den von der Regierung zur Verfügung gestellten 45er-Revolver, und daher ließen wir sie wissen, dass wir das Boote bemannten und alle Hilfe erwarteten, die wir bekommen konnten. Wir hatten einen Norweger, einen Puertoricaner und einen farbigen Kerl."

Es wurde jedoch bald deutlich, dass einer der Seeleute, der Norweger Rohmar Johansen, mehr als alle anderen verstand, auf der offenen See zu segeln. Es war „der Norweger", der die Navigation übernahm und ein provisorisches Ruder montierte. Becker gibt auch zu, dass die Navy-Jungs erleichtert waren, dass einer wusste, was er tat. Die größte Angst bereiteten die unaufhörlichen Stürme:

> „Man konnte sie kommen sehen. Die Wolken formieren sich, und dann wird der Ozean kabbelig. Und als nächstes kommen die großen Wellen zehn bis 13 Meter hoch. Und du bist mitten drin mit deinem kleinen Boot. Ich saß da, blickte nach unten, und da war nichts. Als nächstes fällst du einfach. Das war das Schlimmste. Das Boot rollte wie ein Korken. Dann fuhren wir in den Wind und Gottseidank hatten wir den Norweger."

Sie schöpften Wasser ohne Unterlass mit zwei Army-Helmen, die sie an Bord hatten. Die Männer wechselten sich am Ruder ab, das ihnen mitunter beinahe die Arme abgerissen hätte. Alle Differenzen waren vergessen, weil sie alle überleben wollten.

Die Männer waren durchnässt, erschöpft und es war ihnen sehr, sehr kalt. In den Nächten saßen sie zusammen und teilten sich die Körperwärme. In einem Aspekt hatten sie Glück gehabt. Die „City of Flint" war auf einer Konvoiroute versenkt worden, wo das Meer etwas wärmer war. Diejenigen, die vor Grönland oder in der Dänemarkstraße in die Boote mussten, wussten genau, dass sie schnell gerettet werden mussten, bevor Erfrierungen und Hypothermie sie sterben ließen. Die Autoren von „How to Abandon Ship" empfahlen allen Seeleuten, einen Gummianzug mit sich zu führen, der „die Möglichkeit eines Erfrierungstodes ausschließen" würde. Er verhinderte auch, dass „Blut aus einer Wunde in das Wasser fließen und Haie anlocken würde". Doch die Reeder waren nicht gezwungen, ihre Besatzungen damit auszurüsten, und die Seeleute kauften sie selten. Sie vertrauten auf ihr Glück.[18]

Becker zählte jeden Tag auf See. Jeden Morgen ritzte der Mann am Ruder eine Kerbe in die Bootsseite. Nach drei Wochen sahen sie das erste Schiff – sie schienen gerettet. „Wir winkten und brüllten und schossen zwei oder drei Leuchtraketen, doch entweder sah uns das Schiff nicht oder schenkte uns keine Beachtung. Das brach uns wirklich das Herz." Einige von ihnen weinten. Der jüngste Überlebende war „vielleicht gerade 17 Jahre, und der arme Junge war zu Tode verängstigt. Dieser Kanonier, der mit uns im Boot war, bemutterte das Kind, versuchte ihn zu trösten." Für einen der Seeleute waren die Strapazen zu viel. Becker:

> „Er war nicht mehr bei sich. Er legte sein Geld ins Boot, trocknete es, gab jemanden eine Fünf-Dollar-Note, um ein Wassertaxi zu holen. Er wollte an Land gehen. Manchmal sah er ein Boot, das Krabben verkaufte. Er wollte, dass ihm jemand einen Eimer Krabben holte.
>
> Wir hatten einen Gummianzug an Bord, und wir dachten, wenn wir den Kerl trocken hielten, wäre er vielleicht ein wenig sicherer. Doch er ließ uns nicht die Zugbänder zubinden. Wir mussten vorsichtig sein, weil er sein Beil immer in der Hand hatte.
>
> Dann kamen wir in diesen furchtbaren Sturm. Während wir alle unser Bestes taten, Wasser schöpfen und steuerten, sprang er aus dem Boot. Wir sahen den Mann niemals wieder. Wir nahmen an, dass der Anzug mit den offenen Zugbändern wie ein Eimer voll gelaufen ist und ihn nach unten gerissen hat. Er hatte einfach beschlossen, dass er genug hatte."

War es schon nicht leicht, nach drei Wochen zuversichtlich zu bleiben, so war der Verlust des Seemanns ein weiterer Schlag für die Moral der Gruppe. Becker: „Niemand bewegte sich. Die Männer saßen stundenlang am gleichen Platz." Sie hatten eine Ausgabe des Neuen Testaments: „Wir lasen darin zwei oder drei Mal am Tag, wenn es das Wetter zuließ. Es beruhigte uns, gab uns etwas, worauf wir uns freuen konnten." Die Bibel wanderte von Mann zu Mann. Jede Lesung begann mit dem 23. Psalm: „Der Herr ist mein Hirte..."

Es war bereits vor dem Ende der drei Wochen klar, dass die Rationen nicht reichen würden. „Wir erkannten, dass wir in ernsthaften Schwierigkeiten steckten, und dass wir sie noch weiter strecken mussten. Wir schränkten uns immer weiter ein. Doch wir mussten sie auch durch irgendetwas ersetzen und daher begannen wir zu fischen.“ Bei ihrem ersten Versuch fingen sie einen Barracuda:

> „Der hatte vielleicht Zähne. Wir konnten ihn nicht töten, weil wir Angst hatten wir würden daneben stechen und ein Loch ins Boot schlagen. Dann hätten wir wirklich ein Problem. So warteten wir fast den ganzen Tag, bis der Kerl endlich tot war. Er sprang über das ganze Boot. Es war ein Bankett. Wir lösten die Haut und schnitten das Fleisch auf. Es war roher Fisch, doch es schmeckte wie ein Steak. Danach hatten wir ein schlechtes Gewissen. Wir aßen zuviel auf einmal. Jeder Fisch, den wir danach fingen, wurde wie der Rest der Nahrung rationiert. Das war der einzige Fisch, den wir mit der Angel fingen, doch es gab auch die Haie rund ums Boot. Drei oder vier Tage sahen wir keinen einzigen Hai und dann verließen sie uns tagelang nicht. Mit ihnen kamen diese anderen Fische und sie sahen wie ein schöner Fang aus. Wenn die Haie neben dem Boot schwammen, kamen diese Pilotfische sehr nahe. Wir nahmen unsere Messer, stießen zu und warfen sie ins Boot. Man verpasste vielleicht 50, bis man einen hatte.“

Während der Stürme konnten die Überlebenden etwas Regenwasser im Segel auffangen. Es gab niemals genug, doch niemand verlor die Kontrolle und trank Meerwasser. Das war eine der goldenen Regeln, die jedem Seemann beigebracht wurde. Der zweite Koch des torpedierten britischen Frachters „Anglo Saxon“ hatte angeblich eine Dose nach der anderen Meerwasser getrunken. Er wurde verrückt. Die Autoren von „How to Abandon Ship“ warnten auch davor, den eigenen Urin zu trinken: „Die giftigen Abfallprodukte werden die Agonie des Durstes verstärken... und die Überlebenszeit verkürzen.“

Nach einem Monat auf See waren Becker und seine Kameraden noch immer sicher, dass sie gerettet werden würden. „Man gibt nicht auf, wenn man noch eine Unze Kraft hat und sich zusammenreißt.“ Das Wetter verbesserte sich, was durchaus hilfreich war, und das Meer veränderte seine Farbe. Rohmar Johansen erzählte ihnen, dass sie sich dem Festland näherten. Möwen begannen dem Boot zu folgen und bald trieb Seegras an ihnen vorbei. Johansen zeigte Becker, wie man das wie kleine „Beeren“ abgelagerte Süßwasser ernten konnte. „Man holte einen Arm voll von diesem Seegras und saß dann wie ein Affe rum und pickte diese kleinen Beeren. Als sie uns aus dem Rettungsboot holten, sah es wie ein Heuwagen aus, weil wir so viel Seegras darin hatten.“

46 kleine Kerben befanden sich an der Seite des Bootes, als sie am frühen Morgen des 12. März 1943 ein Flugzeug sahen. „Wir hatten“, so Becker, „viele Möwen gesehen, und dann erblickten wir dieses Ding am Horizont, und es sah zuerst wie eine furchtbar große Möwe aus.“ Die Männer in dem Flugzeug winkten, verschwanden aber sofort. Die Dämmerung fiel, bevor sie am Horizont Rauch entdeckten. Es war der Zerstörer HMS „Quadrant“. Die Überlebenden waren zu schwach, um ihren Rettern helfen zu können. „Wir waren furchtbar, unrasiert, unser Haar war gut 30 Zentimeter lang, die Hemden weiß vom Salz und wir waren gefühlsmäßig sehr bewegt.“ Die Mannschaft zwang Nahrung und Rum in die Männer, doch der Schiffsarzt bestand ausschließlich auf Flüssigkeit und strich zunächst den Alkohol. Alle litten unter den Folgen des Salzwassers. Ihre Zungen waren von der Austrocknung schwarz geworden. Doch ansonsten erfreuten sich die zehn Überlebenden einer erstaunlich guten Gesundheit. Sie waren glücklicher und bedächtiger als viele andere Männer gewesen, die diese Qualen aushalten mussten.

Becker und seine Kameraden machten die Rückreise von Gibraltar in die Vereinigten Staaten auf einem schnellen Truppentransporter. Zu keinem Zeitpunkt wagten sie sich unter die Wasserlinie des Schiffs. Ihre Familien hatten bereits alle Hoffnungen aufgegeben. Becker rief seine Mutter von Chicago aus an und sagte ihr, er würde am folgenden Morgen mit dem Zug um ein Uhr eintreffen. „Alles, was sie sagte, war ‚Oh mein Gott, nein, nein‘.“ Becker war aus dem Grab wieder auferstanden. In der ersten Zeit gingen seine Gedanken immer wieder zurück in das Rettungsboot. „Ich träumte von den Stürmen, weil ich davor eine Höllenangst hatte.“ Jetzt kehrt die Erinnerung nur in schwierigen Zeiten als Trost zurück. Denn es ist möglich, Körper und Geist auch bei einer derartigen Erfahrung zusammen zu halten.

KAPITEL ELF

ZUSAMMENBRUCH

Er galt in der Erinnerung der Seeleute als einer der schwersten Stürme auf dem Nordatlantik. Am 16. Dezember fuhr der Konvoi 153 mitten in ihn hinein. Auf dem Zerstörer „Firedrake“ beobachtete der Matrose Donald Coombes, wie der Geleitzug auf der unbarmherzigen See tanzte. „Es war eine kochende, schäumende Masse“, erinnert er sich. „Die Wellen waren doppelt so hoch wie ein Einfamilienhaus. Wir kletterten auf die Spitze der ersten, fielen dann in den Abgrund und trafen die zweite ungefähr auf halber Höhe. Daher hatten wir so wahnsinnig viel Wasser auf dem Bug.“

Die Begleitschutzgruppe B-7 hatte den Geleitzug ON 153 vier Tage zuvor bei einem starken westlichen Wind getroffen, der ständig an Heftigkeit zunahm und am 16. Windstärke 12 erreicht hatte. Alle Schiffe in dem Geleitzug hatten ihre Schwierigkeiten, doch für die kleinen Korvetten war es besonders schwer. Eine von ihnen, die HMS „Pink“, wurde auf der Steuerbordseite der Gruppe hin und her geworfen. Korvettenkapitän Robert Atkinson war ihr Kommandeur: „Das Schiff rollte wie verrückt, und man konnte wegen des Wetters nicht auf dem Deck laufen. Man übernimmt also seine Wache, es ist kalt, die Kleidung ist noch immer nass, es gibt kein vernünftiges Essen, und man braucht, viel Zuversicht, um zu sagen, ‚wir kommen da durch.’ Der 26-jährige Atkinson hatte seit Kriegsbeginn mehr harte Zeiten im Nordatlantik erlebt als manch anderer. Der kleine drahtige Mann mit dem jungenhaften Aussehen hatte sich einen Ruf als erfahrener und aufmerksamer Offizier erworben. „Ein kommandierender Offizier sollte 24 Stunden am Tag im Dienst sein. Er muss präsent sein. Daher dachte ich, es sei das Beste, eine Matratze im Steuerraum zu haben, wo ich während der Zeit auf See schlief. Es hat keinen Zweck, gähnend den Steg hoch zu laufen und die Augen erst an die Dunkelheit zu gewöhnen.“

Die „Pink“ war Atkinsons zweites Kommando und seine zweite Korvette. Er wusste besser als viele andere, welchen Druck die Konvoiarbeit in diesen äußerst schwierigen Schiffen verursachte: „Ich habe ein paar Mal erlebt, wie Leute unter Stress verrückt wurden, wie sie schrien, weinten wie kleine Kinder“, erinnert er sich. „Wenn die Männer in Aktion sind, und einer fängt an zu brüllen, dann zerstört er die Moral der anderen und muss entfernt werden. Man hat bei solchen Dingen keine Zeit – Panik verbreitet sich sehr schnell. Daher dachte der Zahlmeister, der beste Weg, so jemanden zu entfernen, sei ein Hieb ins Gesicht, was er auch tat.“ Es gab viel Mitgefühl für Seeleute, die dem Druck nicht standhielten. Alle fühlten es.

Im Dezember 1942 trat die neue Konvoikampagne in ihren sechsten Monat. Dass sich die Schlacht ihrer Entscheidung näherte, war allen Beteiligten klar. Die alliierten Verluste stiegen langsam wieder an. Im November waren 807.754 Tonnen versenkt worden. Ein ständiger Fluss von Nachrichten, die Dönitz dank der entschlüsselten alliierten Codes erreichten, ermöglichte seinen Rudeln eine Serie von schweren Schlägen gegen Konvois im berüchtigten „schwarzen Loch“ südlich von Grönland zu führen, außerhalb der Reichweite der Flugzeuge. Seine wachsende Flotte (im Dezember 400 Boote, davon 212 einsatzbereit), die von den „Milchkühen“ versorgt wurde, erlaubte es Dönitz, eine ständige Präsenz in diesen unfreundlichen Gewässern zu gewährleisten.

Heftige Stürme hatten den Geleitzügen immer wieder einen gewissen Schutz geboten – aber nicht ON 153. Dönitz setzte im Dezember in diesem Gebiet zwei Kampfgruppen ein. Die Boote der Gruppe „Raufbold“ hatten den Konvoi schnell gesichtet. Der Geleitzug wurde auf die Probe gestellt, als U-Boot-Funksprüche von einem der Peilsender an Bord der „Firedrake“ empfangen wurden. „Raufbold“ schlug mitten im Sturm in den frühen Stunden des 16. zu und versenkte zwei Tanker. Ein Frachter folgte am Abend. Die „Firedrake“ schwenkte auf die Backbordseite des Konvois, bewirkte damit aber nichts.

Gegen 6 Uhr am Abend des 16. empfing die „Pink“ einen Funkspruch des leitenden Offiziers der „Firedrake“. „Er rief mich an und sagte, dass die Angriffe von meiner Seite kämen, und dass wir die Positionen tauschen sollten. Ich war darüber ein wenig enttäuscht“, gibt Atkinson zu. Die „Firedrake“ nahm dann eine Position vier Meilen von der Steuerbordseite des Konvois entfernt ein. Dort hoffte man, sich aus dem Norden nähernde U-Boote abfangen zu können.

Gegen 20.00 Uhr übernahm Donald Coombes die Wache am Heck der „Firedrake“. Er hatte auf dem Schiff als 20-jähriger Rekrut acht Monate zuvor angefangen und seitdem ziemlich viel vom Atlantik gesehen, aber noch keinen richtigen Einsatz erlebt. An jenem Abend war deshalb das Meer, das ständig kniehoch über das Deck schwappte, sein eigentlicher Feind. Dann hörte er gegen 10 Uhr einen dumpfen Schlag. „Überhaupt nichts Spektakuläres. Ich drehte mich zu meinem Kollegen und fragte ihn, was das gewesen sei. Und der sagte nur ‚ein Torpedo'.“

Coombes verließ seinen schützenden Unterstand und blickte nach vorne. „Da flogen überall Teile des Schiffs herum. Es war klar, dass ich von irgend etwas getroffen würde, wenn ich da stehen blieb, also bückte ich mich, bis das Geklapper zu Ende war. Dann kam ich wieder vor und sah mir alles genauer an. Genau in diesem Moment lehnte sich die Brücke nach Steuerbord und stürzte ins Meer.“

Das Schiff war in zwei Teile zerbrochen. Die Brücke, das Steuerhaus und der Bug waren durch den Einschlag des Torpedos abgetrennt worden. Alles geschah innerhalb weniger Sekunden, so dass die Männer, die im Messedeck schliefen, keine Zeit mehr hatten, aus der plötzlich eintretenden Dunkelheit zu flüchten. Coombes beobachtete fassungslos, wie der Bug in die stürmische Nacht trieb und 35 der 194 Männer mit sich nahm:

> „Das alles beherrschende Geräusch war der heulende Wind. Es war wie im Stummfilm. Das einzige Anzeichen, dass in diesem Teil des Schiffes noch jemand lebte, kam, als dieser Kerl mit Lichtsignalen begann. Da konnten wir die Umrisse des Schiffes erkennen. Ich hatte keine Idee, wieviele da drin waren. Sie hatten offensichtlich keinen Antrieb mehr, um vorwärts zu kommen, und wir konnten nichts daran ändern. Wir waren der Gnade des Meeres vollständig ausgeliefert.“

Innerhalb einer halben Stunde war der vordere Teil des Schiffes in der stürmischen See versunken. Einer der Ingenieure ging zusammen mit einem Team von Heizern nach unten in den Maschinenraum, dessen Schott nun die ganze Gewalt der Wellen aushalten musste. Ein einziges Rettungsboot war geblieben, doch das befand sich zu nahe an dem zerrissenen vorderen Teil des Rumpfes, so dass man es nicht einsetzen konnte. Die einzige Hoffnung bestand darin, die Aufmerksamkeit der anderen Begleitschiffe zu erregen. Die „Sunflower“ reagierte auf die Signale, doch die See war zu rau, und daher musste sie eine Warteposition einnehmen. Coombes: „Es war schlimm. Einmal ragte die ‚Sunflower‘ in großer Höhe über uns, und in der nächsten Minute war sie in der Tiefe verschwunden. Daher wurde beschlossen, bis Tagesanbruch zu warten.“ Doch die See war unnachgiebig. Das vordere Schott begann unter dem ständigen Wellenschlag nachzugeben. Bald war klar, dass auch der restliche Rumpf sinken würde.

„Man muss es nehmen, wie es kommt. Ich kletterte über die Seite und fiel ins Wasser“, erinnert sich Coombes. Ohne die Ausdauer und das seemännische Können der Besatzung der „Sunflower“ wären alle verloren gewesen. Coombes erreichte wieder den Schiffsrumpf, wurde aber erneut ins Meer zurück geschleudert. Eine Zeitlang verlor er das Schiff aus den Augen. „Ich schaffte es, auf ein wackeliges Floß zu klettern, wo ich erst einmal ganz allein war. Da dachte ich, dass ich bald vor meinen Schöpfer treten würde. Doch es war seltsam, selbst in dieser Lage schien ich eine Sicherheit zu haben, dass ich überleben würde.“ Coombes wurde schließlich nach knapp zwei Stunden aus dem Wasser gefischt – einer von gerade 26 Überlebenden. Neun, die mit ihm an Deck waren, wurden in die See gespült. „Sie sind entweder ertrunken oder erfroren. Einige von ihnen waren Heizer – sie kamen aus dem Kesselraum und trugen gerade Stiefel, Hosen und Unterhemden. Kein echter Schutz.“

Die „Firedrake“ war von einem Torpedo aus U-211 versenkt worden. Das Boot war gerade aufgetaucht, um seine Batterien zu laden. Sein Kommandant war erstaunt, als man ihm ein derartiges Geschenk servierte. In den folgenden Tagen jagten U-211 und der Rest des Rudels den Konvoi Richtung Westen, schafften es aber dank des Eintreffens eines halben Dutzend kanadischer und amerikanischer Begleitschiffe nicht, ein weiteres Schiff zu versenken.[1]

Dennoch hatte die Geleitschutzgruppe B-7 deutlichen Schaden genommen. Hinter verschlossenen Türen kritisierte die Admiralität die an jenem Abend getroffenen Entscheidungen. Die vom Kapitän der „Firedrake“ eingenommene Position war – vorsichtig ausgedrückt – riskant. Ein Zerstörer mit einem konstanten Kurs war in einer mondhellen Nacht ein äußerst verführerisches Ziel für ein U-Boot. Diese Fehleinschätzung kostete den Kapitän und 168 Besatzungsmitglieder das Leben.[2]

Als ON 153 gerade das „schwarze Loch" verließ, bereitete sich ONS 154 darauf vor, hineinzufahren. Nach einem Rat aus dem „Tracking Room" lenkte die Admiralität den Konvoi auf einen südwestlicheren Kurs, um so den atlantischen Stürmen und den wartenden U-Booten auszuweichen. Dieses Mal lag der „Tracking Room" furchtbar daneben. Der gewählte Kurs führte ONS 154 genau vor die Torpedorohre von zwei U-Boot-Gruppen. Der Geleitzug sollte vier Tage lang bei Tag und Nacht von 20 U-Booten gejagt werden. Die kanadischen Schutzschiffe waren schlicht überfordert. 14 Schiffe wurden versenkt und mit ihnen ertranken 500 Seeleute. Rodger Winn hatte diese „schwer wiegende Katastrophe" im „Tracking Room" verfolgt. Es war, wie er beobachtete, eine „grausame Demonstration" der Verwundbarkeit eines typischen Schutzschildes, das aus sechs Schiffen bestand, gegenüber einem Gruppenangriff, wie er nun häufig im Nordatlantik durchgeführt wurde. Winn betonte aufs Neue die Notwendigkeit einer ständigen Luftunterstützung: „Schwere und gemeinsame Angriffe von einer beachtlichen Zahl von U-Booten können und sind bereits verhindert worden, wenn Flugzeuge den Konvoi begleiten." In dieser Beziehung, so Winn, stand die traurige Geschichte von ONS 154 im Gegensatz zum Schicksal eines anderen Dezember-Geleitzugs, HX 217.[3]

Ein jagender U-Boot-Verband hatte diesen schnellen, nach Großbritannien fahrenden Geleitzug am 7. Dezember, gut 300 Meilen südlich von Grönland, gesichtet. In der ersten Nacht hatten sieben U-Boote HSX 217 in stürmischer See angegriffen, aber nur einen Tanker versenkt. Am nächsten Morgen verfolgten noch 22 Boote den Geleitzug – doch eben auch ein Langstreckenbomber des Küstenkommandos vom Typ B-24 Liberator. Im Cockpit saß der 27-jährige Geschwaderführer Terence Bulloch, das Fliegeras des Küstenkommandos. Bis Dezember 1942 hatte dieser kämpferische Nordire nicht weniger als 19 U-Boote aufgespürt – mehr als jeder andere Pilot der Air Force und mehr als die meisten Geschwader. Der „Bulle" hatte die meisten angegriffen, eines versenkt und zahlreiche andere schwer beschädigt. Bullochs Liberator gehörte zu einer Hand voll Flugzeugen mit sehr großer Reichweite, die in jenem Winter in Island stationiert waren, um die Geleitzüge zu unterstützen.

Am 8. Dezember wurde die Mannschaft der Liberator mit der Registrierung B120 zur unchristlich frühen Zeit von 2 Uhr morgens aus den Betten geholt. Vor ihnen lag ein fünfstündiger Flug zum Geleitzug. Die erste Herausforderung bestand darin, ihn auf dem dunklen Ozean überhaupt zu finden. „Oftmals befanden sie sich nicht an der Stelle, die man uns gesagt hatte", so Bulloch. „Wir begannen dann für gewöhnlich, sie zu suchen, bis wir sie mit unserem Radar entdeckten. Ein großer Konvoi mit rund 50 Schiffen tauchte sehr deutlich auf den Radarschirmen auf, und wir konnten ihn dann orten."[4]

Die Mannschaft musste zugige und lärmende 17 Stunden in der Luft verbringen. „Man konnte sich nicht richtig bewegen. Man konnte gerade mal nach hinten zur Toilette kriechen. Der Funker hatte seinen eigenen Platz auf halbem Weg hinten in der Mitte. Wir hatten vorne einen Navigator, der Flugingenieur saß zwischen den beiden Piloten, und dann gab es noch drei oder vier Männer für die Bordgeschütze, die sich abwechselten. Sie brauchten ihre Pausen, weil es sehr hart war, längere Zeit den Radarschirm zu beobachten." Wenn ausreichend Zeit vorhanden war, kochte ein Besatzungsmitglied ein Essen auf einem Paraffinkocher. „Das war immer schön heiß. Das war großartig – doch wenn wir etwas gesichtet hatten, endete das Essen meistens auf meinen Knien, und das war es dann für den Tag", erinnert sich Bulloch.

Glücklicherweise wurde bei der Suche nach HX 217 kein Treibstoff verschwendet. Bulloch entdeckte den Konvoi bereits kurz vor Tagesanbruch. Sofort begann er in seinem Blickfeld nach den U-Booten zu suchen. Das Radar spielte zwar seine Rolle, doch es gab keinen Ersatz für das, was Bulloch seinen „Augapfel Nummer 1" nennt. „Man konnte ein U-Boot in den Wellen und der Dünung des Nordatlantiks eigentlich gar nicht erkennen. Man entdeckte plötzlich zuerst das Kielwasser, und dann sah man, wenn man Glück hatte, sogar den Rumpf. Alles immer in furchtbar grauer Farbe, die irgendwie zur See passte."

Kurz vor 11.30 Uhr (Islandzeit) sichtete Bulloch tatsächlich das Kielwasser eines U-Boots hinter dem Konvoi. Die Mannschaft nahm die Gefechtsstationen ein – jede Sekunde zählte. „Ich flog durch die Wolken, so dass sie mich erst sahen, wenn ich den Angriff schon durchführte." Bulloch entschloss sich, sechs seiner acht Wasserbomben abzuwerfen. „In jenen Tagen musste man sie drei bis vier Meter neben dem Schiffskörper abwerfen, damit sie eine tödliche Wirkung haben konnten."

Die U-Boot-Besatzung war mit Sicherheit überrascht, hier auf ein Flugzeug zu treffen. Als sich die Liberator näherte, begann das Boot einen Alarmtauchgang: „Wenn sie tauchten, bevor man sie erreicht hatte, zielte man ein wenig vor den Strudel, den das U-Boot beim Tauchen verursacht", erklärt Bulloch. Die einzelnen Bomben waren so eingeteilt, dass sie in einem Abstand von rund 18 Metern fielen. Am Ende seines Sturzfluges drückte Bulloch auf den Auslöser, und sie fielen herunter. Die Detonationen verwandelten das Meer in eine riesige, sich nach oben wölbende Kuppel aus Wasser, und Metallteile des Bootes wurden in Richtung Flugzeug geschleudert. Nachdem sich die See wieder beruhigt hatte, breitete sich langsam ein brauner Ölfilm auf der Wasseroberfläche aus. Es war schwer, aus der Luft festzustellen, ob der Treffer gesessen hatte, doch eines der Begleitschiffe morste schließlich an die Liberator: „Ihr habt ihn getötet." „Wir hofften, dass wir das geschafft hatten, denn schließlich waren wir dafür ausgebildet worden, und wir waren zufrieden, dass wir einen guten Angriff geflogen hatten."[5]

Etwas mehr als eine Stunde später sichtete Bulloch zwei weitere U-Boote, die den Konvoi verfolgten. Er griff an und beschädigte ein Boot mit seinen beiden letzten Wasserbomben. Doch das war noch längst nicht das Ende. „Wir griffen die anderen U-Boote mit unseren Bordgeschützen an und veranlassten sie zum Tauchen – selbstverständlich verlor der Geleitzug an diesem Tag kein Schiff. Bulloch wurde von einer anderen Liberator abgelöst, die wiederum fünf Boote entdeckte und sie unter Wasser zwang. Die Gruppe verfolgte den Konvoi noch fünf weitere Tage, doch durch die Luftunterstützung und den hartnäckigen Einsatz der Geleitschiffe wurde schließlich erreicht, dass HX 127 nur ein weiteres Schiff verlor. Die Admiralität war verständlicherweise begeistert. Obwohl 22 U-Boote im Einsatz gewesen waren, wurden nur zwei Schiffe versenkt. Bullochs „heldenhafte Abwehr" machte ihn zu einer Berühmtheit. „Der Bulle erwischt ein U-Boot", lautete eine Zeitungsschlagzeile.[6] Wie Rodger Winn beobachtete, war dies ein Musterbeispiel für die Wirkung von Luftunterstützung, was unterstrich, dass diese Lücke unbedingt geschlossen werden musste.

Doch trotz dieses Erfolges für das Küstenkommando markierten die Verluste der beiden Geleitzüge ON 153 und ONS 154 im Dezember ein schreckliches Ende eines schrecklichen Jahres. Die Verluste auf See summierten sich auf insgesamt 7.790.697 Tonnen oder 1664 alliierte Schiffe. Deutsche und italienische U-Boote waren dabei für 6.266.215 Tonnen verantwortlich, und der größte Teil, 5.471.222 Tonnen, wurde im Nordatlantik versenkt.[7]

Noch bevor diese ernüchternde Endabrechnung in Downing Street 10 eintraf, hatte der Premier beschlossen, dass neue Einsätze gefragt waren. Sein statistisches Büro sagte ihm eine Krise in der Heimat voraus, nachdem die Importe von Nahrungsmitteln und Rohstoffen ein gefährlich niedriges Niveau erreicht hatten. Die Einfuhrmenge von 60 Millionen Tonnen vor dem Krieg war bereits 1941 auf 30,5 Millionen gefallen und lag nun in den letzten Monaten des Jahres 1942 bei geschätzten knapp 23 Millionen Tonnen.[8] Mitte Dezember lagerten in Großbritannien gerade noch 300.000 Tonnen Treibstoff, der Verbrauch lag jedoch bei rund 130.000 Tonnen im Monat.

Die von den U-Booten verursachten Verluste im Nordatlantik wurden noch durch die alliierte „Operation Torch", der Landung in Nordafrika, verschärft. Die Deutschen waren dort überrascht worden, so dass sich die Achsenmächte im Dezember auf dem Rückzug befanden und den Kontinent schließlich ganz aufgaben. Dies war zwar ein willkommener Erfolg für die Alliierten, doch die notwendigen Verstärkungen, um diese Aktion zu unterstützen, übten einen gewaltigen Druck auf die Schifffahrt aus. Donald MacDougall war damals Chefassistent im Statistikamt: „Wir schickten jeden Monat ungefähr 120 Schiffe um das Kap der Guten Hoffnung nach Ägypten, und auch viele amerikanische Schiffe fuhren nach Nordafrika. Es war nicht möglich, durchs Mittelmeer zu fahren, und die Reise rund ums Kap dauerte acht Monate. In der gleichen Zeit hätte ein Schiff im Geleitzug auf dem Atlantik drei oder vier Touren geschafft und ungeheuer viel Importe ins Land gebracht." MacDougall trug seine Befürchtungen dem Chef des Statistikamtes, Churchills Freund und persönlichem Berater, Professor Frederick Lindemann, vor:[9] „Ich weiß nicht, ob Sie den Ernst der Lage erkennen, was die Zukunft der Importe ins Vereinigte Königreich angeht", schrieb Lindemann an Churchill. „Die Importe haben ein Niveau von gerade 17 Millionen Tonnen pro Jahr erreicht – weniger als zwei Drittel unseres Konsums. Auf diesem Niveau werden unsere Vorräte im April den kritischen Punkt erreicht haben, und es scheint unwahrscheinlich, dass ausreichend amerikanische Tonnage zur Verfügung stehen wird, um einen weiteren Rückgang auszugleichen." Zwar war es möglich, die Zahl der in Nordafrika eingesetzten Schiffe zu verringern, doch das langfristige Ziel musste die Zerstörung der U-Boot-Gefahr selbst sein.

Um die Aufmerksamkeit aufs Neue auf diesen überlebenswichtigen Kampf zu lenken, berief Churchill einen neuen Anti-U-Boot-Ausschuss, in dem Minister und die Stabschefs der einzelnen Truppenteile saßen. Der Ausschuss hatte die Aufgabe, alle Aspekte der alliierten Strategie im Atlantik zu überprüfen. Bei seinem ersten Treffen am 4. November erfuhren die Teilnehmer, dass die Admiralität die monatliche U-Boot-Produktion der Deutschen auf ca. 20 bis 30 Boote schätzte. Die Alliierten zerstörten weniger als ein Drittel davon. Das Schließen der Lücke in der Mitte des Atlantiks hatte deshalb allerhöchste Priorität. Es gab zwar Flugzeuge mit genügender Reichweite, um diese Aufgabe zu übernehmen – die neue Liberator Mk III verfügte mit Zusatztanks über eine Reichweite von 800 Meilen, doch sie der Air Force für diese Aufgabe zu entreißen, war schwieriger als man hätte erwarten dürfen. Der Leiter der Bomberstaffeln, Air Marshall Arthur Harris, kämpfte vehement dagegen, auch nur ein Flugzeug abzustellen. Für ihn hatte die Zerstörung der deutschen Städte Vorrang. Er war überzeugt, dass seine Bomber hier den Krieg gewinnen würden. Keines der 18 ehemaligen Handelsschiffe, die gerade zu Flugzeugträgern umgebaut wurden, konnte vor dem Frühjahr 1943 als Geleitschiff eingesetzt werden. Ein direkter Appell von Churchill an Roosevelt brachte zwar das Versprechen, zwei Liberator-Geschwader zu überstellen, doch auch die waren erst einige Monate später einsatzbereit. Die Aussichten, die Zahl der Geleitschiffe unmittelbar zu vergrößern, waren auch nicht besser. Die riesigen Anstrengungen bei den Landungen in Nordafrika ließen die Alliierten im Nordatlantik gefährlich entblößt zurück. Wenigstens bis zum Frühjahr musste so viel wie möglich von den Geleitzügen gefordert werden. Die Verantwortung hierfür lag auf den Schultern des neuen Kommandanten für den westlichen Seeabschnitt: Admiral Sir Max Horton.

Der ehemalige U-Boot-Mann mit einer 35-jährigen Erfahrung war genau der richtige Gegner für Dönitz. Direkt nach der Bildung des Kabinettsausschusses ernannt, half er, die Entschlossenheit und Energie aufs Neue zu wecken, die Churchill in der Atlantikoperation zu fehlen schien. Der Gegensatz zwischen Horton und seinem weltgewandten Vorgänger, Admiral Noble, hätte größer nicht sein können. Horton war hart, distanziert und konnte hin und wieder regelrecht raubeinig sein. Die Mannschaft im Derby House wurde durch seine ungewöhnlichen Anwandlungen immer wieder aus der Fassung gebracht. Korvettenkapitän John Guest war ein Mitglied von Captain Gilbert Roberts Team bei der Taktischen Einheit. Unter Horton musste er auch zusätzliche unkonventionelle Pflichten übernehmen:

> „Eines nachts war ich allein in der Messe, als ein Captain hereinkam. ‚Sind sie allein?', fragte er.
>
> Ich sagte ja.
>
> ‚Spielen sie Bridge?'
>
> Ich sagte wieder ja.
>
> ‚Gut, der Admiral will spielen.'
>
> Das war mein erstes Zusammentreffen mit Horton. Er fragte mich, ob ich gut sei.
>
> Oh, ich glaube schon. Ich spiele ziemlich viel.
>
> Und dann gingen wir in sein Privatzimmer und spielten bis 4 Uhr morgens. Dann sagte er, ‚gut, wir haben eine ruhige Nacht. Wir können jetzt aufhören und schlafen... Spielen sie Golf?'
>
> Ich sagte ja.
>
> ‚Gut, dann sollten wir mal Golf spielen.'
>
> Ich sagte, dass ich erfreut sei. ‚Sie haben ihre Schläger hier?'
>
> Ich verneinte.
>
> ‚Was ist das für ein Marineoffizier, der seine Golfschläger nicht mit sich schleppt? Wo sind sie?'
>
> Ich erklärte ihm, dass meine Frau ein möbliertes Haus außerhalb von Woking gemietet hatte und dass sie dort seien. Am nächsten Tag rief mich sein Sekretär an, um mir zu sagen, dass meine Golfschläger da seien. Der Admiral hatte sie bei mir zu Hause abholen lassen."

Hortons Büro überblickte den Lageplan im Derby House, so dass er auf einen Blick den Stand der Dinge im Atlantik erkennen konnte. In einer geschäftigen Nacht waren seine Gedanken weit vom Bridgespiel entfernt, und der Admiral dachte an nichts anderes als die gerade gefochtene Schlacht. „Er wollte den Feind mit allen erdenklichen Mitteln ausschalten, darauf war er fixiert", erinnert sich John Guest. Beinahe täglich forderte er von der Admiralität die Bildung neuer Geleitgruppen, um, falls notwendig, Geleitzüge zu verstärken, die entweder gerade angegriffen wurden oder denen einen Angriff bevor stand. Diese neuen Gruppen würden, so glaubte er, die Zahl der U-Boot-Versenkungen steigern können. Die bereits existierenden Geleitgruppen wurden noch besser ausgebildet. Die Ansprüche wurden immer größer, und Kapitäne, die sie nicht erfüllen konnten, wurden ausgesiebt. Guest: „Wenn Horton glaubte, dass ein Mann seine Aufgaben nicht erledigte, dann konnte man nur sagen ‚Gnade ihm Gott'."

Horton brachte zwar neuen Schwung in das Derby House, konnte aber auf einem soliden Fundament aufbauen. Dazu zählten auch die überlebenswichtigen nachrichtendienstlichen Verbindungen zur Zitadelle der Admiralität in London. Horton kannte und respektierte Rodger Winn. Er wusste, was für einen Berg der Mann jeden Tag besteigen musste. Einmal war er unzufrieden mit den Einschätzungen, die ihn aus dem „Tracking Room" erreicht hatten, und war daraufhin von Winn aufgefordert worden, seine eigenen Einschätzungen der U-Boot-Bewegungen abzugeben. Horton betrat den „Tracking Room" und wurde mit jeder Menge nachrichtendienstlicher Signale, Peilungen und Sichtungsberichten konfrontiert. Kurz darauf gestand er ein, dass er überfordert war und verließ – so ein Mitarbeiter Winns – den Raum mit einem Grinsen und meinte: „Auf Wiedersehen Rodger – ich überlasse das Ihnen." Und das tat er auch.[10]

Durch das Schweigen der Enigma-Maschine war die Arbeit im „Tracking Room" für die meiste Zeit im Jahr 1942 schwieriger geworden. Winn und seine kleine Mannschaft waren gezwungen, ihre Einschätzungen ohne Zugang zur von den U-Booten eingesetzten Triton-Verschlüsselung abzugeben. Doch das Jahr endete ermutigend. Am 13. Dezember erreichte die Admiralität die Mitteilung aus Bletchley, dass es endlich gelungen war, Triton zu entschlüsseln. Die Freude war groß. Doch die entschlüsselten Nachrichten waren oftmals bis zu drei Tage alt und daher nur von begrenztem Nutzen. Dies war auch bei der „Firedrake" und dem Geleitzug ON 153 der Fall gewesen. Am Morgen des 14. Dezember hatte eine britische Abhörstation einen Funkspruch von Dönitz mit der Position der Gruppe „Raufbold" abgefangen. Bletchley Park benötigte mehr als 48 Stunden, um den Funkspruch zu entschlüsseln. Die Boote der Gruppe hatten ON 153 am 15. gesichtet. Das war zu spät, um die „Firedrake“ vor ihrem Untergang zu bewahren. Hätten diese Informationen dem „Tracking Room“ innerhalb von 24 Stunden zur Verfügung gestanden, hätte man den Konvoi noch umleiten können. Die gleiche Geschichte wiederholte sich wenige Tage später mit ONS 154. Neun Monate vergingen, bis Bletchley Park in der Lage war, die Triton-Funksprüche ohne Verzögerung zu lesen. Doch zu diesem Zeitpunkt war die Atlantikschlacht bereits entschieden. Auch wenn dies nicht der Schlüssel zum Sieg war, so war die Dechiffrierung zweifellos ein unschätzbar wertvolles Ergebnis.

In dieser entscheidenden Phase der Schlacht waren die nachrichtendienstlichen Ausgangslagen in etwa gleich. Der deutsche Marinegeheimdienst, der B-Dienst, hatte den Höhepunkt seiner Schlagkraft erreicht und entschlüsselte die Funksprüche von und an die Konvois. Die Deutschen waren vor allem an den täglichen Aktualisierungen der U-Boot-Positionen durch den „Tracking Room“ interessiert, die an alle britischen Kriegsschiffe auf See gefunkt wurden. Der Zugang zu diesen Nachrichten gab Dönitz einen hervorragenden Einblick in das Denken von Winn und dessen Mannschaft. So konnte er die Pläne, die Geleitzüge um die U-Boot-Patrouillen herum zu leiten, schon im Vorfeld erahnen. „Es war ein Schachspiel“, beobachtete später sein erster Stabsoffizier Günther Hessler. „Wir hatten einen Zustand erreicht, an dem wir nur einen oder zwei Tage benötigten, um die britischen Funksprüche zu entschlüsseln. Manchmal vergingen nur wenige Stunden zwischen dem Eintreffen der ursprünglichen Nachricht und der entschlüsselten Mitteilung... Und manchmal konnten wir daraus schließen, wann und wie sie ihre Vorteile in den Lücken unserer U-Boot-Positionen nutzen würden. Unsere Aufgabe war es, diese Lücken vor dem Eintreffen der Geleitzüge zu schließen.“[11]

Winn wusste nichts von diesem Sicherheitsleck, aber er war sich bewusst, dass das Umleiten der Konvois eine schwierigere Aufgabe als früher geworden war. Vor allem gab es einfach zu viele U-Boote im Nordatlantik. Am Ende hing alles von der Verteidigung durch die Geleitschiffe und die Flugzeuge ab.

In den ersten Wochen des Jahres 1943 erreichte die französischen Atlantikhäfen die Nachricht einer Niederlage im Osten, die den Krieg entscheidend beeinflussen sollte. Nach vielen Wochen bitterer Gefechte musste die sechste deutsche Armee in den Ruinen Stalingrads kapitulieren. Mehr als eine Viertel Million deutscher Soldaten waren von der Roten Armee entweder getötet oder gefangen genommen worden. Die Nachrichten aus Nordafrika waren nicht besser. Dort trieben die alliierten Kräfte die deutschen und italienischen Soldaten nach Westen, und auch hier stand die Niederlage unmittelbar bevor. Doch für die meisten Männer der U-Boot-Waffe gab es nur eine Kampagne, und das war die auf See. Hier konnte man wenigstens noch Siege feiern.

Die „überragende Bedeutung" des U-Boots in der Atlantikschlacht wurde im Januar klar unter Beweis gestellt, als Dönitz Raeder als Oberkommandierender der Kriegsmarine ablöste. Er hatte einen Atem beraubenden Aufstieg hinter sich: vom Kapitän zum Oberkommandierenden in etwas mehr als drei Jahren. Dönitz hatte einst Reinhard Hardegen vor dem „glatten Parkett der Politik" gewarnt. Und genau dies war nun seine Welt. Doch er zeigte einen erstaunlich sicheren Stand. Vor allem genoss er den Vorzug einer geradezu herzlichen Beziehung zu Hitler, der seine ruhelose Energie und bedingungslosen Erfolgswillen bewunderte. Dönitz hatte das Talent, seine Ideen auf eine Weise darzubieten, „die die lebhafte Phantasie und Vorstellungskraft Hitlers anregten und ihm nicht ‚nur die Haut ritzten'."[12] Das zahlte sich aus, denn seine Einschätzungen in Marineangelegenheiten wurden fast immer ohne Fragen akzeptiert. Auf der anderen Seite zeigte sich Dönitz als echter Gefolgsmann, der absolutes Vertrauen in seinen Führer hatte – dieser Mann, so glaubte er, hatte ein erniedrigtes Deutschland gerettet und zum Sieg geführt.

In seiner ersten Radioansprache an die Marine versprach Großadmiral Dönitz, dass er trotz seiner neuen Verantwortung, „persönlich weiter den U-Boot-Krieg kommandieren" werde. Er sollte mit neuem Elan verfolgt werden, bis „Sieg und Frieden gewonnen sind". Dieses Ziel im Blick, gelang es ihm, Hitlers Zustimmung für eine weitere Steigerung der U-Boot-Produktion zu bekommen. Was Dönitz im Januar 1943 allerdings mit einem „Sieg auf See" meinte, ist unklar. Die Hoffnung auf eine britische Kapitulation war lange vergangen. Das wichtigste Ziel bestand nunmehr darin, zu verhindern, dass die Vereinigten Staaten ihre überragende Kampfkraft auch in Europa zum Einsatz brachten. Die unnachgiebige Verfolgung der Geleitzüge im Nordatlantik war nach Einschätzung von Dönitz der beste und einzige Weg, einen amerikanischen Kräfteaufbau in Großbritannien zu verhindern.[13]

Die Alliierten wiederum erkannten, dass die Niederlage der U-Boote eine Voraussetzung für den Aufbau einer zweiten Front in Europa war. Im Januar 1943 hatten sich Roosevelt und Churchill im marokkanischen Casablanca getroffen, um die Prioritäten für das kommende Jahr zu besprechen. Man einigte sich darauf, dass die Atlantikschlacht höchste Priorität einnahm. Alliierte Bomber sollten die Angriffe auf U-Boot-Stützpunkte und -Produktionsstätten verstärken. Ein Minimum von fünf neuen Geleitschutzgruppen sollte entlang der Konvoirouten aufgestellt und zur U-Boot-Jagd und -Bekämpfung eingesetzt werden. Gleichzeitig sollte die Luftunterstützung im „schwarzen Loch" verstärkt werden. Am Vorabend der Konferenz wurde Premier und Präsident deutlich gemacht, wie dringend diese Maßnahmen waren. Ein Tankergeleitzug mit Treibstoff für die amerikanischen Truppen in Nordafrika wurde von den Booten der Gruppe „Delphin" entdeckt und sieben der neun Schiffe versenkt. „Ein glänzender Erfolg", rühmte sich der Stab der deutschen Kriegsmarine. Weitere sollten bald folgen.

Im März führten außerordentlich exakte Informationen des B-Dienstes die U-Boot-Rudel zu einem ihrer größten Erfolge im Geleitzugkrieg. Dem U-Boot-Kommando gelang es, rund 40 Schiffe der Gruppen „Raubgraf", „Stürmer" und „Dränger" zusammen zu führen und gegen die Konvois HX 229 und SC 122 zu lenken. Die 38 Schiffe des Konvois HX 229 wurden am Morgen des 16. März gesichtet. Am Mittag begannen die ersten „Raubgraf"-Boote den Geleitzug anzugreifen. In den folgenden drei Tagen versenkte die Gruppe 13 Schiffe. Als die Boote der Gruppen „Stürmer" und „Dränger" Richtung Westen fuhren, um sich der Schlacht anzuschließen, wurde SC 122 gerade 120 Meilen entfernt gesichtet. Der Geleitzug war mit neun Geleitschiffen und Luftunterstützung gut gewappnet, dennoch befahl das U-Boot-Kommando die Jagd, und noch bevor die Angreifer zurückgeschlagen werden konnten, waren bereits neun Schiffe versenkt. In Berlin, wo die Angriffe auf die beiden Geleitzüge als ein zusammenhängender Einsatz behandelt wurden, strahlten die Verantwortlichen. Das Propagandaministerium meldete 32 versenkte Schiffe mit 186.000 Tonnen – ein „noch nicht da gewesener" Erfolg, der um so zufriedenstellender war, weil nur ein U-Boot bei der Aktion versenkt worden war.[14]

Tatsächlich waren nur 22 Schiffe und 146.596 Tonnen versenkt worden, doch auch das war Besorgnis erregend genug. Die alliierten Verluste an allen Kriegsschauplätzen im März ergaben 120 Schiffe mit 693.389 Tonnen – die fünftgrößte Verlustbilanz des gesamten Krieges. Die Nerven in der Admiralität lagen blank. Neun Monate später schrieb der Stab der Anti-U-Boot-Kriegsführung, dass damals „die reale Gefahr bestand, dass der Feind sein Ziel erreichen könnte, die Verbindungen zwischen Großbritannien und dem nordamerikanischen Kontinent zu kappen". Einige Zeitgenossen waren sogar bereit, das Undenkbare zu denken: ein Ende des gesamten Geleitzugsystems.[15] Der Autor der offiziellen Geschichte der Royal Navy kam zu dem Schluss, dass „wir zu Beginn des Frühjahrs 1943 der Niederlage im Atlantik nur knapp entkamen".

Verzweifelte Zeiten riefen nach verzweifelten Maßnahmen: Vielleicht war es an der Zeit, Dönitz selbst unschädlich zu machen. Ein Geheimreport über Aktionen hinter den feindlichen Linien empfahl „die Ermordung von Admiral Dönitz". Das, so lautete die Argumentation, „würde die Moral der U-Boot-Mannschaften und die Effektivität der U-Boot-Einsätze zutiefst beeinflussen".[16]

Es wurde allerdings kein entsprechender Versuch unternommen.

Die Beurteilung der Verluste im März fiel im Tracking Room allerdings wesentlich gelassener aus. Winn und sein Team sahen die U-Boot-Angriffe als so etwas wie den „letzten Einsatz eines Spielers".[17] Die Zahlen eines Monats vermochten es nicht, bedeutende Entwicklungen zu verdecken. Winn stellte hier vor allem fest, dass die alliierten Flugzeuge und Geleitschiffe eine Rekordzahl an U-Booten versenkt hatten – 38 in den ersten drei Monaten des Jahres 1943. Dönitz' zunehmend gereizte Ermahnungen in Richtung seiner U-Boot-Flotte zeugten von fehlendem Vertrauen in seine Kommandanten. In einem abgefangenen Funkspruch erinnerte er sie daran, dass „der Mann, der es sich erlaubt, seine gesunden Krieger- und Kämpferinstinkte zu betrügen, aufhört, Widerstandskräfte gegen die heutige Feindabwehr zu mobilisieren".[18] Auch im Derby House spiegelte sich die Untergangsstimmung der Admiralität nicht wider. Admiral Horton vertraute einem Freund an, dass „die letzte Woche auf See zwar eine der schwärzesten war, doch was die Erfüllung unsere Aufgabe betrifft, bin ich wirklich voller Hoffnung".[19] Trotz allem erkannte Horton klar, dass die Alliierten noch immer im Vorteil waren. In diesem Monat, den einige Kommentatoren später als jenen Zeitpunkt ausmachten, in dem die Lebensader zwischen Großbritannien und den Vereinigten Staaten kurz vor dem Zerreißen stand, erlitten lediglich vier von 16 Geleitzügen bedeutende Angriffe. Das war in der Tat nicht genug, um die Fundamente des Konvoisystems generell in Frage zu stellen.[20]

Dennoch waren die monatlichen Zahlen erschreckend: Väter, Söhne und Brüder verloren ihr Leben. Allein rund 300 Offiziere und Seeleute in den Geleitzügen HX 229 und SC 122. Der Kapitän der Korvette „Pink", Leutnant Robert Atkinson, war am 5. März auf der Gleitgruppe B-7 im Einsatz, als er ein Notsignal von einem gerade 17 Meilen entfernten Handelsschiff empfing: „Wir durften abhören, aber selbst nicht senden. Es kam von der ‚Richard Bland', auf der mein Bruder Dienst tat. Ich entnahm dem Funkspruch, dass sie torpediert und in zwei Teile zerrissen worden waren. Die eine Hälfte versank, die andere nicht. Später fand ich heraus, dass mein Bruder auf der falschen Hälfte gewesen und ertrunken war." Atkinson hatte bereits einen anderen Bruder auf See verloren. Bis Ende März 1943 waren fast 4500 Handelsschiffe in den dreieinhalb Kriegsjahren versenkt worden. Die Verluste waren, so Churchill, „der endgültige Beweis, dass unser Geleitschutz überall zu dünn" war.[21] Die Atlantikschlacht sollte nun für alliierte Schiffe die größte Wichtigkeit haben. Als Reaktion wurden daher die Konvois in die Sowjetunion eingestellt. Dadurch wurden Schiffe verfügbar, die bis dahin die Route nach Murmansk aufrecht erhalten hatten. Man konnte nun, wie bereits versprochen, auf dem Atlantik die fünf Geleitgruppen und den ersten von drei Geleit-Flugzeugträgern einsetzen. Dennoch war der März ein ernüchternder Monat, auch wenn Horton die Aussichten besser beurteilte. „Ich habe nun Hoffnung, dass wir jetzt eine andere und bessere Rolle einnehmen können – nämlich den Feind auszuschalten."[22] Die nächsten Konvoischlachten sollten Klarheit bringen. Sie sollten wie bisher im „schwarzen Loch" des Atlantiks ausgefochten werden. Und die Schiffe einer Geleitgruppe würden dabei eine besondere Rolle spielen.

Die Geleitgruppe B-7 stand mittlerweile unter einem neuen Oberbefehl. In den drei Monaten nach der Versenkung der „Firedrake" war sie neu aufgebaut und unter das Kommando von Kommandeur Peter Gretton gestellt worden. Der 30-Jährige war aus dem selben Holz geschnitzt wie Horton. Auch er konnte regelrecht rau, rücksichtslos und uneinsichtig sein, aber er war auch ein entschlossener Profi, der auf beachtliche Erfolge zurückblicken konnte. Gretton trieb die sieben Schiffe der Gruppe durch eine harte Ausbildungsroutine. Robert Atkinson:

> „Er ging sehr hart mit seinen kommandierenden Offizieren um. Er schickte seine Signale im Uhrzeigersinn durch die Gruppe – A, B, C, D, E bis zu sich selbst. Sie waren auf Latein und man musste diese Signale bei der Rückkehr in den Hafen vorzeigen, so dass auf Anhieb klar war, wer Fehler gemacht hatte. Er signalisierte Anweisungen, eine neue Position einzunehmen und beobachtete einen dann. Bei der Rückkehr in den Hafen sagte er dann, ‚nachdem ich signalisiert habe, brauchten sie 34 Sekunden, bevor ich eine Veränderung in der Anordnung ihrer Masten bemerkt habe. Warum muss es 34 Sekunden dauern, bis eine Positionsänderung ausgeführt ist? Waren Sie auf der Brücke? Wenn sie einen guten Grund hatten, nicht auf der Brücke zu sein, warum führte Ihr Offizier nicht die Änderung durch?' Nichts durfte schief gehen. Er war ein glänzender Befehlshaber – ein sehr harter Mann, aber fair. Ein Kapitän wurde wegen Inkompetenz sogar seines Postens enthoben. Er war hart. Aber er hatte Recht. Da gibt es keine Frage."

Alle Ränge mussten diese Ausbildung durchlaufen. Neben den vorgeschrieben Kursen für die Offiziere, wie z.B. Captain Roberts „Game", stand im Flottenstützpunkt Londonderry die Ausbildung an Wasserbomben und dem ASDIC sowie in einer neuen Schulungsstätte namens „Night Escort Attack Teacher" auf dem Programm. Hier wurden die Experten für Navigation und Kommunikation – von Gretton auch als „die Gehirne des Schiffes" bezeichnet – unter realen Bedingungen geschult.[23] Gretton konnte auch auf einen kleinen Stab bauen; seine Augen und Ohren in der Gruppe. An erster Stelle stand hier sein Navigations- und Einsatzoffizier, der 26-jährige Reserveleutnant Graham Bence. Gretton bezeichnete ihn später als „Pfeiler der Stärke". Als Wächter des automatischen Plotters hatte er in der Tat eine Schlüsselposition. Dieser gut 1,5 Quadratmeter große Tisch beherrschte den Kartenraum direkt unter der Brücke von Grettons Schiff, dem Zerstörer „Duncan". Der Kurs des Schiffs wurde auf diesem Tisch automatisch mittels eines beweglichen Lichts angezeigt, und um die „Duncan" herum markierte Bence mit einem Stift die Positionen der anderen Schiffe. Damit brachte er Ordnung in das Chaos einer nächtlichen Schlacht, die vor einer sieben Meilen langen Schiffsfront ausgetragen wurde. Bence:

> „Gretton redete über das Sprachrohr von der Brücke mit mir. Er fragte, ‚wo ist die ‚Pink' im Augenblick?' Ich antwortete, dass sie sich ungefähr zwei Meilen entfernt auf der Steuerbordseite befand. Man konnte auf die Glasplatte blicken und sehen, wo sich die anderen befanden. Und wenn dann ein Bericht kam, dass man ein U-Boot angepeilt hatte, konnte man die Position übertragen und Gretton entschied, ob er jemandem vom Schutzschild abziehen sollte, um dem nachzugehen. Alles was geschah, wurde auf die Glasplatte übertragen."

Die Dinge hatten sich bei den Geleitgruppen seit Konvoi SC 7 zweieinhalb Jahre zuvor weiter entwickelt.

Die ersten drei Monate verliefen für die Gruppe unter ihrem neuen Kommandanten ohne größere Ereignisse – und das, obwohl Geleitzüge von vorne und achtern angegriffen wurden. Man überstand dies alles gänzlich unbeschadet. Am 29. März 1943 nahm B-7 als Geleitschutz für den schnellen Konvoi HX 231 von Kanada aus Kurs auf Großbritannien.[24] Er war, so meinte Gretton, eigentlich zu groß, um von B-7 alleine beschützt zu werden. Die 61 Schiffe erstreckten sich über eine Länge von acht Meilen. Am 3. April alarmierte die Admiralität Gretton, dass ein deutsches U-Boot in der Nähe einen Sichtungsbericht abgesetzt hatte. In der Nacht wurde auch von den Peilsendern der Geleitschiffe reger Funkverkehr verzeichnet. Es gab keinen Zweifel: Ein Rudel versammelte sich zum Angriff.

Am 4. April hatte HX 231 das „schwarze Loch" erreicht und konnte nicht mehr auf Luftunterstützung vertrauen. Drei Mal wurden während des Tages U-Boote am Rand des Geleitzuges gesichtet und zum Abtauchen gezwungen, doch es war klar, dass sie in der Nacht zurückkehren würden. Der erste Angriff kam dann auch direkt nach Einbruch der Dunkelheit. Ein Blitz auf der Steuerbordseite bedeutete, dass das Führungsschiff des zwölften Abschnitts, der 5529 Tonnen große britische Frachter „Shillong", torpediert worden war. Innerhalb von zwei Minuten war er gesunken. Die kleinen roten Lichter an den Schwimmwesten der Überlebenden wurden später auf dem Wasser geortet. „Wir fuhren durch eine ganze Gruppe dieser armen Kerle, und wir riefen ihnen zu, dass sie durchhalten sollten. Wir würden zurückkommen“, erinnert sich Graham Bence. Die erste Priorität hatte stets der Schutz des Geleitzugs. „Es war sehr gefährlich zu stoppen, um Überlebende an Bord zu nehmen, weil gerade dann eine Lücke im Schutzschild entstand, als jede Menge U-Boote um uns herum waren – eine furchtbare Situation.“ Die Überlebenden der „Shillong“ hatten Pech. „Wir fanden sie nie wieder“, erinnert sich Bence. Gretton erklärte später, dass die Erinnerung an die kleinen roten Lichter im Kielwasser seines Schiffs die schmerzvollste gewesen sei, die ihm der Krieg bereitet hätte.

In den Stunden, die dem Untergang der „Shillong“ folgten, wurde der Konvoi von 16 U-Booten angegriffen. Eine solide Abwehr über die nächsten drei Tage beschränkte die Verluste auf sechs Schiffe – drei Nachzügler und drei innerhalb des Konvois. Am Nachmittag des 5. April schließlich konnte B-7 wieder auf Luftunterstützung zählen, und am 7. schließlich kamen die Schiffe der Geleitgruppe 4 zur Hilfe. Es folgte, wie Gretton es später beschrieb, die „Feuertaufe“ der Gruppe. Zwei U-Boote wurden versenkt und fünf weitere beschädigt. Eine beachtliche Leistung.

Im U-Boot-Kommando machte man sich Sorgen, dass der Schwung, den man durch die Erfolge im März gewonnen hatte, wieder schwand. 87 U-Boote, so viel wie noch nie, waren im April gegen die alliierten Geleitzüge ausgelaufen, doch die ersten Ergebnisse fielen bescheiden aus. HX 231 folgte ON 176, bei dem lediglich zwei Schiffe versenkt wurden, und auch bei den beiden nächsten Geleitzügen fielen den U-Booten nur vier weitere Schiffe zum Opfer. Für diese magere Ausbeute wurden die Unerfahrenheit der Kommandanten und die Bedrohung durch Flugzeuge verantwortlich gemacht, die sich nun auch dort tummelten, wo sie früher aufgrund mangelnder Reichweite nicht präsent waren. Trotz allem sah Dönitz keinerlei Veranlassung, sein strategisches Ziel zu verändern, das darin bestand, mehr Schiffe zu versenken als der Feind bauen konnte. Das hatte er Hitler am 11. April erklärt. Die Lektionen des vorangegangenen Sommers schienen vergessen. Damals hatte er noch gewarnt, dass die Verluste bald „unerträglich“ werden würden und Erfolge so gut wie unmöglich.[25]

Am Nachmittag des 22. April 1943 traf die Gruppe B-7 auf den langsamen Konvoi ONS 5 mit Kurs Halifax.[26] Der Geleitzug bestand aus 43 zumeist älteren Schiffen, die nur mit Schotter beladen waren. Angeblich sollte der Konvoi ein Tempo von 7,5 Knoten schaffen, doch es war allen Beteiligten klar, dass dies kaum zu erreichen war. Die ersten vier Tage verliefen ohne besondere Vorkommnisse. Die „Duncan“ nahm ihre Position in der Mitte des Geleitzuges ein, um Treibstoff zu sparen. Die anderen Schiffe der Gruppe waren damit beschäftigt, Nachzügler in den Geleitzug zu bugsieren. Das beständig schlechte Wetter ließ die Schiffe immer wieder ihre Position verlieren und reduzierte die Fahrgeschwindigkeit auf etwas mehr als 2 Knoten. In der Nacht zum 26. April kollidierten zwei Schiffe im Sturm. Eines der beiden war gezwungen, ohne Geleitschutz Island anzulaufen.

Am 27. April ermöglichte eine kurze Wetterbesserung, dass die „Duncan“ und der andere Zerstörer „Vidette“ von zwei Geleittankern mit Treibstoff versorgt wurden. Der Konvoi befand sich nun 250 Meilen südwestlich von Island. Kurz nach 11 Uhr morgens wurde ein U-Boot-Signal von den Peilsendern der „Duncan“ und „Tay“ empfangen. Der Feind befand sich direkt vor dem Geleitzug. Ein weiterer Funkspruch wurde eine Stunde später empfangen. Das Rudel versammelte sich also. Gretton befahl einen neuen Kurs in der Hoffnung, so seine Verfolger abschütteln zu können, doch kurz nach 7 Uhr am Abend wurde ein U-Boot Backbord voraus gesichtet. Nun hatte Gretton, wie er später schrieb, „ein furchtbar tief sitzendes Gefühl“, dass ONS 5 ein schwerer Angriff bevor stand. Um die Situation noch weiter zu erschweren, war das Wetter für Luftunterstützung aus Island zu schlecht.

Konvoi ONS 5 war in das nördliche Ende der 250 Seemeilen langen Suchlinie der Gruppe „Star“ geraten, die zwischen Grönland und Island verlief. U-650 hatte den Geleitzug am 28. April gesichtet, hielt Kontakt und schickte Funksignale an die anderen Boote der Gruppe. Unglücklicherweise hatten die Alliierten zwei Tage vor dieser Sichtung wieder einen Enigma-Blackout, so dass der „Tracking Room“ nichts von Star wusste und B-7 deshalb nicht warnen konnte. Die 16 Boote der Gruppe „Star“ verfolgten nun ONS 5. Zwei weitere Gruppen, „Amsel“ und „Specht“ – 34 Boote stark -, lagen im Westen auf der Lauer. In der Nacht des 28. April hatten fünf Boote der Gruppe „Star“ engen Kontakt mit ONS 5. Die See war unruhig, der Wind nahm an Stärke zu.

Gretton schätzte, dass die U-Boote vermutlich von der Backbordseite des Konvois aus zuschlagen würden. Er ordnete die Geleitschiffe entsprechend an und ließ die Steuerbordseite vollkommen ungeschützt. Dies war eine clevere Einschätzung. Der erste Angriff erfolgte an der Backbordseite kurz vor Mitternacht. Das U-Boot wurde vom Radar der „Sunflower" erfasst und zum Abtauchen gezwungen. Nachdem kein ASDIC-Kontakt hergestellt wurde, kehrte die Korvette wieder auf ihre Position zurück. Der zweite Versuch wurde eine halbe Stunde später unternommen, noch vier weitere folgten. Der letzte Versuch erfolgte um 03.39 Uhr am Morgen des 29. April, als die Korvette „Snowflake" ein U-Boot sichtete und Fahrt aufnahm. Das U-Boot schoss einen Torpedo ab, der den Verfolger nur knapp verfehlte, wurde dann aber zum Tauchen gezwungen und mit zwei Serien von je zehn Wasserbomben belegt. In seinem Kampfbericht schrieb Gretton, dass „die Nacht arbeitsreich war, der Konvoi unversehrt blieb und ich glaubte, dass die U-Boote durch unsere Nachttaktik entmutigt würden". Er hatte Recht. Zwei der vier U-Boote, die den Konvoi angegriffen hatten, waren so stark beschädigt, dass sie die Heimfahrt antreten mussten. Der Rest des Rudels verfolgte die Schiffe weiter.

Bei Tagesanbruch des 29. April machte das Wetter dem Geleitschutz das Leben wieder schwer. Die Besatzungen der Wasserbombenwerfer, so erinnert sich Gretton, hatten eine besonders harte Zeit, wenn sie in der tosenden See die schweren Bomben laden mussten. Kurz vor 7.30 Uhr (GMT) verließ Gretton die Brücke der „Duncan", um etwas zu schlafen. Sein Kopf hatte gerade das Kissen berührt, als ihn die Alarmglocke wieder nach oben rief. Ein Schiff im vierten Abschnitt war torpediert worden. Die Gruppe führte die als „Artischocke" bekannte ASDIC-Suche durch, jedoch ohne Erfolg. Der Rettungstrawler ging längsseits des amerikanischen Frachters „McKeesport" und nahm die Überlebenden auf. Der Frachter schwamm noch, konnte aber nicht geborgen werden.

Nun wusste man auch im Derby House, dass ONS 5 in eine fortlaufende Schlacht verwickelt war. Der Konvoi war sehr langsam und hatte kaum Chancen, seinen Verfolgern zu entkommen. Es bestand zudem die Gefahr, dass der Geleitzug das Ziel einer inzwischen erkannten großen U-Boot-Konzentration südlich von Grönland werden könnte. Admiral Horton befahl dem Zerstörer „Oribi" den Richtung Großbritannien fahrenden Geleitzug SC

127 zu verlassen und sich Gretton anzuschließen. Vier weitere Zerstörer der Geleitgruppe 3 setzten sich von ihrem Stützpunkt in St John's, Neufundland, aus in Marsch.

Allerdings sollte das Wetter in den folgenden vier Tagen den größten Schaden anrichten. Der Atlantik brandete ohne Unterlass gegen ONS 5. Nachdem die „Oribi" den Geleitzug in der Nacht zum 30. erreicht hatte, schaffte sie es, Treibstoff von einem der Tanker des Konvois zu bunkern. Die Versuche der anderen Schiffe, es dem Zerstörer gleich zu tun, scheiterten allerdings an der schweren See. An diesem Tag gab es keine Angriffe, so dass die größte Sorge darin bestand, die Positionen zu halten. „Das Wetter wurde schlechter und schlechter", erinnert sich Grettons Einsatzoffizier Graham Bence. „Der Konvoi musste gegen den Wind kämpfen. Man stellte einfach den Bug in den Wind und ließ die Schrauben sich drehen. Man kam kaum vom Fleck." Am Nachmittag des 1. Mai erreichte der Sturm Windstärke 10 und begann die ersten Schiffe aus dem Konvoi zu drücken. Die Nachzügler wurden aufmerksam von zwei Liberator-Bombern bewacht, doch es gab kein Zeichen weiterer U-Boot-Aktivitäten. Die Fregatten „Tay" und „Pink" wurden beauftragt, so viele Nachzügler wie möglich einzusammeln.

Am Morgen des 3. Mai bekam die „Duncan" Probleme. Ihr Dieselvorrat reichte bei acht Knoten gerade noch bis Neufundland. Sie war ein Flottenzerstörer, ein klassischer Treibstoffverschwender, der nicht für einen Einsatz im Atlantik gedacht war. Alle Versuche, Öl von den Konvoitankern zu bunkern, waren fehl geschlagen. Eine Schlauchleitung zwischen zwei Schiffen zu verlegen, war schon bei ruhiger See eine knifflige Angelegenheit. Bei Sturm war es so gut wie unmöglich. Graham Bence: „Wir hatten einige Kampftage hinter uns und wussten, dass weitere U-Boote auf den Konvoi lauerten. Gretton musste sich entscheiden, entweder zu bleiben und das Risiko einzugehen, ohne Treibstoff in Schlepp genommen zu werden, oder vernünftiger Weise den Einsatz abzubrechen. Am Ende entschieden wir, dass wir den Geleitzug besser verlassen sollten." Gretton sollte später von seiner „Niedergeschlagenheit" und „Schande" schreiben, gezwungen gewesen zu sein, „die Gruppe im Stich zu lassen" und warf dem Marinestab der Vorkriegszeit vor, Entwürfe für Zerstörer genehmigt zu haben, die keine Treibstoffkapazität für einen Atlantikeinsatz besaßen.[27]

Das Kommando fiel nun an den Kapitän der „Tay“, Korvettenkapitän Robert Sherwood, der als Kapitän der „Bluebell“ die Vernichtung des Geleitzuges SC 7 im Herbst 1940 miterleben musste. Er stand vor einer besonderen Aufgabe. Aus einem Konvoi waren nun zwei geworden – 30 Schiffe und vier Nachzügler, die von der „Pink“ beschützt wurden. Am Morgen des 4. Mai bestand die Geleitgruppe aus „Tay“, „Vidette“, „Sunflower“, „Snowflake“ und „Loosestrife“ von B-7 und den Zerstörern „Oribi“ und „Offa“ von der 3. Unterstützungsgruppe. Vom Feind hatte man seit fünf Tagen wenig gesehen, doch am Morgen des 4. Mai registrierten die Peilsender auf der „Tay“ und „Oribi“ lebhaften Funkverkehr. ONS 5 näherte sich der Gefahrenzone.

Vor dem Geleitzug befand sich die größte jemals in einem Patrouillengebiet versammelte U-Boot-Konzentration: zwei Gruppen, die aus 53 Booten bestanden.[28] Das U-Boot-Kommando hatte die fruchtlose Verfolgung von ONS 5 am 1. Mai aufgegeben, und die verbliebenen Boote der Gruppe „Star“ Richtung Westen abgezogen, um die Gruppe „Fink“ zu bilden. Eine 400 Meilen lange Suchlinie aus 29 U-Booten wurde über die Konvoirouten südlich von Kap Farewell gebildet. In London schloss der „Tracking Room“ aus dem außerordentlich intensiven Funkverkehr, dass sich zwischen Neufundland und Grönland eine große Feindkonzentration aufgebaut hatte, doch wegen des zeitweisen Enigma-Blackouts war es unmöglich zu sagen, wo sie sich genau befand.

Am Nachmittag des 4. Mai fuhr ONS 5 in die Mitte der „Fink-Linie“. Drei U-Boote registrierten fast auf Anhieb ersten Kontakt. Das U-Boot-Kommando reagierte sofort und dirigierte 41 der Boote aus den Gruppen „Fink“ und „Amsel“ zum Geleitzug. Die Bedingungen hätten nicht besser sein können. Windstärke zwei und gute Sicht. Die Ruhe vor dem U-Boot-Sturm. Erfolgshungrig schickte Dönitz seinen Männern kurz nach 8 Uhr an jenem Abend einen Funkspruch: „Ich bin sicher, dass ihr mit allem kämpfen werdet, was ihr habt. Gegner nicht überschätzen, sondern vernichten.“ Das Rudel kümmerte sich zunächst um die Nachzügler. Als erstes wurde der 5666 Tonnen schwere Frachter „Lorient“ mit der gesamten Mannschaft versenkt, dann folgte der 4635 Tonnen schwere Frachter „North Britain“, der sechs Meilen hinter dem Konvoi fuhr. Dann richtete sich die Aufmerksamkeit voll auf den Konvoi selbst. Kurz nach Mitternacht am 5. Mai hatte die „Vidette“ einen Radarkontakt und nahm die Jagd auf. 14 Wasserbomben wurden über dem

Kielwasser des U-Boots abgeworfen, als es tauchte. Nach einem zweiten Radarkontakt wurde ein U-Boot rund 1000 Meter voraus gesichtet. „Vidette" nahm Fahrt auf, entschlossen, das Boot zu rammen, das verzweifelt versuchte zu tauchen. Wieder war der Zerstörer rechtzeitig zur Stelle, um seine Wasserbomben abzuwerfen. Fast zur gleichen Zeit gab es eine Explosion an der Steuerbordseite des Geleitzuges. Der Frachter „Harbury" war getroffen worden.

Zu diesem Zeitpunkt hatten sieben U-Boote Kontakt mit ONS 5. Eines war das von Hartwig Looks kommandierte U-264. Nachdem er seinem Stabsposten entkommen war, hatte sich Looks 1940 der U-Boot-Waffe angeschlossen und als Wachoffizier an Bord von U-375 im Mittelmeer gedient. Bei seinen ersten beiden Feindfahrten als Kommandant von U-264 hatte er ein Schiff versenkt. ONS 5 bot ihm die Möglichkeit, sein Konto zu erhöhen. Looks Chance kam kurz vor 1 Uhr morgens am 5. Mai: „Eine Lücke öffnete sich zwischen den Geleitschiffen, so dass ich mich gegen den Konvoi wendete und hineinfuhr. Ich schoss zwei mal zwei Torpedos auf den Konvoi ab, drehte dann und feuerte noch einen Hecktorpedo. Zwei Torpedos trafen ein Schiff. Die Detonation ließ eine Wasserwand aufsteigen, und der Dampfer sank sofort. Ich traf auch noch das andere Schiff, und so viel ich weiß, versank auch dieses." Looks hatte keine Gelegenheit, sich seines Erfolges zu vergewissern, weil die Geleitschiffe nun alle hinter ihm her waren. Sherwood hatte sofort „Half Raspberry" befohlen – ein festgelegtes Muster dreieckiger Ausweichmanöver auf die Backbordseite des Konvois. Die „Snowflake" hatte U-264 auf dem Radarschirm und machte ebenfalls Jagd auf das U-Boot. Looks musste abtauchen und verlor für einige Zeit den Kontakt mit dem Geleitzug.

Der Kampf zwischen den U-Booten und den Geleitschiffen ging weiter, wie man Sherwoods Logbuch entnehmen kann:

> 02.15: „Sunflower" entdeckte U-Boot auf der Bug-Backbordseite und griff an...
> 03.42: „Snowflake" entdeckte U-Boot auf der Backbordseite. Konnte es nicht überholen und bittet „Oribi" um Unterstützung. Beide Schiffe führten Angriffe aus.
> 05.06: Peilsenderwarnung vor U-Boot vor dem Bug an Backbord wird

> an die Gruppe weiter gegeben, und um 05.15 wurden zwei Schiffe torpediert. ‚Half Raspberry' wurde um 05.18 befohlen und um 05.18 entdeckte „Loosestrife" ein U-Boot und griff an. Um 03.28 griff „Tay" an der Steuerbordseite einen guten ASDIC-Kontakt an.

Im Lauf der Nacht versenkten die U-Boote fünf Schiffe des Geleitzugs und zwei Nachzügler. Hoffnung, dass die Attacken im Morgengrauen ein Ende finden würden, wurden durch den lebhaften Funkverkehr zunichte gemacht. „Schwere Peilsenderaktivität", schrieb Sherwood in sein Logbuch, „U-Boote an der Bug-Backbordseite". Die ständigen vom Peilsender der „Tay" empfangenen Funksprüche ließen vermuten, dass das Rudel stündlich anwuchs. Unter den Verfolgern befand sich auch Looks' U-264: „Ich schaffte es, mich vor den Konvoi zu setzen, doch dahin zu kommen, beanspruchte fast den ganzen Tag. Während dieser Zeit hörten wir die anderen U-Boote und wir dachten, dass wir vor einer Nacht der langen Messer standen, wenn sie alle den Konvoi angriffen."

Es gab da sozusagen noch einen anderen Geleitzug. Eine Gruppe von vier Nachzüglern wurde von der Korvette „Pink" hinter dem eigentlichen Konvoi begleitet. Diese Gruppe befand sich 80 Meilen hinter ONS 5 und hatte keine Chance, wieder aufzuschließen. Bisher hatte es keine besonderen Vorkommnisse gegeben, doch am Morgen des 5. endete die Beschaulichkeit. Kurz vor Mittag registrierte „Pink" einen „erstklassigen ASDIC-Kontakt", wie Atkinson später in seinem Bericht an die Admiralität schreiben sollte. Die Echos waren „die klarsten und schärfsten, die ich jemals gehört hatte". 60 Jahre später erinnert er sich: „Es war eine schwierige Entscheidung. Sollte ich beim Geleitzug bleiben oder das U-Boot jagen, das uns beschattete? Ich wählte den Angriff." Der entwickelte sich bald zu einem tödlichen Katz-und-Maus-Spiel. „Der ASDIC-Mann beobachtete sein Gerät. Ping, ping, ping. Er konnte an der Qualität der Geräusche ablesen, ob sich das U-Boot näherte oder entfernte. Er hatte die Schlüsselrolle und rief ständig: ‚Schiff nähert sich, 1500 Yards. Scharfes Echo. Schiff dreht nach Steuerbord ab, Sir. Schiff gestoppt, Sir. Schiff dreht von uns ab, habe seine Heckwelle.' Dann griffen wir an. Die „Pink" attackierte mit den neuen vorderen Wasserbombenwerfern. Das U-Boot drehte nach hinten und nach vorne und tauchte immer tiefer. In der Zwischenzeit verharrte der Geleitzug der „Pink" gänzlich ungeschützt. Doch das Risiko war es wert, wie Atkinson in seinem Logbuch vermerkte, weil die Chance auf einen tödlichen Schlag gut war. „Wir waren beharrlich – wir ließen nie von dem U-Boot ab. Ungefähr nach unserem fünften Angriff kamen große Ölmengen an die Oberfläche. Wir konnten hören, wie er versuchte, seine Ballasttanks anzublasen."

„Nach greifbaren Beweisen der Zerstörung wurde begierig und begeistert gesucht", berichtete Atkinson später der Admiralität. Die „Pink" unternahm einen letzten Angriff. Dieses Mal erschütterte „eine extrem schwere Unterwasserexplosion das Schiff und schüttelte es mit tiefem Ächzen." Der „Pink" wurde später die Zerstörung von U-192 zugeschrieben. Neuere Untersuchungen ergaben jedoch, dass es sich um U-358 handelte. Es war auch nicht zur von Atkinson erhofften Versenkung gekommen, doch U-358 war so schwer beschädigt, dass seinem Kommandanten keine andere Entscheidung blieb, als den Heimathafen anzulaufen.[29]

Der Angriff hatte gut anderthalb Stunden in Anspruch genommen. Die „Pink" war nun zehn Meilen hinter ihrer Gruppe. Atkinson befahl daher volle Kraft voraus, doch als die Korvette noch drei Meilen hinter dem Geleitzug war, zeigte eine riesige Rauchsäule, dass die U-Boote wieder zugeschlagen hatten. „Meine schlimmsten Befürchtungen hatten sich bewahrheitet", erinnert sich Atkinson. „Das amerikanische Schiff ‚West Madaket' war torpediert worden. Es ging in Rauch auf und begann sofort zu sinken. Wir kreisten um es herum, warfen Wasserbomben, um das U-Boot nach unten zu drücken und nahmen dann die Überlebenden auf." Überlebende zu retten, wenn ein U-Boot in der Nähe war, bedeutete ein hohes Risiko. „Ich war ziemlich verärgert, weil sie sogar ihre Koffer mitbrachten. Der Geschützmaat zeigte auf sie und meinte, ich solle mir das anschauen. Sie standen neben uns und reichten ihre Koffer weiter, während wir herunter riefen: ‚Kommt an Bord oder bleibt in eurem Boot, aber lasst die Koffer.' Sie waren deswegen ziemlich beleidigt." Die „Pink" hatte bis zum Einbruch der Nacht noch einen weiteren Kontakt, blieb aber nur lange genug, um einige Warnschüsse abzugeben. Atkinson erwartete mehr Ärger und hielt es für richtig, seinen Platz im Rest der Gruppe einzunehmen.

Der Hauptteil von Konvoi ONS 5 hatte ebenfalls Verluste erlitten. Am 5. Mai hatte das Rudel weitere vier Schiffe versenkt. Es war ein deprimierendes Ergebnis, doch B-7 hatte zurückgeschlagen. Ein genau gezielter Wasserbombenangriff der „Sunflower“ hatte die Überreste von U-638 auf den Meeresboden geschickt. Dann tauchte eine Liberator aus Island auf und machte sich bemerkbar. Gegen 20.38 Uhr musste sie allerdings der „Tay“ funken: „Will nicht gehen, muss aber.“ B-7 war nun allein auf sich gestellt, den Weg durch die Nacht zu finden. Sherwood berichtete später: „Sicht hat sich auf eine halbe Meile verringert... Peilsender lassen U-Boote überall vermuten...“ Der Kapitän der „Offa“ vermutete an Hand des Funkverkehrs zwischen den U-Booten, dass der Geleitzug „von Vernichtung bedroht“ war.[30]

Dönitz hatte sicherlich große Hoffnungen an den nächtlichen Angriff geknüpft. Alle U-Boote wurden angewiesen, „jede Gelegenheit muss mit aller Energie genutzt werden“.[31] Schnelligkeit war nun das entscheidende Moment, weil der Geleitzug bald das „schwarze Loch“ verlassen würde und wieder mit Luftunterstützung rechnen konnte. Nachdem das Rudel mit den Handelsschiffen fertig war, sollten, so Dönitz, die „Geleitschiffe versenkt werden“.

Es ist unmöglich, die Schlacht um ONS 5, die im dichten Nebel zwischen dem 5. und 6. Mai ausgetragen wurde, im Detail zu rekonstruieren. Einige Zeitgenossen, darunter die amerikanischen Historiker Prof. David Syrett und Prof. Michael Gannon, haben dies jedoch versucht.[32] Dies sind die nackten Fakten, wie sie Korvettenkapitän Sherwood in seinem Bericht an die Admiralität zusammen getragen hat: „23 Schiffe in ungefähr zehn Abteilungen... Geschwindigkeit 7,5 Knoten. Ruhige See, kein Wind, leichter Regen und schwerer Dunst... Gegen 00.41 (GMT) wurde der erste von rund 24 versuchten Angriffen aus allen Richtungen außer von vorne bemerkt, und die Schlacht setzte sich ohne Unterbrechung bis 06.20 fort...“

Der Geleitzug durchpflügte die See so gut er konnte. Hin und wieder befahl der Kommodore des Konvois eine Notwende, um das Rudel abzuschütteln. Doch mit 15 U-Booten in der Verfolgung hing alles von der Geschwindigkeit ab, mit der die Geleitschiffe die U-Boote einkreisen und zum Tauchen zwingen konnten. Und hier spielte das Wetter mit. Mitunter sank die Sicht auf weniger als 100 Meter, so dass die U-Boote praktisch blind waren, das Radar sie aber klar auf dem Schirm registrierte. Die Geleitschiffe waren im Vorteil. Die Schlacht um ONS 5 wurde letztlich auf einem kleinen Schirm ausgetragen und gewonnen. Wenn das Radar seinen 360-Grad-Bogen beschrieb, empfing es die vertrauten Signale der Handelsschiffe in ihren Abschnitten und der

Geleitschiffe. Doch dann konnte es wieder ein neues, weniger deutliches Echo geben: „Peilwinkel 270, in vier Meilen." Der verantwortliche Offizier der „Tay" würde dann entsprechend informiert und Minuten später, wenn es eine Bestätigung durch einen Radarkontakt eines anderen Geleitschiffs gegeben hatte, würde die Jagd auf das U-Boot eröffnet.

Looks' U-264 suchte am Rand des Geleitzuges nach Zielen: „Es war eine ganz dicke Suppe draußen, furchtbar. Während wir herum tuckerten und versuchten, irgend etwas zu erreichen, wurden wir beinahe von einem Zerstörer gerammt, der plötzlich hinter uns auftauchte und unser Heck mit einem Suchscheinwerfer hell erleuchtete. Er donnerte ungefähr drei Meter an uns vorbei. Ich tauchte sofort ab."

Eines der Geleitschiffe griff Looks mit Wasserbomben an, doch für eine ASDIC-Jagd blieb keine Zeit. B-7 war von Gretton dahingehend geschult worden, „alle U-Boote schnell und hart anzugehen und sich dann wieder mit voller Kraft dem Geleitzug anzuschließen."[33] Alle Geleitschiffe hielten sich diszipliniert daran. Und so musste es auch sein. Eine Zeit lang wurde die Schlacht mit einem erstaunlichen Tempo geschlagen. Ein Auszug aus dem Logbuch der „Sunflower":

> 22.40 (GMT): Radarkontakt am Backbord-Bug. Zur Nachforschung mit 14 Knoten genähert.
> 22.47: Radarkontakt verschwindet, dafür ASDIC-Kontakt (das U-Boot war abgetaucht).
> 22.48: Angegriffen.
> 22.52: Zehn Wasserbomben auf 150 Fuß. Das wurde als viel versprechender Angriff angesehen. Kurz vor dem Abfeuern der Wasserbomben wurde ein weiterer Radarkontakt in 3400 Yards Entfernung empfangen. Kurs wurde fortgesetzt, um nächstes U-Boot anzugreifen.
> 22.55 ASDIC meldet abgefeuerten Torpedo von Red (Backbord) 20. Drehen bei und Torpedo geht Backbords vorbei. Radar meldet (einen zweiten) Kontakt 2800 Yards entfernt, 30 Grad von der anderen Peilung. Setzen Verfolgung des U-Boots fort, das gerade Torpedo abgefeuert hat...
> 23.00: Feuer eröffnet (mit Deckgeschützen)...

Die „Sunflower“ konnte nun zwei U-Boote auf der Wasseroberfläche ausmachen. Sie hatte auf das erste bereits gefeuert, verfehlte es aber, so dass sich der Kapitän entschloss, sich auf das zweite zu konzentrieren:

> 23.05:... drehte nach Steuerbord auf das andere U-Boot, um zu versuchen es zu überfahren.
> 23.07: Eine volle Torpedosalve wird vom (ersten) U-Boot gemeldet, das wir verfolgt hatten. Hart nach Backbord.... Torpedos passieren an der Backbordseite...

Nun kam die Korvette „Snowflake“ zur Hilfe, doch eine zeitlang war der Kontakt unterbrochen. Innerhalb einer halben Stunde hatte die „Sunflower“ drei U-Boote abgefangen. Eines hatte sie mit Wasserbomben abgeschreckt, die beiden anderen waren vertrieben worden.

Den ersten Erfolg der U-Boot-Jagd verzeichnete um 23.30 Uhr der Zerstörer „Vidette“, der zweite folgte eine Stunde später („Loosestrife“), weitere zwei kurz darauf. Am dramatischsten Abschuss dieser Nacht waren die „Snowflake“ und die „Oribi“ beteiligt. Kurz vor 03.00 Uhr empfing die „Oribi“ einen Radarkontakt und näherte sich mit zügigen 22 Knoten. „Ich sah, wie ein U-Boot aus dem Nebel herauskam“, berichtete ihr Kapitän später. Die „Oribi“ war nur wenige Meter entfernt und in einer guten Position, das U-Boot zu rammen. „Die Macht der Kollision warf es auf seine Backbordseite, es verschwand dort kurz und krängte danach mit Bug und Kommandoturm aus dem Wasser.“ Der Kapitän der „Oribi“ war mit sich zufrieden. Das war scheinbar das Ende eines weiteren U-Boots. Doch da lag er falsch. Irgendwie war es U-125 gelungen, zu entkommen, wenn auch nur für kurze Zeit. Gegen 03.45 Uhr empfing die „Snowflake“ ein schwaches Signal von einem Schiff, das sich anscheinend nicht bewegte. Der Radarmann war sicher, dass es sich um ein U-Boot in geringer Tiefe handeln musste. Der Nebel war so dicht, dass sich die „Snowflake“ bis auf gut 100 Meter nähern musste, um sicher zu gehen. „Schalteten Suchscheinwerfer auf Steuerbord ein und machten ein 500-Tonnen-U-Boot aus, das schnell nach Steuerbord abdrehte“, schrieb Kapitän Harold Chesterman ins Logbuch. Das Ende von U-125 war nun besiegelt: „Steuerrad hart nach Steuerbord im Versuch zu rammen, und alle Geschütze eröffneten Feuer. Schiff dreht in den Wendekreis des U-Boots und kommt längsseits der Steuerbordseite. Nur wenige Fuß trennen die beiden Boote. Nun wurde der Feind mit dem Backbord-Suchscheinwerfer angestrahlt. Er war offensichtlich im Sinken begriffen... Als sich die beiden Schiffe voneinander entfernten, sank das Heck des U-Bootes. Luftblasen stiegen aus der hinteren Luke auf. Die Mannschaft verließ das Schiff, doch sie machten den Versuch, das vordere Geschütz zu bemannen. Dieser Versuch wurde durch präzises Feuer des Zweipfünders und des Oerlikon-Geschützes in Backbord vereitelt, unterstützt durch einige Einschüchterung durch unseren Vierzöller, der aber sein Ziel verfehlte. Einige Männer der Besatzung winkten mit den Armen, vermutlich als Signal, das Feuer einzustellen, doch das wurde ignoriert.“

Der Kommandant und die Mannschaft sprangen ins Wasser und Minuten später explodierten die Sprengsätze im Boot. Die „Oribi“ hatte ihre Aufgabe erledigt. Was sollte nun mit den Überlebenden geschehen? Im Suchscheinwerfer des Schiffes konnte Chesterman sehen, wie sie sich durch das Öl auf dem Wasser kämpften. Sherwood auf der „Tay“ wurde um Genehmigung gebeten, sie aufzunehmen. Die Antwort war ein erschreckend knappes „Nicht Genehmigt“. Die „Snowflake“ drehte zum Geleitzug ab und überließ die Überlebenden von U-125 ihrem Schicksal – ein Todesurteil, aber die Schlacht war noch im Gang, und der Geleitzug hatte Vorrang.

Die Morgendämmerung des 6. Mai brachte einen äußerst willkommenen Anblick: Vier der fünf Schiffe der Geleitgruppe 1 schlossen sich dem Schutzschild um ONS 5 an. Die Schlacht war damit fast gewonnen. B-7 hatte den Konvoi sicher und ohne Verluste durch die Nacht gebracht. Auch die „Pink“ hatte die Nachzügler vor den U-Booten beschützt. „Äußerst zufriedenstellend“, war Sherwoods typisch zurückhaltende Einschätzung der Leistung von B-7. Es war in Wirklichkeit ein grandioser Sieg. Die Geleitschiffe hatten den Feind unablässig unter Druck gesetzt, vier U-Boote waren versenkt und einige andere beschädigt worden. Die abschließende Bilanz sah die Briten eindeutig als Sieger: Zwar waren 13 Schiffe versenkt worden, doch dafür waren sechs U-Boote zerstört und weitere vier ernsthaft beschädigt worden. Und dies ist eine eher konservative Schätzung. Weitere drei U-Boote wurden nämlich bei ihrer Fahrt zum und vom Konvoi von Flugzeugen und anderen Geleitschiffen versenkt, so dass die Verlustquote insgesamt neun Boote betrug. Für die Deutschen war dies eine nicht hinnehmbare Ausbeute – ein versenktes U-Boot auf nur zwei versenkte alliierte Schiffe.

Die Schiffe der Gruppe B-7 wurden mit wohl verdientem Lob überschüttet. Churchill schickte seine „Glückwünsche" an alle für den „nicht nachlassenden Kampf gegen die U-Boote". Admiral Horton beobachtete: „Die Fähigkeiten und die Entschlossenheit aller Geleitschiffe, die an diesem Einsatz beteiligt waren, ließen nichts zu wünschen übrig." Kommandant Peter Gretton verfolgte die Schlacht über die Funksprüche seiner Gruppe, während er sich vom Ort des Geschehens entfernte. „Der arme Peter raufte sich die Haare", erinnert sich Graham Bence. „Wir konnten alles hören, und doch nichts unternehmen." Gretton schrieb später, wie stolz er auf seine Gruppe war, räumte aber ein, dass „ich niemals aufhören werde zu bereuen, dass ich es wegen des Wetters nicht riskiert hatte, bis zum Ende dabei zu bleiben. Diese Entscheidung hat mich seitdem verfolgt."[34] Der Erfolg war allerdings auch Grettons Werk, der seine Gruppe in eine starke, professionelle Einheit verwandelt hatte, was sich nun auszahlte.

Der offizielle Historiker der Royal Navy sollte später schreiben, dass die siebentägige Schlacht um ONS 5 den Vergleich mit den berühmten Siegen der Admirale Hawke und Nelson im 18. Jahrhundert nicht zu scheuen brauchte. Sie „trägt zwar keinen Namen, damit man sich an sie erinnern kann, doch sie war auf ihre eigene Art und Weise so entscheidend wie Quiberon oder Abukir."[35] Dies mag ein wenig übertrieben sein, aber auf jeden Fall zeigte der Ausgang dieses Gefechts, wie sehr sich die Gewichte in der Atlantikschlacht verschoben hatten.

Dönitz machte für das Versagen der Boote die schlechten Wetterbedingungen und vor allem das Radar verantwortlich, das den U-Booten, so das Kriegstagebuch des U-Boot-Kommandos, ihren wichtigsten Vorteil nahm, nämlich unentdeckt bleiben zu können.[36] Die Peilsender, immerhin das andere wichtige Ortungswerkzeug im alliierten Waffenarsenal, wurden deshalb nicht erwähnt, weil der U-Boot-Stab sich noch immer hartnäckig weigerte, Beweise für deren Existenz zur Kenntnis zu nehmen. Es war allerdings unmöglich, die stark zurück gehende Effektivität der U-Boote zu übersehen. Wie immer setzte Dönitz als Maßstab für den Erfolg seiner Streitmacht die versenkte Tonnage je U-Boot und Tag an. Diese Quote war von ihrem Höhepunkt mit 438 Tonnen im Jahr 1942 auf gerade noch 160 Tonnen gefallen, so dass sich auch das Ziel, mehr Schiffe zu versenken als die Alliierten bauen konnten, in Luft auflöste. Der Kommandant von U-264, Hartwig Looks, erinnert sich an die trostlose Atmosphäre in den U-Boot-Messen in St. Nazaire. „Wir kannten einige der Kommandanten, die ihre U-Boote verloren hatten. Einige waren Freunde. Unter uns waren wir ziemlich besorgt. Wir hatten bemerkt, dass die Briten einen gewaltigen technischen Fortschritt gemacht hatten, und das war wirklich bedrohlich.“

Nach dem Kampf um ONS 5 schienen die Konvoischlachten nach einem neuen Muster zu verlaufen. Die U-Boote verursachten nur noch geringe oder gar keine Schäden. Zwar hatte der B-Dienst Informationen geliefert, die zur Verlagerung großer U-Boot-Gruppen in die Nähe der ostwärts fahrenden Geleitzüge HX 237 und SC 129 führte. Doch auch hier wurden lediglich fünf Schiffe versenkt. Auf der anderen Seite gingen durch Aktivitäten der Geleitschiffe und Flugzeuge fünf U-Boote verloren.

Einige Tage später musste die Kriegsmarine beim Angriff auf ONS 7 den Verlust von weiteren fünf U-Booten hinnehmen. Nur ein Handelsschiff wurde versenkt. In einem Versuch, die Mannschaften moralisch aufzurichten, schickte Dönitz einen Funkspruch, in dem er sie aufforderte, ihren Einfallsreichtum und ihre ganze Härte gegenüber den „Listen und technischen Neuerungen“ des Feindes zu zeigen, und ihn schließlich zu schlagen. Und dann gab er noch das Versprechen: „Ich glaube Euch für diesen Euren harten Kampf bald bessere Waffen geben zu können.“[37]

Am 14. Mai begleitete B-7 den langsamen Geleitzug SC 130 in Richtung Heimat. Gretton hatte wieder das Kommando inne. Dieses Mal konnte sich die Gruppe auf Luftunterstützung und die Schiffe der Gruppe 1 während eines großen Teils der Fahrt verlassen. Kein Schiff wurde versenkt, dafür aber drei U-Boote, darunter auch U-954, auf dem der Sohn von Dönitz, Peter, als Wachoffizier eingesetzt war. „Dönitz machte das mit sich alleine aus und versuchte, damit fertig zu werden“, erinnert sich Stabsoffizier Hans-Rudolf Rösing. „Doch er war wirklich verzweifelt, weil er sehen konnte, wie sich der Krieg entwickelte.“ Die Nachrichten, die von den Weiten des Atlantiks herüber drangen, waren unverändert trostlos, und dennoch wollte niemand im U-Boot-Kommando einsehen, dass der Konvoikrieg in Wahrheit vorüber war. „Der Grund für das Versagen war noch nicht vollkommen geklärt, und wir hofften, dass die rechtzeitigen und genauen Informationen des B-Dienstes uns in der Lage versetzen würden, einen Geleitzug erfolgreich in der ersten Nacht angreifen zu können", erklärte der Stabsoffizier Günther Hessler nach dem Krieg. „Es war eine Ironie der Geschichte, dass in der Situation, als die U-Boote kaum mehr in der Lage waren, den Kampf zu überstehen, unser Geheimdienst uns die genauen Positionen der meisten nach Großbritannien fahrenden Geleitzüge übermittelte."

Am 21. Mai 1943 schickte das U-Boot-Kommando 27 Boote aus zwei Suchgruppen gegen den nach Großbritannien fahrenden Konvoi HX 239. Dieses Mal wandte sich Dönitz mit einer äußerst persönlichen Mitteilung an seine Kommandanten: „Derjenige, der nun glaubt, dass Geleitzugbekämpfung nicht mehr möglich ist, ist ein Schwächling und kein echter U-Bootskommandant. Die Schlacht im Atlantik wird härter, sie ist aber die entscheidende Kriegsführung. Seid Euch Eurer hohen Verantwortung bewusst und Euch darüber klar, dass Ihr Euer Handeln verantworten müsst. Tut Euer Bestes an diesem Geleitzug. Wir müssen ihn zerschlagen. Wenn die Verhältnisse günstig dazu sind, vor Flugzeugen nicht tauchen, schießen und abwehren. Vor Zerstörern möglichst über Wasser ablaufen. Hart sein, nach vorne kommen und angreifen. Ich glaube an Euch."[38]

Aber auch diese starken Worte bewirkten nichts. HX 239 war von der Geleitgruppe 4 dicht abgeschirmt, und außerdem bot der Geleitträger HMS „Archer" zusätzlichen Schutz. Der in der Nähe fahrende Geleitzug ONS 184 hatte seine eigene Schutzeskorte und wurde zudem vom amerikanischen Geleit-Flugzeugträger „Bogue" begleitet. Jeder U-Boot-Kommandant, der den Befehl von Dönitz befolgen würde, auf der Wasseroberfläche zu kämpfen, unterschrieb sein eigenes Todesurteil. Alles lief ab wie gehabt. Das Rudel umkreiste die beiden Konvois, kam aber nicht nahe genug heran, um zuschlagen zu können. Es wurden keine Schiffe versenkt, jedoch gingen zwei U-Boote verloren. Zwischen dem 9. und 23. Mai hatten starke Rudel sechs von sieben Geleitzügen im Nordatlantik entdeckt und angegriffen, doch lediglich sechs Schiffe versenken können. In der gleichen Zeit gelang es den Alliierten, 15 U-Boote zu vernichten. Es gab daneben auch noch Verluste auf dem Weg in die Kampfzone und nach St. Nazaire, so dass insgesamt 40 Boote in diesem Monat versenkt worden waren. Die meisten davon verschwanden mit allen Mann an Bord. Es war, wie Dönitz später erklärte, „eine erschreckend hohe Zahl, die uns unerwartet traf".[39]

Am 24. Mai schließlich fügte sich Dönitz ins Unvermeidliche und befahl den Rückzug aller Boote von den Geleitzugrouten im Nordatlantik. In einem Funkspruch an seine Offiziere akzeptierte er die überwältigende technische Überlegenheit der Alliierten, versprach aber zugleich seinen U-Booten, dass der Tag kommen werde, "an dem Ihr mit neuen und schärferen Waffen dem Gegner überlegen seid und über Eure ärgsten Feinde, das Flugzeug und den Zerstörer, triumphieren könnt". In einer persönlichen Bemerkung fügte Dönitz hinzu: „Glaubt mir, dass ich alles getan habe und weiterhin tun werde, um diesen Vorsprung des Gegners mit Gegenmitteln einzuholen".[40]

Tatsächlich hatte es aber keinen überraschenden „Sprung" nach vorne gegeben. Bereits 1941 hätte man die Zeichen der Zeit erkennen müssen. Doch selbst jetzt realisierten Dönitz und sein Stab die technische und materielle Überlegenheit der Alliierten offensichtlich nur teilweise. Das Kriegstagebuch des U-Boot-Kommandos beschreibt den Rückzug aus dem Nordatlantik lediglich als „vorübergehend". Sobald „neue Waffen" zur Verfügung stünden, sollte der Kampf wieder aufgenommen werden.[41] Aber dieses Versprechen war nicht viel wert. Die Waffe, die Dönitz am dringendsten benötigte, war das neue „echte" Unterseeboot mit hoher Geschwindigkeit unter Wasser, dessen Produktion noch Monate auf sich warten ließ. In der Zwischenzeit spuckten die Werften veraltete Bootstypen in großen Mengen aus.

In einem Rückblick 15 Jahre später, erkannte Dönitz die wahre Bedeutung des von seinen Mannschaften „schwarzer Mai" genannten Monats: „Das Radar, besonders aber die Radar-Ortung vom Flugzeug aus, hatte die Überwasserkampfkraft des U-Bootes fast völlig ausgeschaltet. Der Geleitzugkampf in der Rudeltaktik im Nordatlantik war in Zukunft nicht länger möglich." Dönitz hätte die Peilsender der Schiffe ebenfalls erwähnen können, doch der Rückblick ließ nur einen Schluss zu:

„Wir waren in der Atlantikschlacht unterlegen."[42]

KAPITEL ZWÖLF

OPFER

Es war „die schwerste Entscheidung des ganzen Krieges", schrieb Dönitz später in seinen Erinnerungen. Er stand vor einer bitteren Wahl: Ohne Rücksicht weiter zu kämpfen oder den Rückzug anzutreten.[1] Die Verluste waren unerträglich geworden. Im Frühjahr 1943 war ungefähr ein Drittel der U-Boot-Flotte im Atlantik ausgelöscht worden. Dönitz wusste, dass die Alliierten einen technischen Vorsprung hatten. Bis die existierende Bootsgeneration durch die neuen „echten" Unterseeboote ersetzt werden konnte, war es unvermeidlich, dass die Verluste weiter auf „erschreckende Höhen" steigen würden. Würde mit diesem aussichtslosen Kampf gegen einen übermächtigen Gegner irgendein ein Zweck erfüllt werden können?[2]

Es überrascht kaum, dass der Mann, der von Beginn an seinen Mannschaften „den Geist der selbstlosen Bereitschaft zum Dienen" vermittelt hatte, sich nun entschloss, ohne Rücksicht auf Verluste weiter zu machen. Deutschland befand sich überall auf dem Rückzug. Im Osten waren die Armeen in einen aufwändigen Stellungskrieg verwickelt, die deutschen Städte wurden von den Bombenangriffen der Alliierten in immer größere Ruinenfelder verwandelt, und da konnte, so Dönitz, die Marine nicht tatenlos daneben stehen. Er wusste zudem, dass Hitler das nicht billigen würde. „Der Atlantik", das hatte ihm Hitler im Mai gesagt, „ist mein westliches Vorfeld und wenn ich dort auch in der Defensive kämpfen muss, so ist das besser, als wenn ich mich an den Küsten Europas verteidige".[3] Weniger sicher war, ob die U-Boot-Waffe „diesen Einsatz selbstlos und opferbereit auf sich nehmen würde".[4]

Ende Mai 1943 versammelte Dönitz die Kommandeure der Biskaya-Front im französischen Hauptquartier des Führers der U-Boote (West), Hans-Rudolf Rösing.

„Er tat etwas vollkommen Ungewöhnliches", erinnert sich Rösing. „Er sagte: ‚Jetzt soll mir jeder sagen, unabhängig davon, was ich vielleicht denke, wie er die furchtbare Situation, in der wir uns befinden, beurteilt und was wir tun sollten.' Nun, unsere Ansicht war, dass wir, auch wenn wir nicht mehr damit rechnen konnten, eine entscheidende Wirkung zu haben, weiter machen sollten, um den Druck aufrecht zu halten. Nachdem alle geredet hatten – ich als Letzter -, meinte Dönitz: ‚Okay, ihr habt einfach bestätigt, was ich auch denke – solange gekämpft wird, muss die Marine auch kämpfen.' "

Es wäre auch ungewöhnlich für deutsche U-Boot-Kommandeure gewesen, mehr zu tun, als die Meinung ihres Oberkommandierenden der Form halber zu bestätigen. So stark war die Persönlichkeit von Dönitz.[5] Doch Dönitz gab diesem Treffen eine größere Bedeutung, als er es 15 Jahre später in seinen Erinnerungen beschrieb. Er stellte die formelle Zustimmung sozusagen als aktive, aus freien Stücken erfolgte Billigung seiner Entscheidung durch die U-Boot-Waffe dar, ohne Rücksicht weiter zu kämpfen. Welches Gewicht die Ansichten von Rösing und der fünf Flottillenkommandeure in Wirklichkeit hatten, lässt sich schwer beurteilen. Es verging noch einige Zeit, bis die Verluste des Frühjahrs in den Stützpunkten bekannt wurden. Im Sommer 1943 war Erich Topp Kommandeur der 27. Ausbildungsflottille in Gotenhafen an der Ostsee, wo die Mannschaften für die Atlantikschlacht ausgebildet wurden. „Das U-Boot-Kommando hielt die schlechten Nachrichten über die Verluste unter dem Deckel", erinnert er sich. „Mann wollte die Einsatzbereitschaft der neuen Mannschaften und Kommandanten nicht lähmen." Unter denjenigen, die bezweifelten, dass es Sinn hatte, mit dem Krieg auf dem Atlantik weiter zu machen, befand sich Jürgen Oesten, der zu jener Zeit als Stabsoffizier die besondere Verantwortung für die Boote in arktischen Gewässern trug: „Wir wussten, dass es am Ende zu nichts führen würde und es war natürlich bedauerlich, weiter Menschenleben zu riskieren." Doch das war „defätistisches Gerede". So konnte man sich nur mit gedämpfter Stimme mit gleich gesinnten Offizieren austauschen. Sicherlich kämpften die meisten U-Boot-Männer weiter, ohne zu fragen. „Man sagte uns, dass wir Flugzeuge binden würden, die ansonsten Bomben auf Deutschland werfen würden", erinnert sich der ehemalige Kommandant von U-264, Hartwig Looks. „Wir waren von der Idee nicht sonderlich begeistert, aber man akzeptierte sie in jenen Tagen."

Flugzeuge zu binden erwies sich als kostspieliges Geschäft. Die Alliierten hatten begonnen, die U-Boote kurz vor ihren bombensicheren Bunkern zu jagen. Im Juni 1943 war die „Bay-Offensive" in vollem Gang. Britische und amerikanische Flugzeuge jagten die U-Boote rund um die Uhr auf dem Weg zu und von den Stützpunkten entlang der französischen Atlantikküste. Die meisten Boote waren unterwegs in Regionen, wo die alliierte U-Boot-Abwehr weniger stark war, doch zunächst mussten sie die Biskaya durchqueren. „Es war für die Männer bedrückend", schrieb der erste Stabsoffizier beim U-Boot-Kommando, Günther Hessler, dass „ihre Heimatgewässer zum gefährlichsten Teil des gesamten Atlantiks geworden waren, ohne dass die machtlose Luftwaffe eingreifen konnte".[6] Dönitz' Antwort war die Anweisung an die Boote, die Bucht in Gruppen zu befahren, in der Hoffnung, dass eine kombinierte Luftabwehr die alliierten Flugzeuge vertreiben würde. Die ersten Ergebnisse waren indes nicht sehr ermutigend. Von den 17 im Juni versenkten U-Booten gingen elf auf das Konto von alliierten Flugzeugen. Zwei weitere wurden in der Biskaya-Bucht von Kapitän Walkers Gruppe auf den Meeresboden geschickt. Die 29 U-Boote, die es in afrikanische und amerikanische Gewässer schafften, versenkten zusammen gerade mal 17 Handelsschiffe.

Es war ein ungleicher Kampf. Alliierte Flugzeuge verfügten nun über neue Waffen wie etwa Raketen und das Lenktorpedo „Fido", das entwickelt worden war, um U-Boote unter Wasser zu verfolgen. Die U-Tanker waren besonders verwundbar, weil sie mindestens eine Minute zum Abtauchen auf eine Tiefe von zehn Metern benötigten. Hartwig Looks' U-264 hatte am 4. Oktober 1943 ein Treffen mit einem U-Tanker und dessen Begleitschiff:

> „Während ich noch immer mit ihm verbunden war und neben ihm lag, wurde die Gruppe, die aus dem U-Tanker, meinem Boot und noch zwei weiteren bestand, von einem Trägerflugzeug angegriffen. Ich versuchte mit dem U-Tanker auf dem Wasser zu bleiben, um das Flugzeug zu bekämpfen, doch während wir mit dem einen kämpften, tauchten noch vier weitere auf. Als ich die sah, sagte ich zu mir, ‚jetzt

wird es aber Zeit'. Ich rannte in Richtung Tanker und rief ihm mit meinem Megaphon zu, er solle tauchen, doch der Kommandant blieb stehen und zuckte nur mit den Schultern. Ich konnte mir keinen Reim darauf machen. Er hatte keine Zeichen gegeben, dass er nicht tauchen konnte. Ich tauchte dann mit den anderen Booten ab. Wenn ein Schiff sinkt, brechen die Schotts. Man kann das krachende Geräusch unter Wasser hören. Man weiß dann, dass jemand futsch ist. Nach sechs Stunden tauchte ich wieder an genau der Stelle auf, wo es passiert sein musste. Ich dachte, wir hätten eine Chance, Überlebende zu finden."

Es gab keine Überlebenden. U-460 und seine 62 Mann starke Besatzung waren verloren – der elfte U-Tanker, der in den letzten fünf Monaten versenkt worden war. Alle bis auf einen waren Flugzeugen zum Opfer gefallen. Nur noch drei Versorgungsboote waren einsatzbereit, was den Aktionsradius der U-Boote merklich einschränkte. Dönitz verabschiedete sich am 2. August von seiner rücksichtslosen Gruppenstrategie, doch die Bedrohung aus der Luft blieb. „Wir hatten ein kleines Lied, ‚Gib mir ein neues kleines U-Boot, ein U-Boot, das nicht mehr geortet werden kann, Karl Dönitz'", erzählt Horst von Schroeter. Im November 1943 wurde sein Boot U-123 von einer Mosquito des britischen Küstenkommandos angegriffen, als er nach Lorient zurückkehrte. „Wir wurden am Kommandoturm getroffen. Panzer brechende Munition durchschlug den Rumpf, ein Mann wurde getötet, zwei weitere waren verletzt, und das Boot konnte nicht mehr tauchen." Von Schroeter schaffte es dennoch in den Stützpunkt. In den drei Monaten nach dem Rückzug aus dem Nordatlantik wurden 78 U-Boote versenkt – mehr als die Hälfte davon durch alliierte Flugzeuge. Die Verluste waren groß, und selbst in den entlegenen Ecken des Atlantiks, die bisher vom U-Boot-Kommando als Schwachpunkte in der alliierten U-Boot-Abwehr angesehen wurden, stellten sich keine Erfolge mehr ein.

Als weiteres Zeichen für den anglo-amerikanischen Sieg überschritten im Juli 1943 die alliierten Handelsschiffsneubauten die während des gesamten Krieges versenkte Tonnage und fielen fortan nicht mehr unter dieses Niveau.[7] Es war die endgültige Bestätigung, dass der Tonnagekrieg gewonnen worden war. Allein im Juni liefen 200 Schiffe vom Stapel. Und von den neuen

Liberty-Schiffen wurden jeden Tag mehr als zwei Exemplare von amerikanischen Werften abgeliefert. Massenproduktion, eine Standardentwicklung für die 10.000 Tonnen großen Schiffe und vorgefertigte Teile machten es möglich, dass zwischen Kiellegung und Fertigstellung gerade 40 Tage vergingen.[8] Churchills Angst vor der „unermesslichen Gefahr" war gebannt. „Die Geleitzüge trafen intakt ein, der Nachschub war gesichert", schrieb er später. „Unsere Armeen konnten nun über das Meer in den Unterleib von Hitlers Europa gebracht werden."[9]

Dönitz war entschlossen, bis zum bitteren Ende zu kämpfen, wie trostlos die Aussichten auch sein mochten. Die vernichtenden Bombenangriffe auf die deutschen Städte bestärkten ihn nur in seinem Entschluss. „Ihr jungen Männer lebt in einer großen Zeit", erklärte er vor Marinerekruten im Juli. „Ihr gehört zu einer Gemeinschaft entschlossener Kämpfer, die in der vordersten Front im Kampf gegen die Angelsachsen stehen. Ich glaube an die Jugend. Ich habe immer an die Jugend geglaubt. Die Engländer mögen sich über die jungen Mannschaften, die ich habe, lustig machen. Sie sagen ‚sie haben Kommandanten, die noch Kinder sind.' Diese Kinder werden ihnen zeigen, wozu Kinder in der Lage sind... In dieser Stunde wollen wir unsere Treue, unsere Liebe und unseren Gehorsam unserem Führer gegenüber geloben." Den gleichen trotzigen Optimismus zeigte Dönitz auch bei der Entscheidung, den Konvoikrieg im Nordatlantik wieder aufzunehmen. In einem radikalen Taktikwechsel wurden die Boote angewiesen, zuerst „die Geleitschiffe zu dezimieren" und dann die Handelsschiffe anzugreifen. Die Hoffnungen ruhten vor allem auf dem neuen zielsuchenden Torpedo „Zaunkönig". Die U-Boote waren zudem mit zusätzlicher Luftabwehr und einem neuen Radarpeilgerät namens „Wanze" ausgerüstet, das vor einem sich nähernden Feind warnen sollte.

Im September 1943 kehrten die 20 Boote der Gruppe „Leuthen" in die einstige Lücke der alliierten Luftabwehr zwischen Grönland und Island zurück. Sie wurden über die Bedeutung ihrer Mission nicht im Unklaren gelassen. Dönitz schickte einen Funkspruch und teilte den Männern mit, dass „der Führer jede Phase Eures Kampfes verfolgt".[10] Das tat auch Admiral Horton im Hauptquartier für den westlichen Seeabschnitt. Der Marinegeheimdienst hatte Enigma-Entschlüsselungen entnommen, dass neue Einsätze gegen Konvois geplant waren. Mitte September war klar, dass sich ein neues Rudel südöstlich von Grönland versammelt hatte. Die beiden Konvois ON 202 und ONS 218 befanden sich in Gefahr. Horton befahl, dass sich die beiden zusammenschlossen und stellte einen Schutzschild von 22 Kriegsschiffen, darunter einen Flugzeugträger, bereit. Der vergrößerte Geleitzug konnte sich auch auf eine Abschirmung durch Flugzeuge mit großer Reichweite verlassen.

Die Schlacht begann am 20. September mit einem erfolgreichen „Zaunkönig-Angriff" auf die Fregatte HMS „Lagan". In den nächsten vier Tagen meldeten die Leuthen-Boote die Versenkung von 12 bis 15 Kriegsschiffen. Dönitz konnte dem begeisterten Hitler berichten, dass der Angriff „ein vollständiger Erfolg sei. Die neuen Waffen hätten ihren Wert in jeder Hinsicht unter Beweis gestellt." Der „äußere" und „innere" Ring des Schutzschilds sei zerstört und neun Handelsschiffe versenkt worden.[11] Nicht zum ersten Mal war Dönitz von hoffnungslos optimistischen Behauptungen geblendet worden. In Wahrheit waren drei Geleitschiffe und nur sechs der 68 Handelsschiffe versenkt worden. „Zaunkönig" war zudem nicht die entscheidende Waffe, wie Dönitz gehofft hatte. Die Alliierten waren davon ausgegangen, dass die Deutschen irgendwann einen akustischen Torpedo entwickeln würden. Innerhalb von zwei Wochen nach den ersten Angriffen wurden die alliierten Geleitschiffe mit einer wirkungsvollen Gegenmaßnahme ausgerüstet. Der „Foxer" war ein einfach konzipiertes Gerät, das von den Schiffen geschleppt wurde, um den Torpedo abzulenken. Nach weniger als vier Monaten der neuen Konvoikampagne musste Dönitz wieder eine Niederlage eingestehen. Die U-Boote hatten 100 Feindfahrten ausgeführt, dabei aber lediglich neun Schiffe versenkt. Die Verluste blieben hoch – 59 Boote wurden auf den Meeresboden geschickt. Es war der letzte Versuch von Dönitz, die Initiative auf dem entscheidenden Kriegsschauplatz zurück zu gewinnen. „Wir konnten nur noch hinhaltend und so ökonomisch wie möglich kämpfen", gestand Dönitz später ein.[12] Es war wie an allen anderen Fronten. In Italien hatte sich Hitlers ehemaliger Alliierter abgesetzt, während sich seine Armeen im Osten auf die Grenzen des Reiches zurückzogen. Im Herbst 1943 bereitete sich Jürgen Oesten auf seine Rückkehr zur See vor, nachdem er zwei Jahre in Stabspositionen an Land verbracht hatte. Einer der Besucher auf seinem neuen Boot war der Reichsminister für Bewaffnung und Munition, Albert Speer. Einige Monate zuvor hatte Oesten Speer bei einem Abendessen gefragt, welche Zukunft Deutschland noch hätte. „Er sagte mir, ‚nun, ich glaube wir werden im Herbst 1944 besiegt sein.'" Als Oesten am 20. April 1944 zu seiner ersten und letzten Feindfahrt auf U-861 auslief, geschah dies schweren Herzens: „Ich hatte ein verdammt mulmiges Gefühl, weil ich eigentlich wusste, dass es nichts brachte – was wir versenken und wen wir auch töten würden, nichts davon war wirklich notwendig."

Das war kein Gedanke, den Dönitz gut geheißen hätte. Helmut Witte diente zu jener Zeit im Stab: „Er verbreitete Optimismus, und man konnte ihm in einem solchen Kreis nicht widersprechen, obwohl wir wussten, dass es nur darum ging, den Krieg auf eine irgendwie akzeptable Art und Weise zu beenden." Die Frage war allerdings, wie der Krieg zu einem „akzeptablen Ende" gebracht werden konnte, nachdem sich die Alliierten einer Politik der bedingungslosen Kapitulation Deutschlands verschrieben hatten? Die Protagonisten des Dritten Reichs glaubten, dass sie ohne jede Rücksicht bis zum Ende kämpfen mussten. In einer derartigen Zeit wurde die von Dönitz geübte Betonung des Positiven in Hitlers Hauptquartier sicherlich begrüßt. Vor allem wurde damals viel von den neuen Elektrobooten mit hohen Geschwindigkeiten unter Wasser geredet. Als Erich Topp in jenem Herbst das Hauptquartier Wolfsschanze besuchte, unterhielt ihn Hitler mit einem Monolog über die Fortschritte der deutschen Technologie, wovon das „echte" U-Boot, mit dem man die Initiative im Atlantik zurück gewinnen wollte, nur ein Beispiel war.

Das gleiche Bunkerfieber zeigte auch das U-Boot-Kommando. Die Kommandanten der Frontboote, wie Hartwig Looks, bemerkten die wachsende Kluft zwischen Berlin und den Stützpunkten an der französischen Atlantikküste. Im Dezember wurde diese noch größer, als sich Dönitz mit seinem Stab in ein neues Hauptquartier in den Wäldern bei Berlin vor den alliierten Bomben in Sicherheit brachte. In den U-Boot-Messen in Frankreich wurde das „Stab-Gequatsche" von den neuen Waffen, die den Seekrieg verändern sollten, mit einiger Zurückhaltung aufgenommen. „Wir spotteten unter uns darüber", erinnert sich Looks. Im Dezember nahm er an einer Radiosendung teil, mit der die Moral der Truppe gesteigert werden sollte. „Ich bekam einen Befehl vom Flottillen-Kommandeur, bei dieser Radiosendung mitzumachen. Ich war mit einem Professor Esau vom Technischen Institut in Braunschweig verbunden. Ich erzählte ihm von meiner letzten Fahrt, als wir bei einem Luftangriff mit einem zielsuchenden Torpedo das Heck verloren hatten. Er sagte zu mir, ‚ah, das wird sich alles verbessern! Wir haben erstaunliche Dinge in der Entwicklung, und die werden bald an der Front sein, und Sie werden sehen – alles wird besser werden.' Alles Firlefanz. Es hatte überhaupt keine Substanz."

Ein ehemaliger Dieselmechaniker auf U-154, Heinz Kuhlmann, hatte sich ein Jahr zuvor freiwillig als 17-Jähriger zur U-Boot-Waffe gemeldet, nachdem er einige Zeit in der Hitler-Marinejugend zugebracht hatte. „Wir hätten unser Leben für Führer, Volk und Vaterland gegeben. Das war unser Ideal." Doch im September 1943 war der Krieg eine „beschissene" Angelegenheit geworden. „Wir sagten uns ‚das kann doch so nicht weitergehen, dass wir nur Verluste haben und es nicht schaffen, ein Schiff zu versenken'."

Es ist ein häufig zu hörender Mythos, dass die U-Boot-Mannschaften bis zum Ende kämpften, vereint im Bestreben, ihr Leben für Deutschland und sein Volk zu geben. Dönitz wollte das auf alle Fälle glauben. Die Geschichte der letzten beiden Jahre des U-Boot-Kriegs umfasst gerade 25 der 500 Seiten seiner Erinnerungen. Doch dafür wird viel vom „Opfer" und der „Heiligen Pflicht" und der unerschütterlichen Moral der Männer erzählt. Er sah in deren Bereitschaft, sich in schon fast selbstmörderische Einsätze zu begeben, eine Bestätigung seiner eigenen sehr verengten Auffassung von „Pflicht" dem Vaterland gegenüber. Die alliierten Nachrichtendienste zeichneten jedoch ein anderes Bild der Situation. Im Sommer 1943 berichteten die Vernehmungsbeamten der Royal Navy, dass Gefangene eine weit verbreitete „defätistische Einstellung" in den Stützpunkten andeuteten, und dass „ihre Abneigung in See zu stechen, immer deutlicher wird... Die üblichen Rituale wie die Musikkapelle, die einlaufende U-Boote in Lorient begrüßte, sind abgeschafft worden. In Lorient schmiss ein Kommandeur kürzlich den ihm zum Abschied überreichten Blumenstrauß wortlos ins Wasser und verzichtete zudem auf ein Abschiedssignal".[13] Eine nachrichtendienstliche Quelle innerhalb des Stützpunktes Bordeaux berichtete, dass die Bestrafungen härter würden, und dass es Anzeichen dafür gäbe, dass einige Besatzungsmitglieder eingesperrt wurden, weil sie sich geweigert hatten auszulaufen.[14] Im September 1943 protokollierte der Marinegeheimdienst „Beweise" von „unserer französischen Organisation", dass „Mannschaften einige Maschinenteile beschädigten, um ein Auslaufen zu verzögern, und auf Sabotage der Franzosen hoffen". Mehr als eine Quelle berichtete, dass Männer in den Stützpunkten die Feindfahrt ihres Bootes hinaus zu schieben vermochten, indem sie Zucker in den Diesel kippten.

Die geheimen Berichte kursierten nur in einem kleinen, privilegierten Zirkel der Admiralität und waren nicht für Propagandazwecke erstellt worden. Es gibt beachtliche Zeugnisse aus der U-Boot-Waffe selbst, dass die Moral der Mannschaften die absolute Talsohle erreicht hatte. Die Unterlagen der Militärgerichte zeigen, dass Insubordination und Desertion zunahmen. Parolen wie „Sieg um jeden Preis" oder „Wer die bessere Moral hat, wird gewinnen" wurden als „Dönitz-Scheiße" abgetan.[15] Bis Ende 1943 waren 231 Frontboote versenkt worden. Selbst erfahrene Mannschaften fühlten den Druck, und am Vorabend ihrer nächsten Feindfahrt im Februar 1944 schlugen einige Mitglieder der Mannschaft von U-264 die Villa, die ihnen zur Verfügung stand, kurz und klein. „Sie hatten getrunken und dann alles dementiert", berichtet ihr ehemaliger Kommandant Hartwig Looks. „Ich war fuchsteufelswild und schiss sie zusammen. Sie kamen dann wieder zu sich, doch als ich zum Flottillen-Kommandanten ging und ihm berichtete, dass ich wieder auslaufen würde, sagte ich ihm, dass ich dieses Mal wohl nicht zurückkehren würde. Ich sagte ihm, ich wüsste, dass dies meine letzte Feindfahrt sein würde. Er war erschrocken und versuchte, mich zu beruhigen, doch ich hatte dieses instinktive Gefühl, dass dies meine letzte Fahrt sein sollte." U-264 war das erste mit einem Schnorchel ausgerüstete U-Boot. Das lange, einem Periskop ähnelnde Rohr versorgte den Diesel mit Luft, wenn das Boot abgetaucht war. Dies war keine neue Erfindung – die Holländer hatten die Vorrichtung bereits vor dem Krieg entwickelt -, aber bisher hatte es eine starke Zurückhaltung gegeben, weil ein U-Boot auf Periskoptiefe so gut wie blind ist. Doch dies waren andere Zeiten, und die Möglichkeit, mit Diesel- statt Elektroantrieb unter der Wasseroberfläche zu operieren, bot einem wirkungsvollen Schutz vor Luftangriffen. Das war ein gewisser Trost für den Kommandanten und seine Mannschaft, als U-264 am 5. Februar St. Nazaire zu seiner fünften Feindfahrt verließ.

Ein Jahr war vergangen, seitdem die Alliierten den Meistern der U-Boot-Bedrohung erste Priorität eingeräumt hatten. Diejenigen, die damit beauftragt waren, den nächsten Schritt des Feindes vorher zu sehen, waren noch ein wenig nervös wegen des Entwicklungsprogramms für Elektro-U-Boote, doch eigentlich war man sicher, dass sich diese Angelegenheit zwischenzeitlich erledigt hatte. Und als ob man demonstrieren wollte, dass man noch zuschlagen konnte, wurde die Walker-Gruppe auf See geschickt. Ihr gelang der erfolgreichste Anti-U-Boot-Einsatz des gesamten Krieges. Unter Kapitän Walker hatte die 2. Unterstützungsgruppe bereits fünf U-Boot-Versenkungen auf ihrem Konto. Am 29. Januar 1944 verließ die Gruppe Liverpool zu den Klängen von „A-Hunting We Will Go", das aus Lautsprechern auf Walkers Schiff, der HMS „Starling", drang. „Er war davon besessen", erinnert sich einer der Offiziere seiner Gruppe, Bryan Butchard. „Manchmal betrachtete er es wie einen Sport. Wir versenkten ein U-Boot, und es schwammen viel Öl und Trümmer auf dem Wasser. Er funkte dann dem Kapitän des Schiffes, ‚komm rüber und sieh dir an, was du für ein Durcheinander gemacht hast.' Das war seine ironische Art, wie er das Ganze aufnahm." Butchard war erster Leutnant auf HMS „Magpie", und im Jahre 1944 bereits sehr erfahren in der Anti-U-Boot-Kriegsführung. „Wir arbeiteten zumeist als Gruppe mit einem Geleitschiff, das einen langsamen, schleichenden Angriff vortrug und Wasserbomben mit einem auf Tiefe und Zeit eingestellten Zünder auf dem Kurs des U-Boots abwarf. Die anderen Schiffe hielten über die ASDIC-Geräte Kontakt. Walker nannte das ‚den Ring halten'. Wenn das U-Boot zu flüchten versuchte, würde ein anderes Schiff es versenken." Sollte sich der Feind als besonders schwer zu fassen erweisen, wurde der Angriff von drei Schiffen vorgetragen. Die so genannte „Operation Pflaster" wurde im Allgemeinen von Walker selbst geleitet. Dabei mussten die sechs Schiffe der Gruppe eng zusammen arbeiten. War der Kontakt einmal hergestellt, erfolgte eine erbarmungslose Jagd, bei der es kaum eine Chance zum Entkommen gab. Unterstützt von guten Enigma-Entschlüsselungen schickte das Kommando für den westlichen Seeabschnitt die Walker-Gruppe zu einer U-Boot-Konzentration 200 Meilen vor Irlands Westküste.

Die Gruppe erledigte ihr erstes Opfer am 31. Januar. U-592 versank mit der gesamten Besatzung. Vier weitere U-Boote wurden zwischen dem achten und elften Februar versenkt. Wiederum gab es keine Überlebenden. „Man machte sich wenige Gedanken darüber, die Männer in ihren Tod zu schicken“, erinnert sich Butchard. „Es war ein U-Boot, und das war es.“ Peter Eustace war ein 19-jähriger Radarmann auf der „Starling“. „Es gab ein starkes Gefühl der Hochstimmung unter uns. ‚Wir haben noch einen!‘ Wir hatten das Gefühl, dass wir unbesiegbar waren.“ Die Admiralität verlangte Beweise für die Versenkungen, so dass häufig ein Beiboot beauftragt wurde, sie zu dokumentieren. „Es war eine ziemlich grausige Angelegenheit, menschliche Überreste einzusammeln und sie in das Boot zu legen“, erinnert sich Eustace. Am 19. Februar hatte die Gruppe einen weiteren ASDIC-Kontakt – U-264. „Walker bearbeitete mich zehn Stunden lang, und das war das Ende“, berichtet Hartwig Looks:

> „Man warf ungefähr 100 Wasserbomben, die unter dem U-Boot explodierten. Wir waren an Wasserbomben gewöhnt, die über uns explodierten, doch die volle Wucht der Bomben kam nun von unten. Ich versuchte sie abzuschütteln, doch das funktionierte nicht. Ausrüstungsgegenstände brachen von der Druckhülle, und wir hatten einige Lecks. Das Wasser stand an unseren Fußgelenken, und aus dem Raum der Elektromotoren wurde ein Feuer gemeldet. Wenn man getaucht ist, und ein Feuer bricht aus, dann ist es das Ende. Ich beschloss aufzutauchen, und wir schossen nach oben wie ein Sektkorken, wo wir uns innerhalb des von Captain Walkers gebildeten Kreises von U-Boot-Jägern befanden. Die Mannschaft sprang ins Wasser. Ich stand auf der Brücke und hielt mich an einer Antenne fest, damit ich nicht in das Turmluk gezogen wurde, wo sich ein Strudel gebildet hatte. Dann versank das U-Boot unter mir.“

Die gesamte Mannschaft von U-264 wurde aus dem Wasser gezogen. „Ich hing schlapp wie ein welkes Salatblatt am Fallreep“, erinnert sich Looks. „Dann sprang ein britischer Seemann über das Deck, kletterte nach unten, griff meinen Kragen und sagte, ‚Komm, Seemann‘ und zog mich an Deck.“ Looks war Gefangener an Bord der HMS „Woodpecker“. „Ich wurde dann in die Offiziersmesse gebracht, wo sie mich mit allen möglichen Fragen bombardierten. Einer meinte, das sei ein sehr clever geführtes Gefecht gewesen. Das war nicht ganz der Eindruck, den ich hatte.“ Der Krieg war für

Hartwig Looks allerdings noch nicht vorüber. „Sie steckten mich in eine Kabine unter Deck, und ich dachte, ‚da sind doch noch andere U-Boote. Sie haben akustische Torpedos. Das kann verdammt schief gehen!' Und genau so kam es. Es gab eine riesige Explosion, ich sprang aus meinem Bett, stand da in meinen Socken, das Licht fiel aus, und ich wusste nicht, wo ich war. Ich tastete mich durch das Schiff und suchte einen Niedergang. Es gab ein Schott vor mir. Als ich die Tür öffnete, blickte ich auf den Atlantik, der durch ein riesiges Loch ins Schiff kam." Die „Woodpecker" war zwar schwer beschädigt, schwamm aber noch eine Woche auf dem Wasser. Sie ging dann allerdings auf dem Weg nach Großbritannien verloren. Doch da war Looks schon auf die „Magpie" verlegt worden. „Wir tranken zusammen und trieben Sport auf dem Achterdeck", erinnert sich Bryan Butchard. „Ich erinnere mich, wie er einmal sagte, ‚nun, in Berlin fragen sie sich jetzt, wo Hartwig Looks ist'. Selbstverständlich war Hartwig Looks sehr, sehr glücklich. Er war zwei Mal gerettet worden, und sein Krieg war nun vorüber."

Die verbliebenen Schiffe der 2. Unterstützungsgruppe wurden bei ihrer Rückkehr in Liverpool begeistert empfangen. Sechs in 27 Tagen versenkte U-Boote war außerordentlich. „Wir fuhren hintereinander den Mersey hinauf", erinnert sich Eustace. „Die anderen Schiffe ließen ihre Sirenen aufheulen, und wir fühlten uns einfach gut. An beiden Seiten der Gladstone Docks standen die Menschen und jubelten uns zu, als wir einliefen." Admiral Horton und der First Lord der Admiralität standen in der Menge. Kapitän Walkers „6 Treffer" markierten den Höhepunkt der, so nannte es der offiziellen Historikers der Royal Navy, „bitteren Offensive der Geleitschiffe gegen ihre listigen und unbarmherzigen Feinde."[16] Unter seinem Kommando hatte seine Gruppe insgesamt 16 U-Boote versenkt. Doch die unerbittliche Verfolgung hatte ihren Preis. Gut vier Monate später starb Walker nach einem Schlaganfall auf Grund nervöser Erschöpfung und wurde damit ebenfalls ein Opfer der Atlantikschlacht wie die vielen hundert U-Boot-Männer, die er in seinen drei Jahren auf See gejagt hatte.

Der Verlust von 54 Frontbooten in den ersten drei Monaten des Jahrs 1944 verbesserte nicht gerade die Moral der Truppe. Mindestens eins von fünf Booten kehrte von seiner Feindfahrt nicht mehr zurück. Die Besatzungen, die es schafften, waren von den Anstrengungen in ihrem „eisernen Sarg", wie sie die Boote inzwischen nannten, erschöpft. Feiern und Kapellen waren nur noch eine entfernte Erinnerung. Einzig das Überleben zählte. Das U-Boot-Kommando stellte fest, dass viele Kommandanten keinen Hunger auf Einsätze mehr verspürten und aus purer Angst Angriffe auf Konvois oder Nachzügler bewusst vermieden. Gerade zwei Schiffe wurden im Februar im Nordatlantik versenkt, sieben im März. Ein bescheidenes Ergebnis, das nur zeigte, wie sinnlos es war, mit den alten U-Boot-Typen weiter zu kämpfen.

Die offizielle Rechtfertigung hierfür lautete, dass durch die U-Boot-Kampagne noch immer „beachtliche feindliche Ressourcen" gebunden würden. Dönitz hielt das für wichtig, doch er wusste auch, dass ein Ausbleiben von aktiven Kampfhandlungen auf See seine Position im Vergleich zu den anderen Teilstreitkräften bei der Verteilung der geringen Ressourcen des Reichs schwächen würde. Der Stahl und die Arbeitskräfte, die mit der Konstruktion der neuen Elektroboote beschäftigt waren, wurden für die Schlachtfelder im Osten benötigt, wo die deutschen Armeen kämpften, um die Front in der Ukraine zu halten. Der Krieg würde, so argumentierten Hitlers Generäle, mit Sicherheit an Land entschieden. Selbst wenn die neuen U-Boote wirkungsvoll wären, könnten sie Deutschland nicht mehr vor der Niederlage retten.

Dennoch gelang es Dönitz auf beachtliche Weise, alle Begehrlichkeiten auf die Ressourcen der Kriegsmarine abzuwehren. Bei Hitlers Unterstützung spielte eine entscheidende Rolle, dass sich die beiden Männer gegenseitig Respekt zollten. Reichsminister Albert Speer erinnert sich an eine Beurteilung Hitlers: „Dönitz ist ein Nationalsozialist durch und durch, und er hält die Marine frei von allen schlechten Einflüssen. Die Marine wird nie kapitulieren. Er hat ihr ein nationalsozialistisches Ehrgefühl eingeimpft."[17] Im Februar 1944 trat Dönitz als Mitglied Nummer 9.664.999 in die NSDAP ein.[18] Der Platz an Hitlers Konferenztisch als Oberbefehlshaber der Marine hatte sein Vertrauen in den Nationalsozialismus gestärkt und ihm gezeigt, „wie unbedeutend wir alle im Vergleich mit dem Führer sind."[19] Jürgen Oesten erlebte Hitlers Einfluss auf Dönitz: „Als ich in seinem Stab war, flogen wir einmal zu einem Gespräch mit Hitler nach Berlin. Ich war bis eine Viertelstunde vor dem Gespräch bei ihm und traf ihn direkt danach wieder. Es gab eine Reihe von Punkten, die er bei dem Treffen diskutieren wollte, einige davon waren eher negative Themen, bei denen er erwartete, dass etwas geschehen musste. Nach dem Treffen fragte ich ihn, ob er Erfolg gehabt hätte. ‚Nein, alles ist ganz anders, wissen Sie. Es ist nicht so, wie wir dachten. Nein, ich sah in seine Augen und wusste, dass alles in Ordnung gehen würde.' Dönitz war voll von dieser Gefühlsduselei, er schwamm geradezu in einer Gefühls-Soße, und Tatsachen waren ziemlich uninteressant."

Es war daher kaum überraschend, dass die U-Boot-Waffe jenseits jeder Vernunft weiter kämpfen musste. Ebenso wenig überraschend war, dass alles andere als bedingungslose Treue zum Führer als Defätismus eingeordnet wurde. Ein Fall überragt alle anderen in dieser Zeit: der des Kommandanten von U-154, Oskar Kusch. Der bekennende Christ soll ironischer Weise angeblich die Marine wegen ihres vermeintlich unpolitischen Rufs gewählt haben. Er erwies sich schnell, so einer seiner Vorgesetzten, als „ein exzellenter junger Offizier", der „sehr qualifiziert war", ein U-Boot zu übernehmen.

Kusch wurde im Februar 1943, am Vorabend der Niederlage im Atlantik, Kommandant von U-154 und machte sich bald einen Namen bei seiner Mannschaft. „Er zeigte uns gegenüber eine große Sensibilität", berichtet Heinz Kuhlmann. „Ich erinnere mich an eine Feindfahrt in die Tropen, als die Temperatur zwischen den Maschinen bei 65 Grad lag. Er brachte uns eine Dose gefrorene Mirabellen zum Essen und fragte uns, was wir trinken wollten. Keiner der anderen Offiziere tat so etwas." Mitunter spielte der neue Kommandant Schallplatten für seine Mannschaft. Eines seiner Lieblingslieder war „Heimat Deine Sterne" von Paul Abraham. „Wir mochten das sehr, und niemand kümmerte sich darum, dass Abraham ein Jude war", erzählt Kuhlmann. Kusch machte aus seiner Meinung über die Nazis kein Geheimnis. Hitler sei „verrückt", ein „Megalomane". „Er sagte seine Meinung immer offen, weil er dachte, er sei unter Kameraden", so Kuhlmann. „Wir kannten seine Ansichten, und die Mannschaft fühlte sich frei zu sagen, dass Hitler eine Schraube locker hatte." Das in allen Booten aufgehängte Hitlerbild wurde abgenommen. Es würde, so der Kommandant trocken, auf U-154 keine „Götzenverehrung" geben. Im Herbst 1943 bezweifelte Kusch offen den Sinn, mit Booten zu kämpfen, die „veraltet" waren, vor allem, da Deutschlands Niederlage ohnehin unvermeidlich war. Der Strom von Funksprüchen des U-Boot-Kommandos, in denen die Mannschaften zu tatkräftigen Einsätzen aufgefordert wurden, sei, so erzählte er seinen Offizieren, zwecklose „Sklaventreiberei".

Doch nicht alle an Bord von U-154 teilten diese Ansichten. Im Januar 1944 denunzierte der erste Wachoffizier, Ulrich Abel, seinen Kommandanten, weil er Meinungen geäußert hätte, die „im Widerspruch zu den politischen und militärischen Führern in Deutschland standen". „Abel war ein 300-prozentiger Nazi", erinnert sich Heinz Kuhlmann. Er hatte alle Bemerkungen genau notiert. In der Verhandlung vor dem Militärgericht wurde fest gestellt, dass Kusch aufwieglerische Bemerkungen gemacht hatte, die den „Charakter von Hochverrat tragen". Er wurde zum Tode durch Erschießen verurteilt. Dönitz unternahm keinerlei Anstrengungen, einzuschreiten oder mit seinem Kommandanten zu reden, wie er es früher getan hätte. Einer der Anklagepunkte bestand darin, dass Kusch die BBC und andere alliierte Radiosender an Bord seines Bootes gehört hatte. Ein ernster Vorwurf im Dritten Reich. Die gleiche Anklage war drei Jahre zuvor gegen Jürgen Oesten erhoben worden. „Ich hatte ein kleines Radio und hörte feindliche Sendungen, doch ich hatte einen Mann von der Partei an Bord, und der berichtete seinen Vorgesetzten, dass wir nicht viel von Hitler hielten und BBC hörten. Natürlich ging das von der Partei an Dönitz, der mich zu sich rief. In einem solchen Fall konnte man sich auf ihn verlassen. Er bügelte das aus, und der Fall war abgeschlossen. Ich schmiss den Mann aus meiner Besatzung und holte einen anderen." Oesten gehörte zur alten Garde, war ein erfahrener und respektierter Kommandant, der das Ritterkreuz erhalten hatte, und konnte sich auf die Unterstützung durch Dönitz verlassen. In den ersten Kriegsmonaten war Dönitz auch bereit, die Ansichten seines Adjutanten Hans-Jochen von Knebel Doeberitz zu tolerieren, der kein Hehl daraus machte, dass seine Familie Hitler und den Nazis ablehnend gegenüber stand. Doch im Frühjahr 1944 saß Dönitz als Jünger an Hitlers Tisch, gehörte zu dessen innerem Zirkel. Einige Monate zuvor hatte er geschrieben, dass „jeder, der meint, dass er es besser machen kann als der Führer, verrückt ist", und, so hätte er hinzufügen können, ein Verräter.[20]

Es war für Kusch sicher nicht hilfreich, dass sein Prozess gerade mit dem Tiefpunkt der Moral unter den U-Boot-Besatzungen zusammenfiel. Es gab andere, die seine Meinung teilten, doch konnten sie sich auf die Diskretion ihrer Kameraden verlassen. „Wie immer auch das politische Umfeld gewesen sein mag", schrieb Erich Topp später, „wäre es für Dönitz angebracht gewesen, wenigstens einmal mit seinem Kommandanten zu sprechen und ihm beizustehen. Oder war er so naiv, dass er nicht wusste, was die Leute in den U-Boot-Messen über die Partei redeten?“ Dönitz wusste das mit ziemlicher Sicherheit. Doch an Kusch sollte ein Exempel statuiert werden. Ein weiteres Opfer. Die Gnadenappelle wurden abgelehnt, und am 12. Mai wurde er erschossen. Obwohl die Exekution nicht öffentlich bekannt gegeben wurde, sprach sie sich innerhalb weniger Wochen in allen Messen herum. Die meisten Mitglieder von Kuschs Mannschaft erfuhren indes nichts über dessen Schicksal. Der neue Kommandant war ein kleinlicher Zuchtmeister, der den Auftrag hatte, die nationalsozialistische Ordnung wieder herzustellen. Heinz Kuhlmann hatte das Glück, an Land versetzt zu werden. Am 2.Juli 1944 wurde U-154 vor den Azoren versenkt. „Ich weinte. Alle meine Kameraden, mit denen ich all die Monate verbracht hatte, waren tot“, erzählt Kuhlmann.

Dönitz hatte den Ruf der U-Boot-Waffe als einer kämpfenden Elite genährt. Er erwartete von seinem Männern, dass sie in den Worten von Erich Topp, „die Treuesten der Treuen“ waren.[21] Am Ende war die überwältigende Mehrheit der Kommandanten bereit, genau das zu zeigen. Einige waren sich der privilegierten Mitgliedschaft im Freikorps Dönitz durchaus bewusst. Das, so Topp, „schuf eine Moral, die stark genug war, den stärksten Trieb aller Lebewesen zu überdecken – nämlich den, zu überleben.“ Genauso wichtig war die Kameradschaft an Bord – der Gedanke, dass jeder Mann Verantwortung für die Sicherheit des anderen übernahm. Im Frühling 1944 wurde der Kommandant von U-123, Horst von Schroeter, auf einen neuen Posten an Land versetzt. „Ich war drei Jahre lang an Bord gewesen. Ich kannte die Mannschaft und hatte eine enge Verbindung zu ihr aufgebaut. Ich wollte nicht gehen. Anfang Mai ging ich zu Dönitz und sagte ihm, dass ich nicht gehen wollte, und das beschreibt die Beziehung zwischen Dönitz und den Männern, die er führte. Er war Flottenadmiral, ich Oberleutnant. Und dennoch konnte ich ihm sagen, dass das Boot nicht mehr für den Fronteinsatz taugte, doch dass ich wegen meiner Bindung an das Boot lieber an Bord bleiben würde. Ich würde es für unerträglich halten, an Land zu sitzen und zu warten, bis ich erfahre, dass das Boot verloren gegangen ist.“

Von Schroeter war eine Chance zum Überleben geboten worden. Er hätte zu seiner Frau und seiner Familie nach Deutschland zurückkehren können, und dennoch wollte er seine Kameraden nicht im Stich lassen. Dieser Geist der durch die ständige Gefahr geschmiedeten emotionalen Bande ließ die U-Boote bis zum bitteren Ende auslaufen. Die Besatzung von U-123 verdankt ihr Überleben zu einem großen Teil der Treue ihres Kommandanten. Kurze Zeit später wurde das Boot außer Dienst gestellt. Die Tatsache, dass von Schroeter ein Ritterkreuzträger war, war natürlich hilfreich. Er war ein Mann, der gezeigt hatte, was er wert war. Einem weniger erfahrenen Kommandanten wäre man vielleicht nicht so weit entgegen gekommen. Das zeigten die Ereignisse der kommenden Monate.

Die ersten Nachrichten der seit Langem erwarteten Invasion Frankreichs erreichten das U-Boot-Kommando in den frühen Stunden des 6. Juni 1944. Sofort ergingen Befehle, „jedes verfügbare Boot" gegen die Armada im Kanal auslaufen zu lassen. „In dieser Stunde der Krise war die Rolle der U-Boote entscheidend für den Ausgang des Krieges", schrieb später der Stabsoffizier Günther Hessler.[22] „Jedes feindliche Fahrzeug, das der Landung dient, auch wenn es etwa nur ein halbes Hundert Soldaten oder einen Panzer an Land bringt, ist ein Ziel", erklärte Dönitz seinen Männern. „Es ist anzugreifen, auch unter Gefahr des eigenen Verlustes... Das Boot, das dem Feinde bei der Landung Verluste beibringt, hat seine höchste Aufgabe erfüllt und sein Dasein gerechtfertigt, auch wenn es dabei bleibt."[23]

Das war ein klassischer Kamikaze-Befehl. Der Architekt der U-Boot-Waffe, der bei seinen Männern noch immer als „Onkel Karl" bekannt war, trieb seine Männer an, sogar sich selbst zu opfern. Keiner der Kommandanten war am Ende darauf vorbereitet, das von den Männern zu verlangen. Die für die Operation Overlord versammelte Armada umfasste mehr als 5000 Schiffe, die von fast 6000 Bombern und Jagdflugzeugen unterstützt wurden. Was für eine Hoffnung blieb da für ein U-Boot angesichts dieser Übermacht? Nur mit Schnorchel ausgerüstete Boote waren in der Lage, in Schussdistanz zu den alliierten Schiffen zu kommen. Dennoch wurden auch Boote ohne diese Einrichtung in den Kanal verlegt. Von den 36 eingesetzten Booten der Gruppe „Landwirt" wurde fast ein Drittel innerhalb weniger Tage versenkt oder zurück geschlagen. Wie zu erwarten, waren es zumeist Boote ohne Schnorchel, die von alliierten Flugzeugen auf der Wasseroberfläche erwischt wurden. Das Gleiche gilt für die rund 20 Boote der Gruppe „Mitte", die von Norwegen an das andere Ende des Kanals verlegt worden waren. Insgesamt wurden im Juni 1944 26 Boote versenkt. Die deutschen Luft- und Marinekräfte versenkten lediglich 19 Schiffe in den Gewässern Großbritanniens – so viel zu Hitlers „erster Verteidigungslinie“. „Der alte Geist der U-Boot-Waffe hat sich wieder hervorragend bewährt“, schrieb Dönitz in sein Kriegstagebuch. Und: „Der Einsatz hat den äußerst schwierigen Umständen entsprechend gute Erfolge...gebracht“.[24] Diese lächerliche Einschätzung zeigt, wie sehr sich Dönitz in Hitlers blinden Endkampf um jeden Preis hatte einbinden lassen.

Drei Monate nach der Invasion hatte der alliierte Vorstoß die U-Boote aus ihren Stützpunkten an der französischen Atlantikküste vertrieben. Man redete nun von einem Neuaufbau in Norwegen, von einer neuen Atlantikkampagne mit den neuen Elektrobooten, doch nur „echte Gläubige“ erlaubten sich noch, Hoffnungen daran zu knüpfen. In den letzten Kriegsmonaten glichen die Verluste in Nordsee und Atlantik die Erfolge kaum aus. Dennoch blieb Dönitz fest entschlossen an der Seite seines „geliebten Führers“. Er war entrüstet über den Versuch, Hitler am 20. Juli 1944 zu ermorden und verhöhnte sie dafür, zu glauben „durch die Beseitigung des Führers uns von unserem harten, aber unabänderlichen Schicksalskampf befreien zu können.“ In einer Erklärung an die Marine trieb er seine Männer an, „rücksichtslos jeden zu vernichten, der sich als Verräter entpuppt“.[25] Die U-Boote fuhren bis zum bitteren Ende. Viele Männer, die kein Boot mehr hatten, meldeten sich entweder freiwillig oder wurden zum Dienst an Land gezwungen. Eine Handvoll der neuen Elektroboote der Typen XXI und XXIII gingen in den letzten Wochen auf Feindfahrt. Dönitz präsentierte sie seinem Führer wie einen Rettungsring, den man einem Ertrinkenden zuwirft. „Die riesige Seemacht der westlichen Alliierten“, so erklärte er seinem Führer, sei „im wesentlichen ohnmächtig“ gegen diese neuen, echten U-Boote“.[26] Dies war nichts mehr als wohl klingender Optimismus, denn Dönitz wusste genau, dass der Seekrieg keine Rolle mehr spielte. Niemand kämpfte aber härter um die Verwirklichung von Hitlers verrücktem Traum eines 1000-jährigen Reiches. Jeglicher Defätismus sollte rücksichtslos ausgemerzt werden. Noch am 20. März 1945, als sich sowjetische Truppen bereits Berlin näherten, wies Dönitz seine Offiziere an, „hart und streng“ zu sein „als zu weich... wenn es die Umstände erfordern, ein rasches, schreckliches Exempel an jemandem zu statuieren".[27] Die Kriegsmarine sollte wie ein „kriegerischer Block", als Beispiel für den Rest Deutschlands stehen.

Am 18. April 1945 lief Jürgen Oesten mit U-861 sicher in den norwegischen Hafen von Trondheim ein, nachdem er ein Jahr lang im Fernen Osten und dem Südatlantik auf Feindfahrt gewesen war. „Wir kamen zurück von der lächelnden Leichtigkeit des Fernen Ostens und des Südatlantiks. Für uns war der Krieg längst vorbei. Doch in Trondheim stand auf den Wänden ‚Lieber tot als Sklave!'. Hier war der Krieg noch nicht vorüber. Es war regelrecht furchtbar, denn wenn meine Männer an Land gingen und in einer Kneipe etwas tranken, lachten sie die anderen einfach aus. Dann kam die Militärpolizei und nahm sie fest. Ich hatte diesen Eisenkragen (Ritterkreuz) und mein Chief hatte auch einen, und das half. Wir beide gingen dann von einem Gefängnis zum nächsten und holten unsere Leute wieder heraus."

Ende April waren die sowjetischen Truppen in den Straßen Berlins und näherten sich dem Bunker, wo sich der gebrochene Führer eines zerbrochenen Reichs verschanzt hatte und die Verteidigung der Stadt „koordinierte". Dönitz und sein Stab hatten sich bereits nach Plön abgesetzt. Hier erschien Erich Topp am 28. April zu seinem letzten Bericht: „Er war wie immer optimistisch. Zu keinem Zeitpunkt deutete er an, dass er nicht mehr an einen glücklichen Ausgang des Krieges glaubte. Es erinnerte mich irgendwie an das Bild, das in vielen Häusern von Marinefamilien hing. Es zeigt den ‚letzten Mann', der sich an einem Schiffswrack fest hält, im Bewusstsein, dass er bald sterben wird, aber noch immer die Fahne seines Landes hoch hält, um zu zeigen, dass er bis zum Ende an einen Sieg glaubte." Topp verließ Kiel am 1. Mai in U-2513, einem neuen U-Boot vom Typ XXI, zu seiner letzten Feindfahrt. Auch er war erzogen worden, seine Pflicht bis zum letzten Tag zu erfüllen. Und genau das wollte er tun. Am gleichen Tag erfuhr Topp, dass Hitler tot war, und dass der „ehrenhafte Mann", den er als Nachfolger benannt hatte, Karl Dönitz war. Dieser „letzte Führer" sollte schließlich die bedingungslose Kapitulation aller deutschen Streitkräfte befehlen. Zum zweiten Mal in seinem Leben wurde Dönitz Zeuge der Demütigung seines Landes und der Marine. Bevor die Kapitulation in Kraft trat, schickte er eine letzte Botschaft an die U-Boot-Waffe: „Meine U-Boot-Männer! Sechs Jahre U-Boot-Krieg liegen hinter uns. Ihr habt gekämpft wie die Löwen...

Ungebrochen und makellos legt Ihr nach einem Heldenkampf die Waffen nieder. Wir gedenken in Ehrfurcht unserer gefallenen Kameraden, die ihre Treue zu Führer und Vaterland mit dem Tode besiegelt haben.“[28] Seit dem „schwarzen Mai“ 1943 waren mindestens 450 U-Boote mit mehr als 15.000 Männern gefallen.[29]

Dönitz wurde zwei Wochen nach Deutschlands Kapitulation wegen des Vorwurfs von Kriegsverbrechen verhaftet, wobei man ihm vor allem seinen Befehl vorwarf, auf Überlebende von torpedierten Schiffen zu schießen. Korvettenkapitän Colin McFadyean und ein Kollege vom Marinegeheimdienst besuchten Dönitz, um ihm eine Mitteilung der britischen Admiralität zu überbringen:

> „Er wurde von den Amerikanern mit vielen anderen VIP-Gefangenen in einem großen Haus bei Frankfurt fest gehalten. Wir fuhren zu diesem Ort und baten darum, Großadmiral Dönitz zu sehen, und ein unfreundlicher, schmuddeliger GI stieß jemanden in den Raum und sagte ‚Dönitz'. Wir sagten ‚Guten Tag, Herr Großadmiral' und sprachen freundlich mit ihm. Uns hatte der First Sea Lord gesagt, dass wir Dönitz inoffiziell mitteilen sollten, dass wir fanden, dass er einen sauberen Krieg gekämpft hatte und nichts gegen ihn hätten, was bedeutete, dass wir nichts mit den Nürnberger Kriegsverbrecherprozessen zu tun hätten.“

Die Zurückhaltung der Admiralität, den einstmaligen Feind zu verfolgen, zählte aber nichts, denn die Nürnberger Richter befanden Dönitz in zwei Anklagepunkten für schuldig: der Kriegsverbrechen und der Führung eines Angriffskrieg. Er wurde zu zehn Jahren Haft verurteilt. Es war eine Siegerjustiz. Die U-Boote hatten eine harte und kompromisslose Schlacht im Atlantik geführt, doch es gibt kaum Beweise gegen die Tatsache anzuführen, dass es sich um eine „saubere“ Auseinandersetzung handelte. Das soll nicht heißen, dass Dönitz unschuldig war. Er hatte Hitler mit ganzem Herzen unterstützt und auch öffentlich von „dem zerstörerischen Gift des Judentums“ gesprochen, doch vor allem hat er das Opfer Tausender U-Boot-Männer zu verantworten.[30] In den letzten beiden Kriegsjahren gab es Monate, in denen eins von zwei U-Booten nicht mehr von seiner Feindfahrt zurückkehrte. Es war kein Verbrechen, weiter zu kämpfen. Doch um jeden Preis? Die Selbstaufopferung hatte spätestens im Sommer 1944 jeden Sinn verloren. Der deutsche U-Boot-Historiker Dr. Axel Niestlé glaubt, dass mehr als 60 Prozent der Männer, die in Frontbooten dienten, ihr Leben verloren. Von den 859 Booten, die zu Feindfahrten ausliefen, gingen 648 verloren, ein Drittel davon bei der ersten Fahrt.[31] Die grauen Mauern des U-Boot-Denkmals in Möltenort bei Kiel tragen die Namen von knapp 28.000 Männern, die im Zweiten Weltkrieg fielen und deren letzte Ruhestätte allenfalls grob mit Längen- und Breitengraden angegeben werden kann.

Es hatte am ersten Kriegstag mit der Versenkung der „Athenia" begonnen und endete erst am letzten Tag des Krieges. Bis zum Ende der Atlantikschlacht waren 15 Millionen Tonnen an alliierten Schiffen versenkt worden – die meisten von deutschen U-Booten. Insgesamt 3500 Handelsschiffe waren im Nordatlantik und den britischen Heimatgewässern versenkt worden – 70 Prozent der weltweiten Verluste. Niemand weiß, wie viele alliierte Seeleute in diesen Schiffen ihre Leben verloren oder verletzt wurden. Die britische Handelsmarine verlor allein mehr als 32.000 Männer während des Krieges und die Royal Navy 50.758 Seeleute. Das war nur ein Bruchteil aller Kriegsopfer. Viele Tausend Zivilisten wurden auf beiden Seiten bei Bombenangriffen auf Werften und Häfen getötet.

War der alliierte Sieg jemals in Frage gestellt? Der offizielle Historiker der Royal Navy, Captain Stephen Roskill, glaubte dies. „Der erste Feind war immer das U-Boot", schrieb er. „Wir wussten ohne jeden Zweifel, in welcher Gefahr sich unsere Nation befand, die hauptsächlich von diesen vollkommen rücksichtslosen Feinden ausging, und dass wir nur überleben konnten, wenn wir sie zerstörten".[32] Für eine kurze Zeit nach dem Fall Frankreichs im Juni 1940 schienen die deutschen Angriffe auf See und die Bombenangriffe Großbritanniens Kampffähigkeit zu gefährden. Eine Hand voll gut ausgebildeter und entschlossener U-Boot-Mannschaften belagerte die britischen Inseln und verursachte Schäden, die in keiner Relation standen. Eine größere Streitmacht wäre vielleicht in der Lage gewesen, die Nachschublinien über den Atlantik zu durchschneiden, doch Dönitz war selten in der Lage, mehr als sechs U-Boote in den Kampf zu schicken. Im Sommer 1941 begann die Flotte zu wachsen, doch da hatte der Enigma-Durchbruch bereits die Lage nachhaltig verändert. Die von dem amerikanischen Historiker Clay Blair zusammen getragenen Zahlen ergeben, dass in den ersten 28 Monaten des Krieges 900 Geleitzüge – ungefähr 12.000 Schiffe mit Nahrungsmitteln und Kriegsmaterial – die Fahrt nach Großbritannien schafften. Das U-Boot versenkte gerade zwei Prozent oder weniger als 300 Schiffe davon. Die Konvoibildung hatte also ihren Wert gezeigt.[33] Insgesamt waren die Verluste wesentlich größer, vor allem unter den Schiffen, die sich ohne Schutz aufs Meer wagten. Zwischen Juni 1940 und Dezember 1941 gingen ungefähr 36 Prozent der britischen Handelsflotte verloren.[34] Die Importe gingen von 60 Millionen Tonnen der Vorkriegszeit auf etwas mehr als die Hälfte zurück.

Zu keinem Zeitpunkt stand Großbritannien allein in diesem Kampf. Das Empire scharte sich um das Vereinte Königreich, wobei Kanada eine lebenswichtige Rolle spielte. Am Ende des Krieges stellte das Land 400 Geleitschiffe, fast die Hälfte der auf dem Nordatlantik eingesetzten Flotte. Das war für ein Land, das 1939 lediglich über sechs Kriegsschiffe verfügte, eine beachtliche Leistung.[35] Großbritannien konnte sich auf die großzügige Unterstützung durch die Vereinigten Staaten verlassen, obwohl die USA zwei Jahre lang – wenigstens offiziell – neutral waren. Der endgültige Sieg im Atlantik wurde durch den Kriegseintritt der USA erreicht. Die Vereinigten Staaten waren in der Lage, ihre überwältigend starken militärischen und industriellen Muskeln spielen zu lassen. Dönitz hatte einen kurzen Moment echter Gelegenheit zum Sieg im Atlantik genossen. Im Dezember 1941 war diese Gelegenheit definitiv vorüber. Dennoch zeigte sich das U-Boot, so Roskill, „bis zum Ende als eine Quelle der Angst".[36] Es war nicht nur eine Frage des britischen Überlebens. Der Atlantik war auch die Nachschublinie für Kontinentaleuropa. Erst nachdem der Sieg im Atlantik fest stand, waren die Briten und die Amerikaner in der Lage, ihre Armeen gegen den, wie Churchill es formulierte, „Unterleib von Hitlers Europa" zu werfen. Es war der große Landkrieg im Osten, der das Schicksal des Dritten Reichs besiegelte, doch der Sieg im Atlantik sicherte den Alliierten die Möglichkeit, sich daran zu beteiligen. Und dafür sollte Europa noch immer dankbar sein.

ZEITZEUGEN

RICHARD AMSTEIN
Geboren 1918. Trat 1938 in die Kriegsmarine ein. 1939 bei der U-Boot-Waffe. Diente auf neun Feindfahrten auf U-123 als leitender Kotrollraummechaniker. Nach dem Krieg arbeitete er als selbstständiger Elektriker.

ADMIRAL JOHN ADAMS
Geboren 1918. Trat 1936 in die Royal Navy ein. 1939 bis 1942 Leutnant auf HMS „Walker" und Oberleutnant auf HMS „Cleveland" im Geleitschutz. 1943 beim Stab in Liverpool als Spezialist für Anti-U-Boot-Kriegsführung. Nach dem Krieg unter anderem Kapitän bei der dritten Submarine Squadron (1958-1960) und stellvertretender Chef des Marinestabs (1966-1968)

SIR ROBERT ATKINSON
Geboren 1916. Diente als Reserveoffizier der Royal Navy zwischen 1940 und 1945 auf fünf Korvetten (auf dreien als kommandierender Offizier), darunter HMS „Pink". Ausgezeichnet mit dem Distinguished Service Cross und zwei Streifen. Nach dem Krieg arbeitete er in der Industrie und wurde 1980 Vorsitzender des britischen Werftenverbandes.

DAVID BALME
Geboren 1920. Diente als Unteroffizier auf HMS „Ivanhoe" und HMS „Bulldog". Ausgezeichnet mit dem Distinguished Service Order für seinen Beitrag bei der Bergung von nachrichtendienstlichen Materials von U-110. Er diente später bei den Marinefliegern im Mittelmeer und im Stab der Admiralität der östlichen Flotte im Fernen Osten. Nach dem Krieg schloss er sich dem Familienunternehmen (Wollhändler) in der City of London an.

ALBERT BECKER
Geboren 1923. 1942 tritt er in die US Navy Armed Guard ein. Bei seiner ersten Fahrt wird sein Schiff, die „City of Flint", versenkt, und er verbringt 46 Tage in einem offenen Boot. 1944 Entlassung aus der Navy. Nach dem Krieg arbeitete er in der Qualitätssicherung bei IBM. Nach seiner Pensionierung kaufte er sich ein Motorhome und bereiste alle Staaten der USA.

GRAHAM BENCE
Geboren 1916. Leutnant der Royal Navy Volunteer Reserve. Von 1940 bis 1941 Dienst auf der Korvette HMS „Correopsis". 1943 als Navigationsoffizier auf HMS „Duncan" und dem Geleitträger „Slinger". Nach dem Krieg arbeitete er als Lehrer und empfing später die heiligen Weihen.

PROFESSOR ROBERT HANBURY BROWN
1916-2002. Arbeitete von 1936 bis 1942 in der Radarforschung im Luftfahrtministerium und der Admiralität. Danach 1942 bis 1945 in den USA. Nach dem Krieg nahm er verschiedene akademische und öffentliche Stellen ein, darunter Professor für Physik (Astronomie) an der Universität von Sydney.

TERENCE BULLOCH
Geboren 1916. 1937 zur Air Force eingezogen. Seit 1941 bei der 120. Squadron, mit der er der erfolgreichste Pilot des Küstenkommandos werden sollte. Versenkte drei U-Boote und beschädigte drei weitere schwer. Ausgezeichnet mit dem Distinguished Service Order und Streifen sowie Distinguished Flying Cross mit Streifen. Nach dem Krieg Pilot bei einigen internationalen Fluggesellschaften.

BRYAN BUTCHARD
Geboren 1919. Trat 1932 in die Royal Navy ein. Diente im Atlantik auf den Zerstörern HMS „Volunteer" und „Viny". 1944 Erster Leutnant auf HMS „Magpie", eines der Schiffe von Kapitän Johnny Walkers 2. Support Group. Diente nach dem Krieg als Inspector of Naval Ordnance und ging im Rang eines Captains in den Ruhestand.

BILL COFFEY
Geboren 1919. Trat mit 18 Jahren in die irische Armee ein und diente als Sanitäter. Später arbeite er als Landarbeiter und Fischer.

DONALD COOMBES
Geboren 1922. Trat 1941 in die Royal Navy ein und diente als Able Seaman auf der HMS „Firedrake". Nach deren Untergang Dienst auf dem Flugzeugträger „Pretoria Castle". Nach dem Krieg arbeitete in der Porzellan- und Glasbranche.

HELMUT ECKE
Geboren 1918. Vor dem Krieg als Journalist ausgebildet, wurde er im November 1940 Kriegsberichterstatter für das Propagandaministerium. Eine Feindfahrt mit U-110. Nach dem Krieg arbeitete es als Journalist im Presse- und Informationsamt der Stadt Berlin.

HORST ELFE
Geboren 1917. Trat 1936 in die Kriegsmarine ein. Seit 1938 bei der U-Boot-Waffe. Diente als Stabsoffizier im U-Boot-Kommando und seit April 1940 als zweiter Wachoffizier auf U-99 (sieben Feindfahrten). Im Dezember 1940 wurde er Kommandant von U-139 und danach von U-93. U-93 wurde im Januar 1942 versenkt. Er verbrachte fünf Jahre in Gefangenschaft. Nach dem Krieg wurde er Direktor eines deutschen Stahlunternehmens und Präsident der Westberliner Industrie- und Handelskammer.

PETER EUSTACE
Geboren 1924. 1943 Dienstbeginn auf HMS „Starling" als Radarmann. Nach dem Krieg wurde er Lehrer.

JOHN GUEST
Geboren 1911. Trat 1939 in die Royal Navy Volunteer Reserve ein. Geleitzugdienst von 1940 bis 1943, unter anderem auf HMS „Snowflake". 1943 Leutnant im Stab der taktischen Einheit für den westlichen Seeabschnitt in Liverpool. Nach dem Krieg Partner in einer Londoner Anwaltskanzlei.

REINHARD HARDEGEN
Geboren 1913. Trat 1933 in die Reichsmarine ein, wurde als Marineflieger ausgebildet, 1939 zur U-Boot-Waffe versetzt. Dienst als Wachoffizier auf U-124 und danach Kommandant von U-147 (eine Feindfahrt) und U-123 (fünf Feindfahrten). Versenkte 25 Schiffe und wurde mit dem Ritterkreuz mit Eichenlaub ausgezeichnet. Verließ U-123 im Juli 1942, diente in der Torpedo-Ausbildungsschule und am Ende des Krieges als Kommandeur eines Infantrie-Regiments. Nach dem Krieg eröffnete er eine Ölhandelsgesellschaft.

GEORG HÖGEL
Geboren 1919. Trat 1937 in die Kriegsmarine ein und diente auf U-30 zwischen 1938 und 1940 als Funker auf sieben Feindfahrten sowie der letzten Fahrt von U-110. Nach dem Krieg arbeitete er als Künstler und Zeichner.

FRANK HOLDING
Geboren 1921. Trat 1936 in die Handelsmarine ein. Diente auf der „Beatus" als Hilfssteward, als das Schiff im Oktober 1940 versenkt wurde und als Küchenhilfe auf der „Laconia", als sie im September 1942 torpediert wurde. Nach dem Krieg arbeitete er in den Docks und dann als Stukkateur.

JOE INSTANCE
1916-2001. Trat 1933 in die Royal Navy ein und diente 1939 auf der HMS „Royal Oak" als Maat. Später Dienst auf Zerstörern im Geleitzugdienst. 1959 als Korvettenkapitän in den Ruhestand getreten. Danach Lehrer.

JAKOB ISBRANDTSEN
Geboren 1922. Trat 1942 in die US Coastal Picket Patrol ein und kommandierte die Yacht Edlu II. 1944 Dienst im Pazifik mit der Fünften Flotte. Nach dem Krieg leitete er die Reederei seiner Familie.

ADMIRAL IAN JAMIESON
Geboren 1920. Royal Navy College Dartmouth. 1939 bis 1940 Leutnant auf HMS „Windermere". Später Dienst im Stab der Anti-U-Boot-Kriegsführung der Admiralität. Ausgezeichnet mit dem Distinguished Service Cross. Nach dem Krieg auf

verschiedenen Posten, unter anderem stellvertretender Direktor des Marinegeheimdienstes und NATO-Oberbefehlshaber Mittelmeer.

JAMES KEACHIE
Geboren 1916. 1939 als Freiwilliger in der Royal Canadian Navy. Diente als Leutnant auf HMS „Bluebell“. Danach Rückkehr nach Kanada als Direktor der neuen Anti-U-Boot-Kriegsführungsschule in Halifax. Später auf HMCS „Naden“ in Vancouver Island. Nach dem Krieg Rechtsanwalt in Toronto.

DON KIRTON
Geboren 1918. 1940 Dienst auf HMS „Bluebell“ als Versorgungsassistent. Danach Dienst auf dem Zerstörer HMS „Trafalgar“ im Fernen Osten. Verließ die Navy 1953 und arbeitete in der Kommunalverwaltung.

DR. HANS-JOCHEN VON KNEBEL DOEBERITZ
1918-2002. Trat 1936 in die Kriegsmarine ein. 1938 bei der U-Boot-Waffe. Stabsoffizier und später Adjutant von Dönitz. Drei Feindfahrten als Wachoffizier auf U-23 und eine mit U-99. Knapp sechs Jahre Gefangenschaft. Nach dem Krieg leitete er die europäische Niederlassung eines amerikanischen Tabakkonzerns.

VOLKMAR KÖNIG
Geboren 1920. Trat 1939 in die Kriegsmarine ein. 1941 bei der U-Boot-Waffe. Diente als Unteroffiziersanwärter auf einer Feindfahrt mit U-99. Nach dem Krieg leitete er seine eigene Kunststofffirma.

HEINZ KUHLMANN
Geboren 1924. Trat 1941 in die Kriegsmarine ein. Ein Jahr später bei der U-Boot-Waffe. Diente als Dieselmechaniker auf fünf Feindfahrten auf U-105 und U-154. Nach dem Krieg arbeitete er als Vertriebsmanager für ein großes Vogelfutterunternehmen.

JOHN LESTER
Geboren 1925. Kadett auf der „Richmond Castle“, die im August 1942 versenkt wurde. Später auf der „Windsor Castle“, die im März 1943 mit 3000 Soldaten an Bord torpediert wurde. Verließ die Handelsmarine 1946. Arbeitete in der Wasch- Textilbranche und leitet noch immer sein eigenes Unternehmen.

HARTWIG LOOKS
Geboren 1917. Trat 1936 in die Kriegsmarine ein. 1940 bei der U-Boot-Waffe. Diente als Erster Wachoffizier an Bord von U-375 und von Mai 1942 an als Kommandant von U-264. Fünf Feindfahrten, bei denen er drei Schiffe versenkte. U-264 wurde von der zweiten Support Group am 19. Februar 1944 versenkt. Nach dem Krieg wurde er Kapitän bei der Bundesmarine.

SIR DONALD MACDOUGALL
Geboren 1912. Von 1939 bis 1940 Mitglied der Statistikabteilung bei der Admiralität und von 1940 an bei der Statistikabteilung des Premierministers. Nach dem Krieg nahm er zahlreiche akademische und öffentliche Positionen ein, darunter 1969 bis 1973 als Berater des Finanzministeriums.

HANNS-FERDINAND MAßMANN
Geboren 1917. Trat 1936 in die Kriegsmarine ein. 1938 bei der U-Boot-Waffe. Nach seinem Dienst als Ausbildungsoffizier und beim Stab des Befehlshabers der U-Boote Wachoffizier auf U-17 und U-137. Im Dezember 1940 Kommandant von U-137 (eine Feindfahrt). Im Januar 1942 Kommandant auf U-409 (sechs Feindfahrten). Versenkte vier Schiffe, bevor sein Boot im Juli 1943 im Mittelmeer versenkt wurde. Nach dem Krieg arbeitete er als Verkaufsmanager bei einigen internationalen Reedereien.

COLIN MACFADYEAN
Geboren 1914. Trat 1939 in die Royal Navy Volunteer Reserve ein. Diente zwischen 1939 und 1942 in gepanzerten Handelskreuzern und Zerstörern. Ging 1943 als Korvettenkapitän zum Marinegeheimdienst. Nach dem Krieg war er Partner in einer Anwaltsfirma in London.

WILLIAM MERTON
Geboren 1918. Trat im Juli 1941 in die Operational Research Section des Küstenkommandos ein und wechselte 1943 zum Berater des Premierministers, Lord Cherwell. Nach dem Krieg wechselte er in die Flemings Merchant Back, deren Vorstandsvorsitzender er später wurde.

ERIC MUNDAY
Geboren 1921. 1941 bei den Royal Engineers. Im Dezember 1942 befand er sich auf der „Ceramic“, die von U-515 torpediert wurde. Er wurde gerettet und geriet in Kriegsgefangenschaft. Nach dem Krieg wurde er Landvermesser.

JÜRGEN OESTEN
Geboren 1913. Trat 1933 in die Reichsmarine ein. 1937 bei der U-Boot-Waffe. Diente als Wachoffizier auf U-20 vor dem Krieg. Acht Feindfahrten als Kommandant von U-61 und drei mit U-106. Von 1941 an beim Stab, kehrte er 1943 als Kommandant von U-861 in den aktiven Dienst zurück. Er versenkte 18 Schiffe und wurde mit dem Ritterkreuz ausgezeichnet. Nach dem Krieg arbeitete er als Verkaufsmanager bei internationalen Werften und Reedereien.

MARGUERITE PATTEN
Geboren 1915. Arbeitete als Hauswirtschaftslehrerin für ein Versorgungsunternehmen und die Lincolnshire Education Authority. Von 1942 an war sie Beraterin beim Ernährungsminsterium. Nach dem Krieg wurde sie Autorin und Rundfunkmoderatorin.

ANTON PLENK
Geboren 1932. Während des Krieges war der U-Boot-Kommandant Joachim Schepke bei der Familie Plenk zu Gast. Anton Plenk ist Besitzer eines Holzbauunternehmens.

SANDY ROBERTSON
Geboren 1908. Arbeitete vor dem Krieg als Taucher bei der Bergung der deutschen kaiserlichen Flotte in Scapa Flow. Von 1939 an als Taucher für die Royal Navy tätig. Nach dem Krieg blieb er bis zu seinem Ruhestand seinem Beruf treu.

ADMIRAL HANS-RUDOLF RÖSING
Geboren 1905. Trat 1924 in die Reichsmarine ein. Wurde 1930 im Geheimen auf im Ausland gebauten U-Booten ausgebildet. Übernahm 1935 U-11 und fuhr in spanischen Gewässern während des Bürgerkriegs Einsätze. Bei Ausbruch des Krieges war er Kommandant der Emsmann-Flottille, übernahm im Mai 1940 U-48 für zwei Feindfahrten und versenkte zwölf Schiffe. Ritterkreuzträger. Von September 1940 diente er in verschiedenen Stabspositionen und wurde schließlich Führer der U-Boote West, verantwortlich für die Boote in Frankreich. Nach dem Krieg wurde er Admiral in der Bundesmarine.

LOUIS SCHLEICH
Geboren 1922. Arbeitete bis Juni 1944 bei der Eisenbahn in Jacksonville, als er eingezogen wurde. Ausgezeichnet mit dem Purple Heart und Bronze Star. Diente in der amerikanischen vierten Panzerdivision. Nach dem Krieg kehrte er zu seiner alten Stellung bei der Eisenbahn in Jacksonville zurück.

ADMIRAL HORST VON SCHROETER
Geboren 1919. Trat 1937 in die Kriegsmarine ein. Diente auf dem Schlachtkreuzer „Scharnhorst" und wurde 1940 zur U-Boot-Waffe versetzt. Sechs Feindfahrten als Wachoffizier auf U-123, bevor er im August 1942 das Kommando übernahm. Bei fünf Feindfahrten versenkte er sechs Schiffe und wurde mit dem Ritterkreuz ausgezeichnet. Nach dem Krieg wurde er Admiral bei der Bundesmarine und wurde Oberbefehlshaber der NATO-Marinestreitkräfte in der Ostsee.

SIR PETER SMITHERS
Geboren 1913. Trat 1939 in die Royal Navy Volunteer Reserve ein. Marinegeheimdienst seit 1940. Diente 1941 bis 1942 als zweiter Marineattaché bei der britischen Botschaft in Washington. Nach dem Krieg arbeitete er in vielen nationalen und internationalen Positionen unter anderem als Parlamentsmitglied, britischer Delegierter bei der UN-Generalversammlung (1960 bis 1962) und als Generalsektretär des Europarates (1964 bis 1969)

ADMIRAL ERICH TOPP
Geboren 1914. Trat 1934 in die Reichsmarine ein und wurde 1937 zur U-Boot-Waffe versetzt. Diente als Erster Offizier auf U-46 und dann als Kommandant auf U-57 (zwei Feindfahrten) sowie U-552 (zehn Feindfahrten). Er war mit 34 versenkten Schiffen der fünft erfolgreichste Kommandeur. Ritterkreuz mit Eichenlaub und Schwertern. Im August 1944 verließ er U-552 und wurde Kommandant der Ausbildungsflotte in der Ostsee. Nach dem Krieg arbeitete er als Architekt und wurde dann Admiral der Bundesmarine.

FRANK TRUBISZ
Geboren 1918. Trat 1941 in die Handelsmarine ein. Diente als Matrose auf der „Esso Baton Rouge", die im April 1942 von U-123 versenkt wurde. Er blieb in der amerikanischen Handelsmarine bis zum Kriegsende und wurde danach Metzger.

MAURICE USHERWOOD
Geboren 1911. 1937 Ausbildung als Spezialist für Anti-U-Boot-Kriegsführung. Diente auf

Zerstörern im Atlantik und Mittelmeer, wo er sich 1944 das Distinguished Service Cross verdiente. Nach dem Krieg arbeitete er im Stab der Anti-U-Boot-Kriegsführung. 1964 Pensionierung im Rang eines Captains.

JANET WALKER
Geboren 1913. Folgte dem Regiment ihres Gattens John in den Mittleren Osten, bevor sie nach Südafrika verlegt wurde. Janet und ihre Tochter Doreen waren Passagiere der „Laconia", die im September 1942 versenkt wurde. Doreen ertrank. Nach dem Krieg blieb ihr Mann in der Army, und sie begleitete ihn auf seinen Posten. Sie bekamen noch zwei weitere Töchter.

COLIN WARWICK
Geboren 1912. Diente vor dem Krieg in der Handelsmarine. Leutnant in der Royal Naval Reserve, war er zwischen 1940 und 1943 kommandierender Offizier auf HMS „St Loman". Mit dem Distinguished Service Cross mit Streifen ausgezeichnet. Zwischen 1944 und 1945 Korvettenkapitän als Leiter einer Geleitgruppe. Nach dem Krieg wurde er Marketingberater in den Vereinigten Staaten.

HEINZ WILDE
Geboren 1919. Trat 1939 in die Kriegsmarine ein. Wechselte im folgenden Jahr zur U-Boot-Waffe. Funker an Bord von U-110. Nach dem Krieg Verkaufsmanager bei einer Kaufhauskette.

HELMUT WITTE
Geboren 1915. Trat 1934 in die Reichsmarine ein. 1940 Versetzung zur U-Boot-Waffe. Diente als erster Wachoffizier auf U-107. Von Oktober 1941 an Kommandant von U-159 (4 Feindfahrten), mit dem er 22 Schiffe versenkte. Ritterkreuzträger. Er verließ das Boot und diente in verschiedenen Stabspositionen. Nach dem Krieg wurde er Personalchef eines deutschen Industriekonzerns.

FUSSNOTEN

KAPITEL 1

1 Jordan Vause: Wolf: U-boat Commanders in World War II, Airlife Publishing Ltd. 1997, Seite 32
2 Bericht der Befragung von Lemp - nach dem Krieg von Konteradmiral Eberhard Godt (Einsatzleiter im U-Boot-Stab) an britische Vernehmungsbeamte weiter gegeben.
3 Martin Gilbert: Winston S. Churchill: Finest Hour 1939-41, Book Club Association 1983, Seite 5
4 Admiral Canaris zitiert nach Peter Padfield: Dönitz, Des Teufels Admiral, Berlin, Ullstein 1984, Seite 148
5 Karl Dönitz: Zehn Jahre und zwanzig Tage, 4. Aufl., Frankfurt/M., Bernhard & Graefe 1967, Seite 12 ff
6 ebda. Seite 17
7 ebda. Seite 18
8 Erich Topp: Fackeln über dem Atlantik. Lebensbericht eines U-Boot-Kommandanten, 3. Aufl., Berlin, Bonn, Herford: Mittler 1993, Seite 146
9 Vause, Wolf, Seite 32
10 John Terraine: Business in Great Waters – The U-Boat Wars 1916-1945, Mandarin Paperbacks 1989, Seiten 165-166
11 Seekriegsführung gegen England, 25. Oktober 1938, zitiert nach Peter Padfield: Dönitz, Seite 196
12 Karl Dönitz: Zehn Jahre und zwanzig Tage, Seite 67
13 ebda. Seite 68
14 H.J. Weaver: Nightmare at Scapa Flow: The truth about the sinking of HMS Royal Oak, Cressrelles Publishing Ltd. 1991, Seite 29
15 U-47 Kriegstagebuch
16 U-47 Kriegstagebuch
17 H.F. Hinsley u.a.: British Intelligence in the Second World War: Its Influence on Strategy and Operations, drei Bände, HMSO, 1979-84, Seite 105
18 Siehe auch ADM 290/409 Technical Report on torpedo fragments recovered und ADM 199/158 Divers report on Royal Oak.
19 Gilbert: Winston Churchill: Finest Hour, Seite 62
20 Vause, Wolf, Seite 50
21 Clay Blair: Hitler's U-Boat War: The Hunters 1939-42, Weidenfeld and Nicolson 1996, Seite 108

KAPITEL 2

1 Terraine: Business in Great Waters, Seite 46
2 Winston S. Churchill: The Second World War, Cassell 1959, Seite 163
3 Gilbert: Winston S. Churchill: Finest Hour, Seite 6
4 Zitiert in Dr. Joseph Maiolo: The Knockout Blow against the Import System: Admirality Expectations of Nazi Germany's Naval Strategy 1934-9, Historical Research, Band 72, Nr. 178, Blackwell 1999
5 Die 59 Millionen Tonnen, die 1937 importiert wurden, wurden als offizielle Zahl genommen. Siehe auch C.B.A. Behrens: Merchant Shipping and the Demands of War, HMSO, 1955, Seite 144
6 Behrens: Merchant Shipping and the Demands of War, Seite 23
7 Captain S.W. Roskill: The War at Sea (vier Bände), HMSO, 1954-61, Appendix D, Band 1
8 Lt. Cmdr. D.W. Walters: The Defeat of the Enemy Attack on Shipping 1939-45 (Naval Staff History), Band 137 (HMSO, 1957), Seite 30
9 ASDIC ist die Abkürzung des für die Entwicklung des Gerätes verantwortlichen Komitees: Allied Submarine Detection Investigation Committee (1917)
10 Churchill-Korrespondenz im Churchill College, Cambridge CHT/4/3
11 Admiral Sir Ernle Chatfield an Churchill am 5. Mai 1936, CHAR 2/272
12 Captain S.W. Roskill: Naval Policy Between the Wars (zwei Bände), zweiter Band, Collins 1976, Seite 536
13 Gilbert: Winston S. Churchill: Finest Hour, Seite 38
14 Churchill Papers im Churchill College, Cambridge Char 9/135173-185
15 The War at Sea (vier Bände); Seite 106
16 Gilbert: Winston S. Churchill: Finest Hours, Seite 136
17 German Naval History of The U-Boat War

in the Atlantic (drei Bände), Ministry of Defence (verfasst von Fregattenkapitän Günther Hessler) (HMSO, London), Seite 16, Band 1
18 ebda. Seite 37
19 ADM 223/81 OIC Tagesberichte für Januar 1940
20 Roskill: The War at Sea, Band 1, Seite 130
21 Siehe auch: Dr. Joseph Maiolo: „I believe the Hun is Cheating“: British Admirality Technical Intelligence and the German Navy 1936-39, Intelligence and National Security, Band 11, Nr.1, Januar 1996
22 Terraine: Business in Great Waters, Seite 248

KAPITEL 3
1 Gilbert: Winston S. Churchill: Finest Hours, Seite 356
2 Timothy P. Mulligan: Neither Sharks Nor Wolves: The men of Nazi Germany's U-Boat arm 1939-1945, Clatham Publishing 1999, Seite 164
3 Informationen über die U-Boote stammen von Dr. Axel Niestlé und The Hunters, Band 1, Blair; Seiten 57-64
4 Siehe auch ADM 199/2133 Bericht über „Jersey City“
5 Wolfgang Hirschfeld: The Secret Diary of a U-Boat, Orion 1997, Seite 54

KAPITEL 4
1 Patrick Beesly: Very Special Intelligence – The Story of the Admirality's Operational Intelligence Centre 1939-1945, Hamish Hamilton 1977, Seite 55
2 Quelle für SC 7: ADM 199/1707; Berichte über SC 7 und ADM 199/2057; CB 4050/40; monatlicher ASW Report Sept./Okt. 1940. Weitere Informationen aus Paul Lund und Harry Ludlam: Night of the U-boats, W. Foulsham and Co. 1973
3 ADM 199/1707 Berichte über SC 7
4 Kriegstagebuch U-99
5 ADM 199/142 Berichte über HX 79 und MFQ1/583 (pt4) Track Chart für HX 79
6 ADM 199/2057 CB 4050/40 (11) Monatlicher ASW Report (November 1940)
7 Lund und Ludlam: Night of the U-boats, Seite 161
8 BdU-Tagebuch vom 20. Oktober 1940 zitiert auf Seite 52, MOD (Hessler)
9 Karl Dönitz: Zehn Jahre und zwanzig Tage, Seite 105
10 Blair, Hitler's U-boat War, Band 1, Seite 213
11 Karl Dönitz: Zehn Jahre und zwanzig Tage, Seite 114
12 Blair, Hitler's U-boat War, Band 1, Seite 207

KAPITEL 5
1 Churchill, The Second World War, Seite 398
2 ebda. Seite 397
3 Donald MacDougall: Don and Mandarin - Memoirs of an Economist, John Mirray 1987, Seite 23
4 W. K. Hancock und M. M. Gowing: British War Economy, HMSO, 1949, Seite 242
5 Thomas Wilson: Churchill and the Prof, Cassell 1995, Seite 118
6 The Battle of the Atlantic Directive CHAR 23/9
7 C.B.A. Behrens, Merchant Shipping and the Demands of War, HMSO, 1995, Seite 140
8 M.M. Postan: British War Production, HMSO, 1952, Seite 62
9 R.J. Hammond: Food and Agriculture in Britain 1939-45 – Aspects of Wartime Control, Stanford University Press, California, 1954, Seite 49
10 Prof. John Raeburn: Battle of the Atlantic: Food Problems and their Resolution, unveröffentlicht, 2001
11 Colville-Tagebuch 26. Februar 1941, Colville Papers wie zitiert auf Seite 1016, Gilbert: Winston S. Churchill: Finest Hour
12 Donald Macintyre: The Naval War against Hitler, B.T. Batsford Ltd. 1971, Seite 65

KAPITEL 6
1 Quelle: Blair: Hitler's U-boat War, Seiten 238-9 und 248-254, Band 1
2 Donald Macintyre: U-boat Killer, Weidenfeld and Nicolson 1956, Seiten 101-105
3 Karl Dönitz: Zehn Jahre und zwanzig Tage, Seite 170
4 Ich bin Ralph Erskine für die Erklärung der Enigma-Maschine zu Dank verpflichtet. Siehe auch: Action This Day: Bletchley Park from the breaking of the Enigma code to the birth of the modern computer, Bantam Press 2001
5 Michael Hadley: Count Not the Dead: The Popular Image of the German Submarine, McGill-Queen's University Press, Montreal und Kingston 1995, Seite 90

KAPITEL 7
1 Quelle: Ralph Erskine und Seiten 141-142,

Hugh Sebag-Montefiore: Enigma: The Battle for the Codes, Weidenfeld and Nicolson 2000
2 Quelle: Ralph Erskine
3 Nach Ralph Erskine gab es anfangs eine Verzögerung von rund zwölf Stunden, doch nach dem August 1941 entschlüsselte Hut 8 den Hydra-Funk innerhalb von 36 Stunden.
4 Michael Gannon: Operation Paukenschlag. Der deutsche U-Boot-Krieg gegen die USA, Berlin, Wittstein 1992, Seite 157 ff
5 Donald MacLachlan: Room 39: Naval Intelligence in Action 1939-45, Weidenfeld and Nicolson 1968. Erwähnt 17 Quellen, ohne Ultra zu nennen; Seiten 20-21
6 Roskill: The War at Sea, Seiten 542-545
7 Zitiert auf Seite 168 in John Costello and Terry Hughes: The Battle of the Atlantic, Book Club Associates 1977
8 Ultra, vom Premierminister gesehen HW1/7, HW 1/9 und HW 1/42
9 Zitiert auf Seite 86, Band 1 MOD (Hessler)
10 Clay Blair: The Hunters, Band 1, Seite 380
11 Costello, Seiten 181-2

KAPITEL 8

1 Michael Gannon: Operation Paukenschlag, Seite 84 ff
2 ADM 223/15 ff 5-6 zitiert in The Battle of the Atlantic and Signals Intelligence U-Boat Situations and Trends 1941-1945, hrsg. v. Professor David Syrett für Navy Records Society, Ashgate Publishing Ltd. 1998
3 Admiral Andrews E.S.F. am 22. Dezember 1941. Zitiert nach Michael Gannon: Operation Paukenschlag, Seite 179 ff
4 Zitiert auf Seite 15, Band 2, MOD (Hessler)
5 ADM 223/25 ff. 11-12. Zitiert in Professor David Syrett (Hrsg.): U-Boat Situations and Trends 1941-1945
6 Zitiert auf Seite 97, Band 1 Hessler und ADM 199/1920 HMS/M Clyde Report of Attack
7 Karl Dönitz: Zehn Jahre und zwanzig Tage, Seite 199 ff
8 Quelle in Blair: Seite 537, Band 1, Hitler's U-boat War
9 ADM 223/15 ff. 29-31. Zitiert in Syrett (Hrsg.): U-Boat Situations and Trends
10 Zitiert nach Michael Gannon: Operation Paukenschlag, Seite 374
11 ebda. Seite 385 ff
12 Blair: Hitler's U-boat War, Band 1, Seite 588
13 ebda. Seite 598
14 ADM 223/505 und ADM 1/30081 Berichte über deutsche Entschlüsselung des britischen Codes

KAPITEL 9

1 Erich Topp: Fackeln über dem Atlantik, Seite 83 ff
2 ebda. Seite 83/84
3 ebda. Seite 85
4 Zitiert bei MOD (Hessler) Band 2, Seite 25
5 ebda.
6 Karl Dönitz: Zehn Jahre und zwanzig Tage, Seite 228
7 Jak Mallmann Showell: U-Boat Command and the Battle of the Atlantic, Conway Maritime Press Ltd. 1989, Seite 124
8 German Technical and Electronic Development von Axel Niestlé in The Battle of the Atlantic 1939-45: The 50th Anniversary International Naval Conference, hrsg. von Howarth und D. Law, Greenhill Books 1994
9 Karl Dönitz: Zehn Jahre und zwanzig Tage, Seite 234
10 siehe: Erich Topp: Fackeln über dem Atlantik, Seite 99 ff und The German System: A Staff Perspective, Graham Rhys-Jones in The Battle of the Atlantic Conference
11 Axel Niestlé in The Battle of the Atlantic Conference, Seiten 433-42
12 E.G. Bowen: Radar Days, Adam Hilger 1987, Seiten 92-99
13 Axel Niestlé: Appendix 1 und 2, German U-boat Losses During WWII: Details of Destruction, Naval Institute Press, Maryland 1998
14 Operational Research in the Battle of the Atlantic, Paul M. Sutcliffe in The Battle of the Atlantic Conference, Seite 420
15 Sutcliffe in The Battle of the Atlantic Conference, Seite 425
16 Siehe auch Seite 96 in Mark Williams: Captain Gilbert Roberts R.N. and the Anti U-boat School, Cassell 1979
17 Quelle; ADM 1/17621 Report of Western Approaches Tactical Unit Report
18 Blair: Appendix 16 in Hitler's U-boat War
19 Karl Dönitz: Zehn Jahre und zwanzig Tage, Seite 264

KAPITEL 10

1 Die Liste der Admiralität schließt Kanoniere auf Handelsschiffen ein und kommt auf 9736. Seite 181 Merchant Shipping. Behrens ermittelt 7978, doch dies schließt Passagiere

und die Verluste in den Rettungsbooten aus.
2 Léonce Peillard: U-Boats to the Rescue: The Laconia Incident, Jonathan Cape 1963
3 Hitler's U-Boat War; Seite 58
4 Peillard: The Laconia Incident, Seite 43
5 Blair: Hitler's U-boat War, Seite 59
6 ebda. Seite 61. Dönitz hatte ursprünglich sieben U-Boote in Marsch gesetzt. Dies wurde jedoch von Hitler widerrufen, der meinte, dass überhaupt keine Rettungsaktion hätte durchgeführt werden sollen.
7 Peillard: Laconia Incident, Seite 159
8 Blair: Hitler's U-boat War, Seite 62
9 Peter Padfield: Dönitz, Seite 295
10 Zwei alliierte Kommandanten sind angeklagt, noch weiter gegangen zu sein und auf Menschen im Wasser geschossen zu haben. Siehe den Fall USS „Wahoo" und HMS „Torbay". Quelle: Edwin P. Hoyt: Submarines at War, Stein und Day, 1983 und Die Wehrmachtsuntersuchungsstelle, München, Universitas/Langen-Müller, 1980
11 Derek M. Whale: The Liners of Liverpool, Teil 2, Seite 104
12 Timothy P. Mulligan: Lone Wolf: The Life and Death of U-boat Ace Werner Henke, Praeger, Connecticut 1993), Seite 114
13 Liners of Liverpool, Teil 2, Whale, Seite 111
14 Mulligan: Neither Sharks Nor Wolves, Seite 213
15 Behrens, Merchant Shipping, Seite 181
16 Berichte der Handelsabteilung der Admiralität, zitiert von Costello und Hughes
17 Phil Richards und John Banigan: How to Abandon Ship, Cornell Maritime Press, Maryland 1942, Seite 106
18 Richards und Banigan: How to Abandon Ship, Seiten 10-12

KAPITEL 11

1 Blair: Hitler's U-boat War, Band 2, Seite 129
2 ADM 199/165 Loss of HMS „Firedrake"
3 U-boat Situations and Trends 30/12/42 ADM 233/17, zitiert in Syrett (Hrsg.): The Battle of the Atlantic and Signal Intelligence
4 Siehe auch Tony Spooner DSO, DFC: Coastal Ace: The Biography of Squadron Leader Terence Malcolm Bulloch, DSO and Bar, DFC and Bar, William Kimber and Co. Ltd. 1986)
5 U-611 versank mit der gesamten Mannschaft
6 Spooner: Coastal Ace, Seite 52
7 Roskill, Appendix O, Band 2, Seite 485
8 Hancock and Gowing: War Economy, Seite 432, Behrens: Merchant Shipping, Seite 201
9 24. Dezember 1942, zitiert auf Seite 128 in Thomas Wilson: Churchill and the Prof, Cassell 1995
10 Patrick Beesly: Very Special Intelligence – The Story of the Admirality's Operational Intelligence Centre 1939-45, Hamish Hamilton 1977, Seiten 157-158
11 MOD (Hessler); Band 2, Seite 89
12 Karl Dönitz: Zehn Jahre und zwanzig Tage, Seite 303
13 MOD (Hessler) Band 2, Seite 84
14 Kriegstagebuch U-Boot-Kommando 23.3.1943 zitiert auf Seite 95, MOD (Hessler) Band 2
15 Roskill, Band 2, Seite 367
16 HS 2/2 SOE Zusammenarbeit in der Anti-U-Boot-Kampagne
17 Beesly: Very Special Intelligence, Seite 174
18 ADM 223/15 ff. 187-188 U-Boat Situations and Trends, hrsg. v. Syrett 19/4/43 zitiert in Syrett (Hrsg.) The Battle of the Atlantic and Signal Intelligence
19 W.S. Chalmers: Max Horton and the Western Approaches, Hodder and Stoughton 1966, Seite 188
20 Blair: Hitler's U-boat War, Band 2, Seite 272
21 Zitiert in Roskill: The War at Sea, Band 2, Seite 401
22 Chalmers, Seite 188
23 Convoy Escort Commander, Vice-Admiral Sir Peter Gretton, Cassell 1964, Seite 108
24 Der Geleitzug war in New York ausgelaufen, doch die Geleitschiffe stießen erst in St. Johns, Neufundland, dazu. Von September 1942 an liefen die HX-Konvois in New York aus.
25 Zitiert nach Peter Padfield: Dönitz, Seite 322
26 Quellen für die Beschreibung von ONS 5: ADM 237/113; zusätzliche Quellen: Gretton: Convoy Escort Commander, Cassell 1964, Michael Gannon: Black May, Harper Collins 1998, Ronald Seth: The Fiercest Battle, Hutchinson 1961
27 Vice-Admiral Sir Peter Gretton: Convoy Escort Commander, Cassell 1964, Seite 144
28 MOD (Hessler) Band 2, Seite 104
29 Basiert auf Neueinschätzung der Admiralität im Oktober 1991
30 ADM 237/113
31 Zitiert nach Michael Gannon: Schwarzer Mai, Berlin, Ullstein 1998, Seite 226
32 Michael Gannon: Schwarzer Mai und David

Syrett: The Defeat of the German U-Boats – The Battle of the Atlantic, University of South Carolina Press, Columbia 1994
33 ADM/113
34 Gretton: Convoy Escort Commander, Seite 146
35 ebda. Seite 147
36 Zitiert nach Peter Padfield: Dönitz, Seite 330
37 ebda. Seite 343
38 Zitiert nach Peter Padfield: Dönitz, Seite 345 ff
39 Karl Dönitz: Zehn Jahre und zwanzig Tage, Seite 333
40 Zitiert nach Peter Padfield: Dönitz, Seite 347 ff
41 Zitiert auf Seite 113, Tagebuch U-Boot-Kommando, Band 3
42 Karl Dönitz: Zehn Jahre und zwanzig Tage, Seite 334

KAPITEL 12

1 Karl Dönitz: Zehn Jahre und zwanzig Tage, Seite 397
2 Dönitz wusste zu diesem Zeitpunkt noch nichts von den neuen XXI- und XXIII-Booten – ihre Entwicklung hatte gerade begonnen. Die Konzepte für diese Boote waren Dönitz im Juni präsentiert worden. Seine Hoffnungen ruhten auf den Walter-Booten, doch diese waren noch weit von ihrer Fertigstellung entfernt. Er glaubte daher, dass die alten Boote noch mindestens zwei Jahre im Einsatz bleiben würden.
3 Wolfgang Frank: Die Wölfe und der Admiral, Hamburg 1953. Zitiert nach Peter Padfield: Dönitz, Seite 354
4 Karl Dönitz: Zehn Jahre und zwanzig Tage, Seite 398
5 Erich Topp: Fackeln über dem Atlantik, Seite 99 ff
6 MOD, Band 3 (Hessler); Seite 11
7 Roskill: The War at Sea, Band 2, Seite 379
8 Terraine: Business in Great Waters, Seite 629; durchschnittlich 42 Tage pro Schiff
9 Churchill: The Second World War, Seite 676
10 Zitiert in Blair, zweiter Band, Seite 421 (dt. Ausgabe Seite 500)
11 ebda. Seite 425 (dt. Ausgabe Seite 504)
12 Karl Dönitz: Zehn Jahre und zwanzig Tage, Seite 41
13 ASM 199/2477 Morale of U-boat Crews
14 ADM 199/2477
15 Mulligan: Neither Sharks Nor Wolves, Seite 189
16 Roskill: The War at Sea, Band 3, Seite 254
17 Zitiert auf Seite 228 in Mulligan: Neither Sharks Nor Wolves
18 ebda. Seite 228
19 ebda. Seite 227
20 ebda. 228
21 Erich Topp in The Battle of the Atlantic 1939-45: The 50th Anniversary International Naval Conference, Seite 218
22 MOD, Band 3 (Hessler), Seite 70
23 Karl Dönitz: Zehn Jahre und zwanzig Tage, Seite 414
24 ebda. Seite 415
25 Zitiert nach Peter Padfield: Dönitz, Seite 434
26 ebda. Seite 444
27 Peter Padfield: Dönitz, Seite 488
28 Zitiert in Blair: Hitler's U-Boat War, Band 2, Seite 696 (dt. Ausgabe Seite 808)
29 Quelle: Niestlé: German U-Boat Losses During WWII. Insgesamt lagen die Verluste seit Mai bei 269, einige wurden aber von den Besatzungen selbst versenkt.
30 Peter Padfield: Dönitz, Seite 405-408
31 Niestlé: German U-Boat Losses During WWII, Seite 4
32 Roskill: The War at Sea, Band 3, Teil 2, Seite 306
33 Blair: Hitler's U-boat War, Band 1, Seiten 424-426
34 W.K. Hancock und M.M. Gowing: British War Economy, HMSO 1949, Seite 250
35 Roskill: The War at Sea, Band 1, Seite 585
36 ebda, Band 3, Teil 2, Seite 305

ANDERE VERWENDETE QUELLEN

Offizielle Aufzeichnungen

Samuel Eliot Morison: History of United States Naval Operations in Wold War II, Band 1: The Battle of the Atlantic, 1939-Mai 1943, Oxford University Press 1948

Andere veröffentlichte Werke

Jürgen Rohwer: Axis Submarine Successes of World War II 1939-45, Greenhill Books 1999
Chris Howard Bailey: The Battle of the Atlantic - The Corvettes and Their Crews: An Oral History, Naval Institute Press, Maryland 1994
Martin Middlebrook: Convoy, Penguin 1976
Vice-Admiral Sir Peter Gretton: Crisis Convoy:

The Story of HX 231, Purnell Book Services, 1974
Jürgen Rohwer: The Critical Convoy Battles of March 1943, Ian Allan Ltd. 1977
W.J.R Gardner: Decoding History: The Battle of the Atlantic Codes, Naval Institute Press, Maryland 1999
Corelli Barnett: Engage the Enemy More Closely: The Royal Navy in the Second World War, Hodder and Stoughton 1991
Herbert Werner: Iron Coffins, Bantam Books 1969
Günther Prien: I Sank The Royal Oak, Grays Inn Press 1954
Donald Macintyre: The Naval War Against Hitler, B.T. Batsford Ltd. 1971
Colin Warwick: Really Not Required, The Pentland Press Ltd., Bishop Auckland 1997
David Stafford: Roosevelt and Churchill: Men of Secrets, Little Brown and Company 1999
David Kahn: Seizing the Enigma: The Race to Break the German U-Boat Codes 1939-43, Random House 1991
V.E. Tarrant: The U-Boat Offensive 1914-45, Arms and Armour Press 1985
Peter Cremer: U-333: The Story of a U-Boat Ace, Bodley Head 1984
Jak Mallmann Showell: U-Boats under the Swastika, Ian Allen, Weybridge 1987
Bradley F. Smith: The Ultra-Magic Deals: And the Most Secret Special Relationship 1940-46, Airlife Publishing Ltd. 1993

Unveröffentlichte Quellen

U-23 Kriegstagebuch
U-30 Kriegstagebuch
U-47 Kriegstagebuch
U-99 Kriegstagebuch
U-123 Kriegstagebuch
Tagebuch von Admiral J.H. Adams (unveröffentlicht)
Churchill Papers at Churchill College, Cambridge; CHAR 2/272 CHT/4/3
CHAR 9/135/173-185
CHAR 23/9
ADM 199/2133 Report on Jersey City and Jamaica Progress
ADM 290/409 Technical Report on torpedo fragments recovered
ADM 199/158 Divers Report on Royal Oak
ADM 223/83 Summary of Naval Events 382-385, Sept.21-24, covering HX72
ADM 199/1707 Reports on SC7
ADM 199/2057 CB 40/50, monatl. ASW Report Sept./Okt. 1940
ADM 199/142 Reports HX 79 und MFQ1/583 (Teil 4) Track Chart fir HX79
ADM 199/165 Loss of HMS „Firedrake“
ADM 223/505 Report on penetration of British codes an ciphers
ADM 1/30081 Chart/reports showing extent of German peneration of Naval codes and ciphers
ADM 1/17621 Report of Western Approaches Tactical Unit Report on interrogation of German Navy personnel
ADM 237/113 - Admirality file of reports on ONS5
ADM 199/2477 Morale of U-boat crews
ADM 199/2467 SIS Agent reports on French U-boat bases
ADM 199/1920 HMS/M Clyde Report of attack
ADM 1/7 – HW1/9 und HW1/42 HW5/19 Ultra seen by the Prime Minister
HS 2/2 – SOE Co-oeration in the Anti Submarine Campaign

FOTOHINWEISE

AKG: Teil A, Seite 2 (oben), D6 (oben)
Richard Amstein: B4 (oben)
Bundesarchiv, Koblenz: A2 (unten), 3 (unten), B2 (beide), 3 (oben), 4 (unten), 7 (unten), C1, D2 (oben), B2 (beide), 3 (oben) 4 (unten), 7 (unten) C1, D2 (oben)
ECPA: C4
Hulton Archiv: A6 (beide)
Imperial War Museum; A3 (oben), 4 (beide), 5 (unten), C2 (oben), 3 (beide), 5 (oben), D8
John Adams: A5 (oben)
Reinhard Hardegen: B8, C8
John Lester: D3 (oben)
Library of Congress, Washington: C7, D4
National Archives, Washington: C5 (unten), 6 (beide), D1 (unten), 5 (beide)
Jürgen Oesten: B7 (oben)
Popperfoto: A7 (Mitte), C2 (unten)
Public Record Office: D1 (oben)
Bibliothek für Zeitgeschichte, Stuttgart: A1, B7 (links), D2 (unten)
Submarine Museum, Portsmouth: B6 (oben), D3 (unten)
The Art Archive/Imperial War Museum: A7 (beide), 8, D7 (oben)
Erich Topp: B1, 3 (oben), 5 (oben), 6 (unten)
TRH Pictures: D1 (Mitte), 6 (unten)

INDEX

W

Z